幻の宰相 小松帯刀伝

小松帯刀顕彰会 瀬野冨吉 著　鹿児島大学教授 原口 泉 監修

宮帯出版社

小松帯刀肖像写真（国立国会図書館写真提供）

側室・琴仙子肖像写真（個人蔵）

義父・小松清猷肖像画（日置市教育委員会蔵）

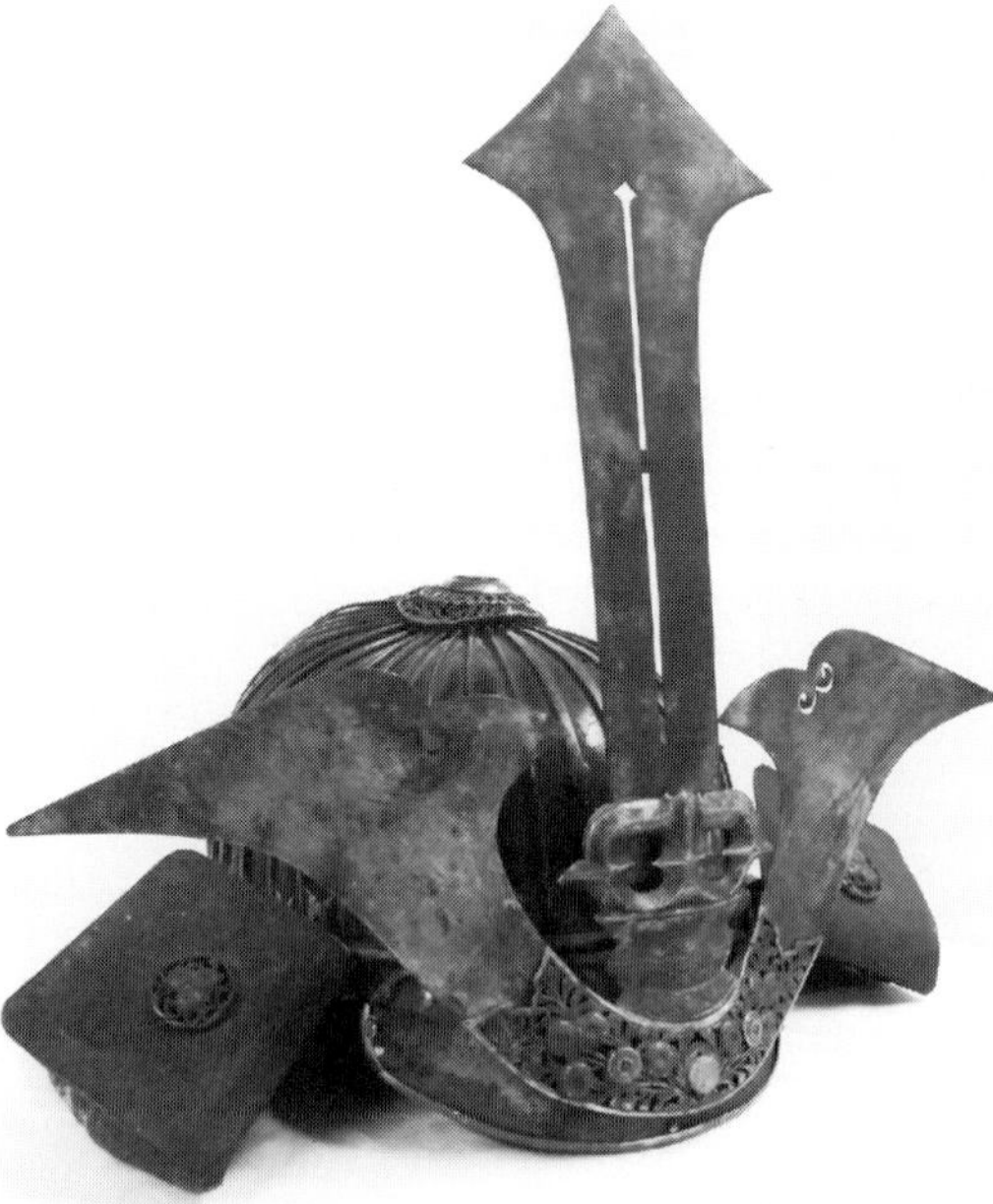

小松（祢寝）家伝来 三十二間阿古陀形筋兜
（個人蔵・京都国立博物館寄託・竹村雅夫氏写真提供）

島津久光肖像写真（国立国会図書館写真提供）

島津斉彬肖像画（黒田清輝 画·尚古集成館蔵）

英艦入港戦争図（尚古集成館蔵）

西郷隆盛肖像画(国立国会図書館写真提供)

大久保利通肖像写真(国立国会図書館写真提供)

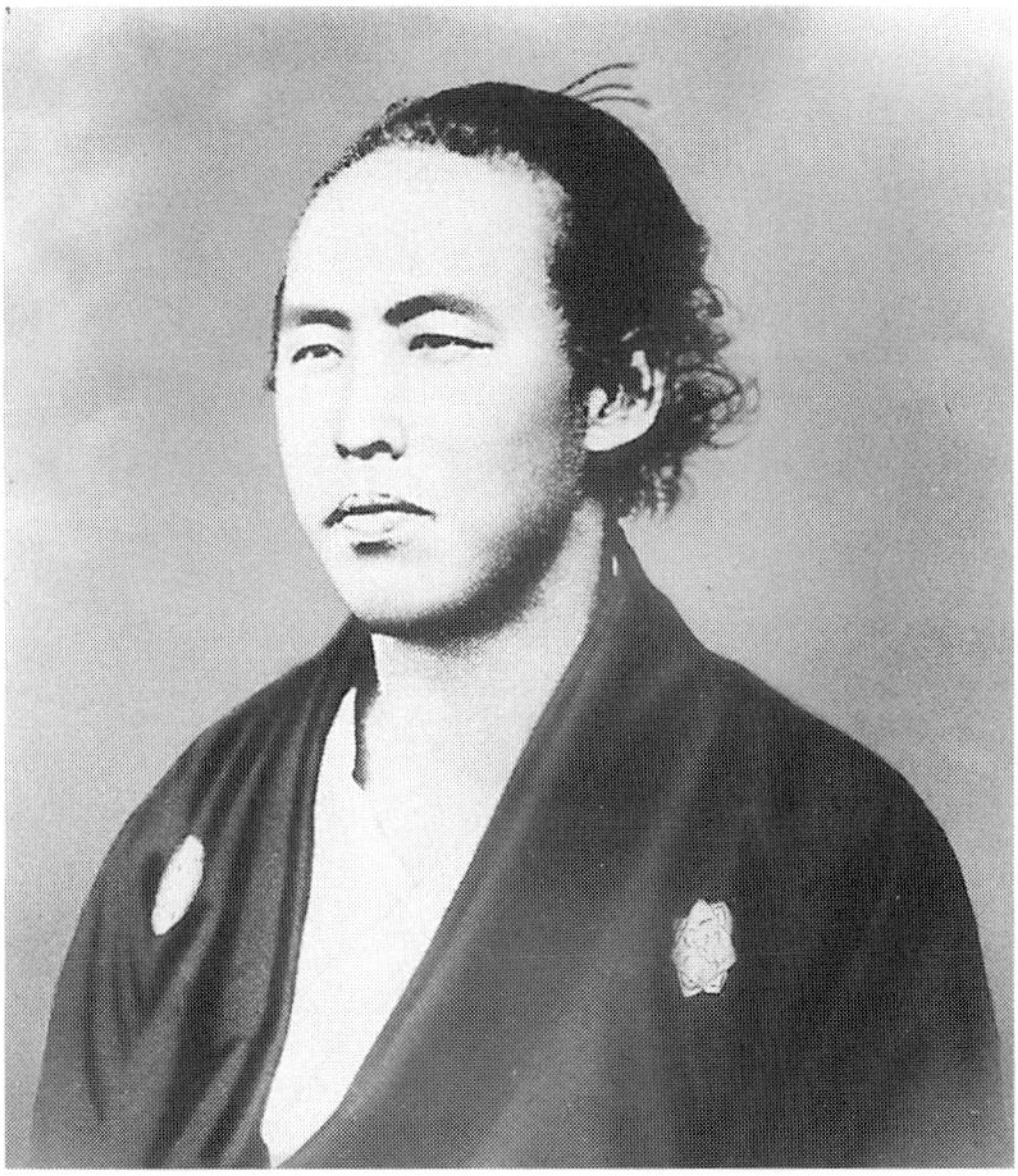

坂本龍馬肖像写真（国立国会図書館写真提供）

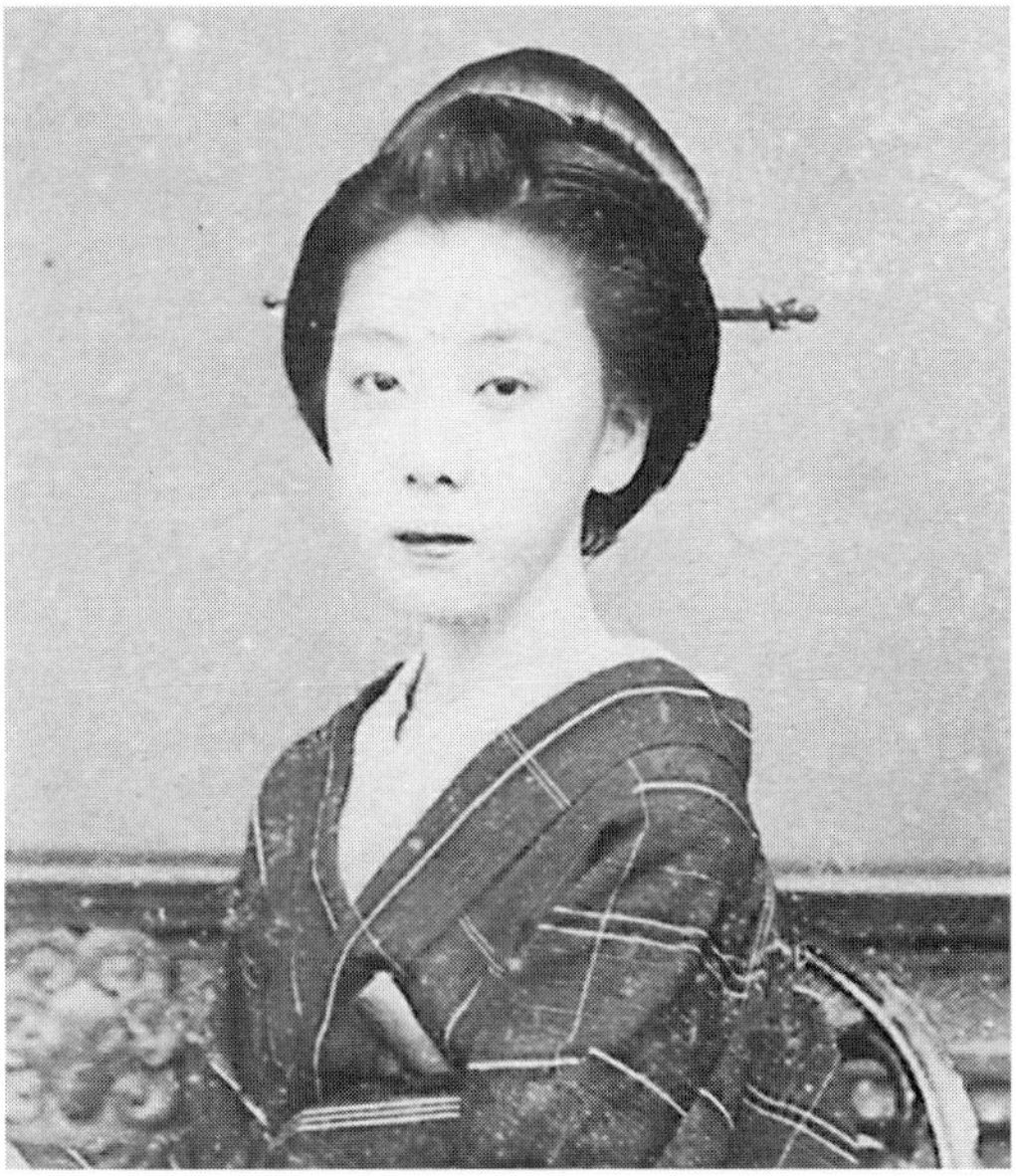

龍馬妻・お龍 肖像写真（井桜直美氏蔵）

天璋院篤姫肖像写真（尚古集成館蔵）

木戸孝允肖像写真（国立国会図書館 写真提供）

五代友厚肖像写真（国立国会図書館 写真提供）

高杉晋作肖像写真（国立国会図書館 写真提供）

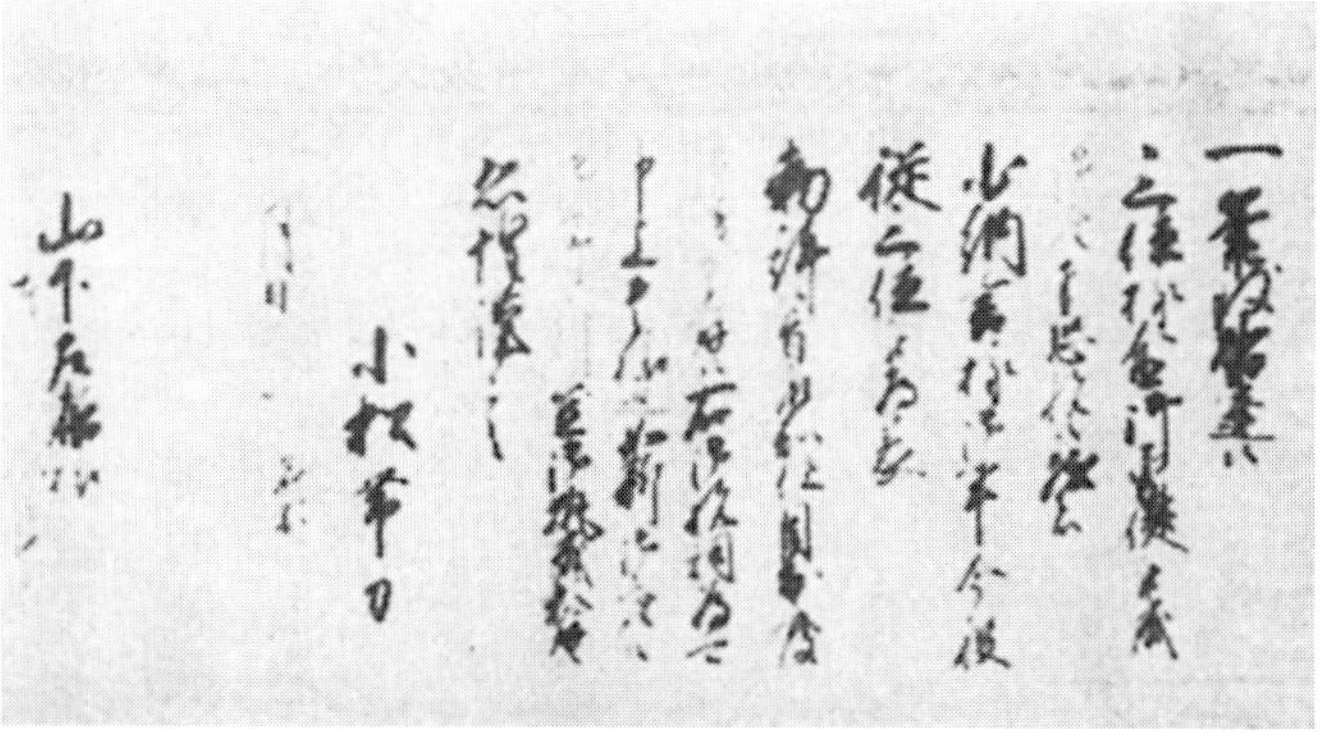

小松帯刀手紙（個人蔵※）

側室・琴仙子和歌
（個人蔵※）

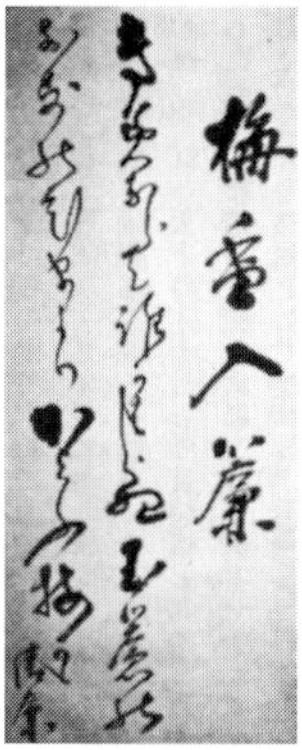

小松帯刀和歌
（個人蔵※）

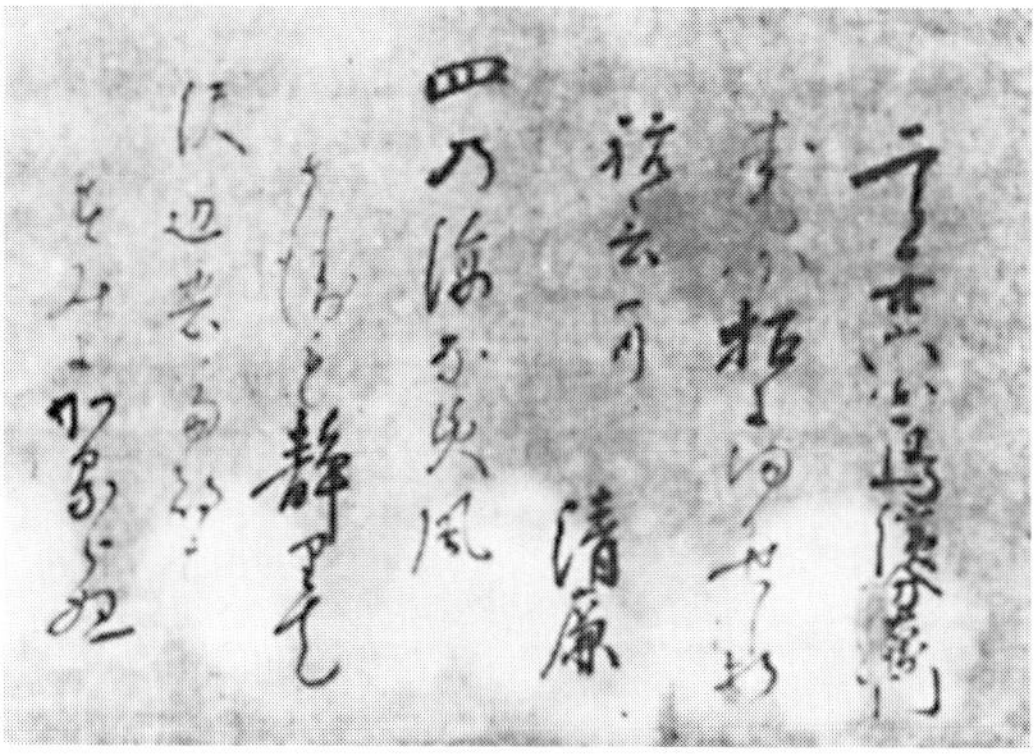

小松帯刀和歌（個人蔵※）
（※『幻の宰相小松帯刀伝』改訂版より転載）

小松帯刀銅像
（小松帯刀顕彰会建立・日置市）

小松帯刀墓（園林寺跡・日置市）

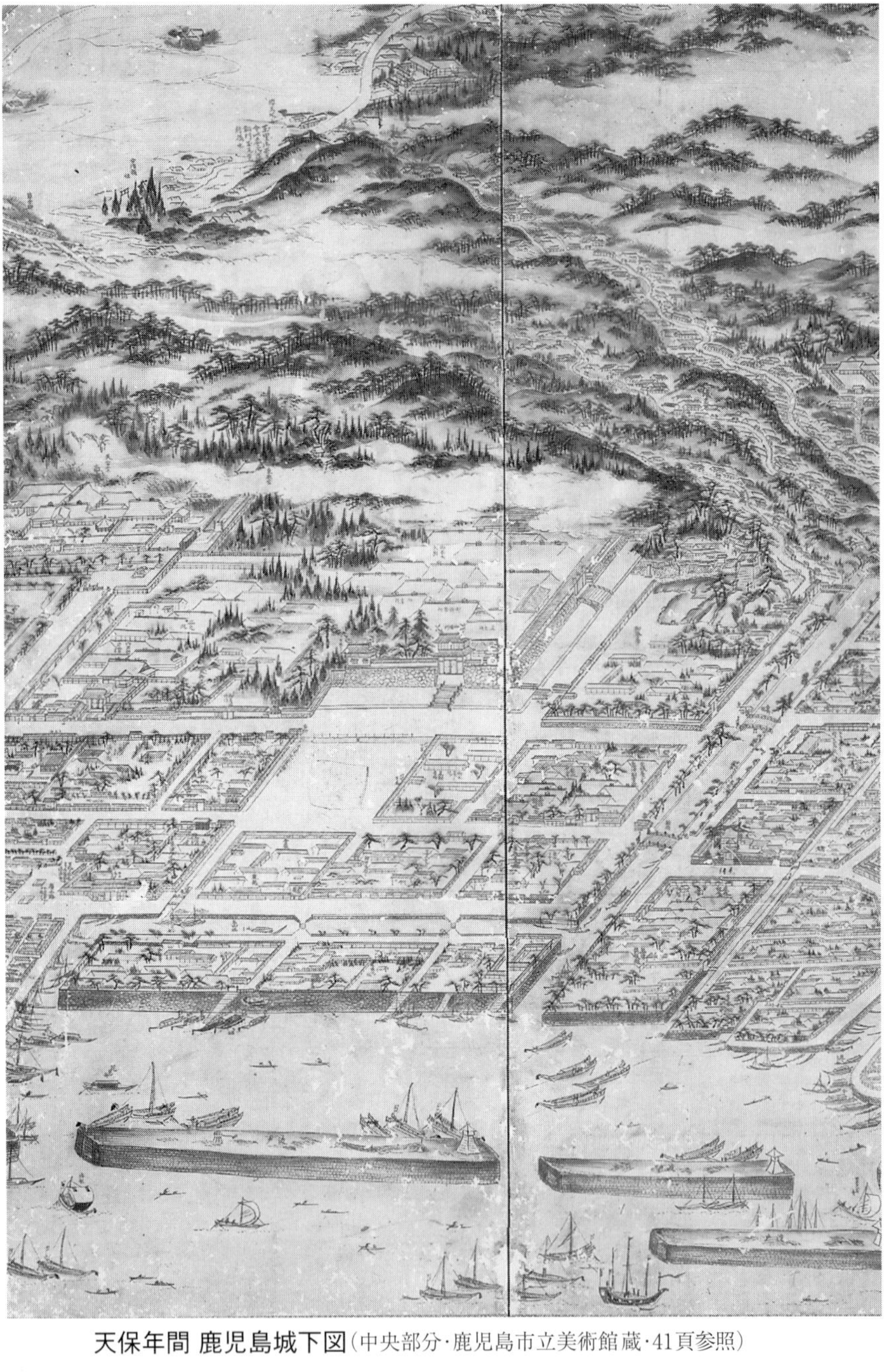

天保年間 鹿児島城下図（中央部分・鹿児島市立美術館蔵・41頁参照）

序文

薩摩の歴史イメージは、明治維新の偉人西郷、政治家大久保、バンカラな薩摩隼人《さつまはやと》、名門島津家、開明性などで形づくられている。熊襲《くまそ》・隼人《はやと》の古代から島津氏の入国、三州統一、島津氏征伐、関ケ原の合戦、薩摩義士、薩英戦争、明治維新、西南戦争とつづく歴史はまことに豪華絢爛たるものがある。しかし、この華やかな歴史を支えた背景の土壌は生産力が低く、領民の暮らしは貧困であった。貧弱な土地と貧乏な生活の中からきらめくような歴史の光彩が放たれている。かつてギリシア人がオリエント世界の文化を摂取しながら、貧困の中に独自のギリシア文化を生み出したことに似ている。薩摩ははじめ中国文明を摂取しながら、あとからは西欧文明に学びつつ薩摩独特の歴史と文化をつくりあげてきた。

では、貧困な薩摩が明治維新という全国を動かすような歴史の主役を演じることができたのは何故だろうか。一つには、鎖国の時代に国際都市国家「琉球」を持ち、ペリーの浦賀来航より九年早く外圧に見舞われるような地理的環境に領国があったこと、次に他藩が羨むような豊富な人材を郷中《ごじゅう》教育のもとに輩出させたことがあげられる。大局的には、領主的開明性や家臣団の組織的協同性、そして天保改革の生んだ資金の力によるといってよいが、その中でも媒介となる不可欠の人物がいることを忘れてはならない。小松帯刀清廉《こまつたてわききよかど》である。薩摩のような大藩では、開明的君主と下級改革派とが直接的に結びついて動くということは困難であったと思われる。島津斉彬と西郷隆盛との関係はむしろ異例であり、また非常に短期間に過ぎた。薩摩藩における維新史の解明は、下級改革派の動向をふまえながら、藩政を指導していった権力中枢の現実の動きにもっと注目しなければならない。研究史を繙《ひもと》いても、たとえば島津久光に対する「頑迷」とかいった不当に過少な評価や、小松帯刀に対する単なるパイプ役といった考え方は見直されてよいのではなかろうか。「国父」たる島津久光に関してはさすがにいくつかの伝記があるが、小松に関しては、坂田長愛氏が昭和四年(一九二九)に編纂した小伝が最近やっと県の史料集として刊行されたに過ぎない。本格的な伝記となると、本書の著者瀬野冨吉氏が、まず昭和五十七年(一九八二)に『明治維新秘史・小松帯刀伝』を世に問われ、さらに今度、決定版ともいうべき伝記を公刊されることになった。

本書は、小松を通して維新の激動を描いたはじめての労作といってよい。本書により、私達は小松の演じた役割の大きさに気づくばかりか、その心優しい人柄に魅力を感じるようになると思う。「小松帯刀こそ大政奉還・明治維新の大功労者であったばかりでなく、科学技術をとり入れ、留学生を派遣し、商工業をおこし、大商船隊による交易の利潤で、教育・経済・軍備を充実し、今日の経済大国日本と外交の基礎を築いた大恩人である」と著者は説く。とすれば、斉彬の遺志を継いだのは小松である。たしかに藩内守旧派に対抗できる家柄は、吉利《よしとし》郷一所持《いっしょもち》の小松家や日置郷一所持の桂久武家などしかいなかった。斉彬亡きあと、西郷・大久保の働きは小松の存在を抜きにしては考えられないとは、芳即正《かんばしのりまさ》氏はじめ大方の認めるところである。小松は、大久保等誠忠組の藩政進出の推進役であり、首領と目されている。本書の著者は、小松を島津久光と誠忠組とのパイプ役とだけみるのではなく、むしろ小松こそ維新の演出家とみている。西郷・大久保といえど、当時の下級改革派は、郷中という狭い郷党的枠組から完全に自由であり得なかっただろうし、私も著者の見方に賛同したい。小松は、その先見力、決断力、指導力において抜群であった。京の小松屋敷は志士談合の場となり、薩長同盟が生まれた。全国的に攘夷が叫ばれる中で、薩英戦争後、自ら長崎に出張し、グラバーと交渉し、パークス英公使の薩摩招聘を実現させた手腕は見事である。鹿児島では、小松が応接の中心となった。その後もグラバーとの親交は続き、戊辰戦争の最有力艦春日丸の購入にも役立った。維新後は、数少ない西洋事情通の外交官として、フランス艦員刺殺事件の処理や外債整理にあたり、新生政府の外交的基礎を築いている。

　さて、私が本書に魅かれる理由は、著者が小松を薩摩にあっては出色の経済人として描いている点にある。小松は城代家老として藩政の最高位にありながら、政治・経済・外交・教育・軍事の諸掛りを兼務していたが、何よりもお勝手方掛りとして予算と金繰りを直接担当していた。元来、薩摩藩は、低劣な農業生産力をカバーするために貿易立国を国是としてきた観がある。天下第二の大藩であるからには相応の奉公を幕府に対して果たす義務がある。そのための資金を即座に調達するために必然的にとられた政策が徹底した専売制と海運体制であった。このような薩摩藩の貿易依存体制を私は比喩的に「総合商社サツマ」と呼んでいる。社長は歴代の島津の殿様、経営者であるからには「島津に馬鹿殿なし」といわれるようでなければ会社は潰れる。専務取締役は、勝《かつ》手方《てがた》、つまり財政担当の家老であり、第一線の社員は、浜崎太平次や河南源兵衛など領内主要港を本拠として全国に支店網を持つ海の豪商たちである。事実、薩摩藩を支えた家老はいずれも勝手方の家老であった。上野寛永寺の本堂修築工事の総奉行で吉利領主の禰寝清雄《ねじめきよかつ》、木曾川治水工事の総奉行平田靭負《ひらたゆきえ》、日本一の貧乏藩から日本一の富裕藩へ起死回生の財政改革を断行した調所広郷《ずしょひろさと》など、刀を算盤《そろばん》に持ちかえての奉公であった。

禰寝家改め小松家の後継者小松帯刀もこのような伝統的経済官僚の系譜につながる人物である。著者は、二十八歳の若き家老がほとんど独断で人吉相良藩の借金申し込みに応じ、五千両もの大金（「新銭」）を融通した事実を明らかにされているが、この背景に文久二年から大々的に行なわれた藩営ニセ金作りがあったことを考えるとき、一層興味深いものがある。

坂本藤良氏はその著『幕末維新の経済人脈』（中公新書、昭和五十九年刊）の中で、その筆頭に坂本龍馬をあげられているが、瀬野氏は、龍馬の亀山社中、海援隊の生みの親は小松であると考えておられる。幕末日本で、はじめて具体的に株式会社の発想を持ったのが誰かといえば、龍馬がそれに値すると思うが、それも龍馬の独壇場ではあるまい。小松はユダヤの若き商人グラバーと対等に交渉し、「兵庫開港の商法一変仕《つかまつ》り候《そうら》はば、いずれコンペニー御座なく候ては、本朝の膏油《こうゆ》（金目になる物）を彼（外国）に吸われる様の仕儀、これ無きよう」にという寺島宗則の進言を容れて、大和交易コンパニーという会社を組織している。また、「そろばんドック」と呼ばれた長崎の小菅《こすが》修船所は小松の貿易商社とグラバーとの共同出資であった。坂本藤良氏によれば、「株式会社とは、多数の人が資金を出し合って、出資金の範囲での『有限責任《リミテッド・レスポンシビリティ》』を持ち、出資金額に応じて利益を配分する組織」であり、この会社システムの考え方をはじめて日本に導入したのが土佐出身のジョン万次郎であり、それが龍馬の構想の中にうけつがれたとされている。ちなみに漂民ジョン万次郎から最初に海外の事情を聴取したのは島津斉彬であり、また後に中浜万次郎は、薩摩藩の開成所の教授として招聘されている。開成所は、文久四年（一八六四）小松や桂久武が中心になって設立した洋学の学校であり、この中から多くの藩費留学生がイギリスへ送り出されている。開成所の教授陣には、出羽の大富豪本間家の一族である本間郡兵衛も名を連ねている。本間は、大和交易カンパニー設立の資金募集のため出羽に帰ったところを薩摩のスパイと誤解され毒殺されたという。小松の構想した会社組織は、彼が藩の勝手方掛りであっただけに、藩内の豪商をその手先にした大がかりなスケールをもっており、かなりの実利をあげたと思われる。一方、龍馬の個人共同経営は、脱藩士としての自由な立場から組織されているだけに、理念的には純粋の企業経営に近かったのではなかろうか。小松の場合、終始藩の門閥、重鎮でありながら近代的経営感覚に近いものを持ち得た点が注目されよう。いずれにせよ龍馬と帯刀の商社活動を抜きにしては明治維新の志士の結集は語れないと思う。

本書を通読して龍馬と帯刀のいろいろな共通点に気がつく。二人共、天保六年（一八三五）生まれで、若死であったが、二人共おしゃれで、金銭面では細かかったようである。小松は藩の重役でありながら病が理由とはいえ月代《さかやき》を剃らずに総髪にすることを願い出て許可されている。金銭と容姿と女性のことを口にすることを極度に忌み嫌う郷中教育の風土の中に小松のような人間を見つけると救われるような気分になる。龍馬の妻お龍を藩の軍艦に乗せて、薩摩に招き、霧島温泉でハネムーンをさせるとは、よく質実剛健の薩摩士風が許したものである。龍馬とお龍、帯刀とお琴とのほほえましい出会いなど、全くのフィクションとは思われないような真実性が感じられる。小松は、旅先にあっても筆まめに逐一仕事のことを国許の正妻お千賀に便りしているが、龍馬と乙女姉との関係のごとくである。龍馬とお龍が湯治に遊んだ霧島は、著者が長年勤務で過ごされた旧所だけにその情景描写には味わい深い趣きが感じられる。いわば鹿児島の温泉風土誌といったところであろうか。

本書は、フィクションを織り込みながら、なるべく具体的史料に依拠されようとしただけにやや固い感じは否めないが、維新研究史における研究論文たるの位置を失わないであろう。例えば、薩長同盟の成立日をめぐって通説に対して一月二十日説を提示されたり、会社組織の設立に関しては小松に高い評価を与えたりされている点である。また本書は島津久光に対するやや一面的な理解から私達を救ってくれると思う。瀬野氏が吉利のご出身だけに、薩英戦争時のオデダイ模擬砲のエピソードなどが紹介されているが、興味はつきない。また寺田屋事件のくだりは鬼気迫り、圧巻である。事実の持つ重みが著者の飾らない文章を通して伝わってくる。小松は重病のため戊辰戦争の指揮をとることはなかったが、国元にあって討幕出兵の藩論をまとめるのに大苦労したはずである。出兵に関しては自重論が強かっただけに藩内に小松が残っていたことは、重要である。維新後は、自ら私領を返上するなど下級改革派の藩政改革を助けている。小松は藩内での改革取りまとめに不可欠の人であっただけに、明治三年（一八七〇）に逝ったことは惜しまれる。小松ありせば、鹿児島県民が真二つに割れて闘った西南戦争の悲劇もあるいは回避されていたかもしれないと思うのは妄想であろうか。著者は小松の顕彰という宿志を本書に込められているが、長年の誠実な史料博捜のご努力の結果、いわゆる顕彰史観をこえた伝記になったと思う。私達は、小松を育んだ薩摩の風土をあらためて見直すことから、将来への方向性を探っていかなければならない。

昭和六十一年四月

鹿児島大学助教授〔当時〕　原口　泉

改訂版を出すにあたって

明治維新の立役者小松帯刀《こまつたてわき》の顕彰を願って自費出版した『幻の宰相　小松帯刀伝』がはからずも「南日本出版文化賞」を頂くことになり、御愛読の方々から、激励と御好評を賜わり、感謝に堪えません。最近各地から、注文や照会が絶えませんが、品切れのため、御迷惑をかけて参りました。そのため各方面より再版を要望される方々が多いので、今回上、下巻を合本、それに新しい資料を加えて、改訂版として再版することになりました。

さて五十余年〔当時〕の昔、昭和十年十月、南九州で陸軍大演習が挙行されたことがあります。その折、鹿児島に行幸された昭和天皇が、明治の元勲、従四位小松清廉《こまつきよかど》（帯刀）の忠誠を賞し、勅使を派遣して、墓前に祭粢料《さいしりょう》を御下賜になりました。村民はその栄光を永く後世に伝えるため、記念の石燈籠を建て、由来を刻んで天皇の御厚恩と帯刀の遺勲を追慕していますので、その石燈籠の由来と写真を本書に載せてあります。それでお喜びであろうと昭和天皇に御献本申し上げましたところ、早速御受納いただき、皇室図書館に御収蔵されたとのこと、光栄に深く感激いたしました。その後どのような便《つて》でわかったのか、突然遥か遠い米国議員会図書館からも特別御注文をいただき、びっくりして納本いたしました。

このように明治を遠く隔てた時代に、昭和天皇が小松帯刀の功績を心に留められ、祭粢料を御下賜なさるのに、日本の繁栄としあわせが明治の国おこしのおかげであることを忘れ果て、小松帯刀の顕彰を怠っていることは実になげかわしいことであります。

これ程の功労ある明治維新第一級の英傑小松帯刀に対し、われら国民は何を報いたであろうか。今や小松帯刀の墓はさびれ果て、詣でる人もなく、生誕地や邸跡に石碑一つなく、彼の功績を伝える銅像もない。

小松帯刀の偉大な功績や人徳に感銘されて、吉利の地を訪れた埼玉県の史家高麗《こま》博茂《ひろしげ》先生は、詣でる者も少ない、さびしい小松の墓を訪れ、

「あれ程の偉人なのに、生誕地にも屋敷跡にも石碑一つなく、顕彰碑や銅像もないとは実に慨嘆に堪えません」

と絶句されたと聞きます。

西郷隆盛、大久保利通《おおくぼとしみち》、五代友厚《ごだいともあつ》、その他坂本龍馬、中岡慎太郎など、幕末の志士たちは、みんな銅像が建てられて顕彰されているのに、どうして維新第一級の功労者小松帯刀だけ、顕彰の銅像がないのだろうか。西郷、大久保と三人一体となって功績をあげた小松なので、三人そろって銅像がほしいものです。次に小松帯刀に対する評価二、三をあげて、当時如何に小松の功績が大きかったかを探してみたいと思います。

先年鹿児島県史料編纂所から発刊された『鹿児島県史料』第二十一集の「小松帯刀伝」の解題では、

薩藩誠忠組の幕末史上における役割を考えるとき、帯刀の果たした役割は極めて重大であるが、病弱のため明治三年三十六歳の若さで没した。従って明治維新といえば西郷、大久保ときて、小松の名はかすんでしまう。しかし実は西郷、大久保の働きは、小松の存在を抜きにしては考えられないのである。

と小松の業績を大きく評価しています。

また当時明治維新の動向を、つぶさに見ていた英国の外交官アーネスト・サトウは、『一外交官の見た明治維新』にて、

小松は私の知っている日本人の中で、一番魅力のある人物で、家老の家柄であるが、そういう階級の人間に似あわず、政治的才能があり、態度が人にすぐれ、友情に厚く、そんな点で人々に傑出していた。

と彼の政治力と人柄をほめています。

東京在住の堀貞義先生から、小松帯刀の古文書があるとのことで、そのコピーを送っていただきました。それは小松帯刀が、ご本人の曽祖父、堀直太郎あてに出された書翰で、内容は薩摩藩が討幕軍を率いて出陣することを、土佐の後藤象二郎に送ったものと同一のもので、重要な資料ですので、黎明館(鹿児島県歴史資料センター黎明館)に寄贈しましたが、

「わが身は(当時、小松は城代家老であった)当然討幕軍を率いて出陣すべき時であるのに、残念ながら重病に罹《かか》り、出陣できないのは、まことに申しわけないことである。この千載一遇の好機に、国のため粉骨砕身の御奉公が出来ないのは、実に痛恨のきわみで、わが身の不運を、かつ恨み、かつ嘆く外《ほか》はない」

と書かれてあります。堀貞義先生の手紙では、

「曽祖父、堀直太郎は、小松帯刀と親しい間柄で、明治二年官軍の参謀として薩軍を率い、奥州攻略軍を指揮していた人であった。その祖父が、子息に遺言して、『この書翰は、明治維新第一の功労者、小松帯刀公から頂いたものであるから、なくせぬよう大事に子々孫々に伝え、わが家の家宝とせよ』と言って残されたものである。このたび貴著『小松帯刀伝』を通読して、曽祖父からの遺言を思い出して、このコピーを送ることにした」

との文面であったように記憶しています。

この手紙を頂いて、小松と同時代に活躍した人々が、如何に小松帯刀の功績を高く評価していたか、今さらの如く、実感として受けとめることができたのであります。

ほんとうの史実・証言・記録が、後代に書かれた歴史小説と違っていることが多いことを強く感じました。現代の小松帯刀に対する低い評価は、当時の史実・証拠を再発掘することによって改められ、その真実が判明出来ると思われてなりません。

平成三年八月

著者　瀬野冨吉

復刊によせて

小松帯刀なくして明治維新を語ることはできない、という瀬野冨吉先生の想いが、私の想いとなったのは、いつからだっただろうか。私の妻は今でも、『幻の宰相　小松帯刀伝』の序文の依頼に公務員宿舎の四階まで来られた先生のお顔が忘れられないと言う。昭和の終わり、三十代だった私に丁寧に頭を下げられ、切々とその胸中を吐露されたのである。

こうして昭和六十一年（一九八六）、はじめての本格的な小松帯刀伝が誕生した。「南日本出版文化賞」を受賞し、上下二巻は合本となり皇室へも献上されたが、自費出版のため、流布は県内に限られていた。

本書の出版がきっかけとなり、平成五年鹿児島市の小松帯刀邸の故地（県文化センター前）に、銅像が完成し、そのお祝いに焼酎・小松帯刀も誕生した。この間の事情については、拙著『龍馬を超えた男　小松帯刀』（二〇〇八年・グラフ社）に記しておいた。冨吉先生の没後、ご長男の冨士雄氏が顕彰活動を継いでおられた。しかしその冨士雄氏も物故され、平成二十年NHK大河ドラマ「篤姫」が放送されるまでは、幻の名著となっていた。「篤姫」では宮尾登美子先生の原作に登場しない小松帯刀が準主役である。年間、五十回の中で、肝付尚五郎（小松帯刀）は於一《おかつ》（天璋院篤姫）とともに毎回、登場する。天保六年（一八三五）、同い年生まれの薩摩出身の二人が、少年・少女時代から成長していく過程を通して、幕末から明治維新の大河の流れが、ドラマでは描かれている。幸い、地元鹿児島では視聴率が四十％を超え、福岡でも三十％を超える反響をいただいている。歴史上、マイナーであった小松が、脚本家田渕久美子氏の筆により今や「日本一の男」になりつつある。

小松の京都屋敷（現、同志社大学新町校舎）の近くには今年七月記念の石碑も建てられた。坂本龍馬、木戸孝允、西郷隆盛、小松らの間で薩長同盟が結ばれた小松屋敷は、近代日本誕生の地、とも言える。

もし小松という名家老がいなかったら、薩長同盟が結ばれていただろうか――。

今年四月、日置市の内田大三氏から私に紹介された、小松の妻お近あての手紙は、小松が薩長同盟の真の立役者であることを示すものであった。

手紙は慶応元年（一八六五）七月、出張先の長崎から出された。「清心丸」という薬を送ったこと、自分は「大元気」だから安心するようにと書いている。

小松は長崎で、長州の井上馨、伊藤博文に会い、第二次長州征伐で苦境に立たされた長州藩のために軍艦、武器を購入することを約束している。実はこの軍事同盟は、この年の六月には締結されているはずだった。西郷は、木戸と坂本が待つ下関に向かっていたが、大久保利通からの上京要請を受け、二人をすっぽかしたのである。いったん頓挫した同盟だったが、小松の努力で半年後によみがえった。

幕末、いずれの藩も勤皇、倒幕をめぐって藩内が分裂した。慶応元年、福岡藩と人吉藩では「乙丑の獄」「乙丑の変」と呼ばれる勤王党の粛清があった。しかし薩摩藩だけは、お由良騒動という家督をめぐる激しい対立があったにもかかわらず、藩が分裂することなく明治維新に臨んでいる。禁門の変から戊辰戦争まで、薩摩藩の「一藩勤王」を旗印とする集団の組織力が圧倒的な軍事力をひき出したのである。合戦をサッカーの試合にたとえれば、薩長というチームには国民的英雄、西郷隆盛というスタープレーヤーがいた。ピッチの指令塔は、緻密で冷静な大久保利通であろう。西郷の持つ天賦の個人的能力で鳥羽、伏見の緒戦に圧勝、その一年半後、箱館戦争で戊辰戦争は幕を閉じた。

私たち現代の観客は、選手の活躍に目を奪われがちだが、選手を起用したのは監督である。西郷を二度も奄美の島々から召還したのは小松の島津久光への説得があったからである。絶対的権力者である久光は、いわばチームのオーナーである。

小松と久光は、同じ門閥でいとこ同志でもあった。久光は文久二年の率兵上京ではじめて中央政界に進出するが、このとき以来、二十七歳の小松に全幅の信頼を寄せるようになった。そして小松は、軍事、教育、財政、あらゆる部門のトップとなり、久光の期待に応えたのである。

薩長同盟から、大政奉還まで薩摩藩をリードしていた小松が、なぜ王政復古の大号令に参画しなかったのか――議論が分かれるところであろう。「足痛」で病が重かったとしても、死を賭してでも参加できたはずである。私には、敢えて大久保を行かせたという気がする。新しい国家をつくるためには、かなり大胆な手段が必要であった。坂本の暗殺後、小松の胸中にあった国家像は振幅しながらも、版籍奉還そして廃藩置県への現実的プロセスを熟慮していたのであろう。小松の欠席した王政復古の大号令は、まさに小松が描く国家づくりの序曲だったのではないだろうか。

小松はその心境を歌に託している

よろず代を　また改めて　今日よりは　天津ひつぎと　なりにけるかな

歌は、「限りなく久しく続く世を、また新しく変えて、今日からはほんとうに天子様がお治めになることになった」という意味である。「また」という言葉は、二ヶ月前の大政奉還を念頭に置いていたからであろう。徳川慶喜から大政を奉還された朝廷が、平安時代以来の摂政・関白を全廃して、新しく総裁・議定・参与体制に改め、王政復古の大号令が発令されたことを小松は心より喜んでいることがわかる。この新体制の参与には、二十日余り前に暗殺された坂本龍馬が第一に推薦した小松が就いた。

戊辰戦争での軍功として明治二年、賞典録が功臣に支給されたが、西郷二千石、大久保千八百石、小松千石であった。小松の待遇は、西郷・大久保に大きく引き離されている。翌年、小松は三十五歳で没し、いつしか維新の立役者は「幻の宰相」と呼ばれるように影が薄くなってしまった。

本書が小松ゆかりの京都の版元（小松京屋敷跡そば）から復刊されることに格別の意義を見い出すのは私だけではあるまい。心から喜び、復刊の序としたい。

平成二十年九月

鹿児島大学教授　原口　泉

目次

第三章　薩摩の力

第四章　薩長土の協力

拾遺　小松帯刀余話

付録　明治維新の推進者　小松帯刀の功績

プロローグ　小松帯刀　人吉の災禍を救う

球磨川《くまがわ》の上流にある人吉《ひとよし》の町は、相良越前守頼基《さがらえちぜんのかみよりもと》の城下町として栄えた平和な町であった。この城下町が突然の大火のため、一日で灰の町と化してしまった。文久二年（一八六二）二月七日のことである。

朝から北西の風が吹き荒れていて、雲足も早く、何かしら不吉な予感がする日であった。

正午ごろ、上鍛冶屋町《かみかじやまち》の恒松新右衛門《つねまつしんえもん》宅から出火した。折からの烈風にあおられ、火の粉を方々に吹き散らし、次々に町々へ燃え広がり、一面の大火になってしまった。

球磨川を挟む向こう岸の町は、川幅が広いので、よもやここまでは――大丈夫と思っていたところ、烈風に吹き散らされた火の粉が、飛び火したため、川を挟んで町中が、ついに火の海となった。消火も手がつけられず、家財道具も運び出すこともできず、逃げ出すのがやっとであった。「あれよ、あれよ」と逃げまどっている間に、火の手はお城に燃え移った。高い石垣と森に囲まれた人吉城は、たちまち猛火に包まれ、空高く偉容を誇っていたお城も、武器庫も、米倉も、みんな焼け落ちてしまったのである。

さらに運の悪いことには、三日後の二月十日に、人吉藩は総出動の大演習を行う予定であったので、弓矢、鉄砲はもちろん、刀剣・槍・甲冑・旗指物《はたさしもの》までみんな手入れや、修繕を済ませ、手近い座敷に立て並べてあったのである。思いがけないこの猛火のために、大事な殿様の甲冑から刀剣まで、すっかり焼けてしまい、参加予定全員の武器甲冑なども、大方焼けてしまった。

当時、国内では幕府と長州の対立が険悪になっているし、外国からは開港を迫られ、京の朝廷よりは攘夷を急がせられ、内憂外患の時局で、いつ戦乱が勃発するかわからない情勢であったので、幕府は全国列藩に武備を充実するように促してくる。

この時に人吉藩は、かつてない災難に遭い、城や町の復旧、武器の調製など、どれも急がねばならぬことばかりなのに、財政は逼迫し、材料は欠乏して、どうしてよいやら、手のつけようもなかった。人吉藩の五人の家老は、この難局を切り抜けるには、借金による復旧しかないとの結論に達し、差し当たり復旧に要する額を、一万五千両と見積もって、これを肥後熊本の細川越中守様に、借用をお願いすることで殿様のお許しを得たのである。

家老の一人渋谷氏は、この災害を幕府に伝えて、参勤交替を一応延ばしていただき、その事情を直接釈明のため、江戸へ向かった。

熊本の細川家へは、家老犬童《いんどう》氏が借用の交渉に当たることになった。家老犬童は大火災害の概況、城や町の復旧計画、武器甲冑購入費用のことを文書にし、細川家に出向き、金一万五千両の借用をお願いして救助下さるよう頼んだ。細川家では隣国の災難救助の要請であるので、勝手掛《かってがかり》(予算係)で評議することにして、返事するとのことである。

家老犬童は、熊本の旅宿に泊まり込んで、よい返事が出るのを待つことになる。細川家では勝手掛で評議してみたが、ここもまた借金がかさんで、銀繰《かねぐ》りに困窮してどうにもならない。心ならずも繰り合わせができかねるので、あしからず御了承いただきたいと断りの返事であった。

今日は吉報が出るか、明日は来るかと、約一ヵ月を熊本の旅宿で待ちわびていた家老犬童は、意外の御返書にがっかりして、

「君命を辱しめ申しわけない。腹掻き切っておわびしよう」

と悲歎にくれたが、一応は人吉に帰って殿様に御報告だけはせねばと帰国する。家老犬童の復命を聞いて、皆茫然となっているところに、渋谷家老から「江戸を発って帰国の途中立ち寄った大坂で、近江屋《おうみや》半右衛門から一万両借用の相談ができた」との知らせが届いたので、やっと元気を取り戻したのである。

そこで残りの五千両を薩摩の島津家にお願いするほかないと、再び使者を家老犬童に命じ、渋谷家老の子息練助《れんすけ》(後の礼助)に随行を申しつけられた。家老犬童はもし今回も吉報が得られない場合、今度こそ切腹、と悲壮な決心で出かけた。

鎖国厳重な薩摩藩のこと、国ざかいには道らしい道もなく、他国者は引っ捕らえて厳刑に処するおきてと聞いているので、まず途中の外城《とじょう》、大口の御仮屋《かりや》(役所)にその旨を届け、苦労して、やっと鹿児島にたどり着いた。一泊して島津家の

鶴丸城写真(写真提供 尚古集成館)

お城に出向き、大手門の門番に、

「人吉相良藩からの使者でござる」

と伝えると、既に大口から早飛脚の連絡があったものと思われ、

「ああ、大口の御仮屋から知らせが来ている。さあどうぞお通り下され」

とのことで、案外あっさり入門を許してくれた。

「この分なら、借金の交渉も、うまくゆくかもしれぬぞ」

とやや安心して、城内の取次所に立った。

「人吉の相良家よりのお使いで参り申した。ぜひ重役に御目にかかりたい。

お取次ぎ、お頼み申す」

と申し出ると、取次ぎの書生(得能良介《とくのうりょうすけ》であった由《よし》)が、

「御氏名、御職名は何と仰せられるか」

「相良越前守の家老犬童、これなるは同じく随員の渋谷と申す」

と言うと、

「何用でござるか」

「御用は重役に御目にかかった上で」

と告げると、

「御用がわからなければ、取次ぎはできぬ」

と言う。仕方がないから、

「人吉が大火に遭って拝借金を御相談するため」

と言うと、

「どれほど借用なさるのか」

と尋ねる。

「それは重役に御目にかかった上で」

と答えると、

「金額がわからなければ取次ぎはできぬ」

と突っぱねる。書生の分際で生意気な奴と思うけれど、仕方がないので、

「金五千両ほど」

「それくらいなら、できるだろう」

と独り言のように告げて、奥へ引っ込んでしまった。二人が憤慨して、

「書生の分際で生意気なやつ」

「あの軽率な言動は、何といまいましいやつか」

と話し合っていると、間もなく重役であろうか、見たところ、三十歳に満たぬような貴公子然とした紅顔の青年が現れた。

これが島津家の重役だろうか。たしか島津家の家老は、島津左衛門《しまづさえもん》、川上但馬《かわかみたじま》、新納駿河《にいろするが》というような高齢のお歴々であると聞いていたので、このような若い家老がいたとは知らない。あるいは家老の代理かも――こんな若い代理では五千両という大金の相談などできるだろうかと少々不安になった。

「長らくお待たせ申した。それがし当藩の家老小松帯刀《こまつたてわき》でござる」

ああ、やっぱり代理者ではなく、正真正銘の家老であったか、確か小松帯刀とか言われたなと、もう一度心の中で繰り返した。

「私どもは人吉藩の者で、家老犬童、これなるは随行の渋谷と申す。本日は相良越前守の名代で、御相談に参り申した」

「それは、はるばる大儀でござる。いま取次ぎの話によると、人吉藩ではひどい大火事に遭われたそうで、隣藩として御地の御災難、まことにお気の毒に堪えません」

「既にお聞きかもわかりませんが、本年人吉は思わぬ大火で、お城も何もかも丸焼けになり難渋しております。本日は越

前守の命で復旧用金の借用御相談に上がりました」

と言って、詳しく大火の災害の模様を話すと、

「よくわかり申した。お申込みの金額五千両ほどとの話であった由《よし》ですが、それでよろしゅうござるか、お急ぎなれば、明日にでも準備させ申す」

「これは、これは、ありがとうございます。五千両で結構でございます」

「もしそれで不足の折には、いつにても御遠慮なく申し出てくだされ。できるだけの御助力はするつもりです。お隣同士の国です。困った時こそ、お互い様です。お金は明日にても、お持ち帰り下され」

「やあ、まことにありがとうございます。それを承って安心しました。拝借についてはいずれまた改めて、御返済方法など掛《かかり》とよく相談した上で」

と言うと、

「このような非常の際に、そのような返済のことなどは、来春ゆるゆるにてもよい。とにかく金を持って急いでお帰りなされよ。恐らく相良家でも、借用できたろうかと、気づかってお待ちであろう」

とまことに親切に言われ、思わず涙が出そうに感激したが、二人は
「ほんとうにありがとうございます」

「やっぱり御返済について話し合った上で、また改めて参上いたします。ではよろしくお願い申します」

と礼を申してお城を引き揚げた。お城を後に宿屋へ向かう途中でも、

「薩摩には、若い肝の据わった重役がいるものだ。さすがは薩摩だ。若いがたいした重役だ。確か小松帯刀と言われたね」

「偉いもんだ。あの若さで、見上げたもんだ」

と語りながら、その人柄にすっかり惚れてしまった。翌朝二人は宿所を出立して、晴ればれした気持ちで人吉へ向かった。

明けて文久三年(一八六三)二月、再び家老犬童は御使者として薩摩に行き、十年年賦の米で返済することで契約し、金五千両を借用した。その後復旧についても、薩摩藩は直接間接に種々の便宜を計られた。特に小松家老は薩摩から大工、

左官、木挽《こびき》、瓦屋、桶屋等の沢山の職人を、人吉に出稼ぎに送られ、今に至るまでこれが続いている。そして人吉や球磨郡内に養子入りしたり、嫁をもらったりして、球磨と薩摩に親戚縁者ができるようになったのは、この時から始まったのである。

あとで聞いたことであるが、文久二年の当時、小松帯刀は二十八歳の若さで家老となっている。そしてその外に兼務として、藩の銀繰《かねぐり》（予算係）の勝手方をはじめ、御軍役掛、琉球掛、琉球産物掛、御製薬掛、唐物取締掛、造士館掛（教育）、演武館掛（武芸）、御改革方（企画）、御内用方（島津家事）、佐土原掛、蒸汽船掛（交易・輸送・軍事）などを一手に任せられ、島津藩の軍備、教育、経済、交易、予算などを兼務していた。若い重役が即座に五千両の御用立てを承諾された肝っ玉、切れ味がよかったわけがわかって、一層小松帯刀の人柄に感銘したのである。

それ以来、家老犬童は心ひそかに、

「この小松帯刀という家老は、温和な顔で、親しみのある人柄であるが、大した人物で、将来必ず大きな仕事をする人であろう」

と思っていたが、果たして後に、西郷、大久保と共に、幕末の中心となって画策し、土佐の坂本龍馬、後藤象二郎《ごとうしょうじろう》、長州の木戸孝允《きどたかよし》、公卿《くぎょう》の岩倉具視《いわくらともみ》などの天下の志士と結び、明治の国興しの大業、王政復古に功績を挙げたのである。

わずか二十八歳の若さで、島津七十七万石の大藩の家老となって、敏腕をふるう小松帯刀とは、一体どのような人物だったのだろう。小松帯刀の人物を、ここまで育てたものは、何であったのか。

その他、幾多の人材がどうして生まれたのであろうか。

それは「明治維新の功績第一」と称せられている藩主島津斉彬《しまづなりあきら》（照国公《しょうこくこう》）の薫陶の賜物であった。

第一章　島津斉彬の功績——明治の国興し第一の功労者

一　斉彬初のお国入り

島津斉彬《しまづなりあきら》は、二十七代藩主斉興《なりおき》の嫡子であったが、江戸で生まれ江戸で育ち、全く郷里の薩摩を知らない。十八歳で幕府の一族、一橋《ひとつばし》家の長女と結婚し、十一代将軍家斉《いえなり》の正妻が大叔母である斉彬は、若いころから幕府の首脳と交友し、人柄が良いだけでなく、国内の実情、世界の情勢に明るいので、有力な諸侯や幕閣から好感をもたれ敬愛されていた。好学心が強く、日本歴史や漢学をはじめ、西欧の科学にも興味を持って、新しい文明を採り入れようと考えていたので、若いころから英明第一のうわさがあったほどである。

天保六年（一八三五）、斉彬は二十七歳の時、郷国薩摩へ初めてお国入りしている。見るもの聞くもの、すべてが珍しい斉彬は、二、三人の側近を連れ、お忍びであちこちをとび歩いて、さまざまな経験を得た。斉彬は人生勉強だと思っている。このようにして入国してからわずか八ヵ月ではあったが、この若殿は概略次のようなことで、藩士や百姓庶民に、強い印象を残し、好感を抱かせた。

その行績を簡単に述べると

一　家臣の子弟を集めて文武の芸を試みる。
二　谷山の中村で砲術の演習を実施させる。
三　士卒を集め自分で教練の指揮をとる。
四　敬老会を開いて八十歳以上の老人を招き、食を設けてねぎらい、自ら言葉をかけて、おみやげ物を与える。
五　野山に鷹狩をする。鷹が人家に飛び込むと、その家を訪ねて、百姓町人にも気やすく言葉をかけてわびる。あとでそれが若殿様だと聞いてびっくりする。
六　前触れもなく近臣二、三人を連れて農村に出て、農民生活に直接触れて、言葉をかけ農民の苦労をいたわる。

このようなことが度重なるので、うわさは津々浦々に伝わり、人々は大変喜び、人気がある。だからこの若殿が八ヵ月で江戸に帰る時には、みんな涙を流して別れを惜しむほどであった。

ちょうどこの年（天保六年）に肝付尚五郎《きもつきなおごろう》（小松帯刀《こまつたてわき》）は生まれている。尚五郎は少年のころからこの人気のある斉彬の若い頃の話を、よく聞かされたのである。

二　肝付尚五郎（小松帯刀）の若き時代

肝付尚五郎は天保六年（一八三五）十月十四日鹿児島の肝付《きもつき》家（喜入《きいれ》どん屋敷）で生まれた。肝付邸はお城の前で、現在の鹿児島市役所の東隣の、広い邸であった。

父は喜入領主肝付主殿兼善《きもつきとのものかねよし》、母は重富《しげとみ》領主、島津山城守忠寛《しまづやましろのかみただひろ》の娘、第三子である。

領主の家柄だけに幼いころからとても大事に育てられたからであろう。ややおとなしい少年で、孝心深い母思いの優しい人柄に育ったようである。

早くから書を習い、十歳のころからは漢学者の横山安容《よこやまあんよう》先生について儒学を学び、昼は造士館に通い、夜は夜中でも目覚めると夜通し読書するほど、勉強好きである。

また和歌が好きで八田知紀《はったとものり》について歌道を学び、号を観瀾《かんらん》または香雪斎《こうせつさい》とも称し、長じても和歌を作っている。

尚五郎十六歳の時、藩をゆるがす大騒動が起こった。藩主斉興の側室お由良《ゆら》に気脈を通じた重臣たちが、邪悪な行動で斉彬の跡継ぎのじゃまをするので、憤慨した誠忠派が結束して、これを倒そうと画策した。

この企てを、ひそかに反対派の重臣に告げる者があり、その企てが発覚したのである。これを知って激しく怒った斉興は、その首謀者数名に切腹を命じ、あるいは流刑に処し、ほか数十名に左遷や格下げを命じ、家禄を取り上げた。それに対し西郷、大久保、高崎など義憤に燃える若者たちは互いに往き来して正義を唱え、次第に若きグループが集まるようになった。尚五郎もこれらの正義派のグループと交友して出歩くので、母上は心配して、伴《とも》なしに一人で出歩かぬように命じ、また、側近にも必ずお伴するよう言いつけた。尚五郎は、

「われらはお伴などを連れて歩くような身分でないけれど、母上が心配されるので、ついて来るのは仕方がないが、途中まででよいから、あとは暇をつぶして遊んで帰れ」

と言って帰されるのが常であった。

そのころから薩摩琵琶《さつまびわ》を習って、志気を奮い起こしていたが、あまりそれに凝って琵琶を手放さないほどであったので、家令はこれを心配して、肝付家祖先の忠勇義烈の話をして、

「祖先の功績に恥ずかしくないように」

と訓戒したところ、涙を流して感激して聞いていた尚五郎は、直ちに琵琶糸をかなぐり捨てて棚に押し込み、それ以来琵琶を手にせず一層勉学に励み武芸に精出すようになった。

また、幼少時代から示現流《じげんりゅう》を習い、少年期からは演武館《えんぶかん》で剣の修練に励んだ。

特に馬術は好きで、乗馬の訓練をしたり、忍びで馬の遠乗りをしたので、後になって京でも馬で行動することが多く、乗馬の名人として評判されたほどである。

しかし、尚五郎の悩みは、すぐ風邪などにかかりやすい体質である。幼少からあまりに大事に育てられ、鍛えられていないせいであろう。母上はこれを心配して毎年温泉保養をさせた。

三　尚五郎の霧島温泉保養

尚五郎は霧島の温泉が好きであった。霧島は温泉の宝庫である。硫黄、明礬《みょうばん》、鉄湯、炭酸泉、カルシウム泉、ラジウム泉など各種の温泉が湧く。近隣の村人はもちろん、遠く鹿児島や大隅半島、都城《みやこのじょう》方面から、湯治に来る客が多い。

そのころは栄之尾《えのお》温泉、硫黄谷《いおうだに》温泉、栗川温泉、殿様の殿湯《とのゆ》温泉があり、少し下ると塩浸《しおひたし》温泉、安楽温泉、妙見温泉と続いていた。

硫黄谷温泉（『三国名勝図会』より）

特に霧島では栄之尾温泉と、硫黄谷温泉の霧島湯、高千穂湯が有名で、明治、大正時代には霧島登山客や、修学旅行の宿泊地としてにぎわったものである。

戦後は食糧難や風水害で、一時寂れたとはいえ、日本最初の国定公園の指定を受け、霧島は林田、丸尾、神宮付近に豪華な大型ホテルが建ち並ぶ有数の観光地になったが、昔の硫黄谷温泉の霧島湯は、今も霧島ホテルとして、豊富な湯量と各種多様な泉質の温泉を誇りながら、往時の名残りをとどめている。

尚五郎が保養に霧島温泉を利用したころは、保養を目的とした山の湯治場であったから、湯治客はおよそ一週間か十日間ぐらい自炊しながら、今日はここ、明日はあそこ、あるいは朝、昼、晩と泉質の違った温泉に入って湯治するのが、当時の温泉場風景であった。

尚五郎は栄之尾温泉の賄《まかな》い付きの上客である。今日は栄之尾から硫黄谷温泉に入ろうと、尚五郎主従は出掛ける。今日も湯治客が多い。二人は湯船の中では、あまり話さぬことにしている。どことなく気品のある青年に見えるが、これが喜入の殿様の若様だと気付く人はいない。

がやがやと湯船では珍しい世間話が出たりする。得意顔にお国自慢も出る。

「お主はどこからおいでかな」

「国分の者じゃ」

「国分ならたばこの本場じゃね」

「うん。花は霧島、たばこは国分と唄い申《も》すから」

「国分のたばこも、よか銀《かね》になり申《も》すか」

「いやいや、お米のとりたてがきびしうて、せっかくのたばこもつくれ申《も》さん」

「もっとお上《かみ》は百姓の収入も考えてほしい。国分たばこや、焼酎を作って、よそに売り出せば、殿様も、儲《も》けやっとにね」

「なかなか上《うえ》ん方《かた》たちは、下々ん事はわかいやらんからね」

百姓は本年の作柄の話やお米の税の取り立ての話をする。女の色恋や、駆け落ちの話に花が咲く。中には物知りの男がいて鹿児島で起こったことや、藩政や江戸の話まで飛び出す。そんな話を湯船のすみで尚五郎は、黙って聞いているのである。お客が入れ替わるごとに珍しい話、楽しい話、苦労話、ためになる話、たわいのない話などで、身も心もゆったり温まってきた。尚五郎は家僕を促して、

「もう、上がろうか」

と体の汗をふきふき外に出た。外はひんやりして秋の気配が肌にしみ、湯上がりの気持ちは何とも言えない。尚五郎は家僕に語る。

「ああ、よか湯だったね」

「はい。温泉はやはり薬になり申《も》す」

するとと尚五郎は、

「そうだな！　しかし温泉はただ保養ばかりではなかよ。湯船の中では、色んな世間話、ためになる話が聞かれもんで、いろいろ教えられることが多か。わしは生きた学問ができると思っとる」

と言うのである。家僕は心の中で感心しながら、

「この尚五郎殿はまだお若いのに、色々な世間話を聞いて生きた学問ができると言われるが、年に似合わず感心な心掛けだな。きっとこの尚五郎殿は大きな人物になるに違いない」

と思ったと人に語っている。

このような心掛けの尚五郎であったからこそ、師匠の横山安容先生は彼を信じて、斉彬公に推薦し、斉彬も彼を小松家の跡継ぎに勧め、久光も家老に登用し、後に西郷、大久保、小松三人が協力して、明治の国興しに大きな功績をあげることになったのであろう。

四　斉彬の軍政改革

そのころ西欧諸国は、世界中に自分の国の植民地を広げようと、商船や軍艦を送って次々に東洋に進出し、日本近海にも何回となく出没するようになった。

天保十一年（一八四〇）に、清国では阿片戦争が起こり、英国に敗れて、香港《ホンコン》を占領されたという情報が、長崎の清国人によって伝えられた。

朝廷では異国船の出没を心配し、天皇は幕府に対し、海防を厳にするよう命じた。

弘化三年（一八四六）、イギリスとフランスの軍艦が、琉球に来航した。当時琉球の警備についていた薩摩の役人が、外人一人を射殺したので、問題になって、幕府に責任を問うてきた。

幕府の筆頭老中阿部《あべ》正弘《まさひろ》は、斉彬と交友して親しくしていたが、かねて海防に関する斉彬の見識に一目おいていたので、阿部は英国との交渉を斉彬に一任することにした。

まだ斉彬は藩主とはなっていなかったが、幕府の使節として、三十八歳の時、二度目の薩摩入りをすることになる。斉彬は鹿児島に着くと、海防に詳しい市来《いちき》政右衛門《まさえもん》に命じて、彼を琉球に渡らせ、琉球国人のように変装して交渉に当たらせ、無事難問を解決した。

この時帰国した市来から、外国の軍艦、武器の進歩していること、科学技術が発達していることを聞いて驚いた。これでは鎖国で遅れている日本が、もしも進んだ武器を装備した外国と戦いにでもなったら、ひとたまりもない。日本も早く軍艦・大砲を造り、海防を厳にしなければならない、と考えたのであった。

市来から報告を受けた斉彬は、まず海防に必要な大砲を造り、砲台を築き、砲術を習わせるなど軍政改革に取り組んだ。年寄りの家老たちは、斉彬が、やれ大砲、やれ砲台、やれ軍艦などと次々に西洋のまねをするので、せっかく調所笑左衛門《ずしょしょうざえもん》(広郷《ひろさと》)が苦労して残してくれたお金を、湯水のように使うこの若殿様のやり方に、苦い顔をする。このような老人たちでは、近代科学についていけない。だれか将来を託するに足る有望な若者はいないだろうか。そのため、この改革に当たり得る人材を探すことになる。

ここで小松相馬清猷《こまつそうまきよもと》が浮かび上がった。

五　小松清猷への期待

小松清猷はその時二十一歳である。文政十年(一八二七)の生まれで、西郷隆盛と同じ年の生まれである。清猷は吉利《よしとし》の領主であるが、幼時から才気にすぐれ、学を好み、書をよくしたので、神童とうわさされたほどである。清猷十歳の時の遺墨が残っているが、その筆跡は既に書道の大家の風格がある。

清猷の人となりは、礼儀正しく、容姿端麗で、貴公子の気品を備えていたので、将来大器となるであろうと期待され、島津一門の重富《しげとみ》島津家の娘を奥方に勧められていたが、早世されたので、今度は花岡の島津家の娘を迎えた。次々に島津一門から嫁を迎えていることで、いかに将来を期待された大器であったかがわかる。清猷は書や学問に優れていただけでなく、体も偉丈夫で武芸にも秀で、文武兼ね備わった英傑であった。

清猷十五歳、元服のころの容姿を描いた肖像画が残されているが、この肖像画も、容姿端麗、気品のある姿でいかにも大人物の風格がただよっている。その肖像画に賛がつけられ、詩が書かれている。

三五紅顔眼如㆓秋水㆒
戎服自装従容拠㆑几
緑髪縞帕朱唇皓歯
堂々威風千軍披㆑靡
于㆑文于㆑武無雙国士

これを意訳すれば、次のような意味である。

十五歳の若々しい紅顔、まなこは秋水の如くきれいに澄んで、武装姿でゆったりと床几《しょうぎ》に腰かけ、緑なす黒髪に白鉢巻をきりりと締め、まっ赤な唇に、まっ白い歯がこぼれ、威風堂々として、千軍をもなびかせる風格がある。文によし、武によし、まさに、天下無双の国士である

とあるから一軍の将か、一国の家老ともなるべき人材であったのである。

　斉彬は小松清猷の将来に、大きな期待をかけ、まず中央に出して一段の修業を積ませたいと思い、これを推薦したので、清猷は二十二歳で京に招かれた。さらに幕府の内情や幕閣の首脳にも触れさせておきたいと思ったのであろうか、幕府の老中阿部正弘に推薦したので、清猷は二十五歳の時、幕府に招聘され江戸に出ることになった。

六　斉彬、人材を起用する

嘉永四年（一八五一）、斉彬は四十三歳で封を継ぐことになって、第二十八代の藩主として、薩摩にお国入りすることになった。武士はもちろん庶民に至るまで待ち望んでいた若殿を、いよいよ藩主として迎える領民の喜びは大きかった。

斉彬は「英明天下第一」と称せられるうわさにたがわず、かねて抱いていた改革を次々に断行し、人材を起用してこれに当たらせた。

まず江戸に招かれていた小松清猷（二十六歳）を鹿児島に呼び戻し、御小姓《こしょう》として側近に仕えさせ、自分の抱負を話して薫陶した。そして翌年清猷（二十七歳）を御軍役惣頭取《おぐんやくそうとうどり》の大役に取り立て、軍政の改革に取り組んだ。異数の抜擢である。

安政元年（一八五四）、斉彬は、参勤交替で江戸に上ることになったので、琉球の海防の重要性を考え、最も信頼する御軍役惣頭取の小松清猷を、琉球《りゅうきゅう》（沖縄）警備の琉球使節として、軍を率いて琉球に派遣することにした。

斉彬は江戸へ出発する時、西郷吉之助（隆盛）を起用して連れて行き、中小姓に抜擢した。

それまで西郷は、郡方書記役《こおりかたしょきやく》という下役であったが、かねてから、よく意見書を具申する西郷を、当代まれな人物と見込んで、大抜擢したのである。

その他、将来に見込みのある青年を選抜して、江戸詰の御小姓として、中央で修業させるとともに、自分の側近で教育しようとの考えから、中山尚之介、谷村愛之助、児玉雄一郎、堀次郎など、優秀な若者を江戸に連れて行った。

少し遅れて横山安容の推挙した肝付尚五郎（後の小松帯刀）を本藩の奥小姓としたが、将来のある青年であるということで、翌年五月に江戸に招き、江戸詰の奥小姓、近習番に抜擢したのである。これらの御小姓は直接斉彬の薫陶を受け、ほとんどが中心的な人物となった。

西郷を抜擢して江戸に出た斉彬は、西郷を御庭方として、直接に話せるようにした。

「江戸に来て、幕府のやっていることを見て西郷はどう思うか」

「上様、外国のいくさ船がどんどん日本へ押し掛けるのに、幕府はしっかりした手もうっていないように見え申《も》す」

「うん、そこだ。わしもそう思う」

「上様、どうしたらこの日本が安心できるようになりますか」

「わしはな、幕府を改革せねば、日本が安心できるようにはならぬと思うとる」

「どうしたら、改革できるでしょうか」

国の政治についてまだ深く知らぬ西郷にとって、どんな手だてで幕府が改革できるか、まだまだわからない。斉彬は言う。

「もともと日本は天子様が国を治めるのが本筋である。天皇が将軍を任命して、国を守るように命じてあるのだから、幕府は諸藩をまとめて、朝廷を中心に一心同体になって外敵を防ぐようにしなければならない」

「それがしも全く上様と同じ意見です」

「それには幕府のやり方を変えねばならぬが、それを断固として実施できる将軍でないと、今のままでは改革はむずかしいぞ」

「どのように改革に手をつけたらよいのか、西郷ではわかりません」

幕府の将軍や、幕閣の大老、老中を替えて日本の政治を変えるのに、どうしたらよいのであろう。さすがの西郷も、ことが首脳部の交替だけに、手が届かぬのである。斉彬は、はっきり念を押すように、

「幕府を改めるには、越前の春嶽《しゅんがく》侯や、水戸の斉昭《なりあき》侯、土佐の容堂《ようどう》侯と我が藩などが話し合って、歩調を一つにせんとできんことだ。その役目を、西郷がわしにかわってやってもらわんとならぬ」

こうして有力な諸侯やその重臣と相談する重要な役目を西郷吉之助に与えたのである。西郷吉之助は体も横綱に劣らぬ巨大漢で、見るからに豪傑の風貌をしている。学識は深く、思慮と決断を兼ね備えた英傑であったので、斉彬は深く愛して「西郷は自分の宝である」と諸侯に自慢したほどである。

斉彬は男の子が次々に四人も生まれたのに、次々に幼くして急死し、今一人だけ五番目の虎寿丸が六歳になっていた。安政元年四月、斉彬が江戸へ出府して間のない六月、斉彬が突然不明の病気にかかり、やっと治りかけた七月二十三日、また世子虎寿丸が、たった一日の急病で亡くなった。

病名は疫痢《えきり》であるという。若様はその日の昼食後、急におもどしになり、昼十二回、夜二十五回も下痢なされ、夜中十二時ごろに、急に亡くなられたとのこと、翌朝になって家臣がこれを知って、驚き悲しんだ。どう考えてもただのおこり（疫痢）ではない。斉彬と若様の親子を毒殺しようとしたのだといううわさが流れ、やはりこれはお由良一派の仕業に違いないとひそひそ語られている。

示現流達人の有村次左衛門や、大山格之助などは、すぐにも国もとに帰って、奸女奸賊《かんじょかんぞく》共を斬り捨てんとの意気ごみであった。お由良騒動当時の斉興時代の重役、島津豊後《しまづぶんご》一派をそのまま留任させているのがいけない。しかし彼らを斬ると再びお家騒動が起こる。じっとがまんしている斉彬のために思いとどまるしかなかった。

幸いすぐまた男児が生まれ哲丸《てつまる》様と名付けられたので、このお子が世子となるだろうと思っていたところ、安政二年（一八五五）七月二十三日、斉彬は久光の子茂久《しげひさ》を養子に入れ、世子とすることを発表されたので、意外なことに驚き、皆は不満である。西郷は思いあまって、

「何故に実子哲丸様がおありなのに、久光殿の子茂久様を世子にされたのですか。西郷にはとんとわかりませんが」

すると斉彬は、

「吉之助、何を心得違いしているか。ただいま我が国は、外から迫ってくる外敵がいるのに、内で幕府や諸侯が反目し、朝廷の権威を忘れ、国の政治ががたがたしていることは、その方よく存じておろうが。今は一島津の世子のことで、騒ぐ時ではない。まことに国の前途が心配な時だ。それなのに、その方までが、まだ合点できぬのか」

と叱られたのである。

こうして久光の子、茂久が世子として決められた。

斉彬は藩主となってからは、昔のように、勝手に微行（お忍び）できないので、西郷を自分の半身のように信頼し、また西郷はこの殿様のためならと、命をかけて、手足のごとく動き回り、有力な諸侯や重臣と交わりを深め、幕府の改革運動を進めていた。

七　斉彬の薫陶

諸侯との交渉は西郷が走り回るので、斉彬は内にあって改革の企画を練ったり、人材の育成を心掛けるのであった。よく若手の御小姓たちを集めては世界の情勢や日本の現状を話し、斉彬の抱いている理想を語って、薫陶にあたった。集まった御小姓は十人内外であったが、その中には後日藩の重責について活躍する谷村愛之助・中山尚之助、児玉雄一郎・肝付尚五郎（小松帯刀）などが含まれている。

斉彬はかたわらに用意しておいた地球儀を指しながら、

「これが地球の模型で地球儀というものだが、この頃日本の周りに出没する外国の船の、イギリス・フランス・オランダ・ポルトガルなどは、このヨーロッパにある国で、アメリカはここだ。オロシヤ（ロシア）が我が国の北方にある。皆は将来の薩摩の政治を担い、日本の国興しをせねばならぬ有為な若者と思うから、わざわざ江戸に集めたのである。

島津斉彬愛用 地球儀（尚古集成館蔵）

江戸に来たからには、広く世の中の政治について勉強してほしい。特に今は日本だけでなく、眼《まなこ》を世界の情勢に向ける必要がある」

と言って地球儀をくるりと回した。

「いま話したこれらの西欧諸国はたいへん進んだ国で、大きな蒸気船で交易して、儲けるために（指さして）この東のインドや清国《しんこく》（今の中国）、日本までも押し掛けてきて、開港して通商をするように迫っている。

それを拒む国には軍艦を派遣して、大砲や鉄砲で無理を通し、戦争にでもなれば、たちまち占領して植民地にしてしまう。先年清国はイギリスとの戦いで、香港を占領されたそうである」

そんな他国に押し入ってくる敵は打ち払えばよいと思い、谷村が、

「上様、そんな敵は幕府でも『打払令』を出されたようですが」

と聞くと、斉彬は、

「それだから困るのだ。外敵の武器の進歩していることも知らないで、そんなことを考えている幕府の首脳の考え方がおかしい。わしは五年前、琉球でイギリスやフランスと交渉に当たらせたが、彼らの精巧な武器や軍艦のことや、進んだ文明科学の模様を聞いている。我が国は幕府が鎖国していたため、立ち遅れていて、危ない、危ない。今に戦争でも起こされたら、すぐに日本は負けて、国土をとられてしまうだけだよ」

御小姓たちは、またたきもせず、斉彬の話を聞いていた。皆初めて目が覚めた。

年長の中山が、

「恐れながら、上様、どうすればよいのですか」

「うん、よく聞いた。それには天下の政治を早く変えなければならぬ。」

まず、第一は日本は朝廷を中心に一本にまとまり、将軍をまっ先に幕府と諸藩が一つ心になって外敵に当たれるような、新しい日本にならねばいけない。やれ長州だ薩摩だなどと諸藩がばらばらでは、外国の大きな国の軍隊に太刀打ちできない。

第二は日本も早く外国の文明を学んで、強い軍隊、特に軍艦、大砲を作り砲台建設を急がねばならぬ。我が薩摩では反射炉を造り軍艦や商売兼用の汽船を造らせているのは、このためである。

第三は薩摩を早く富んだ国にすることが大切だ。金がなければ何もできない。薩摩が今、千石船で日本中の各藩と交易させているのもそれである。琉球、清国、呂宋島《ルソンとう》までも通商し、船印には日の丸を掲げさせている。

第四は交易でもうけるには、まだまだ産業を発展させ産物を増やさねばならぬ。それを日本に先がけて、薩摩がやってみせなくてはならない。そのために英語・オランダ語の本を読み、実地にこれを造らねばならぬ。そうすれば十年ぐらいで薩摩は日本一の富国になるぞ。いま考えているのは、造船所、鉄工所、ガラス、火薬、紡績、アルコール、陶磁器などである。これらの大きな製造工場を建設するのが夢だ。

第五は人材育成だよ。これらの事業をやる人材が必要だし、強い陸海軍の人材が必要だ。それを指導するのが、お主たち若い者たちだ。しっかり頼むぞ」

　皆は話を聞いてびっくりした。我が殿様は、英明天下第一と評判のある方と聞いてはいたが、このような大きな考えを持った藩主は、他のどこにもいないであろう。

「おそれながら、上様のお話で、初めて目が覚めたようです。このような御意見を幕府の方々に聞かせたいが、取り上げるでしょうか」

　肝付尚五郎の質問に、

「うん、そこなんだ。今、西郷を水戸侯、越前侯などに交渉させているが、これ以上は秘密工作でね」

と言うのであった。

八　斉彬、尚五郎を小松家の養子に薦める

　肝付尚五郎は六月江戸に着いて以来、他の小姓たちと同様、斉彬の奥小姓として勤務に励み、斉彬の抱負を聞く機会も多く、江戸でのお勤めを喜んでいた。ところが八月も末に近いころ、斉彬は、

「肝付尚五郎一人をこの部屋に呼んでこい」

と言い付け、尚五郎ただ一人だけ斉彬公の居間へ呼び出された。尚五郎は殿のお呼び出しは何事であろうと思いながら、

「肝付尚五郎、ただ今参上つかまつりました」

とおそるおそる廊下にうずくまって申し上げると、

「尚五郎か、中へ入れ」

とのお声に、滑るように座敷にはいつくばって座ると、

「尚五郎、頼みがある、近く座れ」

「ハイ」

「尚五郎、そちはいくつになった」

「ハイ、二十一でございます」

「そうか二十一か、そちは肝付家の三男だったね」

「ハイ、さようでございます」

「頼みというのは、ほかでもない。そちは養子に行かぬか」

「それはまた、どうしたわけでございますか」

「実は小松清猷が六月十七日、琉球(沖縄)で急死したとの知らせが届いた。それはまことかと、あまりのことに、予もびっくりした。大事な宝をなくした。まことに惜しい人材を失った。そなたも小松清猷は知っているだろうが」

「ハイ、藩の御軍役惣頭取の小松様ならよう知っております。邸はうちの近くですが、あの方が亡くなられたのですか」

「そうだ、そこで小松清猷跡目《あとめ》の養子に、尚五郎、そちがなってくれぬか」

「ハイ。あまり突然のことで」

「どうだ、尚五郎、養子は嫌か」

「嫌ではありませんが、あまり急なことで、びっくりしております」

「そちは肝付家の三男なれば、家は長男が継ぐし、そちにとっては小松家はまたとない家柄だぞ。どうだ。小松清猷には一人の妹がいるとのことだ。そなたも二十一、養子になって結婚するのも、もうよい年ごろだ。予はわずか十八で結婚させられたぞ」

「江戸に来てわずか二ヵ月余り、お殿様のお教えがよい勉強になりますので、お殿様のお側を離れるのが辛いですが、おっしゃる通りにいたします」

「そうか、承知してくれるか。これで予も亡くなった小松清猷に申し訳が立つのだ。あんな立派な惜しい男を死なしたのも、予が琉球にやったからだ。そちが跡目養子を承知してくれたのでせめてもの申し訳が立つ」

「もったいのうございます。お殿様にそのようにおっしゃられるのは」

「そちが承知してくれて、うれしいぞ。そちの肝付家も由緒ある家柄だが、小松家は祖先が桓武天皇から出た平家の家柄、忠孝の誉れの高い小松内大臣平重盛《たいらのしげもり》の直系の名家だそうな。また島津家でも、家老にもなれる一所持《いっしょもち》の家柄だから、尚五郎の力量次第では、そちも重役にもなれるのだ。がんばってくれよ」

「ハイ、お殿様の御教訓、しかと心に銘じて小松清猷殿の名を恥ずかしめぬようにいたします」

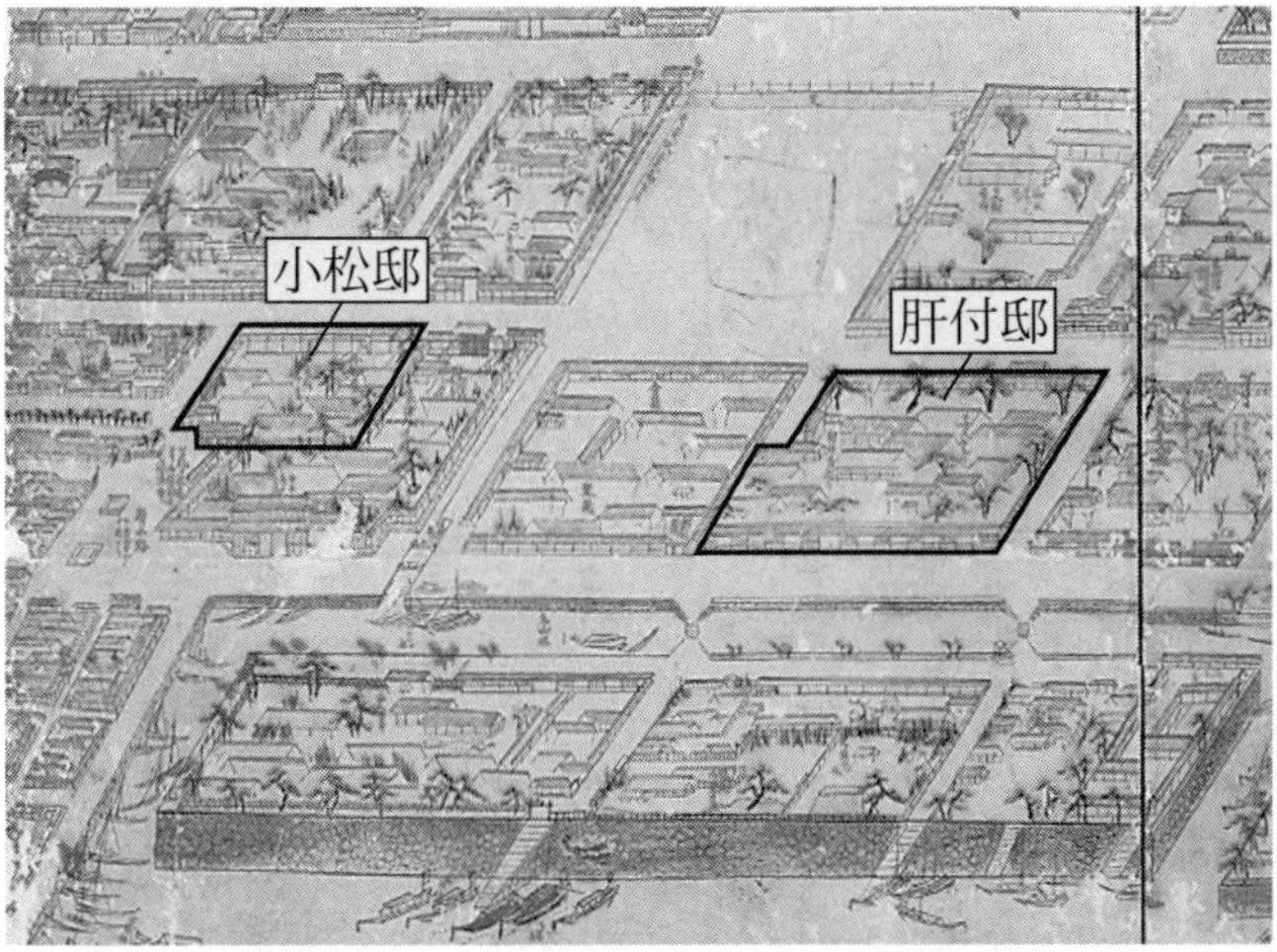

天保年間 鹿児島城下図（鹿児島市立美術館蔵）

「それでは、一刻も早く鹿児島に引き上げねばなるまい。九月三日、江戸を発つようにせよ。かれこれ準備もあろうから、今日は役所を下がってよいぞ」

　こうして殿様のお声がかりで、尚五郎は小松家跡目養子に決定したのである。

九　小松お千賀どの

　肝付尚五郎から、小松家養子の内諾を得た斉彬は、すぐ早飛脚で鹿児島の家老川上筑後に連絡した。

「小松相馬の跡目養子は、肝付尚五郎と話の上で、本人の了解を得た故、九月三日、尚五郎は江戸を出立して、帰郷の途につかせる。ついては両家にその旨を伝え、承諾を取り付け、万事を進めるように取り計らえ」

　斉彬の書状を受け取った家老筑後は、早速この旨を両家に伝え、

「この度お殿様のお知らせで、小松相馬の跡目養子に、肝付家三男の尚

五郎はいかがとのこと、御承諾できましょうや」

と小松家に伝える。小松家では先君清猷殿の死去にあって、どうなることかと、妹のお千賀《ちか》どのはじめ、家臣も心配していたところ、お殿様のお声掛かりで、肝付家の尚五郎君を、跡目養子に勧められたこととて、

「思いもよらぬ立派な御養子殿を、お勧め下され、お殿様のお言葉、有り難くお受けいたします」

と大変な喜びである。

肝付家でも家老筑後の連絡を聞いて、

「お殿様のお声掛かりで、吉利領主小松家の跡目養子にお勧めいただくこと、誠にもったいない有り難いお話でござる」

と父も母も大変喜び、九月三日、江戸を出立して帰る尚五郎を待つことになった。

尚五郎の日記には、

「君命を蒙《こうむ》り、九月三日、江戸を出立《しゅったつ》した」

と記されている。

尚五郎は旅を重ねて、十月八日、伊集院《いじゅういん》に着くと、出迎えに駆け付けた親戚友人に迎えられて横井茶屋で一休みし、その日の夕方、鹿児島に着いた。家で尚五郎の帰りを待っていた両親は、元気な尚五郎の姿を見て大層喜び、中でも祖母と母は、お殿様のお声掛かりで小松家養子に勧められたことを、目に涙を浮かべながら喜ぶのであった。

肝付家と小松家の邸は、共に鹿児島の中心、お城のすぐ前で、肝付家は今の鹿児島市役所の東隣、小松家は今の鹿児島東郵便局一帯の地で、両家の距離はわずか三百間ぐらい（およそ五五〇メートル）しか離れていないので、親同士は健在の時、知り合いの間柄であった。しかし尚五郎は、小松清猷殿が生前に御軍役惣頭取に出世された時、お祝いのあいさつに小松家へ行ったことはあるが、妹のお千賀どのには会ったことも、見かけたこともない。

この度、君命によって小松家の跡目養子として両家に話が進められたので、尚五郎は改めて小松家へあいさつに行かねばならない。

早速使いを立てて十月二十日にあいさつの日取りを連絡した。

尚五郎としては、一日でも早くお千賀どのに会ってみたい。お千賀どのは果たしてどんな人であろうか。兄の相馬殿は容姿のりりしい美丈夫であったから、妹のお千賀どのもきっと美しい娘ごであろう。自分の妻となる人に早く会ってみたいのは男心である。

お千賀どのにしてみれば、お殿様のお声掛かりで養子に来て下さる肝付尚五郎様は、一体どんな方であろうか。母上の話で「男前で、まことに立派な方で、お殿様のお気に入りである」と聞くだけで、まだ一度も見たことのない方である。自分が一生連れ添う夫として話が決まった人に早く会ってみたい。すぐにも飛んで行きたいのが娘心であろう。しかし女として、はしたない振る舞いは、慎まなければならない。じっとがまんして、尚五郎殿のおいでになる日を待っていた。

いよいよその日が来た。

尚五郎殿があいさつに見えられ、さて見合いの座で対面してみると、両方ともそわそわして尚五郎は「よろしく頼む」とだけ、お千賀どのは「よろしくお願い申します」と言って、下をうつむいているばかり。

しばらくしてお千賀どのは勇気を出して、そっと目を上げて盗み見をした。その一瞬、二人の目と目が合って、恥ずかしくて赤くなり、うつむいてしまった。

その一瞬の間に尚五郎殿の顔が、お千賀どのの胸に焼き付いた。

うわさ通り尚五郎殿は容姿端麗な、貴公子風の美男子で、切れ目の利口そうな顔が、緊張しているのか、やや赤らんでいるようである。もっとよく見たいと思うが、じろじろ見るようなはしたない素振りはできず、ただうつむいているばかりであった。

尚五郎は「お千賀どのは、自分より二つ年上である」と聞いていたが、見たところ、小柄なおっとりした、ふくよかな優しそうな顔である。ちっとも年上とは思えない。この娘ごなら優しく自分について来てくれるだろう。この人が自分の妻として一生連れ添ってくれる人かと思うと、急に抱きしめたいような気分に誘われた。これが恋心なのであろうか。

こうして形ばかりの面会となったが、今ごろのお見合いと違い、男女間の秩序が厳しい昔だった。

さてその後、二人の姿をみると、お千賀どのは夫尚五郎殿に優しくついて来ている。彼が家を留守にして京や江戸へ、国興しの運動で走り回るようになっても、ぐち一つ言わず黙ってついて来たからこそ小松帯刀（尚五郎）は国興しの大きな仕事に後顧の憂いなく、働くことができたのだろう。お千賀どのに送った帯刀の手紙も絶えず優しくいたわりの情のこもったものである。

さて、二人の結婚はどうなったろうか。当時の武家の結婚や養子縁組は、今と違って「足入れ婚」といわれる古風な方法で、今の恋愛結婚から見ると驚きというほかはない。

『小松帯刀日記』にその「足入れ婚」の模様が次のとおりはっきりと記されていて、非常に興味深い。

十二月に入って家老座の筑後殿より文書によって、次のように仰せ出された。

十二月五日より、小松相馬〔清猷〕跡目に付《つ》き、忌服仰付《おおせつけ》け候《そうろう》事。

この仰せ付けは、「養子として相馬の喪に服せよ」というのである。この日から小松家に入り夫婦として生活することを意味する。十二月五日に仮祝言を済ませ、いったん小松家で新婚生活に入り、以後五十日間夫婦として暮らしてみて、もし仮に、この人とは到底一生を連れ添う気がしない場合は破談となってしまうこともある。五十日間の同居生活の結果、二人が一生連れ添う覚悟があるならば、改めて仲人をたて、願人として文書による願書を家老座に出すことになっている。今の結婚届に当たるのであろう。

尚五郎は十二月五日に小松家に入り、一月二十五日で五十日となったので、二人の仲は心配要らぬことがはっきりした。改めて双方に願人という仲人役を依頼して、その願人から願書を出すことになった。肝付尚五郎の願人には島津隼見《しまづはやみ》殿がなって願書が提出されたのである。それを受けて家老座から、

「正月二十七日御用につき出頭せよ」

と仰せ出されたので、尚五郎は島津隼見殿とお城の御対面所にまかり出たところ、家老の筑後殿より手渡された書付は次のとおりであった。

小松相馬
継目養子ニ
左門三弟
肝付尚五郎
願　人
島津隼見

右之通《みぎのとおり》被《おおせ》二
仰出《いだされ》一候《そうろう》
正月　筑後

これが結婚願の許可書であった。続いて家老新納駿河よりの辞令。

詰衆《つめしゅう》　小松尚五郎

右之通被《おおせ》二
仰付《つけられ》一候
正月　駿河

これによって初めて小松尚五郎の名で詰衆を命ぜられた。そこで尚五郎は肝付家の紋付を脱ぎ、小松家の紋付に着替え、山吹の間で、同役の詰衆一同にあいさつを済ませ、これでその日の勤めはお暇《ひま》をいただいて城を出た。

それから御家老、若年寄、大目付の家々を回ってあいさつを済ませ、遅くなって帰宅した。邸には多くの来客が祝いに詰めかけ、それからにぎやかに披露の宴が開かれた。

こうして二十二歳で小松家の養子になり、改めて小松尚五郎となったのである。

十　領地吉利初入りの式

領地の吉利は南薩の吹上浜に面した農漁村である。日本三大砂丘の一つに数えられる吹上浜の砂丘は、吉利から南へ広がり、伊作では幅約半里(約二キロ)、長さおよそ十二里(約四十八キロ)に及ぶ美しい砂丘の海岸である。

安政五年(一八五八)、小松家を継いだ尚五郎は、小松帯刀清廉《こまつたてわききよかど》と改名して、吉利領主としての初入りの式を挙行することになった。初入部之式《はつにゅうぶのしき》という。これまで墓参や法事のため何度か吉利へ行ったが、今まで都合で延び延びになって、二月九日の挙式となったのである。

当日は朝、お千賀どの同道で、紋付袴で駕籠《かご》に乗って鹿児島を出立した。伊集院へ着くと、既に吉利よりは迎えが待っていたが、吉利郷界《さかい》の大川橋には大勢の家中が行列し、領民も見物に加わっての大歓迎である。帯刀お千賀どの二人は、お殿様用の立派な駕籠に乗り換えて、大橋より家中総人数で大名行列を組み、南谷城《なんでんじょう》の御仮屋《かりや》(役所)まで約一里(約四キロ)をゆるゆる行列は進んだ。やがて吉利御仮屋へ到着した。帯刀は御仮屋で裃《かみしも》に着替えて、役人が宝物倉から出した小松家重代の宝物を、床の前へ安置し、一つ一つ「拝見の儀」を済ませ、引き継ぎを終えた。

それから役人はじめ、奥勤《おくつとめ》の女御方《おなごがた》の面々に杯を交わし、そのほかの諸役にも祝酒をいただかせる。次に高お膳に並べられた吸物、取肴《とりざかな》の料理をとり、杯を回して儀式は済み、裃を紋付、袴に着替えて、初入部之式は終わった。

翌日はお千賀どのと連れだって、近臣二人の案内で吹上の浜辺へ見物に出掛けた。吹上浜は白砂青松の名所である。小松原の松は、海から吹き上げる汐風《しおかぜ》と砂に傷められ、まるで盆栽のような美しい枝振りの小松である。

「まあ！　枝振りのよい美しい松ですこと」

お邸育ちのお千賀どのには、見るものすべてが珍しく、小娘のようにうれしそうである。帯刀は八田知紀先生から聞いた有名な古歌を思い出し、

「〃吹上の浜の真砂《まさご》に埋《うず》もれて　老木《おいぎ》ながらの小松原かな〃という歌があるが、これが『正木葛《まさきのかずら》』巻十にある『吹上の松』の名歌だよ」

と教えると、お千賀どのは目を輝かせて、帯刀殿の教養に感嘆し、しげしげと見上げるのであった。

帯刀にとっても、このような美しい白砂の小松原を二人で散策するのはよい思い出になるだろう。いつの間にか海の見える浜辺に出た。ぱっと青い大海原が開け、左に野間岳《のまだけ》、右に羽島崎《はしまざき》が絵のように望まれ、点々と白帆が浮いて見える。

「まあ！　きれいな眺めですね」

絵のような美しい眺めにお千賀どのはすっかり喜びに酔いしれているようである。

あくる日、家臣に案内されて、小松家の祖先を祭る鬼丸神社・園林寺《おんりんじ》の小松家墓地に参拝し、継目家督相続の報告を済ませた。お昼に諸役、家中の主だった六十人を招き、祝宴を開き杯を交わし、にぎにぎしく門出を祝う。そのあと記念にと「二ツ葉」を植樹して、正午で散会となった。

午後、お千賀どのを誘って、再び吹上の浜辺へ散策に出掛けた。初めての伴廻《ともまわり》なしの二人だけの、お忍びの散策である。さくさくと白砂を踏んで、二人だけの楽しい語らいである。

吹上の小松原の砂丘には、珍しい「松露《しょうろ》」というきのこ茸が出る。砂を掻き分けて松露を拾う。松露の親株を探し出し、その周りの砂を掘ると、ころころと丸い松露が出てくるのが楽しかった。帰ってからお千賀どのは一昨日からの儀式と楽しかった松露狩りのことを手紙にしたため、松露一包みに文《ふみ》を添え、御贈物として、鹿児島の肝付のお父上、母上様へ使いに持たせてやった。

十一 小松家の名君

領地吉利への初入りの式を済ませた帯刀は一ヵ月間を吉利にとどまり、南谷城の御仮屋で過ごした。少しでも家臣と親睦を深め、領内の事情を知り、領内の今後の改革に取り組もうと考えたからである。その間に主だった家臣が、いろいろと行事を催し、そのあと慰安の席を設けてくれるので、焼酎をくみ交わし主従の親睦を深めることができた。

一日は鉄砲隊を二組に分け、射撃の競技を催し、夜、反省会の宴席を設けた。一日は吹上浜の雑木林を取り囲んで、兎《うさぎ》狩りを催し、獲物の兎で兎汁をして楽しんだ。また、ある日は若者を集めて相撲をとらせ、若者を交えた懇親会を開いて、交歓の間に主従の親しみが深まるのであった。

このようにして吉利で過ごしてみると、住民の貧しい暮らしがわかってくる。昨年はこの地方が干ばつで、百姓は米の収穫が半分しかなかった。百姓は、生活が苦しいので、年貢米の見掛けを減らして下さるように庄屋と郡見廻《こおりみまわり》に願い出た。

それを聞いた帯刀は、

「ほかの近郷も同様な状態であろうから、減額して差し支えなかろう」

と命じ、年貢米を軽くしてやった。

水田が少なく米の石高の少ない当地では、家士でも禄が少なく、中には無禄の者も多く、武士でも野山を開墾し、米や甘藷《かんしょ》、粟、そばを作り、生活もやっとの家もあった。

そのため副業として麻を植えさせ、家々の主婦は麻糸をつむぎ、網をすいて、その加工賃で生活を補っている。畠の土手や道路わきに櫨《はぜ》を植えさせて、櫨の実を集め、南谷城の一角に垂蝋所《すいろうしょ》を建て、ここでロウソクの原料の櫨蝋《はぜろう》を作って売り、生活の足しにしている。

当時、百姓に対し農業以外の職が禁止されたが、武家でも二男三男などは農業以外の大工どん、木挽《こびき》どん、左官どん、瓦屋どん、桶屋どん、紺屋《くや》どん、特に頭の優れた者が医者どん、師匠どん(寺小屋の教師)になったのである。それほど貧困な家が多く、生活ができない家がある。斉彬公が「政治の要は、一人の窮民も出さないようにするのが根本である」と教えられたことを思い出して、帯刀は領民の生活に気をくばる。そのうち家中のもめ事も耳に入ってきた。家士の中に配流され、家族が生活に苦しんでいる者があることを知った。先君の清猷は優秀な人材であったので、京や江戸に招かれ、藩にあっても御軍役惣頭取になり、琉球の警備に派遣されるなど、ほとんど領地吉利を見る暇がない。そこで吉利領のことは、すべて役人にまかせ切りであった。

その役人の一部の者が権力をにぎり、反対派を抑えようとした。丁度、藩命で一向宗の弾圧が行われたので、宗門改めの追放に名をかり、反対派の家門、禄高を取り上げ、遠島僻地へ流刑に処したのである。その妻子は家を追われ、食禄を失って、食うや食わずの貧困な生活をしているとのことである。

帯刀はこのことを耳にすると、直ちにそれらの家臣の流刑を許し、食米を与え、家門、禄高を元どおりに復活してやった。配流を許され帰郷した家士たちの報告で役人の罪状が明らかになって、役職は解任されたが、流刑された者はその罪を許さない。切腹してわびるように迫ったが、その張本人は死に切れずにいると、気丈な母は紐を渡して、「首でもくくっておわびせよ」と叱った。とうとう本人は家の梁に紐をかけ、首をくくって死んだ。それでも彼の死を悼む者はなく、「とっくりどん」とあだ名をつけ、当然の罰だといいはやし、皆は御養子の殿様のおかげで吉利へ帰れたと、祝宴を上げたと伝えられている。

帯刀は家士の救済だけでなく、百姓庶民の暮らしにも注意し、百姓の苦労をねぎらい、無礼講で一緒に楽しめるようにした。

六月十六日は祖先を祭る鬼火神社の祭礼に当たる。ここでは日置八幡《ひおきはちまん》と同様に「せっぺとべ」という田植踊りが行われる。帯刀はお千賀どのを伴ってこの祭礼当日、神社に参拝し、その「せっぺとべ」や棒踊り、長刀《なぎなた》踊りを見物した。この「せっぺとべ」は隣の日置島津家領の八幡神社でも盛んで、吉利からも参加しているのである。白装束の若者が泥田の中で跳びはねて、飲むほどに、酔うほどに、歌いながら肩を組んで踊るので有名である。この踊りも無礼講であって、この日ばかりは百姓は馬鹿騒ぎをして、かねての苦労を忘れて、楽しい一日を過ごすのである。

八月十五日には、吹上浜の砂丘で、十五夜綱引と草相撲が行われるというので、一日この行事を見にお千賀どのを連れて出掛けた。この行事も無礼講で、武士、百姓、町人の別なく綱引きをし、子供相撲を見物した。中秋の名月の下で、皆手造りの弁当で、焼酎をたしなみながら、子供相撲を見るのは、何とも言えない情趣がある。

十五夜のお月見や、「田植踊り」、「せっぺ飛べ」、それと吹上浜で行われる豊歳《ほぜ》相撲、勇壮な太鼓踊りの行事など、武士、百姓無礼講の行事であり、領民慰安の日であった。こうして領民の労苦をいたわり、窮民を救うなど、庶民の暮らしにまで行き届いたので、領民は武士も百姓も、

「ああ、立派なお殿様が来てくださった」

とよろこび、たちまち民風が改まり、

「小松家の名君」

の誉れが藩内に知れ渡った。

十二　斉彬と西郷の秘密工作

帯刀は小松家の養子となって鹿児島へ帰ってからも、江戸詰の小姓中山尚之介や谷村愛之助、児玉雄一郎などと互いに文通して、たえず江戸の情報を得ている。

斉彬が幕政改革のため、西郷に命じて奔走させている秘密工作は、どうなったのであろうか。それは、第一が将軍の再婚問題、第二が将軍の世子問題であった。この二件は、将軍と幕府に意見具申のできる道を作ることで、幕政改革に最も手近な、根本的な問題である。

第一の将軍の再婚問題は、三人目の夫人を探すことである。十三代将軍家定は実に不運な将軍で、二度も正夫人に先立たれ、その上病弱であった。

閣老の阿部正弘は、かねて親しい斉彬に、こっそり将軍の心中を打ち明け、将軍の正妻にふさわしい女性はいないかと

相談した。斉彬は西郷と話し合い、幕府の改革のためには、島津一門から探すことがよいので、西郷に命じてこの問題に当たらせた。そして島津一門の島津安芸《しまづあき》の娘に、美人でしっかり者の評判の敬子《すみこ》という女性がいるので、まず斉彬の養女として篤子《あつこ》と改名し、この篤子をさらに京の公卿近衛《くぎょうこのえ》家の養女とした上で、越前の松平春嶽《まつだいらしゅんがく》侯や老中阿部正弘の推挙で、将軍家定の夫人とすることに成功した。これが後の天璋院《てんしょういん》(篤姫《あつひめ》)である。

次は将軍家定の、跡継ぎの世子問題である。将軍家定は病弱であって気力がなく、消極的であったので、幕府の改革などはとてもなし遂げる器量ではない。だれかよい人を世子にして将軍を補佐せねばならない。それには水戸斉昭の子一橋慶喜《ひとつばしよしのぶ》が適任として、早くからこっそりうわさに上がっていた。一橋慶喜は、人望もあり、見識も手腕力量もあって、年も長じているので、将軍の補佐として、幕政の改革を推進できる人材である。斉彬は慶喜を世子とする案を水戸の斉昭に勧め、松平春嶽侯が表面に立ち、斉彬が参謀格で、一橋慶喜の世子擁立を、秘密裡に西郷にあたらせていた。この時点では、この計画は予想通りに一橋慶喜の世子案が決定するかにみえた。

この時、斉彬は江戸勤務が満期になったので三年三ヵ月ぶりに鹿児島へ帰国することになり、世子問題を西郷に託して、江戸を出発した。斉彬は途中京に立ち寄り、篤姫の件でお世話になった近衛忠熙《このえただひろ》卿にあいさつに行った。篤姫のお輿《こし》入れの御礼や幕政改革や皇室を中心とする日本の国興しの意見を述べたので、近衛卿は大変感銘し、ぜひ参内《さんだい》して天皇に拝謁申し上げるようにと、参内の許しを得た。

孝明天皇は斉彬の参内を大いに喜び給い、

「もし他日、事おこらば皇城を守衛せよ」

と親しく斉彬に勅諚《ちょくじょう》を賜ったので、斉彬は天皇の御親任に対し決意を申し上げたのである。

十三 島津斉彬の葬儀

斉彬は帰国すると、家老島津《しまづ》(日置)左衛門をして教育・軍備・産業等に力を注がしめ、天下の変に備え、磯浜に集成館を造り、武器、艦船の近代化を図った。

小松帯刀には若い家士の指揮に当たる火消隊長を命じたので、帯刀は青壮年の統率に当たることになった。

江戸においては、斉彬が帰国して間もなく、幕府の中心になって一橋慶喜の擁立を支持していた閣老の阿部正弘が急死したため、世子問題はすっかり一変した。

「一橋慶喜が将軍にでもなったら、父の水戸の斉昭は、なお一層やかましい存在になるであろう」と副将軍斉昭を嫌っている大奥の女たちは、慶喜の世子擁立に反対し、「水戸の斉昭侯は陰謀があって我が子慶喜を世子に立てようとしている」とうわさを流しはじめた。そして紀州家の慶福《よしとみ》(当時十三歳)を世子に擁立しようとはかった。幕府大奥の上役歌橋《うたばし》は、将軍の生母本寿院《ほんじゅいん》にはかって、井伊掃部頭直弼《いいかもんのかみなおすけ》を、大老にかつぎ上げた。

井伊直弼は大老に就任するや、直ちに慶福を世子に内定し、七月五日、将軍家定が死去すると紀州慶福を家茂《いえもち》と改め、七月二十一日、十四代将軍として公表し、これに反対する親藩の水戸斉昭、尾張中納言、越前松平春嶽、土佐山内容堂《ようどう》に隠居謹慎等を命じ、一橋慶喜などの登城を禁止した。将軍名をもって命じたので、親藩であっても、いかんともできない。

さらに井伊直弼は、朝廷の勅許を必要とする日米通商条約をさえ、勝手に独断で締結したのである。この井伊直弼の強引なやり方に水戸、薩摩、尾張、土佐などを中心に、全国の志士たちはいきり立った。

この情勢の変化を斉彬に伝えようと、急いで鹿児島に帰った西郷は、

「もはや決断はただ一つ、一刻も早く上京し、薩摩の精兵武器をもって京を守護し、水戸、尾張と気脈を通じ、勅命を仰いで、井伊の横暴を阻止するしかない」

と進言した。斉彬も意見が一致したので、斉彬は西郷に京へ戻って、運動に走り回るように命じた。斉彬は井伊の専横を阻止するには、京を守衛する名目で兵を率いて上京し、朝廷の御勅命をいただいて、武力を示すよりほかないと決心して、

天保山の練兵場で、炎天下をものともせず、自ら兵を訓練する。その連日の訓練がたたったのか、七月五日、急に発病し、高熱が出たので、最善の手を尽くして看病したが、再び立ち上がることはできなかった。

斉彬は亡くなる三日前、「今度は助からないかもしれぬ」と思ったのであろうか、久光と茂久を枕元に呼んで、

「たといわしが死ぬようなことがあっても、わしの志を継いで、天皇とのお約束、朝廷の御依頼を忘れてはならぬ」

「ハイ、よっく肝に銘じております」

「頼んだぞ。朝廷を中心に、将軍や諸侯が一つになって、新しい日本を興し、外敵を防ぐのが、わしの志であった」

「ハイ、よっくわかりました。上様、早く元気になって立ち上がって下され」

「いやいや、これが頼みたかったのだ。中途で死んでいくのが残念だ。頼んだぞ」

と言う。そのあと高熱が出て、うわごとが続き、ついに七月十六日、息を引き取られたのである。御年五十歳であった。

京で斉彬卒去の知らせを受けた西郷は、卒倒せんばかりに驚き、急ぎ帰って君公の墓前で割腹《かっぷく》しようと決意したが、それを察知した月照上人《げっしょうしょうにん》が、これを戒め、

「君公の御遺志を継ぐことこそ、なき斉彬公への御奉公である」

と自刃を思いとどまらせた。

斉彬公の葬儀は南泉院(今の照国神社の地)で行われ、公を慕った家士、領民、多数が参列して盛大な葬儀となった。

当時火消隊を率いていた小松帯刀は、葬儀の準備・執行・警備一切に当たらねばならなかったから、指揮者として火消隊長の任務は重い。帯刀はこの葬儀で、青年壮士の指揮にあたったが、この若者の中には、多数の誠忠派の家士たちも含まれている。

これから誠忠派の若者たちと交際が始まることになった。先に斉彬公と同時に、江戸から鹿児島に引き上げた小姓の中山尚之介、谷村愛之助、児玉雄一郎などは、時々小松を訪ねて親交を重ねていたが、この葬儀の隊長の大役を勤めてから後、誠忠派の大久保正助(利通《としみち》)、吉井幸輔《よしいこうすけ》なども、小松の邸に訪ねてきて、藩政や国事を論ずるようになった。

第二章　小松檜舞台に躍り出る

一　久光・茂久の抱負

島津茂久は十九歳で第二十九代藩主となった。藩主とはいえまだ若い。久光が国父ということで、茂久を補佐してゆくことになったが、実権は久光にあって、事実上の藩主の役割を演じたのである。

後日、西郷はよく兄斉彬《なりあきら》と比較して、

「久光公は全く地ごろ(田舎育ち)である。遠く兄斉彬に及ばない」

と評しているが、それでも久光は学問見識も深く、決断力もあり、並みの人以上の傑物であった。世界の情勢、国内の現状を見て、斉彬のしようとしたことを、よくのみ込んで、

「予は斉彬公の遺志を継いで、公がやり残された国興しの仕事を、なし遂げねばならない」

と言っている。

斉彬が亡くなる前、久光親子を呼んで、

「朝廷を中心に、将軍や諸侯が一つになって、新しい日本を興し、外敵を防ぐ志であった。中途で死んでいくのが残念だ。頼んだぞ」

と言って息を引き取られた姿が、まざまざと思い出されるのである。

ところが幕府では井伊直弼《いいなおすけ》が大老になってから、朝廷のお許しも得ないで、日米修好通商条約を結び、幕府の強化を図って、朝廷を粗末に扱っている。

朝廷では、井伊大老の独断専行を阻止するため、水戸斉昭はじめ親藩や有力な諸侯に、勅諚《ちょくじょう》を下されることになり、まず水戸の家臣鵜飼幸吉《うがいこうきち》に密書を持たせ、水戸に届けさせた。ところが水戸の当主慶勝《よしかつ》が、うかつにも、井伊大老の腹心、間部詮勝《まなべあきかつ》にその処置を相談したことから、朝廷や水戸一派に気脈を通じている勤皇有志の動向がわかってしまった。その有志の一人と見られる梅田源次郎雲濱《うめだげんじろううんぴん》を捕らえて、家宅捜索をしたところ、全国各藩の勤皇志士の氏名が判明した。これから全国の志士を捕らえ牢獄に入れる。月照上人《げっしょうしょうにん》と西郷も追われる身となった。

月照と西郷は捕吏《とりて》に追われ、舟で福岡まで逃れ、福岡の平野次郎国臣《ひらのじろうくにおみ》と共に鹿児島に来て潜んだが、斉彬公亡き後の薩摩藩では、重役陣の島津豊後《しまづぶんご》一派が、幕府の追及をおそれ、逃げて来た月照一人さえ庇護することを嫌い、東目《ひがしめ》の去川《さるかわ》関所より日向《ひゅうが》に送り出すことを決定した。日向送りの者は処刑することになっている。それと察した西郷は、船で渡る途中の大崎鼻の沖で、月照と抱き合って海中に飛び込んだ。平野はあわてて船を返し、既に仮死状態の二人を引き揚げて、海岸で介抱したが、月照上人は蘇生せず、西郷のみが、生き返った。それでも幕府の追及が厳しいので、西郷は菊池源吾《きくちげんご》と名を変え、大島に潜むことになった。そして幕府には、西郷も死んだことにし、刑死となった罪人の骸《なきがら》を西郷の代わりに埋め、西郷と月照二人の墓を立てて、幕府の検視を逃れたのである。

井伊直弼は捕らえた天下の志士たちを江戸に送らせ、断罪宣言一覧を作り、安政六年（一八五九）八月二十八日から、次々に処刑した。世にいうこれが「安政の大獄」である。

井伊直弼は、志士の動きは朝廷からの密勅が根源であると判断し、水戸城中に隠してある密勅を、朝廷に突き返すから、幕府へ持参して差し出せと厳命した。水戸藩中は、これを聞いて激怒する。

「井伊の暴逆を許すな。事ここに至っては、志ある者は脱藩して井伊を斬るべし」

として二十余名が脱藩し、この機会に井伊を斬り、京都所司代の酒井忠義を倒し、それに加担する関白九条尚忠を朝廷から追い落とすべきだというのである。

この水戸の動きに刺激され、薩摩でも有馬新七を中心とする誠忠組から、水戸の勤皇派と手を握るべしとする論が起こりはじめ、やがて水薩同盟へと発展していくのである。

しかし久光は薩摩の家臣らが、勝手にこうした動きをするのを好まない。薩摩藩では皆、心を一にして斉彬公の志を実現したいと思っている。しかし藩内の事情は一つにまとまっていない。重役陣はもとからの島津豊後一派であるが、斉彬が亡くなってから、逃げて来た月照一人でさえかくまってくれない。一方に比較的進歩的な考えで若い連中に評判のよい日置《ひおき》領主の島津《しまづ》左衛門の一派がある。それに水戸の浪士と結び、井伊直弼を斬り、勤皇のさきがけになろうと運動している若い誠忠組の一派もある。この行動力のある誠忠組が、水戸その他の浪士と結んで、脱藩して飛び出す気配さえ見える。

このような状況で藩が一丸とならずに、勝手にばらばらになっていては、力を結集できない。久光はこれら各派を一つに統制して、斉彬の遺業を継いで、朝廷を中心に幕府との融和を図り、外敵に当たることを基本政策と考えている。

側近の中山や谷村は、江戸で一緒に斉彬の薫陶を受けた同じ仲間の小松を訪ねては、藩の現状や、久光、茂久の抱負、幕政の改革を論じ、意見を述べ合うのであった。

二 薩摩の誠忠組

薩摩の誠忠組は、江戸詰の有馬新七を中心に結束し、鹿児島では大久保一蔵(利通《としみち》)が中心になった。有馬新七は年長者でもあり、純忠至誠の最も積極的な行動派である。

このころ薩摩藩では井伊大老を斬り、京都所司代の酒井を倒し、勤皇討幕のさきがけをしようと画策している者が、四、五十名に達している。中でも有馬は脱藩して水戸浪士と東西呼応して立ち上がろうと考えている。

大久保が有馬らの計画について、西郷に意見を求めると、

「憤激のあまり無計画に行動すると、かえって朝廷に迷惑をかける。慎重にしたがよい」

と返事の手紙が来た。大久保自身も、二十人や三十人で脱藩などしてもすぐ阻止されて、死罪にでもなりかねない。やはり藩論を一つにして動くべきだと考え、家老新納駿河《にいろするが》の甥岩下方平《いわしたみちひら》を誠忠組の首領に推し、岩下が承諾したので、誠忠組の同志がさきがけになって藩論を引っ張っていこうと計画した。まず旅費を準備し、船の手配も済ませて、日向の細島から京へ出立することとし、わからぬように旅仕度をととのえ、置き手紙や遺書など残すなど申し合わせ、いよいよ明後日出発という夜のことである。

大久保は最も藩主の親愛する小姓谷村愛之助の自宅を訪ね、

「誠忠組はいよいよ大事を決行することになった。あなた一人だけでも知らせておきたかったので」

と詳細に説明して引き揚げた。

事が重大であるので、谷村は思案の末、久光・茂久父子に報告する。

藩主父子もびっくりし、これを引き止めるため、藩主茂久の名で親諭書が出され、小姓の谷村愛之助、児玉雄一郎が使者となってやって来た。この親諭書には藩が政治行動を起こす時機まで一応待つようにと書かれてあった。

その親諭書は、

方今《ほうこん》、世上一統に動揺し、容易ならざる時節にて、万一事変到来の節は、順聖院様（斉彬）の御深意を貫き、国家（薩摩藩）を以《も》って、忠勤をぬきんずべき心得に候《そうろう》、各有志の面々、深く相心得《あいこころえ》、国家の柱石に相立《あいた》ち我等（藩主父子）の不肖を輔《たす》け、国名を汚さず、誠忠を尽しくれ候様《そうろうよう》、偏《ひとえ》に頼み存《ぞん》じ候《そうろう》。よって件《くだん》の如《ごと》し。

誠忠の面々へ

とあって、このような書を藩主が直接下級の家臣に下さることは、全く初めてのことである。その上「藩の柱石となって、我らの不肖を助け、誠忠を尽しくれるよう頼みいる」とまでいわれたのだから、誠忠組は感激して一層結束して希望を持つようになった。

十一月五日に親諭書を頂いた誠忠組では、総会を開いて今後藩主の御要望に添って行動することを約束し、署名して藩主へ差し上げることにした。その署名は四十九名であったが、久光・茂久父子はその署名の氏名を見て、藩を動かすほどの人材を含んでいることに、びっくりして、これらの誠忠組の者を掌握できる自信も湧いたのである。その署名者は次の通りである。

大島渡海中――菊池源吾（西郷隆盛）

在藩の者――堀仲左衛門、岩下左次右衛門、大久保一蔵、有村俊斎、吉井仁左衛門（幸輔）、有馬新七、奈良原喜左衛門、樺山三円、伊地知龍右衛門、鈴木勇右衛門、中原猶助、税所喜三左衛門、山口金之進、森山棠園、本田原右衛門、高橋新八（村田新八）、森山新五左衛門、江夏仲左衛門、大山喜助、奈良原喜八郎、野津七左衛門、坂本喜右衛門、永山万斎（弥一郎）、道島五郎兵衛、野元助八、大山角右衛門、山之内一郎、高橋清右衛門、有村如水、野津七次、高橋清右衛門、鈴木源五右衛門、西郷新庵（従道）、中原喜十郎、鈴木昌之助

江戸詰――有村雄助、有村次左衛門、益山東碩、山口三斎、田中直之進、高崎猪太郎

京都詰――徳田嘉兵衛

伊集院《いじゅういん》――坂木六郎、坂木藤十郎

旅行中――仁札源之丞、平山柳雪、赤塚源六、鵜木孫兵衛、西郷吉次郎（隆盛弟）

小松帯刀と薩摩藩士写真（福井市立郷土歴史博物館蔵）

以上であるが、万一のときは故斉彬公の御深意を貫き、藩を挙げて勤皇のために尽くす旨言明されているので、誠忠組は喜んだ。

その四日後の十一月九日、久光は突如藩政改革の人事を断行した。斉興《なりおき》が九月十二日死んでいるが、当時から引き続いて藩政を総括してきた上席島津豊後を島津左衛門に替えた。左衛門は日置島津で斉彬の時から藩内進歩派に人望があるので、日置派として実力がある。その一族には田尻務《たじりつとむ》、桂右衛門久武、椎原与三次《しのはらよそじ》などがあり、以前は西郷、大久保らも親しく出入りしていた。誠忠組は非常に期待をもっていた。

ところがせっかくの改革人事であったのに、左衛門は誠忠組の動きを危険視した。茂久が初めて江戸へ参府した時には、左衛門は随行の士をことごとく自派から選び、日置派に縁故のある者以外はほとんど茂久の随行より除外した。

せっかく期待していた左衛門一派に対し、誠忠組は失望した。これから誠忠組は人気のある小松を頼り、日置派に対抗できる家柄の小松に望みを嘱し、誠忠組の面々が

小松を訪ねてくるようになった。『小松帯刀日記《こまつたてわきにっき》』によると、以前一緒に御小姓として斉彬公の薫陶を受けた谷村愛之助や児玉雄一郎がいつも情報をもって訪問してくるが、その外にも、誠忠組の首領岩下方平が訪ねて来て、誠忠組の日置派に対する不平を話す。この年に六回も来ている。

『小松帯刀日記』の中から拾い上げると、御小姓の谷村は三回、児玉雄一郎は四回、久光から最も信頼されている中山尚之介《なかやましょうのすけ》が七回も訪ねて来るし、それにつれて大久保正助（一蔵）も顔を出すようになる。この年には大久保は、二回だけ小松を訪ねている。

三　桜田門外の変

「井伊の暴逆を許すな。井伊を斬るべし」として水戸を脱藩して江戸に出て来た浪士たちは、江戸にいる薩摩の誠忠組と手を結ぶことになった。そして水薩盟約を結び、井伊を倒すと同時に、京では所司代酒井一派を討ち、薩摩藩は兵三千を出して京の守護に当たるという約束になっていた。

中でも薩摩の有村兄弟三人は、兄俊斎、次弟雄助《ゆうすけ》、末弟次左衛門《じざえもん》とも誠忠組の仲間であった。雄助は江戸では三田の薩摩屋敷に勤め、末弟の次左衛門は示現流《じげんりゅう》免許皆伝の達人で、麻布《あざぶ》に道場を持つ剣客である。この有村道場に、水戸の浪士金子孫二郎が出入りしていたので、井伊大老の襲撃の計画一切を打ち明け、一挙への加入を勧める。有村兄弟は早速助力することを約束する。

時は万延元年（一八六〇）三月三日の桃の節句の日である。井伊の側近は浪士の動きもあるから注意せよとのことではあるが、大奥の節句の祝賀行事の最高責任者でもあるので、時間を見て朝八時ごろ桜田町の屋敷を出た。この朝は夜中からの大雪で、一面の銀世界、出発の時刻にもひっきりなしに雪が降っていた。

井伊直弼が乗った駕籠《かご》は前後左右約六十人の行列をつくり、厳重に警備を固め、「下に、下に」の掛け声で桜田門に差し掛かった。

その時松平の屋敷の大石垣の陰から覆面をした者がバラバラと躍り出て、先頭の警士共を一撃で倒した。駕籠かきはドスンと駕籠を降ろしてしまった。アッという間に覆面男が現れ、ズドンと一発銃声があがり、それを合図に十五名ぐらいが疾風のような速さで、駕籠を目がけて走り寄り、駕籠を守ろうと抜き合わせた三、四人を瞬時に斬り倒す。水戸の二浪士が駕籠の戸を押し開いて、大刀を巌《いわお》も通れとばかり突き刺した。

そこへ有村次左衛門が駆け付け、駕籠の中の直弼を雪中に引き出した。直弼がよろよろと膝をついた瞬間に、示現流手練の一刀、すぱっと一閃《いっせん》したかと思うと、井伊の首は雪中に転がった。有村次左衛門は井伊の首を太刀先《たちさき》に突き刺し、高々と差し上げ、

「奸賊《かんぞく》井伊の首を有村次左衛門、打ち取ったり」

と大声で呼ばわりながら駆け出した。後を追ってきた井伊の供侍《ともざむらい》は首を渡すまいと追いすがり、有村の後頭部を脳天深く斬り付けた。有村は血だるまとなりよろけたが、有村と一緒の水戸浪士が、一刀で供侍を斬り捨てて有村を助けた。瀕死の重傷でよろけてきた有村は、辻番所の前までたどりつき、雪中に座して井伊の首を前に置き、腹を押し広げて切腹し、

「介錯《かいしゃく》を頼む」と息も絶え絶えに、

「松平修理大夫《しゅりだいぶ》(島津茂久)家来」と叫んで息を引き取った。

この参加者は水戸浪士十七名、薩摩藩士有村次左衛門一名、計十八名であった。

薩摩には江戸屋敷からの飛脚で、三月二十三日、桜田門の義挙が報ぜられ、誠忠組一同は躍り上がって喜んだ。

江戸の旅中で捕らえられた次左衛門の兄雄助は、捕われのまま送られて来たが、藩の首脳は幕府を憚《はばか》って、緊急会議で雄助の切腹を決定した。雄助は、

「わしは江戸か京で死すべき身であった。水戸衆は薩摩の出兵と義挙の実行を信じていた。弟の次左衛門もそう信じていた。今となっては水戸衆をだましたことになる」

と述べ、自若《じじゃく》として切腹し、兄の俊斎が泣いて介錯した。有村兄弟の母蓮寿尼《れんじゅに》は、鹿児島で二人が死を覚悟であるとの手

紙に、

　雄々しくも　君につかふる　ますらおの
　　母てふものは　悲しかりけり

と詠じている。

四　藩首脳の交替

　藩主茂久が封を継いで、挨拶のため初めて江戸に上ることになった。一行が筑後の松崎駅（松崎宿場）まで至った時、江戸表から早飛脚が着いた。

「井伊掃部頭《いいかもんのかみ》が桜田門下馬先で、水戸浪士に襲われ斬られた。その浪士の中に、薩摩藩の者が二人入っていた」

との知らせである。このまま江戸に向かっても面倒なことになるおそれがあるので、江戸への参府を中止して、茂久は病気のためと称し、すぐ鹿児島へ引き返すことにした。

　この江戸参府の随行に、誠忠組一派は危険分子として除外されたことから、誠忠組は日置派から離れていった。それればかりか、藩の重要なポストは、ほとんど日置派に替えたので、誠忠組の人々は日置派を憎むことになったのである。当番頭・奏者番であった小松も、友人北郷作左衛門と共に外回りの弁天波止場の台場係に替えられた。小松にしてみれば甚だしい左遷である。小松は内心不服であるが、折に触れては友人の北郷作左衛門と互いに慰め合った。こうしたことから二人は最も親しい友人として終生付き合うようになる。

　小松はこれを機会に砲台に詳しい砲術家の青山善助・成田彦十郎・竹下清右衛門・石川確太郎など交友の仲間が増える。

小松は自ら大砲の操法などや射方《うちかた》を習い、実弾射撃の練習を繰り返し、鉄砲隊・大砲隊の用兵のことや砲術家について熱心に研究した。

文久元年(一八六一)の一月に長崎で買い入れた蒸気船が回航されてきて、弁天波止場近くに停泊したが、藩主茂久が親しく検分に行かれるので、前日に小松に下見しておいて案内するよう仰せ付けられた。翌十八日に藩主茂久は、初めて蒸気船の検分に来られ、小松が案内申し上げた。藩主は帰りがけに弁天台場に立ち寄られ、台場の整備をご覧になって、小松の説明を聞いて納得し、感心されたのである。

小松は、このように最新の科学兵器や汽船にも取り組みが早い。そこで波止場と関係のある電気水雷の実技習得のため、小松と北郷作左衛門の二人に、長崎へ出張するよう命ぜられた。二人は一月二十一日から三月十八日まで長崎に出張して、水雷術専門の外人について実地指導を受け、技術を習得した。帰国すると、久光・茂久公に実技を披露してくれとのことで、四月二十六日と六月十四日の二回にわたって、電気水雷の試射をご覧に入れたが、その成績が良好で、藩主父子も非常に御満足され、ねぎらいの言葉を賜ったのである。

前述のように日置派が誠忠組から煙たがられる時に、小松は交友も増えるし、久光・茂久父子の親任も得るようになるし、小松の人気は上昇する一方であった。

文久元年になると、誠忠組や砲術家との交友も多くなり、藩の首脳も小松邸を訪ねて、藩政や国事の意見を聞くことが多かった。

文久元年の『小松帯刀日記』から、藩の首脳の来訪を拾ってみると、中山尚之介十七回、大久保二十四回、喜入摂津《きいれせっつ》五回、堀仲左衛門六回もあるが、特に和泉様《いずみ》(島津久光)自身が十三回も小松に会っている。

そのほか岩下方平、吉井幸輔、五代友厚《ごだいともあつ》、児玉雄一郎、谷村愛之助、石川確太郎など、度々小松邸を訪ねて意見交換をしている。前年に二回しか訪ねなかった大久保は、側役《そばやく》や御小姓や誠忠組の小松帯刀に対する人気が高まるばかりでなく、和泉様までが親しく小松の意見を聞く様子を見て、この年に二十四回も、ある時には連日のように訪ねているのである。誠にすばしこい対応の仕方と言わねばならない。

日記では、何を話したのか、内容の記述はないが、よほど小松と意気投合の間柄になったらしい。下役の大久保が小松を推薦したとは思われないが、久光・茂久父子と側近の中山尚之介・谷村愛一郎・喜入摂津などの意見一致と誠忠組の大久保の支持によって、文久元年五月十八日小松は側近の御側役席《おそばやくせき》の勤務を命ぜられ、次期御側役の見習いをさせられることになった。また九月九日に、造士館掛、演武館掛も命ぜられた。

九月十日には藩から寄合以上の格式の子弟に命じ、藩主父子の前で一人ずつ御前講演や素読をさせ、翌日は武芸の御前試合が行われた。これらの行事は人材抜擢の一種の採用試験であった。こうして久光・茂久父子は、十月五日、思い切った藩政首脳の人事の大異動を断行したのである。そのきっかけは、首席家老島津左衛門の辞任であった。

久光は九月に斉彬の遺志を継ぎ、兵を率いて京と江戸へ上り、朝廷と幕府の融和を図り、幕政の改革に当たるというのである。左衛門は、久光の突然の決意にびっくりして、

「まだ時期ではない。藩内の現状さえ各派ばらばらで統一がないから、突然の上京は自重すべきである」

と反対であった。

「先君斉彬公なら、江戸に生まれ育って、多くの友人を幕閣にもっていて、有力諸侯との協力も得られたのだが、薩摩しか知らない久光公が、幕閣や諸侯にも知り合いもないのに、急に兵を率いて上京するのは、時期でない」

と言って止めても、久光はきかない。

島津左衛門はそのような久光公の後に、ついていけない。辞任のほかないと言う。

久光は、それならばやめてもらうしかないとして、今度の藩首脳の異動を断行した。

そこで首席家老の島津左衛門をやめさせ、代わりに喜入摂津守久高を首席家老とし、側役に小松帯刀と中山尚之介を立てて補佐役とし、御小納戸に大久保正助(一蔵)、堀次郎の二名をすえ、藩政の中枢に参画させた。海江田武次《かえだたけつぐ》(有村俊斎)、吉井幸輔は徒目付《かちめつけ》、有馬新七は造士館主任教授、柴山愛次郎、橋口壮介は糾合方《きゅうごうがた》造士館教授兼務となった。そして日置派の島津左衛門は隠退、蓑田伝兵衛《みのだでんべえ》・桂久武などは転職させられることになった。

この度の異動は、従来の島津豊後派や島津左衛門(日置派)を除き、若い行動力のある誠忠組を主力とした改革である。

前に出された親諭書で約束されたことを実行する意味が含まれていることは、誠忠組の署名した中から選ばれていることでわかる。その誠忠組に信頼が厚く、日置派や豊後派にも対抗して発言できる小松帯刀を側役にもってきたので、事実上の誠忠組の首領に推されたのである。その上、十月二十日には、藩政の改革を推進するため、小松を御側役としたまま、御改革方、御内用掛も命ぜられることになった。

首席家老の喜入摂津久高の妻富《とみ》は、小松帯刀の妻お千賀《ちか》の姉であるので、久高と帯刀の二人は義理の兄弟に当たる。富は小松清穆《こまつきよあつ》の二女で、清猷《きよもと》の姉、千賀は清穆の五女で清猷の妹にあたる。首席家老の喜入摂津久高が小松を側役に引き上げたのであって、すばしこい大久保は小松に親しく接近して、御小納戸に付けてもらえたのである。

五　一石二鳥の名案

久光が兵を率いて上京するとの決定が、藩内に大波乱を起こし、藩の首脳の交替となったが、上京はそう簡単に運ばなかった。

幕府は昨年の三月、茂久が桜田門事変の知らせで参勤の途中から引き返したので、度々出府を催促してくる。藩主の参勤を引き延ばし、久光が藩主の名代で行きたいが、まだ格式がない。この引き延ばしと格式を得る下工作のため新御納戸、堀次郎に出張を命じた。

しかし堀の努力でも、久光の格式と参勤引き延ばしの件はうまくいかない。仕方なく、苦肉の一策で、ひそかに放火して三田の薩摩邸を焼いてしまったのである。これで新築完成まで藩主の出府を引き延ばすことで、やっと切り抜けた。

次は、久光が最も信頼する側役の中山尚之介を京に上らせ、斉彬時代に話のあった薩摩の名刀――波之平安行の刀を、天皇に献上することと、久光の養女貞姫《さだひめ》と近衛忠房《このえただふさ》との縁談を取り決めて、近衛家を通じて、朝命によって上洛せよとの勅命をいただくことを工作させることであった。これも中山の努力によって名剣献上と縁談のことはうまく結着したが、久光の上京については、あれこれ時期が悪いので、なかなか勅命は出ない。

先君斉彬公には「万一ことあらば都を守衛せよ」と御勅命もあったから、久光はそれを引き継いで実行するだけのことだから、

「勅命が出なくても、いまさらやむを得ない。大久保は上洛の趣旨だけを説明すればよいから、すぐ出発せよ」

と言うので、大久保は十二月二十八日、鹿児島を出発した。

小松帯刀は一月十五日付けで、大番頭《おおばんがしら》と、家老吟味《ぎんみ》(家老見習)を命ぜられ、直接藩政を担当することになった。

日置派一同からは、上洛について中山・大久保・堀が、もたついているのを見て、あのような若輩の藩重役でうまくいくものかと批判も出ている。小松二十八歳、大久保三十三歳である。

日置派の実力者、島津左衛門の三男、桂久武は、久光の今度の人事異動で、外回りの銅山掛へ替えられている。これは左遷である。小松は自分もそのような苦い経験があるので、同情に堪えないが、久光の命であれば仕方がない。このまま、今のままでは、日置派とはしっくりいかない。これでは藩論を一つにまとめることができないので、久光上洛までに、この対立を解かねばならない。小松はまず誠忠組と日置派との、感情のもつれを解くことが先決だと思い、先輩の家老川上《かわかみ》但馬《たじま》に相談する。

小松「いま城下士《じょうかざむらい》の家で、貧困で生活に困っている者が多いようですが、何とかなりませんか」

但馬「まず貧困な城下士を調査してみたら」

小松「斉彬公もよく『国政の成就は衣食に窮民なきことなり』と窮民救助のことを仰っていた。生活に困る者をなくすことが政治の根本です。私領の吉利《よしとし》でも、貧しい郷士がいるので、お米を施しましたら、みんな立ち直った経験がありますが」

但馬「うん、城下士の救済、なるほど。それはよい事に気付かれた」

小松「その窮民救済の掛《かかり》を日置派の桂右衛門殿などにしてもらったら」

但馬「それはどうかな。そのようなことを申し付けたら、日置派にいよいよ具合が悪いのじゃないか」

小松「いやいや。助けられた者は、日置派に感謝するでしょう。誠忠組の貧困な者も、きっと喜ぶに違いありません」

但馬「なるほど。それは喜ぶだろう」
小松「その実績を久光公に認めてもらって、日置派に再び元のように帰ってもろうなら、日置派とのわだかまりも解けて、藩論も一つにまとまるようになり申《も》す」
但馬「それは名案だ。窮民を救い、藩論を一本にまとめる一石二鳥の名案だ」
小松「それでは、御家老、早速重役会議を開き、久光公や上様に願って、窮民救済掛を命じていただくようにしたらどうですか」

こうして正月十九日、桂久武と新納《にいろ》駿河は、御家老座に同行するように仰せ出され、担当家老川上但馬から、城下士御救助掛を仰せ付けられ、窮民の調査を命ぜられた。そして調査結果を元に、禄米五千石と予算二万両を支給に充てるから、その振り分け等については、大番頭（小松帯刀の役職名）と相談するように申し渡された。

この処置で貧困窮迫の城下士およそ千六百世帯に対し、救助の手が差し伸べられたのである。

そのため、この役職を担当した桂久武・新納駿河が城下士に感謝されたばかりでなく、若輩の重役で何ができるかと批判された小松・大久保新体制の新しい政治も見直されることになった。そして日置派と藩首脳や誠忠組との間のわだかまりもだんだん解け、藩論も一つにまとまるようになり、やがて再び日置派の桂久武も家老として招かれたので、西郷、大久保、小松、桂久武等が一緒になって、新しい日本の国興し、王政復古に取り組むことになったのである。

六　隆盛の召還

薩摩の誠忠組は、水戸藩士や諸藩の勤皇志士と気脈を通じて井伊直弼を斬り、京都所司代を倒して、勤皇のさきがけにしようと約束していたのに、有村次左衛門一人が水戸浪士に加わって、井伊直弼を斬っただけで、水戸浪士との約束は果たせなかった。旗揚げして京都所司代を倒すとの約束では、水戸浪士をだましたことになる。この汚名を返さねばならないと有馬新七はじめ誠忠組は、他藩の勤皇志士とひそかに気脈を通じている。島津左衛門は誠忠組を危険分子と見て遠ざけたので、誠忠組は島津左衛門一統の日置派を嫌うようになって、藩論がまとまらない。

このような情況であるのに、久光は兵を率いて上京しようとするので、ついに左衛門は辞任して、喜入摂津・小松・中山・大久保などの少壮派が藩政の中枢を掌握することになった。

久光も誠忠組の脱藩軽挙を引き止めて、藩全体を統一して京都守衛の上洛を交渉中であり、新しい藩首脳でも極力、誠忠組の脱藩をとどめようとするが、他藩士との約束があることもあって、小松などが今しばらく待てと言ってもなかなか承知しない。そこで大久保は小松と中山に強く働きかけ、

大久保「他藩の志士たちと交流のある西郷でなければ、彼らを説得できない。この際、西郷を召還して暴発を防ぐほかはない」

小松「西郷殿は他藩の志士や誠忠組の両方に信望があるから、我らの三、四人でもできないことができる人だ。ぜひ久光公にお願いして帰ってもらい、これに当たってもらうしかない」

小松・大久保・中山三人は、隆盛の召還を久光に願うことになった。小松は久光を説いて、

「他藩の志士を説得するには西郷の力が必要です。こればかりは我ら三、四人かかっても、西郷一人の力には及びません。ぜひ彼の召還をお許しくださるように」

と願い出た。

「なるほど、順聖公（斉彬）も西郷を頼りにされていたことだ。よかろう。召還状を出して差し支えない」

正式召還状が十二月初めに出されて、西郷は三年三ヵ月ぶりに鹿児島の我が家に帰って来た。文久二年（一八六二）二月十二日である。

隆盛は大島の竜郷村にアイカナ（愛子）と菊次郎（二歳）を残して、文久二年一月十四日、島を離れたが、この時菊池源吾の仮の名を、大島三右衛門に改めている。三十六歳の春を迎えたばかりであった。隆盛はいずれ藩主父子や小松や中山にあいさつに行かねばならぬので、前の家老島津左衛門を訪ね、藩内の事情を聞いておく必要を感じ、夕食後ぶらりと出か

けた。

左衛門は隆盛が来たと聞いて、自分で玄関まで出て、喜んで迎え入れ、

左衛門「やあ、やあ、久しぶりだ。元気で帰られて、よかった。よかった」

隆盛「留守中、いつもお世話になり申《も》した」

日置島津左衛門は西郷家の主筋である赤山家の本家に当たるので、西郷を身内のように迎える。

隆盛「今日、島から帰ったばかりですが、左衛門殿が辞表を出された理由や、藩の現状がはっきりせんので、尋ねに参り申《も》した」

左衛門「いやはや、久光公が、功をあせられるのには困い申《も》す」

隆盛「やっぱり、そうですか」

左衛門「軍を率いて上京するのは、時機尚早である。自重されるよう進言しても、聞き入れない」

隆盛「斉彬公なら、幕閣も諸侯も知り合いがあったのですが。久光公ではまだまだ」

左衛門「久光公の経験や器量では、危なくて見ておられない。それで辞表を出してやめ申《も》した」

隆盛「藩の現状や藩政に対する評判はどうですか」

左衛門「二度の異動で藩内は派閥で感情的に対立している。若手の急激派の動きも危険であるので、小松、中山、大久保等の若い重役ではどうなるか心配だ」

隆盛「これは大変な時に帰ってき申《も》したな。今度こそ、この大島三右衛門の正念場ですな」

左衛門「ええっ。大島三右衛門と改名されたのか」

隆盛「ははは。三年も大島にい申《も》したから、大島三右衛門がちょうど、ぴったり、ござんど」

左衛門「なるほど似合いの名だが、これからは若手の誠忠組の首領格となって、皆を引っ張っていく覚悟で、しっかり頼み申《も》す」

隆盛は左衛門に会って、ほぼ藩の事情がわかったので、訪ねたかいがあったと思い、辞去したのである。

　翌二月十三日朝、使いが来て、昼過ぎに側役小松帯刀の屋敷まで出向くように連絡があった。それまで時間があるので、福昌寺にある斉彬の墓に参詣した。長く合掌して心の中で、斉彬公の志を継いでゆくことを誓うのであった。帰りがけに南林寺の月照の墓に詣でる。二人一緒に死のうと海に飛び込んだのに、自分一人だけ生き残って、申し訳ない。その時のことが、まざまざと思い出されて、墓前にひざまずいたまま、涙が止めどもなくあふれてくるのである。

　昼過ぎからの小松屋敷の会談は、側役の小松・中山・大久保と隆盛を交えての四人の会談である。隆盛は、久光公が兵を率いての上京には、藩の現状、京の政情からみて、難色があると、一つ一つの難点を指摘して、中止されるようにと言う。三人は隆盛の指摘した点に反省させられ、

「直接、久光公に拝謁して申し上げるようにしたらいかがであろう」

と言う小松の意見に同意し、隆盛の拝謁を願い出ることにした。

　二月十五日、久光はまず徒目付《かちめつけ》鳥預《とりあずかり》御庭役《おにわやく》の辞令を出して隆盛の職を元に復してから拝謁を許し、意見を述べさせる。隆盛は藩の現状、京の政情を説いて、

「兵を率いての御入京は御中止なされた方が無難かと存じ上げ申《も》す。もしそれができなければ、御延期なされるがよろしいかと存じ申《も》す。さもなければ、必ず重大な問題を引き起こし、藩の命運にかかわるものと存じ上げ申《も》す」

と述べると、久光は、

「既に出府の日時も届け済みで、それはできない」

と言う。隆盛は、

「既にお届け済みであれば、病気の旨を申し立てられて中止され、改めて非常の用意を整えた上で、時期を待たれるのが上策かと存じ上げ申《も》す」

　久光は心の中で「中止などできない。親子とも病気だなどと言えるものか」と思ったが、

「なおよく考えてみる。今日のところは、まずこれまで」

と隆盛を引きとらせた。久光も隆盛の意見が胸にこたえるものがあったので、二月十六日出京の予定を、三月十六日まで

延期することに正式に決定した。隆盛には改めて、

「今となっては中止はできぬが、参府について献策があれば、意見を述べよ」

と命じたので、隆盛は書面にして、

第一策、参府を中止し、家老を名代とする案

第二策、やむを得ず参府される場合は、藩の汽船で海路直行する案

を献策したが、久光はこの二つとも採り上げなかったのである。

隆盛は献策が用いられないのを見て、

「足痛のため湯治をいたしたい」

と届を出して、二月十七日から、指宿《いぶすき》温泉に引き込んでしまった。

七　公武合体の運動

隆盛が指宿温泉へ湯治に行っている間に、鹿児島城下には諸国の勤皇志士たちが、続々とやって来た。筑前から平野次《ひらのじ》郎国臣《ろうくにおみ》、筑後から真木和泉《まきいずみ》、長州から来原良蔵《くりはらりょうぞう》、堀真五郎、肥後から宮部鼎蔵《みやべていぞう》、豊後岡藩の小河一敏《かずとし》など、いずれも各地志士代表の有力な連中ばかりである。主として長州の長井雅楽《ながいうた》の公武合体開国論に憤慨している者たちであった。

この公武合体開国論というのは、長州江戸詰の国老長井雅楽が主唱しはじめたもので、要約すると、「井伊直弼の遭難以来、国内は内政、外交問題で騒然となって、朝廷と幕府が反目し、勤皇の志士が憤激して、通商問題等で幕府の失政を追及している。この際、朝廷と幕府は融和の方策で合体して、国論を統一し、協力して外交を進め、開港によって、国の産業、通商軍備を発展させるべきである」

というもので、これを長州藩主毛利慶親《もうりよしちか》が採り上げて、文久元年(一八六一)十二月八日に、幕府に、「公武合体開国道略の

意見書」を提出したのである。幕府においてもこれは卓見であるとし、朝廷の公卿《くぎょう》中に宣伝され、これに同調する者が多くなった。そこで長州藩主が京都守衛を仰せつけられ、皇妹和宮《かずのみや》を将軍家茂《いえもち》の正室として降嫁されることになる。公武合体とは名ばかりで、まるで幕府が中心であるようで、幕主朝従の形である。

これに全国の志士は憤慨する。

まず足元の長州で、かつての吉田松陰門下生の勤皇志士たちから、

「長井の説は、卑劣な姦策《かんさく》である。ますます朝廷を弱体化し、幕府に従わせるものである」

と非難が起こって全国の志士たちの憤慨するところとなった。こうして諸国でも大物と目されている勤皇の志士たちが続々と薩摩入りしてくる。

彼らは大久保の久光上京の交渉や、誠忠組との文通などで、いよいよ久光が兵を率いて上洛するうわさが全国に広まったから、久光の上京を機会に倒幕運動に引き込み、薩摩の軍備、兵力、近代的武器の威力をもって倒幕の先頭に立ち上がるよう説得に来たのである。

久光はこのような危険な急激派の説得には乗らない。薩摩の誠忠組が、これら諸藩の志士と一緒に会合することを好まない。薩摩藩は統一行動をとって、上京するまで、誠忠組の軽挙を見合わせるよう命じている。

平野国臣は伊集院の志士坂木六郎《さかきろくろう》を訪ねて、この心情を和歌に詠んでいる。

わが胸の　燃ゆる想《おもい》に　くらぶれば
煙はうすし　桜島やま

いま観光メッカの桜島を訪れると、ガイドが必ず紹介する平野国臣の愛国の和歌は、こうして生まれたのである。

前藩主斉彬の考えていた公武合体融和論は長井の説く公武合体とは似ているが、全く反対で、幕府のために融和するのでなく、あくまでも天皇を中心に、幕政を改革し、幕府は朝廷の命に従って、協力して外敵を防ぎ、文明を取り入れ、

新しい統一された日本を興そうというのである。

久光の公武合体運動は、斉彬の理想を実現しようとするもので、長井の公武合体は名は同じでも、内容は全く反対である。諸藩の志士の抱く倒幕でもない。

久光は、小松、大久保、中山らと熟議して、

「朝廷が中心となって、朝廷の命によって、幕政を改革し、もし幕府が朝廷の命をきかぬ場合は討幕も辞さない覚悟で、兵を率いて上洛し、朝廷を守護し奉る」

と定めた。

この計画に反対の者も藩内にいる。諸藩の志士と気脈を通じている薩摩誠忠組の有馬新七の一党は、久光、小松、大久保などの策が実地の役に立たぬものであると反対し、

「我々は何としても、諸藩の志士との約束を守り、京都所司代などを討って、一挙に勤皇倒幕に立ち上がろう。脱藩もいたしかたない」

と主張し、正月ごろからぼつぼつ誠忠組の脱藩者が多くなった。小松や中山、大久保が、脱藩を思いとどまるように勧めても、他藩との約束があるからと言ってなかなかきかない。

どうしても指宿にいる隆盛を引き出して、誠忠組と諸藩志士の暴発を抑えてもらわねばならない。大久保は指宿の隆盛のところへ手紙を書き、使いを走らせた。

是枝柳右衛門《これえだりゅうえもん》の日記の中に、小松帯刀より脱藩を止められたことが書かれている。

小松帯刀殿より申されしは「貞至(是枝のこと)近日発足の聞《きこ》えあり。必ずとどめ置候《おきそうら》えとの事なり。近日、大機会もあるべし、早まりて事を破り給うな」とぞ申されける。我心の中、空うそぶいてうたえるは、

「いでん日の　にほいは見えつ　いざさらば
　雪の降る日に　道踏みひらきてん」

と記され、帯刀が止めるのもきき入れないで脱藩して、大坂・京へ旅立っていった。

八　久光上洛と隆盛の流罪

今や天下の浪士は京坂神へ続々と集まって、京都所司代を倒し、勤皇のさきがけにしようと、世の中が殺気だって騒然となっている。このような情勢に、朝廷でも、久光に兵を率いて上洛し、京の守りについて、浪士の鎮圧に当たってくれるよう仰せ出された。近衛卿よりその旨手紙があったので、久光の上京は、予定通り三月十六日の出立に決まったが、久光の上洛は、あまりにも各方面の反響を呼んで、天下騒乱の嵐となりそうで、もはや手のつけられない形勢である。

藩内でも、この度の上京の選に漏れた誠忠組の者などが、脱藩して大坂へ潜入、他藩の勤皇の志士と結束して、いつ暴発するか、わからない。大久保が使いに持たせた手紙で、指宿での湯治を切り上げて帰って来た隆盛に、

「おはんでなければ、我が藩の誠忠組や天下の志士を統御できる者は、ほかにはござらぬ。斉彬公の御遺志と思って、お互いに決心し申《も》そうや」

隆盛もこの大久保の熱情に感激して、

「よくわかい申《も》した。斉彬公の御遺志を継がねばなり申《も》さん。二人でやり申《も》そ」

と決心したのである。

大久保はじめ小松、中山は久光に、

「諸藩の志士や薩摩藩有志の統御のために、隆盛の御活用をお願い申し上げ申《も》す」

とかわるがわる願い出たので、久光もやっと、

「上洛に先立ち、隆盛に九州各藩の情勢視察を申し付ける。結果を下関で待って報告するように」

と言い渡した。

久光の出発三日前の三月十三日、隆盛と随行者の村田新八は、九州情勢視察の途に上った。その前に各地の情況をさぐらせるため、森山新蔵を先発させている。

久光は上京の随行として小松、中山、大久保を連れ、兵約一千名を率い、京を守護するため上洛することになった。

久光は出発に当たって厳重な訓令を出した。

「このごろ天下の有志と称し、尊皇攘夷論を唱え、四方に檄《げき》をとばして、不穏な企てをなす者がある。我が藩中にもこれらと文通、交際している者がいる由《よし》である。このような軽率な振る舞いは断じて許さない。随行者一同、このような者との交渉は今後一切を断ち、藩の統制に従って行動すること。万一の場合は、上司に申し出て指揮を仰ぐこと。これに違反したものは、断固たる処置をとる」

と厳命して、一部過激な藩士の暴発にくぎをさしたのである。

久光や小松、中山、大久保などは兵を率い、予定通り三月十六日に出発した。

隆盛と村田は肥後、筑後、筑前の情勢を探り、下関の宿、白石邸に着いた。白石邸には筑前の平野国臣と岡藩の重役小河一敏も泊まっていた。先発した森山も白石邸に着いていたので、隆盛と村田を加えて、五名で九州はじめ大坂の情勢を話し合ってみると、事態は甚だ深刻である。

これまで途中の肥後、筑後、筑前も激発寸前であるが、土佐もいつでも立ち上がる意気込みで、吉村寅太郎から連絡があり、長州の久坂玄瑞《くさかげんずい》一党は藩を挙げて、薩摩藩と協同することで、一挙に勤皇の旗揚げをする態勢であるという。豊後岡藩は義挙に参加する決意で、有志二十名はその夜直ちに船で大坂に出て、その準備にかかるのだという。

今や久光の上洛を前にして、騒然として、天下の大騒乱が避けられない情勢となっている。

このような緊急な時勢に、下関で久光を待って時機を失うようなことになっては、後悔しても後の祭りだ。斉彬公なら臨機応変の処置をとることを許されるであろうが、久光公とてこの形勢ならば理解されるであろう。

一刻も早く大坂表《おおさかおもて》まで出向いて、諸藩の有志を説得しなければ、大変事が起こるのは必定である。隆盛は決断した。取り急ぎ久光あての置手紙を残して、村田、森山と急ぎ大坂への船に乗り、二十二日夜出港、二十六日、大坂に着いた。

予想したとおり、大坂の形勢は、各藩の勤皇志士が潜行し、それに薩摩の誠忠組の脱落者、その他有馬新七の下役の造士館教授兼糾合方の柴山愛次郎、橋口壮介も江戸からの帰りに、来坂している。隆盛と村田はひそかにこれを知ると、首脳者に会って暴挙を止めるべく画策しようとしている時、久光は隆盛に激怒していたのである。

久光は、小松、大久保、中山と共に三月十六日、鹿児島を出発、三月二十六日、下関に着いた。

ところが隆盛がいない。久光も隆盛から情勢を聞こうと思ったが、隆盛の置手紙で、既に大坂へ行っていることがわかり、非常に立腹。久光は小松に、

「大島三右衛門（隆盛）という奴は畳の上では往生できぬやつじゃ」

とまで言われ、あるいは切腹仰せつけられるかもわからない。小松も心配しているところに、大久保がやって来て、

「小松殿、久光公の御立腹、何とかおとりなしはできませんか」

と相談する。小松もすっかり困って、

「久光公の御立腹、今までにないありさまだ。大島三右衛門というやつは畳の上では往生できんやつじゃと仰せられ、あるいは切腹仰せ付けられるかもしれ申《も》さん」

と、久光の激怒のようすを話す。

こうして久光は隆盛を、一　浪士との共同謀議、二　暴動扇動の疑い、三　久光公を京に引き止め暴発引き入れの疑い、四　下関待ちの命令無視、の四ヵ条の罪で、再び大島へ配流することになった。

隆盛は徳之島へ、村田は別の船便で、鬼界が島へ送られた。

九　寺田屋の悲劇

久光が四月十日、大坂に着くのを待って、勤皇の浪士は久光を擁して、義挙に立ち上がってもらうよう期待していたが、久光は薩摩藩士が軽挙することを禁じ、直ちに藩士取締令を出した。それは次の四項目で、

一　諸藩の浪人共に個人で面会してはならぬ
二　命令を受けずして諸方へ奔走してはならぬ
三　万一異変到来するも、あえて動揺することなく下知なくて行動してはならぬ
四　以上背反の輩《ともがら》あらば容赦なく罪科に処する

と令して、薩摩藩士が他藩の浪士と謀議して暴動に加わることを未然に防ごうとした。久光は伏見の薩摩藩邸に入ると、すぐ小松を京に先発させ、近衛忠房卿に上京の趣旨と九ヵ条の意見を天皇へ奏上申し上げるように願い出る。忠房卿が、この旨を議奏中山大納言と、正親町三条大納言《おおぎまちさんじょうだいなごん》を通じて主上（天皇）に奏上申し上げると、大変お喜びになり、

浪士共《ども》蜂起、不穏の企てあり、宸襟《しんきん》を悩まされ候《そうろう》ことに候。和泉（久光）へ当地滞在、鎮撫《ちんぶ》これあり候様《よう》、思《おぼ》し召《め》し候。

との御諚《ごじょう》を賜り、京に滞在して浪士を鎮静せよという朝廷からの御沙汰《さた》である。

小松はこのことを国元の妻お千賀に手紙で知らせている。小松は妻が心配せぬように、旅先のようすを、よく手紙で知らせるが、

「今度の上京で、久光公の御意見が朝廷でも採り上げられ、畏れ多くも主上の御耳に達し、この度の上洛が、良い方向に進展しつつある」

と知らせている。勤王志士たちにとって、久光の上洛は期待が大きかっただけに、浪士鎮撫の勅命を伝え聞いてびっくりし、もはや行動以外にないと決断する。特に薩摩藩の有馬新七を中心とする誠忠組は、これまでの諸藩浪士との約束に責

任を感じている。前に井伊大老桜田門事件に水戸浪士との約束を果たさなかったこともあって、また再び裏切るようなことでは面目が立たぬ。有馬新七は橋口壮介・柴山愛次郎と話し合い、義挙の日を四月二十一日と決め、これを藩邸二十八番屋敷にいる同志、京にいる長州の久坂玄瑞義助、真木和泉の同志に連絡した。その後、期日変更の事情が出て二十三日夜決行することに打ち合わせが済んでいた。ところが同志の一人永田佐一郎が変心脱落したというので、面罵《めんば》されて薩摩藩邸で自刃したことから、騒ぎが大きくなって計画が漏れてしまった。事の重大さに、急使がとんで、京の久光に注進する。久光や小松は、朝廷から勅命をいただいて、具合よく進展中なので意気込んでいる。そこへ高橋佐太郎、工藤左門が駆け付け、誠忠組の一部の者たちが、二十三日夜、伏見寺田屋に集まり、決起準備中との情報を持ち込んだ。

「何ッ！　けしからん。すぐ使者を出せ。主謀者をつれて参れ。予が説諭する」

と久光は激怒した。中山尚之介が、

「もしきき入れず、手向かう場合は」

と聞くと、

「臨機の処置をとれ！」

と怒鳴った。中山は堀次郎らと協議して、鎮撫使《ちんぶし》八名を選んだ。

奈良原喜八郎（喜左衛門の弟）　大山格之助（綱良）
森岡清左衛門　江夏仲左衛門
鈴木勇右衛門　鈴木昌之助
道島五郎兵衛　山口金之進

いずれも誠忠組の中で、寺田屋の一派と無二の親友ばかり、藩内で選り抜きの剣客ばかりである。中でも大山と道島は示現流免許の達人である。途中で上床源介が是非連れて行ってくれと鈴木勇右衛門に頼み、手槍をひっさげてついて来たから計九名となった。そして二組に分かれ、前後して寺田屋へ向かった。

寺田屋に集まった義挙の同志は、有馬新七ほか薩摩藩士三十五名、その他真木和泉ほか二十名、寺田屋以外の同志は久坂玄瑞はじめおよそ百名が、長州藩邸で待機中である。

　寺田屋では有馬新七が二階に同志を集めて、氏名点呼、矢立の筆で一人一人記名し、五人組単位の隊伍編成も終わり、籠手《こて》、脛当《すねあて》、草鞋《わらじ》、蝋燭《ろうそく》と握り飯まで分配を終わっていた。

　その時、二階へ通ずる階段から、

「有馬新七様、御面会どっせ」

と呼ぶ。先着した鎮撫使の奈良原喜八郎、道島五郎兵衛、江夏仲左衛門、森岡清右衛門の四人であった。奈良原と江夏は階段の二、三段下から二階をのぞくと、柴山愛次郎の姿が近くに見える。

奈良原「柴山殿《どん》。わしらじゃ、有馬新七殿《どん》、田中謙介殿《どん》、橋口壮介殿《どん》とおはんに用がある。下の別室までたのみ申《も》す」

　有馬と田中、橋口、柴山は下に降り、階下の別室に八名が顔を合わせた。その時、別の大山らの一組五名が駆け付け、大山らは有馬などの後方に立っている。お互いに皆、すべてを知っている誠忠組の仲間である。奈良原が、
奈良原「わしらは久光公の使いで参り申《も》した。殿はおはん方と直接話そうと仰せられて、錦小路《にしきこうじ》の藩邸でお待ちでごわす」

「御苦労でごわす」

と有馬が答える。

奈良原「久光公は御勅命をいただかれ、朝廷では、久光公の御意見を聞かれ、予想外によい方向に進んでいる。今こそ慎重に藩がまとまって行動するよう案じておられる故、わしらと一緒に御前に出て、お指図を受けよう」

有馬「久光公の仰せ、よっくわかり申《も》した。わしらは青蓮院宮《しょうれんいんのみや》のお召しで行こうとしているところだから、その後で藩邸に罷《まか》り出るつもりでござる」

奈良原「わたしらは君命で参り申《も》した。おはん方も、薩摩の武士、君命に従われるのがまず第一でなかろうか」

有馬「それはそうだが、わしらは宮のお召しで、大義名分が先でごわす」

奈良原「何ッ！　君命にそむくとは何事か」

　だれかが昂奮して「腹を切れ！」と叫ぶ。

有馬「大義のため、今ここでは死に申《も》さん」

奈良原「どうしてもか」

有馬「やむを得ん」

と有馬はきっぱり言い切った。鎮撫使側が、何か言おうとすると、突如、田中謙介が、
田中「くどい」

と大声を出して怒鳴った瞬間、
道島「上意」

と大喝一声、道島五郎兵衛が、示現流居合《いあい》抜きの極意、田中の眉間に斬りつける。電光石火、目にも止まらぬ早業に、田中は眼球が飛び出し、どっと倒れる。同時に山口金之進、

「チェイッ！　チェイッ！」

と裂帛《れっぱく》の気合い、抜く手もみせず後から柴山愛次郎の首のつけ根を、V字形に二太刀で斬り下げ、首だけ前に落ちた。すごい手練の早業であった。

次の瞬間、有馬新七は畳を蹴って刀を抜き、正面の道島に躍りかかる。道島は示現流の達人、新七は真影流の達人。二人の真剣の打ち合い、パッパッと火花が散る。激闘数分、突然ピューンと金属音がして、新七の刀が鍔元《つばもと》から折れて飛んだ。その瞬間、新七は道島の手元に躍り込み、体当たりして道島を押さえつけた。はね返さんとする道島、懸命に押さえつける新七、そのもみ合いの最中、橋口吉之丞(壮介の弟)が抜き身で飛び込んだが、新七が背中をみせて道島に重なり合っているので、一瞬ためらって刀が振り下ろせない。

「橋口ッ！　刺せっ」

と新七が叫ぶ。

「突けッ！　おいごと突けッ！」

新七が叫ぶ声に、吉之丞は身構えたとみるや、新七の真うしろから突進して、水平突きで新七の背から道島の胸まで一

寺田屋

気に突き通し、勢いあまって切先から物打ちの辺まで壁に突き刺さった。これで二人は絶命する。

　階下で何か騒いでいるようだが、二階ではよくわからない。弟子丸龍助《でしまるりゅうすけ》が怪しんで階段を降りようとすると、下に抜身でひそんでいた大山格之助から腰を払われどっと倒れたが、刀を抜いて立ち上がるところを、二の太刀、三の太刀で絶命する。大山格之助は示現流第一の使い手である。次に二階から降りて来た橋口伝蔵も鈴木親子を相手に斬死し、西田直五郎も絶命する。先刻から刀を抜いて奮戦した橋口壮介は重傷で気を失って倒れていたが、息を吹き返し、そばにいた奈良原喜八郎に、

「水を！　水を！」

とあえいでいるので、末期《まつご》の水を手杓《てしゃく》で口に注ぎ込むと、

橋口「おいどんは死に申《も》す。おはんたちが残る。たのみ申《も》す。天下のことは、よかごっ、たのみ申《も》す」

とあえぎつつ絶命した。

　階下の物音に二階の美玉三平が、てっきり捕吏と思い込み、

「捕吏が来たぞ!!」

と怒鳴ったので、一同は刀剣を握って身構え、柴山龍五郎が階段から下をのぞく。その時、奈良原が階下から大声で、

「柴山殿《どん》、待っちゃい。龍五郎殿《どん》、俺がそこへ上る。同志討ってはいかん。頼む、頼む」

と大声を出しながら素手で、大肌を脱ぎ血だらけで、合掌しながら上がって来る。そして合掌したまま、

「頼む、頼む!!　おはん方を敵にしたくはなか。殿の命令で、新七殿《どん》たち四人を上意討ちし申《も》した。久光公は直接お話ししたいとおっしゃる。頼む!!　わしらと一緒に久光公の話を聞いて下され。頼む、頼む」

　奈良原のとっさの死中の腹芸に、柴山は、

「一同に、評議さしてくれ」

と言ってひとまず奈良原に階下に下りてもらった。

　二階での評議は、斬死説、切腹説、再挙説となかなか評議はまとまらない。奈良原はたまりかね、奥座敷にいた真木和泉・田中河内介《たなかかわちのすけ》に説得方をお願いした。

真木「もはや神機を逸した」

田中「これ以上の同志討ちは犬死であろう」

真木「もうこの上は決死の覚悟で、藩論を動かすほかに方法はあるまい。とにかく藩邸に参られるようおすすめ申す」

ということに落ち着き、この寺田屋事件は凄惨な同志討ちに終わったのである。

　寺田屋の残りの同志は、鎮撫使の生き残りに伴われ、錦小路の藩邸に行ったが、久光との謁見などは思いもよらず、有無を言わさず拘禁され、後それぞれの藩に引き渡され、中には死罪になった者もあった。この挙兵の首謀者の一人であった平野国臣は、筑前黒田侯の説得のため筑前に行って不在で、寺田屋にはいなかったのである。

　この寺田屋事件は、その後の勤皇倒幕の起爆剤となった。久光はこの浪士暴発を鎮圧したので、朝廷の信頼を得ることになる。

十　勅使警護と生麦事件

　久光はこの寺田屋事件で、浪士の暴発を未然に取り鎮めたので、朝廷の信頼を得ることになったばかりでなく、倒幕を企て、京都所司代を討とうと集まった浪士を押さえたことで、幕府からも好感をもたれ、朝廷に対しても、幕府に対しても、久光は大きな発言力を持つことになる。これから薩摩は、朝廷と幕府の融和政策・公武合体に乗り出すことになった。

　文久二年（一八六二）四月二十六日、近衛忠房卿から久光が招かれ、小松が久光の代わりに参ったところ、

「主上は久光の忠誠を非常に御喜びになって、陛下が常に身につけ御愛好されている左文字《さもんじ》の腰刀を賜わるとの思し召《おぼしめ》しである」

と伝えられたのである。

その後は、近衛卿、鷹司《たかつかさ》卿、青蓮院宮などについて、今までの謹慎を解き、参内を許す、関白九条尚忠をやめさせ、近衛忠熙《このえただひろ》に替えるなど、直ちに久光の建言を実行せられた。

幕府の改革については、これが実行を促すため、江戸へ勅使を派遣されるように進言したので、大原重徳《おおはらしげのり》卿が勅使に任ぜられ、久光にその警護役を仰せ付けられた。久光は小松を伴って兵を率い、勅使の警護に随《したが》った。そこで小松には、国元の家老同様の御用取扱いを命ぜられた。この勅使の目当ては、

一　将軍は早く諸大名を率い上洛すること

二　五大老を任じて武備を計ること

三　一橋公を後見役、越前侯を大老とすること

を幕府に実施させることにあったので、小松は家老同様、種々交渉に当たった。三ヵ月、江戸に滞在し、勅使派遣の趣旨も着々実行されることになって、要件も済んだので、久光、小松は再び勅使を警護して、八月二十一日、江戸を発ち、京へ向かった。この勅使の行列が横浜の生麦村に差し掛かった時、馬に乗った男女四名づれの外国人が、この行列を横切ろうとする。

「下にー、下にー」

と先払いの叫ぶ制止の大声も、言葉がわからない。大名行列を横切ってはならない習慣も知らぬ外人のことだ。そのまま行列を横切ろうとするので、先払いの供頭《ともがしら》、奈良原喜左衛門は烈火のごとく怒って、あっという間に一人を斬り捨てた。これを見た三人は、びっくりして、馬を飛ばして逃げた。彼ら四人はいずれも英国人で、商人リチャードソンとその妻、ほかの者は商人クラークらであった。クラークら二人が軽い傷を負ってアメリカ商館に逃げ込み、事の次第を訴える。

小松は外国人のこととて、国際問題の厳しい時、厄介なことになったと思ったが、勅使の行列を止めることはできない。

行列はそのまま進めたが、小松は西筑右衛門を使いとして直ちに事件を幕府に報告し、下手人は岡野新助という足軽で外人を追って行方不明であると文書で届けさせた。この生麦事件が、後に薩英戦争の原因となったのである。

京に着くと、久光は小松、大久保、藤井良節を近衛家に立ち寄らせて、勅使の派遣が上首尾で成功であったことを報告させた。近衛家父子はその報告を受けて、明日、久光に参内して主上に言上申し上げるようにとのことであるので、翌日、久光は小松を連れ参内し、主上に拝謁の栄に浴し、おほめの御言葉を賜るとともに、主上が身につけて御愛用された左文字の御剣一振を久光に御下賜になった。

久光も小松も有難さに感涙し、

「今までこのようなことはどなたにも無いことで、ただ夢のようで、誠に冥加《みょうが》の至り、筆には尽くせない。この心中の感激をお察し下され」

とお千賀に知らせている。これについて公文の記録はないが、家に知らせた手紙で、その折の感激が伝わってくるようである。

小松は愛妻家であったらしく、妻お千賀には常に手紙で近況を知らせているが、この時の感激は特に文中にあふれているので、手紙の一節を記すと、

禁裏(宮中)へ御参内《ごさんだい》なされ候様《そうろうよう》にとのこと、御承知の通り準備もなく、近衛様へ参殿《さんでん》の上、御直垂《おんひたたれ》を頂戴《ちょうだい》してお召し替え候《そうろう》て、御参内《ごさんだい》あらせられ候処《ところ》、御謁見の上、御剣を頂き、誠に誠に容易ならぬことにて、何とも恐れいり、話も出来兼《か》ね参《まい》らせ候。かようなことは、これまであらせられ候こと、どなたにもこれ無く、ただただ夢の様に存《ぞん》じ上《あ》げ参《まい》らせ候、拙者にも御供《おとも》仰せつけられ、参内いたし、誠に冥加《みょうが》の至り、何とも何とも恐れ入り候事、筆には尽し難く、心中察しなされたく存じ参らせ候。御着《おつき》より右の事などにて昼夜暇も之《こ》れ無く、しょっちゅう御殿に詰め通しにて御座候《ござそうろう》。云々。

と書き送っている。

京にしばらく滞在の後、帰途につき、九月七日、鹿児島に着いた。

九月九日、久光は小松を召し出して、今回、粉骨砕身して、首尾よく事を運んでくれた功労を賞し、久光自ら大小一揃を授けられ、御小納戸谷村昌武が御下賜の証として証書を小松に授けている。この証拠の文書で、京や江戸での交渉に当たっているのは、小松帯刀であって、従来大久保の奔走によるとされているのは証拠とする文献もなく、誤って伝えられた点が多い。この時の証書は次のとおりである。

証書

一、刀（兼元在銘）一腰

一、脇差（薩州住平正良在銘）一腰

一、縁頭（赤銅七子、無銘十文字切上）大小

一、鍔（赤銅七子、無銘十文字切上）大小

右者今度滞京之蒙二勅命一、且勅使下向於二関東一粉骨周旋之儀、不レ堪二感懐一候、依レ之無二屹與一座右之品遣候事

前文之趣

久光公御沙汰之上、御手自拝領被二仰付一、其刻拙者御前江相詰居候、

依テ証書如レ件

文久二戊九月九日

御小納戸

谷村小吉

昌武（花押）

小松帯刀殿

（書き下し文）
右は、今度《このたび》滞京《たいきょう》の勅命を蒙《こうむ》り、且《かつ》は勅使《ちょくし》関東に下向《げこう》し、粉骨周旋《ふんこつしゅうせん》の儀、感懐《かんかい》に堪えず候《そうろう》。之《こ》れに依《よ》って屹度《きっと》無く座《ざ》
右《ゆう》の品遣《しなつか》わし候事《そうろうこと》。
　前文の趣《おもむき》
久光公御沙汰《ごさた》の上、御手自《おてづ》から拝領仰《おお》せ付けられ、其《そ》の刻《きざみ》、拙者御前《せっしゃごぜん》へ相詰《あいつ》め居《お》り候。
依《よ》って証書、件《くだん》の如《ごと》し。

十一　薩摩の若き家老

久光が朝廷のため幕府との融和をはかり、幕政の改革に尽くし、功績が顕著であったので、朝廷では久光に従四位下《じゅしいのげ》中将《ちゅうじょう》を賜るとの内示があったが、久光は当然、藩主茂久に賜るべきであると、功を茂久に譲って辞退した。

茂久もこの功績は、斉彬が残された功績を引き継いだものであるから、斉彬公に追贈下さるようにと望まれ、久光、茂久父子の書簡を託し、小松を京に派遣して、斉彬公の贈位を交渉させた。

小松は京に出張し、朝廷の中山忠能《なかやまただよし》卿、正親町三条実愛《さねなる》卿に、携えてきた書簡を渡し、交渉した結果、斉彬の贈位は異議なく、首尾よく追贈のことが決まり、「照国公」の称号もあわせ賜ることになった。小松はさらに江戸へ下り、江戸在住の斉彬公の二人の姫を守って十月二十九日、江戸から帰国の途についた。斉彬を祀る「照国神社」号は、この称号によるものである。

小松が京や江戸で、朝廷の中心の公卿方や、有力な諸侯や幕閣と交渉し、家老同様の任務を処理して、公武合体を推進したことや、斉彬公の贈位交渉に成功を収めた功績は誠に顕著であった。久光はその手腕力量を認めて十二月二十四日

付で小松を家老に昇格し、御側詰兼務を命じ、また各種の重要な諸掛を担当させることにしたので、二十八歳の若い家老の誕生となったのである。

　その辞令は次のとおりである。

（辞令）

一、御家老

一、加判同役同前

一、役料高千石

一、御側詰兼務

　　　　　　　　小松帯刀

右之通《みぎのとおり》、被二仰付一《おおせつけられ》、御役料高被二下置一候《ごやくりょうだかくだしおかれそうろう》、

席順川上但馬《せきじゅんかわかみたじま》頭可二罷在一候《まかりあるべくそうろう》、

（書き下し文）

右の通り、仰《おお》せ付《つ》けられ、御役料高《やくりょうだか》下し置かれ候《そうろう》。席順は川上但馬頭に罷り在るべく候。

十二月（二十四日）

（辞令）

一、御軍役掛

　但《ただし》、鋳製方掛　御流儀砲術方掛兼

一、琉球《りゅうきゅう》掛

一、唐物取締掛
一、琉球産物方掛
一、御製薬方掛
一、造士館・演武館掛
一、御改革御内用掛
一、御勝手方掛
一、佐土原掛
一、蒸汽船掛

小松帯刀

右之通《みぎのとおり》、掛被二仰付一候《かかりおおせつけられそうろう》、
十二月(二十七日)
川上但馬

このように小松帯刀は、身分は御側詰の家老である上に、担当は重要な多くの諸掛の兼務を命ぜられたので、実に一藩の軍事、財政、教育、商工業など、ことごとくを双肩に担うことになったのである。

御勝手方掛は予算と銀繰《かねぐ》りの総元締である。御改革掛、御内用掛は藩政企画に当たるもので、すべてのことを掌理する要職であった。御軍役掛、蒸汽船掛は陸海の軍事と輸送、通商に当たる。造士館・演武館掛は、若者の教育文武の掛である。鋳製方掛や御製薬方掛は工業、唐物取締掛、琉球産物方掛、蒸汽船掛は通商交易で、藩の財政・経済の基本となるものであった。

よくもこのような重要な諸役を、一人の若き家老に担当させたものと思われるが、小松の手腕力量を信じ、この内憂外患の非常時に、政令が迅速に一途に出るように、久光や茂久が智恵をしぼったものであろう。

このように一藩の改変政務を一人の双肩に担った小松は、それぞれの掛ごとに、最適任者を抜擢し、どの掛にも発言し、指令が出せるように、実にあざやかに藩政を切り回している。殊にすべての施策事業には金が必要であるので、産業を起こし通商を盛んにし、琉球・清国をはじめ諸藩と交易して、藩の財政を豊かにし、これを重要な教育、軍備に惜し気もなく使ったのである。小松の性質は、温和であるが、事を処する決断は抜群のものであったといわれる。だから全国の志士たちが、薩摩の財政を握る家老小松帯刀の手腕を知り、「薩摩の小松か、小松の薩摩か」というほどで、いつでも小松の邸を訪れて相談したのである。

本書巻頭に述べた、人吉相良《ひとよしさがら》藩の火災の際、相良藩の家老がその復旧資金借用を申し入れた時、その救済のため、大金五千両を立て替えることを直ちに決断して貸し与え、人吉を救い、

「薩摩には若いが肝っ玉の据わった大した家老がいる」

と感銘を与えたのも、この二十八歳の十二月の出来事であった。

第三章　薩摩の力

一　小松の経済政策

久光が若い小松帯刀《こまつたてわき》を家老に取り立てた上、重要な多くの掛を仰せ付け、一藩の軍事、経済、教育のほとんどを担当させたのには、理由があった。久光は彼を側近に取り立ててからも度々小松に意見を求めた。

久光「小松、そちは我が藩の政治の重点をどこにおいたがよいと思うか」

と聞くと、

小松「斉彬公は世界の情勢をよく知った上で、国の現状にあった政治を行うことが大切だといつも言われ申《も》した」

久光「そうか。わしとて斉彬公と同じ意見だ」

小松「斉彬公は『文明の進んだ外敵が、日本の近海に押しかけてきているのに、幕府が鎖国を続け、軍備も遅れているから、もし戦争にでもなったら、たちまち敗れて、国土を乗っ取られる。危ないことだ』と言っておいででした」

久光「全くそのとおりだ。まず砲台や軍艦、軍備を急がねばならぬ」

久光も斉彬の理想を実現しようと思っている。

小松は久光の心をだんだん核心へ引っ張ってゆく。

小松「本当に和泉様《いずみ》(久光)の仰せの通りと思い申《も》す。精巧な武器・軍艦を動かすには、まずエゲレスやオランダの文明を取り入れ、人材を養成せねばなりませんから、英語やオランダ語の教師も必要と思われ申《も》す」

久光「わしもそのように思う。造士館や演武館の教育方針を変えて、外国の洋学を学ばせ、進んだ兵器を造らねばならぬ。いつまでも武器・軍艦を買うばかりではなく、我が藩でも造るようにせねばならぬ」

と久光が言う。小松は軍備・教育・洋学・文化の輸入、武器・軍艦製造にまで話を進めて来て、最も重要な経済政策について、

小松「それには大きな金が入要《いりも》申す。和泉様、うんと金をこさえる人物はいませぬか。そのような人物に御勝手方(藩の予算掛)の掛を命じ、藩の財政を増やすことが先決です」

久光「金をこさえることのできる人材か。なかなかそのような人は見つからぬが、小松、そちに金の入るよい考えはないか」
小松「別に新しい方法ではありませんが、亡くなった調所《ずしょ》(広郷)殿が以前から協力させていた御用商人に藩の金を貸し与え、琉球《りゅうきゅう》の砂糖や、唐物《からもの》商売や、出羽《でわ》の米などを大坂方面に売りさばかせる。藩自身も、汽船を買い増やして他藩と交易する。これならもうけが出て、藩を富ませる早道と思い申《も》す」
久光「なるほど。あの指宿《いぶすき》の浜崎《はまざき》太平次《たへいじ》ならできるだろう」
小松「御用商人はまず第一が浜崎。あれに相談すれば垂水の田辺や、阿久根《あくね》・志布志《しぶし》の船主たちもついていき申《も》す」
　小松の案なら、きっとうまくいきそうだ。今でも浜崎太平次は、藩の財政に力になっていることを、久光もよく知っている。
久光「そちの案はなかなかよい。それなれば、御勝手掛だけでなく、御用船を動かすには、蒸汽船掛も、琉球掛や唐物取締掛も、大事な役目だ。この案をよくのみこんで実行させるには、ほかに人物はいそうではないが、どうだ！　小松、そちが一手にこれらの掛を引き受けてくれぬか」
小松「だれかほかに適当な人物はないですか。なければ、それがしが担当せねば仕方はありませんが。ただし、一人でこんな多くの掛はでき申《も》さぬ。それぞれ適任者を選んで任せ申《も》すが、和泉様がその人たちに掛を命じて下されば、それがしが指図致し申《も》す」
久光「そうか。そちの選んだ人物に、掛を命ずることに、文句はつけぬ。小松、頼むぞ」
小松「わかり申《も》した。それぞれの掛には適任の者を選んでやらせますが、一番重要なことは、御用商人を大切にし、彼らにももうけさせねばいけません。目をつぶってやらねばならんことも必要と思い申《も》す。藩のために浜崎太平次の力を借りることが大切と存じ申《も》す」
　こうしたことから、久光は小松に家老と兼務の諸掛を命じたのである。
　小松は藩政の改革・近代化に必要な財政のために藩の御用商人浜崎太平次の力を借りることが大切なことを力説し、それを動かす掛に自分から当たることになった。

文久二年（一八六二）十二月に家老と諸掛を兼務した小松帯刀は、「琉球のことや、唐物取締のことについて意見を聞きたい」と使いをたて、浜崎太平次を呼び出し、「久光公より家老を命ぜられ、琉球掛・琉球産物方掛・唐物取締掛も担当することになったから、今まで以上に藩の力になっていただきたい」と辞を低くして依頼し、他の船主たちも指導してくれるよう頼んだ。浜崎太平次も、もとより異存はない。

こうして、藩経済は浜崎太平次の協力によって、幕末、明治維新の国興しの大事業に向かって動き出した。

はじめ小松、中山、大久保の若手重役連中はどうかと危ぶまれた藩政は、日置《ひおき》派島津左衛門や西郷の心配をよそに、着々と力をつけ、特に藩の財政を豊かにし、その金で次々と新しい事業に取り組み、人材も登用してゆく。

だから小松・大久保などのやり方を見て、皆がこれを認めざるを得なくなり、もう反対派の批判も影をひそめるようになっていった。西郷や桂久武《かつらひさたけ》も、一時島流しや左遷の憂き目に遭ったが、再び呼び戻され、藩の首脳に返り咲き、小松・大久保と一緒に、王政復古の大業に協力するようになった。

今や小松帯刀は皆の支持を得て、動かぬ経済の実績を示しつつある。これは浜崎太平次など御用商人の経済的後ろ楯によるもので、着々と事業が進んだからである。小松がこれほどたよりにしている指宿湊《いぶすきみなと》の浜崎太平次とは、一体どのような人物であろうか。

二　天下の豪商浜崎太平次

指宿湊の浜崎太平次は、家号をヤマキ（⌃キ）と呼ぶ船問屋で、大坂や京などの日本の豪商十指の中に数えられるほどの、薩摩第一の富豪であった。指宿山川港を根拠に三十数隻の千石船で、薩摩藩の御用商人として、黒糖・米・唐物商を営み、広大な造船所まで経営する大商人である。

この浜崎家の第一代は、国分八幡の神官であったが、故あって指宿に移り住んで、ささやかな船で海上輸送を家業として生計をたててきた。五代目の浜崎太左衛門の時に商売が栄え、寛政年間の全国長者番付には、二百六十三人のうち首位にのし上がっている。

1　薩州　湊太左衛門《みなとたざえもん》（指宿湊）
2　伊勢　三井八郎右衛門《みついはちろうえもん》
3　大坂　加島屋久右衛門《かしまやきゅうえもん》
4　京　岩城徳右衛門《いわきとくえもん》
5　大坂　鴻池善五郎《こうのいけぜんごろう》
6　京　白木屋《しろきや》彦太郎
7　江戸　中井原三郎
8　出羽　本間主膳《ほんましゅぜん》

これら大坂・京などの豪商たちと肩を並べて、薩摩に日本第一の豪商がいて、指宿の湊太左衛門といわれていたとは、今の薩摩では考えられないことである。ところが七代目になって事業が思わしくなく、家運が傾いてきた。その時代に生まれたのが、八代目の太平次であった。腕白盛りの太平次も十四歳になった。落ちぶれた現在の我が家も、華やかだった昔の祖父のころの話を、人から聞いて、

「よし！　衰えた家業を再び昔のように復興させよう」

と固く決心した。

そのころ、やっと残った唐物船《からものぶね》も、わずか一隻になってしまっていた。太平次は十四歳でこの船に乗り組んで、琉球の那《な》覇《は》の港に渡った。

この唐物船というのは、琉球を中継として、清《しん》（中国）の物産や呂宋《ルソン》（フィリピン）などの品物を密輸入し、日本の特産物を売ったのである。浜崎家は指宿湊であるが、船は鶴の港といわれた山川港を根拠地としている。

八代目太平次が海洋に乗り出したころは、外国との商取引は、取締りが厳しく、幕府の許可をもらった御朱印船でな

ければ、勝手に商取引はできない。ただ鹿児島だけは、琉球を支配しているので、琉球の商人を中継として、中国・呂宋その他の珍しい商品を持ってくることができた。禁止されている物を持ち込むことはできないが、こっそり持ち込むと、密輸品として、唐物取締掛が厳しく検閲し、密輸者を厳しく処罰した。

そのころ、薩摩は往年の木曾川工事などの赤字が累積して、五百万両という莫大な借金を、大坂商人などから借りていた。この財政立て直しを調所笑左衛門広郷《ずしょしょうざえもんひろさと》にあたらせた。調所は琉球の砂糖・唐物の密輸を行わせ、それを全国諸藩と交易させ、財政立て直しを成功させるほかはないと覚悟した。家老となった調所は指宿の浜崎太平次の人柄を信じ、鹿児島に呼んで薩摩の御用商人とする。そして薩摩藩御用船で唐物も密輸し、琉球奄美《あまみ》の砂糖と共に、大坂方面へ売り出させ、莫大な利益をあげた。

これで薩摩藩の財政再建ができたのである。

その代わり、太平次の密輸に対しても、大目に見て見逃してくれた。そのため薩摩藩の財政に貢献しながら、太平次の事業も大きくなり、持舟も三十数隻を数えるようになった。このように太平次は、薩摩藩庇護のもとに、北は北海道から、南は琉球、あるいは台湾・中国・ルソンまで交易し、それを大坂方面に売りさばいた。薩摩藩御用商人として大胆な唐物商、密貿易をしたので、日本有数の長者にのし上がったのである。

山川港はいつも「𠆢キ《やまき》」の船が入港し、大変なにぎわいをみせた。指宿には広大な敷地をもつ一大造船所まで造り、大きな船の建造まで手掛けたのである。

家老調所広郷が島津伊勢にあてに書簡で

指宿湊の浜崎太平次が、お国の財政御改革のために御調達いたし候金子《きんす》は一再ならず、あまつさえ御軍備のうしろだてとして、私財を御当家に融通つかまつり候《そうろう》御奉公の心がけは、皇国日本の御為《おんため》であり、かつまた飢饉《ききん》のみぎり施行いたし候、善根功徳《ぜんこんくどく》は、上様におかれても御感《ぎょかん》なのめならず、また町家の手本にも相成《あいな》り候。

と太平次を賞讃している。

調所広郷は大坂商人からの借金返済に二百五十年返済の借用証文を作らせるなど、商人泣かせを強行したため、調所が密輸をしていることを幕府に密告された。これは薩摩藩のお取りつぶしになりかねない大罪である。調所は責を負い、短刀を前に置き、もと茶道職らしく毒を飲んで自殺したのである。

これまた藩を救った幕末の功労者、傑物であった。

浜崎太平次は薩摩の御用商人の代表で、そのほかにも多くの御用商人がいたが、太平次は特に島津の殿様や家老の信任も厚かったので、十分取扱いを受け、太平次《たへいじ》正房《まさふさ》と名前を頂き、鹿児島城下潮見町に総支配所を移し、朝日通海岸に大きな邸宅を設けている。そして指宿を支配所に、那覇の支店、長崎西浜町支店、大坂港支店、蝦夷箱館支店があったから、いかに盛大であったかがしのばれる。

浜崎太平次は巨万の富を得て、当時、全国長者番付に大坂・江戸・京などの富豪と肩を並べる商人であったが、彼の造船所は日本の造船業に大きな功績を残したのである。

太平次が沖縄で西洋の綿糸を手に入れ、これを斉彬に差し上げたのがきっかけで、斉彬は綿糸をつくり、斉彬没後の慶応二年(一八六六)五代友厚《ごだいともあつ》は、イギリスのブラッド社に紡績機械を注文し、日本で初めての紡績工場を磯浜に建てた。それ以来、紡績が日本経済を発展させたのである。

天保・安政の飢饉に際しては、熊本から米を運び、山川港に陸揚げし、それを指宿の困窮者に恵んで救助したことも再三であったという。

浜崎太平次は単なる商人富豪ではなかった。日本の国士というべき傑出した商人であった。

小松帯刀が家老となり、琉球掛・産物掛・唐物取締掛となって、浜崎太平次に頼むと、まず率先して御献金を出した。その結果、他の御用商人らも彼に従ったのである。

文久二年三月、小松帯刀が薩摩藩にミニエー銃を購入する時、「おかしあげ」の相談に応じて献金した。一例を挙げると、

おかしあげ記録

金二万両　浜崎太平次
金一万両　田辺泰蔵
金八千両　黒岩政右衛門
金八千両　川井田市郎左衛門
金八千両　坂元弥右衛門
金三千両　岩元与兵衛門
金二千両　長崎善兵衛
金二千両　長崎武八郎

など合計三十四人、金およそ十二万千三百両となっている。
小松帯刀が家老職の上に、諸掛を兼務して、軍事、教育、経済、予算を一手に握ることができた理由が、ここにあった。藩の収入を得る道が、浜崎太平次など御用商人にかかっていたのである。この元締が家老（後に指宿地頭兼務）小松帯刀であった。

薩摩が小松帯刀を中心に動いているので、各藩の志士が、「薩摩の小松か、小松の薩摩か」と言った意味が理解できるのである。

それは同じく、浜崎太平次の協力あっての薩摩藩であった。しかし、惜しいかな。太平次は文久三年（一八六三）、ある任務のため大坂に上ったが、大坂支店で病となり、このことを小松が奏上したのが、孝明天皇の御耳に入り給い、天皇の侍医を病床に御派遣になった。浜崎太平次は聖恩に感激しつつ、ついに六月十五日、巨星は消えて旅先の大坂で客死した。享年五十歳であった。

死去の知らせを聞いて久光は、
「ああ、私は大事な片腕を失った」
と言って嘆いたという。

当時、多くの藩が経済の面で苦しんでいたのに、薩摩藩は割合にゆとりをみせ、そのため幕末から明治維新の大変動に当たって、すばらしい力を見せたのは、浜崎太平次はじめ、薩摩の経済を支えた御用商人のおかげであった。殊に我が国の海運沿革史の上に、浜崎太平次の功績は、「薩南海王」とたたえられ、長くその芳名を伝えられることであろう。

文久四年(一八六四)二月六日に小松帯刀は、指宿の地頭職兼務を命ぜられた。浜崎太平次が死んだ後、薩摩藩財政の基本であった御用商人と藩とのつながりのため、小松を指宿地頭に繰り替えたのであろうか。浜崎太平次が生前、小松帯刀との密接な関係があったことを物語る地頭配置であった。

三　久光、京都守護職を拝命

文久三年正月、小松は斉彬公の御贈位のことで打ち合わせのため、京に出張した。その折に近衛《このえ》卿を通じて建言し、皇居を護るため、久光に京都守護職を賜るようお願いしたところ、朝廷側から島津久光に京の守護職を仰せ出され、幕府もまた京都所司代の上に会津松平容保《まつだいらかたもり》を京都守護職に任じて、京の治安に当たらせることになる。小松は京薩摩邸に兵を常駐させて治安に当たらせることにしていたが、江戸からの通報で、英国艦隊が生麦事件の談判のため、薩摩に押しかけることが明らかになったので、御軍役掛の小松は、大久保を伴い急いで帰国した。薩摩藩では、英艦隊が来襲するというので、反撃する決意を固め、御軍役掛小松以下、総掛りで戦時態勢の諸準備に取りかかった。

薩摩藩が戦争準備に追われているすきに、京では、朝廷の政治体制に政変が起こるのである。

長州の尊皇攘夷派の久坂玄瑞《くさかげんずい》・寺島忠三郎・轟武兵衛《とどろきぶへえ》等は、寺田屋事件で同志を殺し、義挙を中止に追い込んだ久光を憎み、公武合体に反対である。久光が京都守護職になったので、彼らは朝廷の尊皇攘夷派の三条実美《さんじょうさねとみ》などに強く運動して、長州の毛利慶親《もうりよしちか》が、久光より上官位である参議に任ぜられた。公武合体派の久光びいきの近衛卿や中山卿、正親町三条《おおぎまちさんじょう》卿はそのため職を辞したので、代わって鷹司《たかつかさ》卿と三条実美が就任したから、尊皇攘夷派の勢が強くなる。そして外国打ち払いの攘夷実行の期日を五月十五日と決定し、攘夷の祈願をするため、天皇の賀茂行幸まで行うことにした。公武合体派の一橋慶喜《よしのぶ》、松平春嶽《しゅんがく》、山内容堂《ようどう》までがすっかり押さえられてしまったかたちである。

このような攘夷派によって、外国と戦いにでもなったら、国は危険にさらされる。近衛卿や中川宮は心配して、久光にこの状況を知らせ、久光に兵を率い、上洛して守護についてもらうよう求めてきた。

薩摩は英艦隊の襲来に備え、その準備に忙しかったが、朝廷の要求も無視できないので、四月四日、久光は小松、中山以下七百余の兵を連れ、船で上京の途につく。

京に着いた久光は、

「武器精鋭の外国に対して攘夷は不可である。浪士どもの意見で、攘夷実行の期日を決定したのは軽率である」

とする意見を具申したけれど、採用されないことがはっきりした。それに英国との関係がいよいよ重大になったので、久光は直ちに鹿児島へ引き上げることにして、小松を使いとして「退京の事由書」を朝廷と幕府に届けさした。当時、京にいた慶喜と閣老の板倉・水野らは小松を呼び、

「去年秋の生麦事件について英国は賠償金を要求し、加害者の首謀者を処刑するよう、島津三郎（久光）の首級を要求している」

と脅した。小松は、

「この事件はその原因が薩摩にあるから、直接、薩摩に談判するよう英国に伝えられたい。そうすればどちらが正か邪か、直ちに当藩にて解決するであろう」

と答えたので、老中等は、

「関東で、できる限り処置してみる」

とだけで、そのままになった。

攘夷実行日の五月十五日になると、長州は関門海峡で米国商船を砲撃、二十六日、下関でオランダ艦を砲撃したが、逆に米艦や仏国軍艦が下関を砲撃して、事実上、攘夷の不可能なことを知らされることになる。

このような情勢であるから、英国の鹿児島来襲は必至であるとみて、小松等は砲台に弾丸や戦時の食糧を準備し、兵員配置、部署も処置して、いつでも来いと待っていた。

四　薩英戦争

生麦事件で幕府から薩摩に要求を示しても応じないで、直接、薩摩に談判するようとの事であるので、怒った英国は艦隊を派遣することになった。

文久三年(一八六三)六日二十七日、英国東洋艦隊所属の軍艦七隻は、山川港の前に姿を現し、二十八日、谷山沖に停泊する。沿岸諸郷は早馬で急報する。待ちかまえた鹿児島では、「さあ来たぞ」と合図ののろしが揚がる。小松はなるべく談判で戦争にならぬようにと思って、藩の軍奉行を旗艦に派遣させた。

「何のために来たのか」

と聞くと、

「生麦事件の下手人を捕らえて差し出せ。死刑に処する。遺族に慰謝料として賠償金二万五千ポンドを支払え」

と言うので、

「提督自ら上陸して談判せよ」

と言うと、

「上陸しない」

と言う。

「下手人は既に逃走してどこにいるかわからない。大名行列の先頭を横切るのを斬り捨てるのは国の習慣で、抗議を受ける理由もない。賠償金は事の是非を論じてから決める」

と突っぱねる。寺田屋生き残りの誠忠組八十名は決死隊をつくり、短剣を懐に隠し、小舟で英艦に漕ぎ寄せ、スイカ売りの商人に変装し、英艦に近づいて乗り移って斬り込もうと思うが、英側は怪しんで近寄せない。

七月一日、交渉は決裂して藩は開戦を決意した。久光・茂久は本陣を西田村の千眼寺に置いて移り、総司令家老小松帯刀が側近にいて総指揮にあたる。そして現地作戦の指揮官が日置領主島津久明（二十歳）であった。前の家老島津左衛門の子である。

七月二日は前夜から暴風となったので、藩の汽船三隻は重富沖の海岸寄に避難していた。これを見た英艦はこの三隻を捕獲し焼いたので、小松はこちらから発砲を命じ、ついに薩英戦争の火ぶたが切られたのである。

英艦入港戦争図
（「薩英戦争絵巻」第七段部分・尚古集成館蔵）

弁天波止場、祇園《ぎおん》の洲《す》、天保山などの各砲台から一斉に砲火を浴びせた。英艦も一斉に砲門を開き、敵の最新式のアームストロング砲（射程距離四キロ）は威力を見せ、みるみるうちに浄光明寺（後の南洲墓地）から下の町一帯は焼け落ちる。祇園の洲砲台は完全に破壊され、用に立つ大砲は一門もなく、死傷者も出る。勢いに乗った英艦レースホース号は、砲台占領を企てたのか、前方二百メートルまで近づいたので浅瀬に乗り上げ、身動きできなくなった。それを見て、今こそ応戦の時と思ったものの、我が砲は破壊されていて、歯ぎしりするばかり。敵もあわてたが、やがて満潮を利してやっと、逃げ延びる。別の英艦は新波止場、弁天波止場を砲撃しようとして、かねて射撃練習を積んだ射程内に入ったので、我が砲弾数発が敵の旗艦ユーライアラス号に命中し、艦長ジョスリング大佐と副長ウイルモット中佐が即死、第二弾で水兵七名、士官一名が死亡、数名が重傷を負う。艦長以下戦死傷者に驚いた英艦は、逐次桜島方面へ移動を開始、風が強くなったので碇《いかり》を下ろした途端、今まで沈黙していた桜島袴越《はかまごし》の砲台が急に射って来た。あわてた英艦バーサス号は、碇綱を切り落としてやっと逃げ延びた（その碇は引き揚げられ、磯の集成館に戦利品として飾られていたが、日英同盟が結ばれた大正年間、英国へ返還された)。午後四時ごろから豪雨となったので、英艦の戦列は乱れ、砲撃をやめて桜島の陰に退いた。

三日は再び、各砲台に艦砲射撃を加えたが、やがて山川港外に去って行った。

この戦に隠れた秘話が残っている。当時参加した老農夫の実話である。

七月二日は正午から午後三時半にわたって、激しい砲撃戦であったが、四時ごろからは暴風雨となって、ついに英艦は桜島の陰に退いた。しかし明日また砲撃してくることを覚悟しなければならない。

現地指揮官島津久明は、使いを日置に走らせ、日置郷にある「オデダイ」全部の供出と鹿児島までの運搬を今夜中に完了するように命じた。「オデダイ」とは「麻の緒《お》をゆでる樽」のことである。主命を受けた使者は、騎馬で八里(三十二キロ)の道を一気に疾走し、日置の留守居役に通達した。留守居役はすぐ、

「日置郷内のオデダイを残らず集めて、若者は御仮屋《かりや》まで集合せよ」

との布令《ふれ》で、非常呼集を出し、日置郷内の農民衆は、それぞれ「オデダイ」をかついで集まった。

「鹿児島では今日、イギリスと大変な戦争があって、鹿児島の町はほとんどみんな焼けた。砲台もつぶされた。明日も敵は攻めてくるだろうから、今夜のうちに『オデダイ』を鹿児島に届けて、擬装砲《ぎそうほう》とするのだ」

という。今やお国の一大事、我ら農民といえども、じっとしてはおられない。

「わかい申《も》した。生命の限り行っもんど」

と健脚と腕《うで》っ節《ぶし》の強さで選ばれた若い農民衆が、四人一組で「オデダイ」を縄でくくりつけ、それをかついで、風と雨の中を、鹿児島目指して駆け出した。

何としても夜の明けぬうちに届けねばならない。非常な悪天候をついて、蓑笠《みのかさ》を着けた若人たちは「ヨイサ。ヨイサ」と掛声をかけながら走り続ける。そのうちに喉《のど》が渇く。肩が痛い。疲れも出る。だが皆必死だ。奥歯をかみしめ「キバレヨ。ガンバレ。チェストイケ!!」と互いに励ましながら、途中何回も休みながらも、走りに走って、やっと夜半過ぎ、無事に「オデダイ」は着き、夜の明けぬうちに各砲台の台場に擬装砲として、敵艦に向けて据えつけられた。

真夏の夜は短い。台風一過、やがて東の空が白々と明けて来た。昨夜来の風雨はやんで、今日はうそのように静まりか

えっている。桜島の陰に退いていた英国艦隊の一士官が、望遠鏡でのぞいて見ると、これは不思議、昨日確かに破壊したはずの各砲台に、何事もなかったように、一回り大きな砲身がずらりと並んで、無気味な砲口が、英艦に向けられているではないか。その周りを兵たちがしきりに立ち回っている。

「これは大変だぞ。昨日つぶした大砲が、いや昨日のより大きい大砲が用意されたぞ」

たちまち英艦隊の指揮官に、そして提督に伝えられる。

「これはぐずぐすしてはおれないぞ。今日は徹底的に射ちまくるつもりだったが、早目に引き揚げた方が無難だぞ。各艦、今度だけ砲台に射ち込んだら、すぐ引き揚げだ」

七月三日は散発的に形ばかり大砲を射つと、英艦隊はあわてて鹿児島湾から逃れ去った。「オデダイ」は砲身型をした長い樽である。昔から日置郷・吉利郷《よしとし》(合併して日置市)で、麻糸の網を作る原料に麻を植えていたが、その麻の皮をはぐため、麻緒《あさお》をゆでるのに用いる長い樽を、オデダイ(緒《お》ゆで樽《だる》)と呼んでいるもので、長さ約三・八メートル、直径は、末口が約四十センチ、下部直径約七十センチ程の長い樽である。丁度四十センチ砲の砲身そっくりに見えたのである。

戦後両国の報告によると、英国側の死傷者六十三名(戦死十三、負傷五十)、薩摩藩側の死傷者二十一名(戦死十、負傷十一)であった。しかし城下は焼かれ、薩摩自慢の最新工場「磯の集成館」も焼失した。

薩英戦争は結局、互角で勝負なしの戦いで終わったが、英艦隊は兵の上陸もできず、多くの死傷者を出して退去したので、薩摩の大勝利として全国に宣伝され、薩摩の実力が認められ、その後の尊皇倒幕に非常な影響を与えることとなる。

英国は、薩摩が日本中で一番手ごわい相手で、砲術も実力をもっていることを知ったが、薩摩は英国の武器の優れていることと科学技術の進歩を身をもって体験し、単純な攘夷論が無謀なことを反省する機会となった。

後、薩摩は大久保利通を講和交渉に当たらせ、四ヵ月後の文久三年(一八六三)十一月一日、幕府から金七万両を借りて、遺族扶助料として正式に英領事に支払って講和が成立する。

講和後、薩摩は英国と親交を結ぶため、長崎の英国商人グラバーを仲に立て、英国の進んだ科学技術を導入したり、外国に留学生を送ったり、また英国艦隊と公使を鹿児島に招く。かつての敵を味方として協力させるようにしたのも小松の功績で、彼が最も得意とする外交手腕の成功と言ってよい。

五 会津・薩摩による政変と七卿落ち

薩英戦争で、薩摩が京をかえりみる暇がない間に、朝廷の急進派公卿《くぎょう》たちは、長州藩の勤皇攘夷派と結んで、全く長州の独り舞台となった。京都守護職の会津藩も、薩摩藩も京ではすっかり圧倒されてしまう。そのため朝廷への建言も意のごとくならない。会津と薩摩は幕府側と朝廷側の守護職であるところから、両藩の有志の間に交際が生まれた。薩英戦争で英国をやっつける実力を見せたことから、薩摩の奈良原喜八郎、高崎佐太郎と会津の秋月悌次郎《あきづきていじろう》などとが会合を重ね、薩摩と会津が協力する約束が成立するようになった。

長州の建議によって、朝廷の急進派公卿たちが、神武天皇陵と春日神社に攘夷を祈願するため、天皇の大和行幸を決定し、文久三年(一八六三)八月五日に布告された。ところがその裏では、こっそりと倒幕軍を起こす計画を立てていたが、天皇はこの裏のことはお知りにならない。

この裏の真相を知った会津側は、中川宮(前青蓮院宮《しょうれんいんのみや》)にこの裏面の真相を告げたので、中川宮は八月十七日に宮中に参内して、天皇にこの真相を奏聞する。天皇は驚かれ、早速、翌十八日の大和行幸をおとりやめになって、守護職の会津と薩摩に命じ、皇居の諸門を固めさせ、長州藩主毛利慶親の参議を解任する。

同時に長州と同調する公卿三条実美以下七卿の官位を取り上げ、参内を禁止された。その後任に中川宮、近衛、正親町三条、二条、大原重徳《おおはらしげのり》卿等が復職任命された。この十八日の政変で長州は力を失い、三条等七卿の危難が心配されるので、これを伴って長州に引き揚げることになった。これが世にいう「七卿の都落ち」の真相である。

薩摩では、久光、茂久をはじめ、小松、大久保等は鹿児島の戦災復興に力を注いでいる。すべて焼け出された鹿児島では、食糧の米も焼いてしまったが、人吉《ひとよし》藩は家老犬童《いんどう》氏を薩摩に派遣して、小松帯刀から借りた五千両の返済にお米を送って助けたため、戦後の食糧難を切り抜けることができた。「情けは人のためならず」ということわざ通り、文久二年（一八六二）に人吉の大火の復旧を救った小松帯刀の恩を謝し、今度は、人吉が薩摩を救うことになった。

　このように薩英戦争の跡片付けに当たっている薩摩に、朝廷の政変と「七卿の都落ち」の急報が届き、久光の上京を求めてきた。

　そこでまず小松帯刀を先発させ、久光は遅れて九月十二日、兵を率いて上洛の途に就いた。二十九日、兵庫に着いた久光を、小松は出迎える。久光は早速小松に命じ、朝廷の首脳の中川宮、近衛、正親町三条、二条家に久光到着を知らせ、久光の官位のことや、一橋《ひとつばし》慶喜、越前の松平春嶽、伊達《だて》宗城《むねなり》など、公武合体派の入京のお許しなどについて奔走する。十月十七日には大津まで出て来た越前春嶽に使いして、政変後の処置を話し合った。十一月三日は伊達伊予守の上京を大坂で迎えて話し合い、十一月十三日、上洛の一橋慶喜を兵庫に迎えて面謁し、京で公武合体派の諸侯の協議をすることにした。

　さきに小松は久光の養女貞姫君《さだひめぎみ》の近衛家へのお輿《こし》入れの掛を命ぜられていたので、十一月八日に貞姫君を送り、十二月十八日に無事お輿入れが済んだ。

　十二月に入ると、一橋慶喜、松平春嶽、伊達宗城などの公武合体派が入京してきた。久光は近衛家の桜木邸で、十二月二十六日、公武合体派の公卿・諸侯を招いて、お輿入れの祝賀会を兼ね、忘年会を催して、親睦を深めようと京都祇園《ぎおん》の名妓《めいぎ》多数を座興に入れ、華やいだ盛大な宴会を開いた。

　席上久光は上機嫌で、歳暮の祝いと題して、

　　大君の　ふかきめぐみを　うくる身は
　　　としの暮るるも　しらずぞ有りける

と一首を披露すると、小松も、

この年の千代のあまりは菅の根の
　ながき春びに　ゆづりてや行く

と詠じ、皇室のため公武合体に尽くす関係者の労をいたわったのである。

この親睦を兼ねた忘年会は、公武合体派の朝廷と幕府の首脳が一堂に集まるという大きな意味があった。それまで近衛卿はじめ、朝廷の公卿首脳部と交渉を進め、幕府方の、一橋慶喜はじめ越前の松平春嶽、宇和島の伊達宗城、会津の松平容保など有力諸侯と交渉を進めてまとめ上げた小松の手腕・力量も認められた。当然、有力諸侯・公卿の間に、薩摩の家老として、重視されることになった。

久光にとっても、小松にとっても、この有力諸侯、有力公卿に対して何の遠慮もなく発言し応対することのできる力をつける結果となったのである。

六 祇園の名妓お琴

祇園の舞妓《まいこ》は京の花である。朝廷の御公家様《おくげさま》方の宴会、諸侯や要人、富豪商人の宴会には、祇園の舞妓さんは必ず呼ばれ、華やいだ雰囲気が宴会を盛り上げるのである。

当時、京では薩摩を中心に動く会合が多く、朝廷に関係ある公卿方や近衛家などの宴席に、いつも出るのが、薩摩の家老小松帯刀であった。薩摩の金を握っている御勝手掛でもあるし、京で羽振りのよい薩摩の若い家老の小松は、いつも宴席で見かけるので、舞妓たちの人気の的であった。

薩摩の藩主久光が開いた忘年会の席でも、相変わらず小松帯刀の若い顔があった。若い上に貴公子の男前であるので、自然舞妓たちの目につく。

舞妓は芸の合間をみて、酒をお酌して回る。姐さん舞妓に、隣の若い舞妓が、そっと耳元にささやく。
舞妓A「ちょっとお姐《ねえ》さん、あの薩摩のお殿様のそばに座っておいでの男前の若い男はん、どなたどすか」
舞妓B「あれ？　あんたはん、まだあの方、知りませなんだか」
舞妓A「ええーほんまに、ええ男はんどすね。どなたでっしゃろ」
舞妓B「あれはねえ、いまお公家さんや若いお武家さん方の間で人気の、薩摩の小松様という家老さんや」
舞妓A「ええっ！　ほんまでっか。あの若さで、家老さんどすか」
舞妓B「ほんまや。あれで二十九歳だとよ」
舞妓A「いやあ！　若いええ男はん、えらいもんどすね。わて好きやね。いっちょ、お酒差し上げてきまひょ」
舞妓B「ふふふ……。振られんようにね。わてのことも、よろしうに言うてね。うんとお酒、差し上げて、あんじょ、可愛《かわい》がってもらいなはれ」
いやはや、皆代わる代わる、きれいな舞妓はんが、帯刀の周りにお酌をしに集まる。
男A「小松氏、若いもんはええな。一人でもてでるが」
小松「いやはや、とんと女は苦手でござる」
男A「それだから、小松氏は女たちにもてるのだ」
小松「女たちには、かまっておられませなんだ。お役目に追いまくられて、毎日くるくる舞いしとる有様で」
男A「そのような男がもてるもんや。女というもんは、にやにやしてくる男は、嫌いなもんでね。しゃんと芯があって、女にはなびかん男を、好きになるのが女心でね」
小松「そんなもんですか、わたしなど無愛想で」
男A「いやいや、小松氏《うじ》は全く、女がほれるはず。男前で、若くて、歯切れがよく、芯がしゃんとして、男でもほれますがな。それに薩摩の殿様のお気に入りで、その上金蔵《かねぐら》の掛ときているからな」
小松「あはは、そんなにおだてなさんな。耳が痛うござる」

事実、小松帯刀は、その手腕は抜群で、人柄も良く、公卿・諸侯の間で人気があったが、女たちからも、若くて男前で親切であったので、人気があったことが伝えられている。宮中にお役目で出入りするようになった時、女御・女官たちが、障子、ふすまのすき間からのぞき見して、
女官A「あの方よ。薩摩の小松という若い家老さんというのは」
女官B「どれどれ、まあ、ほんまに男前ね」
女官C「目鼻立ちのきりっとした、ええ顔立ちね」
とひそひそうわさしていたといわれている。今でも一枚しか残されていない小松の写真に、貴公子らしい、引き締まった、英知に満ちた眼差しの顔立ちがよく写し出されている。

さてその小松帯刀に、ぞっこんほれた女がいる。小松もその女をこよなく愛した。小松が死の床で息を引き取るまで、かたわらに付き添って、死に水をとってやり、「自分も死んだら、小松帯刀公のお墓のそばに埋めてくれ」と遺言し、現に小松家の帯刀の墓近くに、彼女の墓石が建っている。その名は琴仙子《ことせんこ》と刻まれている。

その女性は京で名妓としてうわさの高かった女性で、「お琴《こと》さん」と呼ばれ、美貌で、教養があり、よく和歌をたしなんだ。

十二月二十六日に久光が公卿・諸侯を招待した祝賀、忘年会の宴席にも呼ばれていた。この日が小松と琴仙子（お琴）の愛のなれ初《そ》めの日であった。

その宴席でお琴さんも、ほかの舞妓と同じようにお酌をしに回っていた。なかなか、薩摩の殿様や、その近くに座っている小松帯刀の前に割り込めずにいたが、久光が上機嫌で、即興の和歌をつくって披露したので、かねて和歌の手ほどきを受けているお琴さんは、すぐその歌を覚えてしまった。

やがて久光の前に出てお酌をする番がめぐって来た時に、
お琴「お殿様、和歌の道、ほんまに御立派な歌を御披露めされて、わて、ほんまに感心しましたえ」
と言いながら、酒をつぐと久光は、
久光「そうか。その方も和歌を習っているのか」

お琴「いいえ。ほんの少し、根が好きですよって、先程のお殿様の歌もすっかり覚えてまんね」

久光「ほほう、それはえらい。わしの歌はどうか」

お琴「〃大君のふかきめぐみを受くる身は　としの暮るるもしらずぞ有りける〃

　とても御立派な愛国の歌と思いますに」

久光「そうか。そちがそのようにほめると、予《よ》もうれしいぞ」

お琴「大君のおめぐみを受けて、年の暮れるのも知らぬほど、一生懸命、人君のために奔走してはる御心情が、よく歌い込まれて、あんじょう良い歌と思いますえ」

　実はお琴さんは、この歌は少し単純な表現の歌であると内心で思いながら、お殿様らしく、素直な心ですらすらと出ているのを、特にほめてあげると、久光は大変喜んで、
久光「そうか。どうだ小松、も一つこの雪を題にして『賀茂川の雪』の歌を作ってみようか」

とすぐそばの小松に話しかけた。

　お琴さんは、お目当ての小松様に話がとんだので、よいきっかけができた。

お琴「ぜひぜひ、小松様、どうぞ一首作ってたも」

小松「いや、わたしはうまくない。一つ、お殿様からお願い申します」

久光「そうか、じゃ一つ、歌をひねってみるか」

と久光はしばらく目をあげ、遠くを見るようにしてから短冊に筆を走らせ、
久光「どうだね、これはちょっとひねりすぎかね。なかなかうまくゆかぬが、

〃大比《〔比叡〕》えの雪のひかりのうつろいて　いよいよ清き賀茂川の水〃

　これでも歌になっとるかね」

お琴「まあお上手。なかなか御立派な歌と存じます。とてもうちなど、ようかないまへん」

お琴さんはほんとに久光のこの歌はよくできたと思った。

お琴「さあ、こんどは小松様のお番でっしゃろ」

お琴さんは歌の上手、下手はどうでもよいのだった。好きな男の方と少しでもそばにいて、共通の話ができる。お目当ては小松様とお話することだったのだ。帯刀はしばらく考えて、短冊にすらすらと筆を走らせた。

小松「お殿様の和歌には及びもしないので、恥ずかしいものですが、

〃青柳の糸よりかけて賀茂川の　みずの底にもつもる雪かな〃

これではいかがですか。なかなか題がむつかしいので」

久光は、

「うーん。これはよくできた。そちもそう思うだろう」

とまずお琴さんに語りかける。お琴も、すばらしい和歌だと思う。

お琴「お殿様もお上手。小松様のもお上手。お琴はほとほと感心させられ通しどす。これから、今後とも、お殿様、小松様、ごひいきにしておくれやす」

久光「おぬしの名前はお琴か。また機会があったら会いたいぞ。小松、この次の機会には、ぜひお琴を名指しで呼んでくれよ」

側室 琴仙子肖像写真（個人蔵）

お琴「お殿さま、ほんまにありがとうさん。小松さまおおきに。どうそごひいきにしておくれやす」

とお礼を申して、お琴は座をはずした。

その時、お琴は十六歳であった。昔は十六歳で女はほとんど嫁入りする年ごろで、十五歳でも嫁にゆく女が多かった。お琴は十歳のころ、大坂から出てきて、芸妓置屋《げいこおきや》で修業し、お公家様や、お大名方の席に出られるような芸ごとはもちろん、躾《しつけ》や和歌の手ほどきまで仕込まれたのである。お琴は利口なたちで、もって生まれた美貌もあって、十六歳の今では、京で押しも押されぬ名妓の一人に数えられ

るようになっていた。

それから度々薩摩の殿様の宴席に呼ばれるうちに、若い小松の胸に愛の灯がつき、その灯は琴仙子の心を動かし、ついに琴仙子を身受けして側室とするまでに、深い仲となってしまった。

七　八坂神社奉納相撲

昔は関西の相撲を大坂相撲（西方角力《にしかたすもう》）、関東の相撲を江戸相撲（東方角力《ひがしかたすもう》）と呼んでいた。今のように全国の相撲が統一されたのはごく最近のことで、それまでは江戸相撲と大坂相撲に分かれていた。そのころには、国技館があるわけでないので、その土地の鎮守の境内で、神社の奉納相撲があり、勧進相撲《かんじんずもう》ともいった。相撲見物は当時の庶民にとって大きな楽しみの一つで、弁当を重箱に詰め、家族全部で出掛けたのである。相撲を酒の肴に宴遊会のようなものであった。

京の八坂神社（祇園社）の境内で行われる相撲は、近くの祇園の舞妓さんたちが、ひいきの旦那衆に連れられて大勢見物に来るので、大変なにぎわいである。

各藩の大名はお抱えの力士をもっていて、互いに応援し、勝負を競った。町の豪商なども舞妓を多数連れて、桟敷を買って、舞妓に酌をさせるなど豪勢なものであった。

後に中岡慎太郎が西郷を評した中に、大男で要石《かなめいし》にも劣らないといっているが、要石は土佐藩のお抱え力士であった。薩摩藩のお抱え力士は横綱陣幕久五郎《じんまくきゅうごろう》である。お抱え力士になると殿様から名字帯刀を許され、武士と同格、相当な禄高を下されたものである。

薩摩の家老として京に住んでいる小松帯刀は、陣幕久五郎にとって主筋島津家のごひいきの旦那である。相撲好きの小松に「桟敷が用意してあるから、見物に来て下さるように」と使いが来た。小松はお琴を連れて行こうと思い、夕飯の折に、

「お琴、祇園（八坂神社）の奉納相撲があるそうだが、おぬし相撲は好きか」

「ええ、うち相撲大好きですねん」

「そうか、横綱からよい桟敷がとってあるから見物に来るようとのことだ」

「殿様がおいでなら、うちも連れていって」

「よかろう。お琴と一緒なら酒もうまかろ」

と小松がうなずくと、お琴はうれしそうに、

「まあ、うれしい。祇園さん（八坂神社）の相撲には、舞妓はん、ぎょうさん来はるさかい、お友だちにも会えるし」

「そうか。仲のよい舞妓さん一人、二人呼んだろか」

「ま、うれしい。うち仲良しの舞妓はん、会いたいわ。呼んでよろしおすか」

「うん、ええとも、お琴から呼んであげて、いいよ」

当日は小松はお琴と、ほかに示現流《じげんりゅう》腕利きの側近二名を連れて、祇園社（八坂神社）の相撲見物へ出掛けた。相撲場の木戸番のところに陣幕久五郎とその弟子の関取二、三人が出迎え、

「小松様、ようこそ、おいで下された」

「やあ横綱、ありがとう。今日は三、四名で押しかけた。今日の相撲、調子はどうかな。うんとがんばってや」

「ありがとござんす。今日も大丈夫、勝てると思っとります」

「今日はお琴も応援に連れてきた。後から舞妓さん二名が来るから、応援に力が入るぞ」

「やあ、お琴さんもご一緒で、ありがとさん、場所は上席ですので」

と手をあげて、

「おまえたち、ぐずぐずせんと、早う殿様を桟敷に案内《あない》せんかい」

「はあっ、さ、御案内いたします」

中に入ると、既に桟敷はいっぱい詰まって、中に知り合いの舞妓さんの姿も見える。

帯刀の後に隠れるようについていくお琴を見つけて、

「あれは、お琴姐さんじゃないかえ」

「そうだね、あのきりっとした殿御はんは、旦那の薩摩の家老小松様どすか」

「お琴さんは、ほんまに玉の輿に乗りはって、えろうなりはった。一層上品になりはったようじゃね」

と皆からじろじろと見られるので、お琴は恥ずかしかったり、うれしかったり、ちょっぴり誇らしい気もせんでもない。

桟敷には「薩摩様御家老席」と札が掛けてある。一同そこへ席をとって座っているところに、仲よしの舞妓二人が来て、

「まあ、お琴姐さんー。いやー、御りょうさん、お招きいただき、うちほんまにうれしいのえ」

と言いながら、小松の前に進んで丁寧にあいさつし、

「御家老様にお呼びいただき、ほんまにありがとうさんどす。今日は昔のお琴姐さんと一緒の見物というので、楽しみで参りましたのえ。ほんまにおおきに」

「お琴さんは、御家老様に、ほんまに大事にかわいがってもろうてますよって、わてらみんなが、果報者だとうらやましがっているんどすえ」

「そうかね。お琴はよく勤めてくれるでな、ほんまによい人をみつけたと、皆よろこんでくれてるよ」

と小松はちょっぴりお琴をほめるのだった。

相撲の取組が進んで、いよいよ熱を帯びてきた。勝つ度、負ける度に、どっと歓声があがり、中には舞妓の酔うたキイキイ声の声援も飛び、相撲は一段とにぎやかになった。小松は側近と共に、舞妓の酌で楽しい相撲見物の一日を過ごした。横綱陣幕の取組には小松家老から多くの御花が出され、立派な勝相撲を祝ったのである。

さて琴仙子の出自については、はっきりした資料がない。正妻のお千賀に子供がなかったので、この琴仙子の産んだ長男安千代が、清直と改名して第三十代を継いでいる。系図の中では、コトの長女に、スミが生まれている。

八　小松、西郷、大久保の協力

文久三年（一八六三）十二月三十一日公武合体派の一橋慶喜、松平春嶽、松平容保、山内豊信、伊達宗城などは、朝議参与に任ぜられ、幕府側の勢いが強くなる。久光も遅れて元治元年（一八六四）正月十三日にやっと朝議参与に追加された。同十三日、将軍家茂《いえもち》が京に上洛してきた。幕府は倒幕を企てている長州を討伐するように決議して、薩摩藩ほか十藩に兵を準備せよと命じ、松平容保を軍事総裁に任命した。薩摩は朝廷を中心とする政治に変えようと思っていたのに、またまた幕府主導型に逆転するような勢いになってきた。

長州や諸国の勤皇志士たちは、薩摩が幕府方の会津と共同戦線を張って、長州勢力を京から追い落としたので、「会奸《かいかん》薩賊《さつぞく》」とののしる。薩摩の誠忠組の仲間でも、「今まで血の犠牲をはらってきた朝主幕従の目的が、このままでは幕府の強化につながる」と心配して、このような状況では、小松、大久保の二人の力で、幕府の力を逆転させることは困難であり、久光の力でもどうにもならないと思うようになっている。この難局を打開するには、諸藩の勤皇志士や有力諸侯と面識のある隆盛の力を借りる外はない。誠忠組の柴山龍五郎などの寺田屋生き残り組が、隆盛召還を決議して、これを小松、大久保に打ち明けた。小松、大久保もこれを了解したが、隆盛の召還を久光に願い出るとなると、隆盛嫌いの久光にこれを承知させることは、小松、大久保でも言い出せないのである。

そこで、最近久光にお気に入りの高崎佐太郎と高崎五六《たかさきごろく》の二人に頼み、この困難な役をしてもらう。二人は幕府の勢力逆転をくい止め、八方ふさがりの情勢を打開するには、隆盛を召還し、起用する外はないと力説し、

「もしこのお願いをおききいただけませぬならば、拙者ども切腹の覚悟でござい申《も》す」

と言って動かない。久光もついに、

「その方どもが、それ程申すものを、予の一存でいやとは言えぬ。国元の太守様（茂久）に伺いを立て、太守様のお許しがあれば、予も異存はない」

と苦しい表情で、しぶしぶ承諾する。久光は自分の感情をやっと押さえ、口にくわえていたキセルの吸口に、歯ぎしりの

跡型がついていたといわれている。

誠忠組の者たちは飛び上がらんばかりに喜んで、早速、国元に急使が立ち、藩主茂久の決裁で隆盛の召還が実現した。隆盛は名を大島吉之助と変えて、鬼界島に寄港し、村田新八を連れ帰藩の途につき、元治元年二月二十八日に山川港に上陸、鹿児島城下の自宅に帰り着いた。旅の疲れをいやした隆盛は、二、三日の間に福昌寺の斉彬の墓と南林寺の月照の墓、先祖の墓参りを済ませたが、三月三日、薩摩藩軍賦役《ぐんぷやく》(軍司令官)の肩書で、直ちに京へ上洛せよとのことであった。

隆盛(大島吉之助)は三月十四日、京に着いた。誠忠組は歓呼して迎え、池田屋で歓迎会が開かれた。そして三月十八日、久光に面謁して、正式に薩摩藩軍賦役に任ぜられた。

当時久光は朝議参与《ちょうぎさんよ》であったが、慶喜等と意見が違い、横浜鎖港や攘夷論など、幕府を強化しようとする意見には同意できないので朝議参与の職を辞し、後の事を小松帯刀に頼んで、四月十八日、京を発って帰国してしまった。

これから小松、西郷、大久保の三者が、協議によって薩摩藩を引っ張って、国事のために奔走するようになる。

既に薩英戦争で、我が藩の力もわかった。外国の実力もわかって、幕府などが攘夷だなどといって、外国と事を起こすことは、日本の重大事である。もはや無策の幕府の命などきいている必要はない。幕府も薩摩も朝廷の臣下として対等の立場であるから、薩摩は皇居守護の名目で行動しようと、三人で決定したのである。

九　池田屋事件

長州藩は八月十八日の政変のため、京から締め出されてしまった。これは薩摩藩の高崎佐太郎と高崎五六が会津と薩摩との連合を結んだことがきっかけで、中川宮が天皇に奏上申して大和の行幸をとりやめ、長州毛利公とそれに同調した公卿七人の官職を取り上げたのだから、長州では中川宮と高崎佐太郎、高崎五六を憎み、身に危険が及ぶことも心配であった。そこで高崎佐太郎、高崎五六は、久光帰国の時、連れ帰ることにし、当分の間上洛させぬようにした。中川宮には薩摩藩兵をつけて警護し、隠退を勧めた。

長州、土佐、肥後の尊皇攘夷派は京都守護職会津容保を討つ計画で、同志の一人、筑前の御用商人の桝屋喜右衛門《ますやきえもん》（本名古高俊太郎《ふるたかしゅんたろう》）方に武器類を隠してあった。これを聞き込んだ新撰組の近藤勇等が踏み込んだところ、多くの銃器・弾薬・武器などを発見したので、桝屋を捕らえ、壬生《みぶ》の新撰組屯所《とんしょ》で厳しく問いただした。そこで同志の盟約書を発見する。

諸国の有志は、長州の吉田稔磨《よしだとしまろ》、福原乙之進、杉山松介、佐伯稜威雄《さえきいずお》、広岡浪秀《なみひで》、有吉熊次郎、肥後の宮部鼎蔵《みやべていぞう》、中津彦太郎、松田重助、高木元右衛門、土佐の望月亀弥太《もちづきかめやた》、野老山吾吉郎《ところやまあきちろう》、藤崎八郎、石川潤次郎、本山七郎、北副佶磨《きたぞえよしまろ》、京の宮藤主水《みやふじもんど》、大高《おおだか》又次郎、西川耕蔵、播州の大高忠兵衛、因州の河田佐久馬、大和の大沢逸平など二十数人の決死のメンバーであった。彼らは「火を御所の風上に放ち、あわてて参内する途中で、中川宮を捕らえ幽閉する。会津藩主松平容保は討ち取る」という襲撃計画を立てていることがわかったので、長州藩の定宿《じょうやど》・京三条の池田屋総兵衛方に偵察を入れる。新撰組の山崎丞《やまざきすすむ》が売薬商になりすまして池田屋に泊まっている。

京都所司代の同心渡辺幸左衛門は、乞食にばけて、池田屋の門前にむしろをかぶって寝たふりをして偵察中である。六月五日、同志二十数名が、捕虜の古高俊太郎（桝屋）を奪い取るため、壬生の新撰組の屯所に切り込もうとして、出陣の杯を挙げている旨、守護職に通報した。守護職松平容保は新撰組に命じ、会津、桑名、彦根の警備隊二百余名を支援させ、池田屋を急襲させた。

そのため、北副、石川、広岡、松田が即死、宮部、福原、吉田、望月などは自刃した。その場を逃れた者も、捕まったり、自刃している。桂小五郎（木戸孝允《きどたかよし》）もこの中にいたが、池田屋の屋根から飛んで対馬邸に逃げ、九死に一生を得たのである。

自刃した土佐の望月亀弥太は、坂本龍馬の軍艦操練所の塾生をしていたこともあったため、軍艦奉行勝海舟の辞職、神戸軍艦操練所の閉鎖に影響することになる。

長州はこの池田屋事件を名目にして軍を率いて上京し、ついに禁門の変を引き起こしたのである。

十　禁門の戦

長州藩は藩主毛利慶親が参議の職をやめさせられ、三条実美ら七卿は長州へ逃げ、京に入ることができなくなったので、毛利公父子に対し朝廷のお許しをいただいて、再び上洛できるようにと、長州浪士が運動している。いつまた政変が起こるかわからない。

この時、久光は小松に帰国するように命じてきたが、隆盛が、「政争中で最も緊要な時期であるから、しばらく京にとどまってもらいたい」と強く要望するので、帯刀は帰国を中止して隆盛と相談することにした。ところが、六月五日夜、池田屋事件が起こってしまった。

かねて兵を率いて入洛しようとしていた長州は池田屋事件にかこつけて、家老福原越後《ふくはらえちご》、益田右衛門、国司信濃《くにししなの》が兵を率いて大坂に入り、大坂長州屋敷に待機中の久坂玄瑞らと久留米の真木和泉《まきいずみ》が同志を率い、勤皇志士と合流して京に向け出動する。家老福原越後は、毛利公父子の勅勘《ちょっかん》をお許し願うための哀訴《あいそ》歎願状を持参して、歎願のための入京であると言うが、まるで強訴《ごうそ》である。

幕府側は慶喜をはじめ、会津、桑名、加賀、彦根等兵を出し警備にあたるので、薩摩藩も淀の辺りまで兵を出して警備につくように達しがあったが、小松は隆盛と相談して、

「久光公帰国の折に、皇居の警備を仰せ出されているので、洛外に出ることを断る」

と幕府の出兵命令をきかなかった。

七月一日に慶喜は小松を召し出して、

「大小監察を出して長州兵を退去させよとの朝廷からの命があったので、薩摩の出兵はどうか」

と要求されたので、小松は、

「非常の節に皇居を警備するために残し置かれたことであるので、一橋公よりの達しでは出兵できないが、朝命が発せられれば出兵する」

と慶喜からの幕命を再び、きっぱり断った。小松は、

「長州が歎願の趣旨で入京したのならば、兵や武器を携えず、穏やかに申し出るように、朝廷より御沙汰《さた》され、それでもこれに従わない時は違勅であるから、断然、追討の処置をとるべきである」

と意見を述べたが、朝廷も幕府もこの処置をとらないまま、七月十七日、逆寄《さかよ》せして兵力に訴えんとすることが明瞭になった。そこで翌日、兵備を調《ととの》え、十九日未明に兵を天龍寺討手《てんりゅうじうって》と乾御門《いぬいごもん》守衛の二手に分け出発しようとした時、早くも中立売門《なかだちうりもん》より銃声が起こって戦乱となった。

長州の国司信濃の率いる五百余名は蛤御門《はまぐりごもん》、下立売門《しもだちうりもん》、中立売門の三方面に攻撃を開始した。中立売門を固めていたのは、筑前勢と一橋の銃隊であったが、たちまち破られてしまった。下立売門は会津が固めていたが、長州の猛将来島又《くるしままた》兵衛《べえ》が正面から突っ込み、会津の槍組と衝突している。一方、長州の副将格の、小玉小民部は横の塀を乗り越え、会津勢の後方に出て会津は前後を挟まれて敗れ去る。勢いに乗じた長州軍は蛤御門を占領し、公卿御門《くげごもん》も危なくなった。

乾御門を守っていた隆盛は、戦機まさに到来とみるや、命令一下、薩摩の誇る大砲四門が砲門を開き、銃隊も入り乱れて、斬る、突く、討つの大乱闘となった。長州の猛将来島又兵衛は脇腹に銃丸が命中して落馬し、身動きもできず自刃して果てた。

薩摩軍総指揮の隆盛も流れ弾を脚に受けて倒れたが、薩摩の抜刀隊の突撃と砲の威力が勝り、長州軍はとうとう退却し、蛤御門は薩摩軍が奪回し占領する。

伏見方面の福原越後の一隊は、彦根・会津の兵と衝突したが、福原が負傷し、伏見に引き返した。

山崎方面から進撃した真木和泉の一隊は、鷹司邸を守っていた久坂玄瑞と合流しようと進んだが、越前、雲州の兵などに取り囲まれ、鷹司邸に火を放って奮戦したが、長州兵は分断され、久坂玄瑞、入江九一、寺島忠三郎など首領級は、戦死または自刃した。この人たちが明治維新まで生存したなら、第一級の英雄、指導者となるべき傑物であったが、実に惜しいことをしたものである。

真木和泉は二百余名の残兵を集め、天王山に向かったが、天王山方面より進軍するはずの益田右衛門の一隊は、長州軍

がことごとく敗れて、来島、久坂、入江、寺島等の戦死の報を受けて、やむなく西へ退却したあとであった。真木和泉はここで軍議を開いて、「長州は、ことごとく敗れ、毛利公や多くの公卿衆に対し申し訳ない。ことここに至って、自分の責任は断じて免れることはできない。残った諸士は帰藩して攘夷のため、皇国のため再起を期せられたい。勝負は時の運、一敗したからといって挫折してはならない。自分は既に重傷の身であるから、諸士の前途の成功を祈って、訣別いたす」と述べ、同志十七人とともに自刃して果てた。

天龍寺討手組を仰せ付かった小松帯刀は、十九日未明に兵を繰り出して、天龍寺方面へ出撃したが、激戦の末、町は兵火で焼け、長州軍は敗退し、天龍寺には長州軍の米五百俵が残されていた。

小松は隆盛と協議して、兵火にかかった京の戦災難民の救済に充てることにして、次の高札を立てた。

一、高札

真米五百俵

右は長州が天龍寺に貯え置きたるもので、このたび分捕《ぶんど》り候《そうろう》につき、この節、兵火にかかり、難渋《なんじゅう》している者へ、いささかながら遣わし候につき、明早朝、錦屋敷へまかり越《こ》し、掛《かかり》の役々へ引合せ、請取《うけと》らるべきもの也《なり》。

子《ね》七月廿二日《にじゅうに》　薩州

と書き出し、町々の年寄役は当館（錦屋敷）へ来て、銘々引合いの米の配分を受け、罹災者の救済に充てた。

この分捕り品の鎧櫃《よろいびつ》から、国司信濃の持っていた軍令状が発見され、最初から攻撃の目的で上洛し、毛利公の命令であったことがはっきりし、これが長州征伐の理由に挙げられることになる。

この禁門の変で朝幕の間に、薩摩は発言力を強め、天下に薩摩の力を示すことになったのである。

小松がこの顛末を大久保に知らせた手紙に、

（前略）

昨未明《さくみめい》こちら人数二ツに分れ、天龍寺討手《うって》、乾御門《いぬいごもん》守衛に差し出し候処《そうろうところ》に、既に天龍寺《てんりゅうじ》へ向《むか》い人数繰出《くりだ》しに取り掛《かか》り候処《そうろうところ》、にわかに中立売門《なかだちうりもん》へ砲声相聞《あいきこ》え、すぐさま乾御門を打破《うちやぶ》り、公卿御門《くげごもん》前まで押し寄せ、余程発砲いたし、勢《いきおい》、甚《はなは》だしく御座候《ござそうろう》。こちら大砲並《ならび》に小銃隊押し出し、戦《いくさ》に及び候処《そうろうところ》、引き退き、日野《ひの》家へにげ込み、又は天龍寺の方へにげ行き候を、奈良原（喜八郎）組にて打取《うちと》り、四五人は打ちもらし申候《もうしそうろう》。烏丸通《からすまどおり》にても大戦これ有《あ》り、是《これ》もすべて打取《うちとり》に相成候《あいなりそうろう》。

大島（吉之助こと西郷隆盛）・伊地知《いぢち》、其《そ》の外《ほか》皆々下知《げち》にて、莫大の働《はたらき》に御座候《ござそうろう》。

（中略）

右外《ほか》、追々《おいおい》申し上《あ》ぐべく候《そうら》えど、一昨夜より昨日も終日戦争、今日も未明より天龍寺へ出張にて、只今《ただいま》一寸まかり帰り候処《そうろうところ》に御座候《ござそうろう》。両三日も寝ざる故《ゆえ》、文面等不連続の儀も有《あ》る可《べ》く候間《そうろうあいだ》、然《しか》るべきよう、貴聞に達候儀共《たっしそうろうぎとも》、宜敷く御取計らい成《な》さるべく候《そうろう》。以上。

七月廿日申之刻認《はつかさるのこくしたた》む　帯刀
一蔵殿

このように禁門の変（皇居守護の戦）の模様を知らせ、小松は西郷や伊地知、奈良原などを指揮し、直接出動して、長州兵を追い払った。この手紙は大久保あてであるが、久光・茂久などに御達し下さるようにと書かれている。

十一　小松、朝幕間に最も重要な人物

長州の皇居に対する発砲事件（禁門の変）について、長州藩主の命によって入京したことが、国司信濃への軍令状ではっ

きりしたので、幕府は長州追討を命ずることになった。

ところが長州では、さきに馬関海峡で長州から砲撃を受けた英、米、仏、蘭の四国連合艦隊が、八月五日に関門を砲撃し、陸戦隊が上陸して前田村の砲台を占領、六日には壇之浦、七日には引島の砲台を占領し、長州の砲台は全く沈黙する。英国留学から帰って来ていた伊藤俊輔（博文）、井上聞多《もんた》（馨《かおる》）などが和睦使として、五ヵ条の条件を容れ、八月十日、やっと和睦が成立した。これに対し、

「幕府は長州征伐直前の外国の長州攻撃を内心喜び、支援をしている」

と非難が出る。このように内外多難の折で、朝廷も幕府も、日本の国難をどう処置してよいか、甚だ憂慮される時期に際会している。小松はこれらの内外事情や、禁門の戦の報告などについて打ち合わせる必要から、八月十三日、島津図書《しまづずしょ》と共に帰国せよとの命が出て、その前日、近衛卿父子にあいさつに行った。当時、小松は朝廷と幕府の間にあって、最も重要な人物となっているので、近衛父子は驚き、これを止めるが、久光の命令であるので、やむを得ない。そこで近衛忠房卿は久光あての手紙を託し、一刻も早く京へ帰すように要請した。難解な漢文体であるので、わかりやすく文意を要約すると、

（前略）

京都も少しは静かに相成《あいな》り候《そうら》へども、このあと如何《いか》に相成《あいな》ることかと心配いたし候《そうろう》。防長（長州藩）への異国艦渡来の件について深く心配に候《そうら》えど、何分夷狄《いてき》との戦争に相成候《あいなりそうら》えば、長州追討の折柄、内外の混乱にも及び候《そうろう》。防長も皇国の地に候《そうら》えば、夷狄に討たせては、容易ならざる皇国の大恥、此上《このうえ》なきことに候《そうろう》。この節《せつ》、小松帯刀帰国の趣《おもむき》を申《もう》し出《い》で、何とも当惑此《こ》の上なく候《そうら》えども、国許の差支えにも相成《あいな》り、是非一応帰国仕《つかまつ》り度《た》く申出《もうしで》につき、兎《と》も角《かく》も致《いた》し方《かた》無《な》きことと心を痛め候《そうろう》。

何とぞ御国許の御用むき急ぎ相済《あいすま》せ、折返し帰京仕《つかまつ》る様に致《いた》され度《た》く候《そうろう》。方今《ほうこん》帯刀、滞京無くば大いに差支えもあり、当惑限り無く候間《そうろうあいだ》、厚く御含み下され、急速に引戻し候《そうろう》よう、くれぐれも急速に帰京の処《ところ》、あくまで御頼み申入れ

度存《たくぞん》じ候《そうろう》。先は御多用中、右あらあらかくの如《ごと》くに御座候《ござそうろう》。

追伸　八月十二日認置《したためおく》

尚、殿下（中川宮）よりもよろしくよろしく申し入れくれるよう命ぜられ候《そうろう》。

小松帰国に相成《あいな》り候《そうろう》ては、殿下も深く御懸念《ごけねん》に思召《おぼしめ》され候《そうろう》。本文の通り、殿下よりも仰せ入れられ度《た》き由《よし》に候。くれぐれも帯刀儀、五六日にて早々出立《しゅったつ》、帰京候《そうろう》よう厚く御頼み申入《もうしい》れ候《そうろう》。左無《さな》くては心痛限り無く存《ぞん》ぜられ候《そうろう》事。

忠房（近衛署名）

島津中将殿

薩摩少将殿　内密々

書　添

別紙に申入候《もうしいれそうろう》。くれぐれも帯刀帰国の儀《ぎ》は困《こま》り入《い》り候《そうろう》。近頃にては一橋（慶喜）より、帯刀を厚く依頼の様子にて、かれこれ相談等もこれ有《あ》り候《そうら》えば、旁ゝ帯刀在京に候《そうら》えば、総体の都合にも宜敷《よろし》く、是非急速に登京御申付《おもうしつ》け、わけて頼申入《たのみもうしい》れ候《そうろう》。

大隅守《おおすみのかみ》殿

近衛卿父子はもちろん、朝廷では、殿下（青蓮院宮、改め中川宮か）も小松の帰京を待たれ、幕府方では一橋慶喜も近ごろ小松を厚く信頼して相談いたしたい様子である。小松が京にいることが、すべてに都合がよいので、是非急ぎ京に上るように申し付け下さるよう御頼み申し上げると念を押している。いかに小松が、朝廷と幕府の間にあって、重要な人物に見られていたかがわかる。

西郷が大久保に出した八月十七日付けの書簡の一節を見ても、

将軍もこの度《たび》上洛の筋もあり、摂海《せっかい》に異人(外国)の参る説もこれある事にて、段々《だんだん》大難さし迫り候《そうろう》儀に御座候間《ございそうろうあいだ》、大夫(小松帯刀)この度《たび》は、何卒《なにとぞ》、早々に御帰京相成候処《あいなりそうろうところ》、ひらに御頼申上候《おたのみもうしあげそうろう》。

とあって、隆盛も帯刀の帰京を待っていたことがわかるのである。

小松は翌八月十三日、京を発って帰国して、久光・茂久に禁門の変やその後の情況を報告し、近衛卿父子から託された書簡を届けた。八月二十八日、久光父子は禁門の変を鎮めた功によって、小松に左記の感状に馬一疋・刀一腰を賜った。

一、感謝状　壱通
一、御拵刀　一腰
一、御馬　壱疋《いっぴき》

小松帯刀殿

右者、当七月十九日、長賊犯㆓禁闕㆒不㆓容易㆒御大事之刻、致㆓粉骨㆒被㆑奉㆑救㆓御危難㆒候段、御感悦思召候、依㆑之為㆓軍賞㆒、右之通拝領被㆓仰付㆒候、

感状

一、先月十九日、長賊犯㆓禁闕㆒、別而御大事之刻、当日は勿論前後不㆓容易㆒致㆓粉骨㆒、無㆓遺漏㆒指揮行届、遂ニ賊徒ヲ令㆓退治㆒、奉㆑救㆓御危難㆒候段、抜群之勲労令㆓感悦㆒候、仍馬壱疋、拵刀一腰俊正遣㆑之候、愈可㆑抽㆓忠勤㆒之状如㆑件、

元治元甲子八月廿八日

久光(花押)
茂久(花押)
小松帯刀殿

（書き下し文）

右は、当七月十九日、長賊《ちょうぞく》禁闕《きんけつ》を犯し、容易ならざる御大事の刻《きざみ》、粉骨を致し御危難《ごきなん》を救い奉《たてまつ》られ候段《そうろうだん》、御感悦《ごかんえつ》に思《おぼ》し召《め》し候。之《こ》れに依《よ》って、軍賞《ぐんしょう》のため、右の通り拝領仰《おお》せ付けられ候。

感状《かんじょう》

一、先月十九日、長賊 禁闕を犯し、別《わけ》て御大事の刻、当日は勿論、前後容易ならざる粉骨を致し、遺漏《いろう》無く指揮《しき》行き届き、遂に賊徒《ぞくと》を退治せしめ、御危難を救い奉り候段、抜群の勲労《くんろう》感悦せしめられ候。仍《よ》って馬壱疋《いっぴき》、拵刀一腰《こしらえがたなひとこし》正俊之《こ》れを遣わし候。愈《いよいよ》忠勤を抽《ぬき》んずべきの状、件《くだん》の如《ごと》し。

さらに九月には、役料高五百石御加増を受けたけれども、当今、軍事等入費莫大の時であるので、奉献《ほうけん》申し上げ辞退したので、それをお許しになり嘉納されることになった。

十二　長州征伐と薩摩の対応

長州軍の禁門の戦について長州藩主から軍令が出ていたことがわかって、幕府は長州の罪を責め、長州征伐の軍を出すことに決定する。小松は近衛卿の所望もあるので、九月に朔凰丸《さくほうまる》で上京する。幕府は諸藩の重臣を召集して、各藩兵を出し、十一月十八日より攻撃するように決めたので、薩摩は小松・西郷・大久保が大坂で軍議を開いた。そこで薩摩は久光の内意に従い、内治を先にして対外策に当たるべきだとして、長州征伐を早く終結させるため、高崎兵部《たかさきひょうぶ》を長州の支藩岩国藩に遣わし、長州の降伏を勧める。西郷は征長総督の尾張の徳川慶勝《とくがわよしかつ》に、長州の降伏を勧めるように説き、自らその使節として岩国藩主吉川監物経幹《きっかわけんもつつねまさ》に会い、長州に謝罪を勧めるよう働きかける。一方、薩摩藩も十一月一日、高橋縫殿《たかはしぬいどの》を総頭取とし、軍役奉行伊地知正治《いぢちまさはる》、軍賦役大山格之助に命じ、兵約九百を率いて出発する。

長州は福原、益田、国司の三家老以下責任者は自刃して責を負い、藩主毛利父子も謝罪することになったので、国境に集合した兵十四万は一応待機することになった。長州では山口城の兵を撤収することを条件に、支藩岩国の吉川経幹侯が書簡を在京の小松帯刀に送って歎願の旨を薩摩に依頼した。小松は高崎正風を江戸に向かわせ、江戸薩摩邸の岩下と共に交渉させる。その結果、征長の諸藩の軍には、十二月二十七日、総督より陣払い（引き揚げ）の命令が下った。

幕府は征長の命令で、たちどころに十四万の兵が集まったのを過信して、幕府の威信を回復しようと、老中松平・阿部は兵一千余を率いて上京して来た。そして京都守護につくこと、長州藩藩主及び五卿の処分、参勤交替制を復活することなどを令して、幕府主導に逆戻りする気配となった。小松と大久保は直ちに、近衛卿と関白二条斉敬《なりゆき》卿に言上して、両老中を参内せしめ、これを詰問し、この企てを中止させたのである。

十三　西洋の科学技術の採用

先年の文久三年（一八六三）の薩英戦争で、砲台を壊され、町を焼かれた藩内の人々は、上下ともに外国の兵器が優れ、科学文物の進歩していることに驚いた。英国と講和成立後は英国と交流して、西洋の科学文明を学ぶようになる。

元治元年（一八六四）二月一日に、帯刀は長崎出張所の薩摩の役人をして、英国商人グラバーに依頼せしめ、汽船二隻をイギリスより購入し、平時は薩摩藩直営で交易に当たることにし、戦時には軍兵の輸送や、直接海軍力として充てる計画である。

交易に充てる物産のうち、主なものは大島の黒糖であるが、西洋の進んだ製糖技術を導入し、オランダ人から製糖機械を購入して、英人を雇って運転させる。

元治元年六月には開成所を設け、海陸軍事と、理化学と医学など西洋の科学を研究させる。開成所では英学や蘭学を

尚古集成館外観
(1998年4月撮影・写真提供 尚古集成館)

教え、英学の教師に上野景範、鮫島尚信、牧退蔵、林謙三、高橋顕正、嵯峨根良吉、本間郡兵衛（出羽・酒田出身）等を採用し、蘭学には石川確太郎、八木称平等を当たらせた。

航海術は、海軍としても、交易の上からも重要なので、航海術に詳しいジョン万次郎を招いて航海術の実地を習得させる。

後に、慶応二年（一八六六）三月には、英国留学生を派遣し、西洋の科学文物を研究させる。

慶応元年（一八六五）一月には、薩英戦争で焼けた磯の集成館（現存の尚古集成館）を再興した。

新しい集成館では、蒸気機械所を設け、長崎から蒸気鉄工機械職人を連れて来て、軍艦・商船の機械修理の技術を実習させる。この集成館の蒸気船機械鉄工所の設置については、小松に対して強い反対批判もあったが、将来必ず軍艦、商船の修理が必要で、我が藩内で完全にできるようにしておくことの重要さを論じ、非常の英断をもって施設し、その後に、岩下新之丞、竹下清右衛門を任用した。

この集成館の蒸気船機械鉄工所の設置については、これに反対する者が多かったが、中でも軍略に優れた伊地知壮之《いじちそうの》丞《じょう》や松岡十太夫《まつおかじゅうだゆう》などが、その主な反対者である。伊地知は軍略家だけに小松に反対して、

「今や、軍艦・武器を買わねばならぬ時だ、何で汽船などの修理工場など造らねばならぬのか」

と言う。また松岡十太夫は、

「せっかく交易を盛んにやって金をもうけることに苦労しているのに、そのもうけた金をどんどん使って、鉄工所などにつぎ込む必要はない」

と言う。小松は、

「そうだ、伊地知氏《うじ》の言うことも、松岡氏の言うことも、もっともなことで、よくわかる。わしは伊地知氏の言う通り、軍艦が大事だと思うから、いつまでも外国から買うばかりではいけないと思う。はじめは修理でも、やがては、我が薩摩でも軍艦を造らねばならん」
伊地知「それなら大事な金を工場に使わず、どんどん軍艦・武器を買い入れた方がよい」
小松「そうだ。まだまだ我が藩に蒸気船を買い、戦争時にはそれを軍船に利用する。平時には松岡氏の言う通り、交易に従事するため、多くの船を買わねばならぬ」
伊地知「そんなら鉄工所など、むだ使いだ」
帯刀「軍艦や汽船が増えると、必ず機械の修理が必要だ。そんな修理を長崎に行って直していたら、大変な日数と大きな捨て金を使うことになる」
松岡「小松公は家老で勝手掛兼務であるが、藩の金をあまり勝手に切り回し過ぎる。せっかく交易でもうけた金を、小松家老が自分勝手に決めるのでは、勝手な勝手掛でござる」
小松「なるほど。勝手な予算に見えるけれど、将来は薩摩で軍艦汽船の修理から製造までできるようになったら、この金は何倍にも得になる。きっとこれが役に立つ。今はどうか目をつぶって、集成館の経営をやらしてほしい」
　小松は多くの反対があるのを承知で、集成館の蒸気船鉄工機械工場の計画を実施した。この掌に当たった岩下と竹下は、反対の声の多い中で、大変な苦労であった。
　この時に小松に対して、藩の金をあまりに小松が勝手に切り回しているという批判が起こっている。反対者が多くなったが、藩のため、日本国のため、将来のために、今使って準備しておかねばならぬ場合である。反対を押し切ってもやらねばならぬと小松は思う。幸いに久光、茂久は小松を信頼して支持するし、西郷、大久保も同調しているので、小松は幸運であったといえるのである。
　これが後々に役立った。岩下新之丞と竹下清右衛門は慶応元年(一八六五)十二月に、京にいる小松に次のような書簡を送っている。

（前略）

最初、尊公様（小松）御英断を以《もっ》て、蒸汽機械《じょうききかい》御とり建ての儀《ぎ》に付《つき》ては、諸方面より色々難渋《なんじゅう》（批判）を御申立《おもうしたて》の方も御座候《ござそうろう》よしにて、尊公様御上京のあとは諸事、彼是《かれこれ》うまくゆかず心配つかまつり候《そうら》えど、其《そ》の後、蒸汽船《じょうきせん》破損の節《せつ》、長崎表《おもて》へ差廻《さしまわ》して御修覆《ごしゅうふく》させ候《そうろう》ては、急速の御用に間に合わぬ儀《ぎ》も勿論《もちろん》のこと、莫大な御費用を相《あい》かけ候《そうろう》に付《つ》き、なるべく集成館において御修復成《な》るよう取り計《はか》らうよう、御勝手方御用人衆《ごかってがたごようにんしゅう》よりの申し付けで、承知致すことに御座候《ござそうろう》。

先《ま》づはじめ胡蝶丸《こちょうまる》の御修理より引続《ひきつづ》いて、豊瑞丸《ほうずいまる》、開聞丸《かいもんまる》それぞれ破損もあり、近頃御買入れの蒸汽船三邦丸《さんぼうまる》も碇《いかり》の巻上げの用器相損《あいそん》じ申候《もうしそうろう》。右四隻共《とも》、長崎表《おもて》へ差廻《さしまわ》すに及ばず、集成館に於《おい》て速《すみやか》に修覆相成《しゅうふくあいな》り御用にたち候《そうろう》。其《そ》の外《ほか》これまで御国に於《おい》て出来ず調《ととの》えざる品も、大《たい》がい出来て一廉《ひとかど》の御用に立ち候《そうら》へば、壮之丞（伊地知）初め松岡氏なども、以前は見込み違い致《いた》し候《そうろう》も、只今《ただいま》にては実《まこと》に必要を気付き候《そうろう》て、一日も早く御成就《ごじょうじゅ》するようはげましを、度々承《たびたびうけたまわ》る事に御座候《ござそうろう》。尊公様（小松）の御先見、ただ今にては、皆々感服なされ、御一言もござなく候《そうろう》。云々《うんぬん》。

と、はじめ反対した者も、今になって小松の先見に感服している状況を知らせている。

その後、五月二日になると、海陸軍備の充実を図ることが急務であるとして、砲術館を設け、兵を訓練して、天下の混乱に備えることにした。

第四章　薩長土の協力

一　坂本龍馬、勝海舟をねらう

元治元年（一八六四）の暮れのころ、大坂の薩摩屋敷に、神戸海軍操練塾《そうれんじゅく》の塾頭坂本龍馬とその塾生浪士約三十名が潜んでいた。小松帯刀《こまつたてわき》が在藩の大久保に送った手紙に、大坂薩摩藩邸に海軍操練所の塾生を勝海舟の依頼で潜伏させているとした上で、

　余計な事ながら右の浪人体《てい》の者をもって、航海の手先に使い候《そうら》へば宜《よろ》しかるべく、西郷など在郷中、相談いたしおき候間《そうろうあいだ》、大坂屋敷内に相潜《あいひそ》め置き候《そうろう》。

と知らせている。どうした関係で、土佐の坂本龍馬一党がかくまわれたのか。

ここで坂本龍馬の生い立ちと、これまでのいきさつを述べねばならない。

坂本龍馬は土佐の郷士《ごうし》で、天保六年（一八三五）十一月十五日、高知城下の本町（現在本丁筋一丁目）の町人郷士坂本八平の二男として生まれた。

小松帯刀と同じ年の生まれである。龍馬は親類筋に豪商の才谷屋があったので、万事屈託のない、鷹揚《おうよう》な性質に育った。十九歳ごろ剣術修行のため江戸に出て、京橋桶町の北辰一刀流《ほくしんいっとうりゅう》千葉定吉の門に入り、二十歳で帰国、二十二歳で再び江戸に上り、二十四歳で千葉道場で北辰一刀流長刀《なぎなた》兵法の免許皆伝の腕前となり、道場師範代を務めている。千葉定吉の長女佐那子《さなこ》、妹里幾《りえ》、幾久《いく》も長刀の免許皆伝目録に名を連ねているというが、女性にやさしい龍馬が、佐那子さんらの長刀の相手を務めたのであろう。龍馬が佐那子さんから痛めつけられたという話さえあるし、また佐那子さんは「わたしの夫となる人は坂本龍馬」と心に決めていたという話など、ほほえましい話題である。

一応、龍馬は剣道家として知られてはいたが、ほとんど剣を抜くことなく、国事に奔走し、戦いをせず、平和のうちに幕府の政権を朝廷に返すことを理想としていたようである。

土佐では井伊直弼《いいなおすけ》のため藩主山内容堂が隠居謹慎を命ぜられたので、勤皇攘夷論が起こり、武市半平太《たけちはんぺいた》が土佐勤皇党を結成した。龍馬もこれに加盟する。しかし、国老吉田東洋《よしだとうよう》が勤皇党を支持しないので、土佐を脱藩し、独自の自由行動で天下の志士と交わるようになる。

文久二年(一八六二)、長州の久坂玄瑞《くさかげんずい》方に使いに行って、尊皇攘夷を唱えていたが、幕臣の勝海舟《かつかいしゅう》や横井小楠《よこいしょうなん》が開国論を唱えているので、これらを斬ろうと計画し、友人の岡本健三郎(一説に千葉重太郎)と越前松平春嶽《まつだいらしゅんがく》侯を訪ね、勝海舟と横井小楠へ開国論の意見を聞きに行くからと紹介状を書いてもらった。

二人はその紹介状を持って勝に会い、彼を斬るつもりであった。二人が座敷へ通ると、

「お前方は、わしを斬ろうと思って来たのであろう。殺すなら、わしの話を聞いて、それからにせよ」

と大声で言ったので、二人はすっかり度肝を抜かれ、黙って聞き手に回る。

勝「今ごろ尊皇攘夷を叫ぶ者が多いが、一体それが我が日本の益になるだろうか。わしも尊皇憂国の一人だが、攘夷はいかん」

坂本「どうして攘夷が悪いのですか」

勝「何も外国の実情も知らずに、やれ攘夷だ、やれ外敵だと言うているが、お手前方、外国はどんなところか、おわかりか」

坂本「外国のことなど知りません。しかし我が日本の周囲に押し掛けるのは、日本を攻めるためではありませんか。それは断じて許せません」

勝「いくら外国でも理由なしに勝手に戦を仕掛けては来ませんぞ。こちらが攘夷、攘夷といって、外国を敵にして打ち払おうとすれば、外敵も攻めてくる。一体それで日本が勝てるのか」

坂本「勝てるか負けるかではない。外敵を一歩も日本に入れてはなりません」

勝「勇ましいことを言われるが、坂本殿とやら、お手前は外国を見られたことがありますか」

坂本「いや、ありません」

勝「それじゃ話にならん。わしはな、先年軍艦咸臨丸《かんりんまる》で海を越えて、この目でアメリカを見てきた。外国はとても進んで

おるでな。びっくりした。軍艦、大砲などずっと進んでいて、日本など、とても太刀打ちできませんぞ」
坂本「外国が日本に開港を迫って、思う通りにしようとするのに、日本は言いなりに黙っているのですか」
勝「いや、外国は大きな汽船で、どんどん商売するために来ている。日本は長い鎖国ですべて外国に遅れている。そんな外国と戦ったら、かえって反対に国土を攻め取られるばかりだ」
坂本「それではどうすればよいのですか」
勝「日本が負けんようにするには、まず外国と交易し、西洋の進んだ文明を取り入れ、強い海軍を作り上げねばならんのじゃ」
坂本「今のままではいけません。何とかせねば」
勝「それなのに、幕府の首脳は海外の事情も知らずに攘夷などに同調しているが、お手前方が真っ先に立ち上がって、幕政を改革し、強い海軍を作り上げ、天子様を中心に幕府や諸藩が一本になって、進んだ武器を入れなければ、だれが日本を救うことができるか。わしが攘夷に反対するのは、そのためだ。おわかりか」
　龍馬と岡本は、すっかり勝海舟の説に感銘して、即座に弟子として教えを請うことになる。当時、勝の開国論に反対する者が多く、評判が悪いため勝をねらう者が多い。二人はそれから夜の見回りを引き受け、勝海舟を守った。
　文久三年(一八六三)十月、龍馬は海舟の命で、越前の春嶽侯に使いし、横井小楠の仲介で、神戸海軍操練所創設資金五千両を借りた。その時、越前の経済をここまで育ててきた財政実務家の三岡八郎(後の由利公正《ゆりきみまさ》)に会うことができる。それ以来、龍馬は理財家三岡八郎を高く評価して、明治新政府の徴士参与の金融財政担当に推薦することとなるのである。
　さて神戸海軍操練所(海軍塾)を創設した勝海舟は、その海軍塾総裁となり、龍馬を塾頭とする。幕府は海舟を海軍奉行として幕府海軍の総帥とした。
　この海軍塾の塾頭となった坂本龍馬は、土佐や長州の浪士を招き、三十数名の入所者を得て、勝海舟の率いる幕府海軍の操縦員として、幕府軍艦に乗り訓練をすることになった。その塾生の中に土佐出身の近藤長次郎(上杉宗次郎)や望月《もちづき》亀弥太《かめやた》も入っていた。

二　龍馬の恋人お龍さん

龍馬が勝海舟の弟子となっていることを、国元の姉の乙女《おとめ》に知らせた手紙がある。

この頃、天下無二の軍学者勝麟太郎《かつりんたろう》（海舟）という大先生の門人となり、ことの外、かわいがられ候《そうろう》て、先《ま》ず客分のようなものになり申候《もうしそうろう》。近きうち、大坂より十里あまりの地にて兵庫という所に、大きに海軍をおしえ候《そうろう》ところをこしらえ、又四十間、五十間もある船をこしらえ、弟子ども四五百人も諸方より集め候《そうろう》との事、私はじめ栄太郎などもその海軍所に稽古《けいこ》学問いたし、時々船乗りの稽古《けいこ》もいたし、稽古船の蒸気船をもって、近々のうち土佐の方へも参《まい》り申候《もうしそうろう》。
そのせつ、御目《おめ》にかかり申すべく候《そうろう》。私の存《ぞん》じ付《つけ》は、このせつ兄上にもおおきに御同意なされ、それはおもしろい、やれやれと御申しの都合《つごう》にて候《そうろう》あいだ、以前《いぜん》にも申候《もうしそうろう》とおり、いくさはじまり候《そうろう》時はそれまでの命、もし命あれば私四十歳になり候《そうら》へばと、むかしいいし事を御引合《おひきあい》なされたまへ。すこしエヘン顔してひそかにおり申候《もうしそうろう》。達人の見る眼《まなこ》とはおそろしきものとや、つれづれ（『徒然草』）にもこれあり。

五月十七日　　龍馬

乙《おと》大姉御もと

右の事は、まずまず間柄《あいだがら》へも、すこしもいうては、見込のちがう人もあるからには、おひとりにて御聞おき、

かしこ

姉の乙女には、こうしてすべてを隠すことなく、便りを出して知らせている。
お龍《りょう》さんを妻にした事も知らせ、

お龍はもと十分大家にてくらし候《そうろう》ものゆえ、花いけ、香をきき、茶の湯などは致《いた》し候《そうら》へども、一向かしぎぼうこう
(炊ぎ奉公)することはできず。

とお龍さんの育ちを説明しているし、

一 右女はまことにおもしろき女にて、月琴《げっきん》をひき申候《もうしそうろう》。
二 右女は自分の危難をよく救ってくれたこともあり、万一、命あれば、どうにかしてやりたいと思っている。
三 なにとぞ帯か着物か、ひとつこの者に御つかわし下されたく、この者、内々ねがい出《い》で候《そうろう》。
四 それに乙《おとめ》さんの帯か着物か、ひとすじ是非御送《ぜひおおく》り、今の女につかわし候《そうろう》。今の名は、龍《りょう》と申し、私に似ており候《そうろう》。早々たずねしに、生れし時、父がつけし名のよし。

などの文面で、親戚一族の結びとして、姉の衣類でも一筋もらい受けてやりたいと繰り返し述べている。

さて、龍馬とお龍さんのなれ初めは、元治元年(一八六四)夏のころ、龍馬と中岡慎太郎が宿所としていた河原五兵衛の隠居所の留守番代わりに、母のお貞が住み込んだのが、きっかけである。

龍馬の妻 お龍(井口家蔵)

そのころ、お龍さんは七条新地の旅館扇屋に預けられていたが、ときどき母の元を訪ねて来るので、自然、龍馬とも顔を合わせる。

そのお龍さんが、人目を引くような美人ときているから、なおさら若い龍馬も心を引かれ、彼女と何とかして口をききたいが、話しかけるきっかけがない。お母さんのお貞にはいつもあいさつしているのだが、今日もその娘さんがやって来た。

お龍「お母さん、元気かね、また来たよ」
母「よく来たね、ゆっくり遊んでおいで」

お龍「少しだがお給金をもらったので、持って来たよ。少しだけど」
母「ありがとう。少ないお給金なのに、ほんとにすまないね。おおきに」
　お貞は夫の楢崎将作《ならざきしょうさく》が町医者で裕福に暮らしていたが、夫に先立たれ、二男三女を抱えて苦しい生活であった。それでお龍さんは、こうして少しのお給金でも、母に分けてやるのである。龍馬はお龍さんが帰ったあと、お貞さんに声をかけた。
龍馬「ええ娘さんをもっているね。お母さん思いの娘さんで、感心だ」
とほめると、お貞はうれしそうに、
お貞「ありがとう。私が暮らしに困っているので、長女のお龍がやさしくしてくれてね、ちょっとしたお給金なのに、届けてくれるのだよ」
と言う。お貞は夫が町医者をしていたころは、生活はよかったが、夫が死んでしまったので今は落ちぶれてしまったことや、色々お龍さんの話までしてくれる。
お貞「お龍はやさしい娘だが、あれで芯がしっかりしていてね。私が暮らしに困っているのにつけ込まれ、やくざにだまされて、妹たち二人を遊女屋に売られてしまった。お龍がおこって、短刀を懐にして大坂へ乗り込んで、入れ墨のやくざを相手に、死ぬ覚悟で談判して、妹たちを取り返してくれましたよ」
龍馬「ほほう。あんなに美しいやさしそうなお龍さんが、そんなに気が強いのですか」
　龍馬はこの話を聞いて、なお一層お龍さんが好きになった。ほかの女に見られないさっそうとしたお龍さんの姿が、龍馬の胸から離れぬようになった。そして、時々母を訪ねてくるお龍さんに龍馬は親しく口をきくようになる。
龍馬「あなたの名前は、お龍さんという名だそうだね」
お龍「ええ、お良《りょう》と書いたりするけれど、やっぱり龍は天にのぼるさかいに、お龍というのが好き。あなたのお名前も龍馬さまとか、母から聞いて、よく似た名だと思ったの」
龍馬「二人とも名が同じ龍の字で、妙に何か縁がありそうね」
　こうして二人は話すごとに親しくなっていく。お龍さんも、男らしい率直な龍馬に心をひかれて、この人なら文句なしについて行けそうな気持ちになり、忘れられない人になってしまった。そして元治元年（一八六四）八月一日、楢崎家ゆかりの粟田口《あわたぐち》青蓮院《しょうれんいん》の金蔵寺住職の仲人で、祝言の式を済ませ、二人は晴れて夫婦となった。龍馬三十歳、お龍さん二十四歳の時である。

しかし、勤皇に奔走している龍馬の身辺は、危険が一杯だから、新婚の夢に浸るわけにもいかず、龍馬はお龍さんを寺田屋に預け、ちょい　ちょい寺田屋に来ては泊まって帰るのである。龍馬とお龍さんが結婚していることは、一部の人しか知らない。二十四歳とはいえ、十九か二十かと見えるほど、若く美しいお龍さんだったから、誘惑も多かった。

寺田屋にいる美しいお龍さんを、新撰組の隊長近藤勇が見染め、櫛やかんざしを土産にちょくちょく訪れたけれど、お龍さんはそれとなく軽くあしらっていた。やがて坂本龍馬の妻とわかって、「道理で強情なやつだと思った」と言ったという。

薩摩の中村半《なかむらはん》次郎《じろう》（桐野《きりの》利秋《としあき》）もその一人だった。直情径行の中村は、お龍さんの寝所へ忍び込んで手を握ろうとすると、お龍さんの懐から短刀が落ちた。「女のくせに短刀など持ってるのは怪しい。取り調べる」と自分の室へ連れこんで短刀を取り上げると、その短刀を見た同室の大山が、

「あれ、この短刀は越前国弘の作で、確か坂本がそれを隠し妻に与えたと言ったが、これが坂本の妻であったのか」

と教えたので、中村は驚いて謝り、

「どうかこのことは坂本氏には内密にして下さい」

とおわびのしるしに、翌日、近くの料理屋でもてなしたというが、全くの作り話とも思えない。さほど、お龍は美しかったのである。

お龍の写真は晩年のものが残っているが、若いころのお龍の写真が、縁家の京都井口家の古い写真の中から発見された。発見者は京都の坂本龍馬研究家、西尾秋風氏である。西尾氏はこのことを新聞紙上で既に発表されているが、筆者の請いに快く提供頂き、若きころの美貌のお龍さんと龍馬の写真をここに掲載できたことを、井口家及び西尾秋風氏に心より謝意を表したい。

三　龍馬と西郷・小松の出会い

元治元年（一八六四）八月中旬、龍馬は勝の使者として、京薩摩屋敷に西郷隆盛を訪ね面会した。帰って勝から隆盛の人柄はどうだったかと聞かれた時、龍馬は、

「西郷という人物は底の知れない大馬鹿でござる。釣り鐘のようなもので、大きく打てば大きく鳴るし、小さく打てば小さく鳴る。馬鹿の幅がわからんようでござる。残念ながら、鐘をつく撞木《しゅもく》の持ち合わせがないようでござった」

と笑って答えたので、勝も笑って、

「評される人も評される人。評する人も評する人。人を見るは、その人の識量いかんにある」

と話したと伝えられている。

九月のある日、越前藩の堤正誼《つつみまさよし》と青山貞が、西郷に話すには、

「近々、軍艦奉行勝海舟が江戸に帰るはずである。越前と薩摩とが長州征伐と外交問題を解決するため、将軍の上洛を勝海舟より斡旋《あっせん》してもらうよう依頼したらどうか」

と知らせてきた。そこで西郷は早速連絡をとったら、九月十五日に会談したいと快諾を得る。そこで隆盛は吉井幸輔《よしいこうすけ》を連れ、越前の前記二人と、大坂で勝に会うことになった。

勝と西郷は初対面である。勝海舟は包み隠さず幕府の内状をぶちまけて言う。

「今の幕府は時勢に遅れている。そこでこれを改めようと正論をはいても、それを取り上げず、諸藩の意向を取り次いでも、だまされているのだと言い触らす。自分に都合がよいものだけを取り上げる。幕府は全く腐り切って、物を言うのは○《まる》だけだ」

と言って指で輪を作って、賄賂《わいろ》ですべてが動かされていることを慨歎《がいたん》する。

隆盛が対外政策を聞くと、

「このような状態だから、外人共は全く幕府を信用しておらぬ。だから幕府とは関係なく、明賢諸侯四、五人が同盟され、

外敵を打ち破れる兵力を調《ととの》え、幕府など眼中におかず、明賢諸侯結束の力で、横浜、長崎両港を開くことでござろう」

この幕臣である軍艦奉行の勝海舟の説に驚いてしまった。長州征伐について意見を聞くと、

「何を国内で長州征伐などと騒いでいなさる。まるで天下の事を忘れてござる。いずれ外国の艦船が摂海に開港を願い出にくるでござろう。関東など頼みなさるな。かように情勢が切迫している今日、堂々たる大藩が何をしておらるるか。何の役に立っていなさるか。あなた方二藩が先に立って御奮発になればたくさん。二藩で勅命を請われればよいことで、それができぬとあれば、引き上げて帰国されたがよい」

勝海舟の言葉は言々句々《げんげんくく》、隆盛の胸をつく。この時、隆盛に雄藩連合による討幕の策が胸中に根づいた。隆盛は大久保あてに勝海舟についての感想を手紙で伝えた。その大要は、

勝氏《うじ》へ初めて面会仕り候処《つかまつそうろうところ》、実に驚き入《い》り候《そうろう》人物にて、最初は打叩《うちたた》くつもりにて差越《さしこ》し候処《そうろうところ》、とんと頭を下げ申《もう》し候《そうろう》。どれだけ智恵のあるやら知れぬあんばいに見受け候《そうろう》。先《ま》ず英雄肌合《はだあい》の人にて、佐久間(象山)より事の出来候《そうろう》こと、一層も越《こ》し候《そうら》はん。学問と見識とにおいては、佐久間抜群のことに御座候《ござそうら》へども、現時に臨《のぞ》み候《そうろう》では、この勝先生にひどくほれ申《もう》し候《そうろう》。


というもので、すっかり感服している。

この勝海舟の感化を受け、雄藩連合を考えている人間がもう一人——坂本龍馬がいたのである。

勝海舟はこのような偉い人物であったが、幕府はこの人を罷免する。元治元年(一八六四)六月五日に起こった池田屋事件で、海軍塾の望月亀弥太が自刃して死んだことなどが判明し、勝海舟は幕臣でありながら、海軍操練所で勤皇倒幕の浪士を養成している、その浪士の中から禁門の変に参加している者もいる、と批判が出てきた。そのほかに海軍塾で大量の西洋毛布の密輸をしているという疑いもあると非難され、内々で勝海舟は軍艦奉行を罷免されることが伝わってきた。勝海舟が胸中をさらけ出して西郷を激励し、雄藩の奮起を促したのも、これで了解できる。

九月になると、江戸召還がはっきりしたので、海舟は西郷に、

「近く神戸の海軍塾が閉鎖されるので、坂本龍馬以下塾生約三十名の身の振り方について、大坂の薩摩屋敷にかくまってもらえないか」

と依頼した。西郷は了承し、

「よろしい、拙者一《ひと》まず家老小松帯刀にはかった上で、必ず坂本以下の身柄を預かりましょう」

と快諾し、帯刀に相談する。

帯刀は、もちろん異存はない。予想通り十月二十一日、勝海舟は江戸で軍艦奉行を罷免され、神戸の海軍操練所は閉鎖された。こうして、塾頭坂本龍馬以下約三十名が大坂の薩摩屋敷にかくまわれることになった。小松帯刀と西郷隆盛は薩摩屋敷に一行を出迎える。

この時、龍馬は、初めて小松帯刀と知り合ったのである。龍馬は雄藩薩摩の動きは前から知っていた。薩摩が小松、西郷、大久保の三人を中心として、緊密に結束して動いていることは知っていた。西郷とは前に会ったこともあるが、薩摩の家老で、朝廷と幕閣の間で重要な人物として活躍している小松帯刀のことは、前々から聞いてはいたが、会ったのはこれが初めてであった。

四　小松、隆盛の結婚媒妁人となる

龍馬は大坂の薩摩藩邸に潜伏することになって、西郷、小松と三人で話し合う機会が多くなった。ここで日本の国興しの大事業をなす三偉人が、この時から顔をそろえ、画策することになった。勝海舟に会って激励された西郷の胸に雄藩連合の策が印象づけられ、

「明賢諸侯四、五人の結束の力でやれば、対外通商問題も、長州再征問題も解決できる。堂々たる大藩が何をしてござるか。

薩摩、越前二藩が、先に立って奮発して勅命でも仰いでやればできることではないか。幕府を相手にしなさるな。それがやれぬようなら、手を引いて帰りなされ

この勝海舟の説に啓発され、「とんと頭を下げ申し候《そうろう》」と感服した西郷と、この海舟の持論に薫陶されてきた龍馬と、薩摩の軍事力、経済力を動員することのできる家老の小松帯刀、この三人がここにそろったことが、今後の維新革命への原動力になったのである。それがやがて薩・長・土の雄藩連合となって実を結ぶことになり、それに薩の大久保、長の木戸、土の後藤・中岡等が運動の輪に加わってゆくことになる。

その後、西郷、小松、坂本の会合がちょいちょいなされたらしいが、藩邸ではゆっくり話し合えないので、京の小松邸で行われた。その外、その後の薩長同盟や薩土盟約、勤皇志士や勤皇公卿《くぎょう》との会談のほとんどが、この京部の小松邸で行われているのである。

京小松邸(のち大久保利通に譲る)
大久保利通旧邸(『京都維新史跡寫眞帖』・京都大学付属図書館蔵)

この小松邸は、京都市上京区石薬師通り寺町東入ルに位置したが、明治二年（一八六九）小松の退官後、これを大久保利通《おおくぼとしみち》に譲ったので、今この地に大久保利通邸跡の碑が建てられている。薩長同盟の場であったかつての小松帯刀邸のことについては、何も残されていない。

邸内にはその会合に使われた「有待庵《ゆうたいあん》」が残されていたが、大久保の邸跡になり、小松の邸で行われた薩長同盟が誤解されるのである。この由緒ある小松の宿所は、当時近衛《このえ》家のお花畑屋敷といわれた別邸であったが、小松が貞姫君《さだひめぎみ》の近衛家へのお輿入《こしい》れに骨折った労を謝し、小松帯刀の宿所とし、小松には、近衛家の家紋を使ってよいと許されていた。

前に述べたように、小松は朝廷と幕府の間の仲介役として、なくてはならない重要な人物として、京へ呼び返されてから、この邸が公卿・諸藩の重臣・志士たちの会合の場となった。後に倒幕の中心として動くようになると、小松の

身辺もねらわれるようになるが、薩摩藩の家老として供回りの守衛の兵も配置されており、近衛家の家紋を使用するこの邸には、うかつなことはできない利点があった。

近衛家お花畑のお邸が、今では全く小松の私邸のように使用されるようになって、気の毒に感じた帯刀は、この邸を近衛家から譲り受け、今は京の小松邸と呼ばれるようになる。そこで前年暮れの忘年会で知り合って以来、度々宴席に指名して、今ではわりない仲になった祇園の名妓《めいぎ》お琴さんを前述のとおり、来訪者の接待役という名目で身受けし、側室としてこの屋敷に引き取ったのである。本妻のお千賀《ちか》さんには、子供が生まれなかったが、このお琴さんに跡継ぎの子供が生まれることになる。

さて、小松邸に美人のお琴さんが来てから、男所帯に女性が入って、お茶をたてて接待するようになり、何となく温かみが出る。小松・西郷・坂本の三人のうち、帯刀は美人の側室がいるし、龍馬も寺田屋に恋女房のお龍さんがいる。ただ、西郷一人が寂しくかわいそうに見える。実は西郷には大島に子供まであるアイカナ（アイ子）がいるのだが、それは内緒のことで、まだだれも知らない。

お琴さんがお茶をたて、おかわりのお茶を運んでくる。まだ十七、八の楚々とした美人のお琴さんの給仕姿に見とれた龍馬が、

「うーん、うまい。このお茶、おいしいぞな。小松大人、お琴さんのお茶じゃきに。やっぱりお茶は女に限る」

小松「そういえば坂本氏《うじ》、我がことは棚に上げて。お龍さんがたてるお茶にはかなわんだろうが、ハハハ……」

龍馬「ま、ま、そういうことかな。ハハハ……。西郷さんも、早う、嫁はんもらいなはれ」

西郷「いやいや、どうも女房は苦手でごわす」

と手を振りながら、いやいやすると、

龍馬「西郷さん、それでは刀が泣きますがや。刀に鞘《さや》がないのと同様で、まとまりがつき申《も》さぬ。持つべきものは持たねば、不自由でござろうが」

と龍馬は盛んに隆盛に妻帯を勧める。

龍馬「そうだっじゃろう？　御家老もひとつ、西郷さんのお嫁さがしに骨折って、つかわさい」
小松「うーん。これは全くうかつでしたな。ほんとに坂本氏《うじ》の言わるる通り、早速、よい嫁女《よめじょ》を、世話しましょう」
ここで冗談みたいに出た話であったが、几帳面な小松は、すぐ手紙を書いて、「西郷殿にふさわしい女《ひと》を探してほしい」と妻女のお千賀さんに頼んだ。そこで大久保と相談して、薩摩藩の家老座に勤める書記役の岩山八郎の長女糸子さんならどうだろうかと話が進む。
明けて慶応元年(一八六五)正月、鹿児島に帰った小松は、西郷の結婚話を早急にまとめ上げ、正月二十八日に小松自ら媒妁人となって、隆盛と糸子さんの結婚式を挙げた。隆盛三十八歳、糸子夫人二十四歳であった。

五　薩摩の英国留学生

元治二年(一八六五)三月二十日の夕刻であった。薩摩の串木野《くしきの》郷、羽島浦《はしまうら》の沖合に、突如として大型の蒸気船が姿を現した。羽島浦の漁民たちはびっくりして、

「あれ、何だろう、外国の蒸気船らしいぞ」

「やあ！　大きな船じゃ」

「こちらへ来るぞ。羽島に向かって来っど」

「またイギリスのいくさ船が、仕返しに来たのじゃないか？」

みんな大騒ぎになった。それを聞き込んで、飛んで出てきた町田民部と新納刑部《にいろぎょうぶ》は、
町田「いよいよ来たか」

新納「長う待たせたな。やっと待っつけた」

町田「大きか汽船じゃね」

新納「ふとか汽船でなかと、外海ば乗《の》い切れん。いよいよ日本とお別れか」

いつも小さな漁船か帆掛船しか見ていない漁民も、町田や新納も、興奮しているようだ。この汽船は大きいが、蒸気機関を補助に持った帆船で、接岸できず、沖合に停泊した。

さて、この汽船の到着を今日か、明日かと船待ちしている一団があった。これは英国留学を命ぜられた薩摩の武士たちで、羽島浦の商人宿藤崎龍助の家に、一月二十日から二ヵ月も泊まっていた。その団長格が新納と町田である。羽島の漁民たちは、鹿児島の城下士《ざむらい》たちが何のために羽島に来たのかわからない。うわさでは、甑島《こしきじま》を経て、大島か琉球《りゅうきゅう》に行くらしいとの話だった。まさかこの人たちが遠いイギリスに留学生として旅立つ人々であるとは、だれも知らない。

船は二日後の元治二年三月二十二日、羽島沖を出港し、最初の停泊地香港《ホンコン》へ向かった。全く秘密の旅立ちであった。

薩摩藩で欧米先進国へ留学生を派遣するとは、島津斉彬《しまづなりあきら》の構想であった。

当時、幕府は外国への渡航を禁止していたので、留学生はまず琉球に渡り、琉球人になりすまして欧米へ渡航する。費用はすべて薩摩藩が出し、英語、和蘭《オランダ》語、医学、舎密《しゃみつ》(化学)、砲術、造船、航海術を学ばせるというもので、安政六年(一八五九)に渡航させる計画であった。ところが安政五年(一八五八)七月、斉彬が急死したことで、計画は一時挫折してしまった。

文久三年(一八六三)七月の薩英戦争によって、西洋の文明が進歩していて、武器も精巧であることを痛感した薩摩では、英国と和平が成立すると、彼の国と親交を結んで文物を輸入し、科学技術を導入しようとする気運が起こっていた。藩の要路にあった小松、桂久武《かつらひさたけ》、西郷、大久保等も、科学技術導入のため、研究生を送ろうと考えている時、長崎にあった五代才助が、具体的に海外留学生派遣の建言書を作成して藩庁に上申したので、これを採り上げて、実施に移すことになった。

これについて、五代才助がどうしてこのような英国留学の建言の上申書を出すようになったのか、そのいきさつはこうである。

五代才助は後の五代友厚《ごだいともあつ》で、大阪の商工会議所の初代頭取を務め、大阪商工業の基礎を作った大阪の恩人といわれた人である。

五代は十三歳の時、手製の世界地図を作って島津斉彬公に献じたり、自分の手で地球儀を作ったりと、人並み外れて優れた少年であった。才助の名は、斉彬公から与えられて「才のある童」というので才助と名を改められたと伝えられている。

才助は安政四年（一八五七）二十四歳で、長崎の幕府海軍伝習所に入り、二十九歳で幕府船千歳丸《ちとせまる》に乗って上海《シャンハイ》に行く。この時、長州の高杉晋作も同じ船にいた。ここを終えて、文久二年（一八六二）には薩摩藩船天祐丸《てんゆうまる》に乗っていたと思われ、小松帯刀の十二月二十九日の日記に、

竹下清右衛門、五代才助、陸より罷《まか》り帰り候向《そうろうむき》にて、七ッ時分参《まい》られ候処《そうろうところ》、天佑丸の器機《きき》少々洋中にて破損し、届《とどけ》のため来所《らいしょ》。


とあるから、故障で動かないので、陸路で帰って届けにきたというのである。

文久三年（一八六三）薩英戦争の時、天祐丸の船長であった五代は、同僚の松木弘安（寺島宗則）と、船が英艦にだ捕されたため、自発的に英艦の捕虜となって横浜に連れ去られた。

その後、講和が成立したので、英領事より釈放された五代は江戸、熊谷《くまがや》などを転々として隠れていたが、長崎に潜入して、川路要蔵の変名で、長崎の酒井三蔵商店という富豪の元に潜んでいた。このころ、長崎の英国商人トーマス・グラバーと懇意になって、留学生派遣の構想を話す。その時、たまたま家老小松帯刀が汽船購入や通商関係でグラバーに会ったので、五代の話が出る。ここで小松と五代は再び会うことになった。五代は小松に亡命のいきさつを話し、罪を謝するので、小松は脱藩罪を藩公に赦免してもらうことにしたのである。

五代が抱いている留学生派遣の構想は、小松もグラバーに依頼していたことで、全く意見が一致したので、これを藩庁で具体化させるため、五代の意見を上申書として起草し、藩庁に上申するように勧める。小松はいつも京にいて時たま帰国するので、例によって、この留学生派遣の役を五代才助にゆだねたのである。

小松は造士館掛で教育の責任者であり、御改革御内用掛と御勝手方掛で予算決定の責任者でもあるから、留学生の費用も薩摩藩の費用を充てることができるのである。

五代才助から藩庁に出された留学生派遣の「五代才助上申書」は、富国強兵の策として藩庁でも取り上げられ、英国留学生派遣は、藩主父子の了承を得て実行に移すことになる。元治元年（一八六四）六月、五代は長崎滞在のまま脱藩の罪を許された。元治元年十一月下旬、英国留学生派遣の裁可が藩主父子よりおり、長崎にある五代に留学生の渡航手続、便船の手配などについてグラバーと折衝するように命ぜられた。

人選については藩庁で当たることになったが、主として開成所の生徒から採用することになった。開成所は、家老小松帯刀《きよかど》（清廉）、喜入《きいれ》摂津《せっつ》（久高）をはじめ、大目付町田民部（久成）、側役大久保一蔵（利通）などの革新派が中心となって洋式軍制拡充のため、海陸軍学科を主とし、英語、蘭語の教育機関として元治元年六月に設置されたもので、小松帯刀が開成所掛《かいせいじょかかり》を兼務していた。多忙な帯刀は、例の通り大目付町田民部《まちだみんぶ》を開成所学頭として、これに当たらせた。

十二月に藩命によって江戸から長崎に来た松木弘安は、初めて英国留学生として渡航を命ぜられていることを五代から伝えられる。それまで松木は何も知らされていない。国外に渡航することは国禁であるので、公に発表できないので、全くの密命であった。

人選の結果、十七名に対し、元治二年（一八六五）正月十八日、家老桂右衛門（久武）によって、左のような辞令が出された。

（氏　名）

右、甑島其外大島諸所江御手許御用之儀有レ之、明後廿日渡海被二仰付一候条、可二申渡一候、

正月十八日　右衛門

(書き下し文)

右、甑島《こしきじま》其《そ》の外《ほか》大島諸所《しょしょ》へ、御手許御用《おてもとごよう》の儀之《ぎこ》れ有り。明後廿日《はつか》、渡海仰《おお》せ付けられ候条《そうろうじょう》、申し渡すべく候。

となっている。これは国禁を犯しての渡航であるから、一応、甑島や大島へ出張渡航させ、これがもし公儀隠密に発覚した場合は、難船のため漂流したものと申し開きするためで、藩首脳の打ち合わせ済みのものであった。

羽島へ向け鹿児島を旅立った日は元治二年正月二十日で、団長格の新納刑部《にいろぎょうぶ》の屋敷に参集した。午前六時ごろであった。

羽島の地が選ばれたのは、甑島の対岸で幕吏の目の届かない所であったからである。

丁度、小松帯刀は西郷の結婚の媒妁人として鹿児島に帰っていたので、英国留学生の人選の結果も、家老の桂久武より、小松、西郷、大久保へ知らせてきたが、出発についての計画、発覚の場合の対策などが話し合われていた。渡航者一同が羽島にいる間に小松が西郷に出した二月十七日付の手紙に、

過刻は大失敬仕《つかまつ》り、御海恕《ごかいじょ》下さる可《べ》く候《そうろう》。

別紙、桂家(久武)より相廻候《あいまわしそうろう》。貴兄へ御廻《おまわ》し申上候《もうしあげそうろう》よう承《うけたま》わり候《そうろう》につき差上《さしあ》げ候《そうろう》。御覧の上、かの方へ御返し下さるべく候《そうろう》。倫鈍《ロンドン》行《ゆき》の義《ぎ》は過刻御話通《おはなしどお》りの方、よろしきかと相考《あいかんが》え申し候《そうろう》。尚御勘考《なおごかんこう》の上、桂家〔久武〕へも御《お》はなし置《お》き下さるべく候《そうろう》。桂氏も同断《どうだん》勘考の趣《おもむき》申し参らせ候間《そうろうあいだ》、宜敷御願申上候《よろしくおねがいもうしあげそうろう》。

此《こ》の旨《むね》、早々如レ斯《かくのごとく》に御座候《ござそうろう》。以上。

二月十七日　小松(清廉)

西郷兄

とあって、英国留学生の派遣について、既に何回も話し合われていたことがわかる。

ところが、グラバー所属の便船「オースタライエン号」は回船が遅れ、二ヵ月も羽島で待つことになったが、その間に仲

間の一人町田猛彦が自殺する。自殺の理由は全く不明である。

船が羽島の沖合に姿を見せたのは、前述の通り三月二十日の夕刻であった。ハシケに移ってやって来たのは、五代才助と松木弘安、それに通訳に雇った長崎人の堀壮十郎と英国人ライル・ホームというグラバー商会の番頭。この番頭のホームは、一行の渡航中の一切の世話をするためにグラバーが選んでくれた人物である。船長以下船員総勢七十三人で、うち三十人が清国人であった。

こうして二日後の元治元年(一八六五)三月二十二日、英国留学生十九名を乗せた「オースタライエン号」は羽島沖を出帆して、最初の寄港地である香港に向かったのである。

一行の氏名(括弧内は変名)は次の通りである。

新納　刑部(石垣鋭之助)
町田　民部(上野良太郎)
畠山丈之助(杉浦弘蔵)
村橋　直衛(橋　直輔)
名越　平馬(三笠政之介)
市来勘十郎(松村淳蔵)
中村　宗見(吉野清左衛門)
田中　静洲(朝倉省吾)
東郷愛之進(岩屋虎之助)
鮫島　誠蔵(野田仲平)
吉田　己二(永井五百助)
森　金之丞(沢井鉄馬)
町田　猛彦(山本幾馬)(羽島にて変死)

町田申四郎（塩田権之丞）
町田　清蔵（清水兼次郎）
磯永　彦輔（長沢　鼎）
高見　弥一（松元誠一）
五代　才助〔友厚〕（関　研蔵）
松木　弘安〔寺島宗則〕（出水泉蔵）
堀　荘十郎（高木政二）
（渡航者十九名）

英国及び欧州各国に留学、あるいは視察した一行は、それぞれ帰朝してから各方面に貴重な足跡を残すことになった。一人磯永鼎《いそながかなえ》はわずか十三歳で留学し、ついに帰朝せず、アメリカに渡って葡萄《ぶどう》栽培、葡萄酒製造で、アメリカの葡萄王となって一生を終わったのである。この薩摩藩の英国留学の結果が、日本の文化、学術、技術、政治、軍備、教育、産業、交易各方面に大きな影響を及ぼすに至ったことについては、五代友厚、小松帯刀の功績大なりといわねばならない。

六　龍馬薩摩にゆく

小松と隆盛は、京で長州再征の動きがあるので、一刻もゆっくりできない。隆盛の結婚式が済むと、鹿児島滞在わずか二週間あまりで上洛することになった。途中、筑前国福岡藩主黒田長溥《くろだながひろ》に謁するため下船し、長州から移された五卿の待遇改善を相談し、五卿とも会い、勤皇派の月形洗蔵《つきがたせんぞう》にも、雄藩連合の必要を説いて、その時は決起してもらうように頼む。三月五日、博多を出港して、十一日、京に着いてみると、いよいよ幕府は長州を再び征することにしていて、将軍家茂《いえもち》も進発するという。小松らが鹿児島を出たあと、薩摩藩では三月二十二日、英国留学生を羽島より送り出した。町田や新納が渡英したので、役掛の異動が必要となった。集成館、開成所の開設や英国留学生の掛などは、小松の手掛けたもので、今後も小松が管理する方がやりやすいので、発令は四月十四日付けで、

一海軍掛
　集成館
　開成所
　他国修行等掛兼　小松帯刀
右之通《みぎのとおり》被二仰付一《おおせつけられ》候《そうろう》
四月（十四日）　式部

の辞令が発令されている。なお、ついでに書き添えることにするが、後で慶応三年（一八六七）の五月には、陸軍掛の岩下《いわした》方平《みちひら》がパリ万博の団長になってフランスへ行くので、次のように帯刀に発令される。

一、陸軍掛
　造士館
　演武館
　銃薬方
　甲冑方
　台場掛等兼　小松帯刀
右、岩下佐次右衛門罷下迄《まかりくだるまで》之間《のあいだ》、兼務候様《そうろうよう》仰付候《おおせつけそうろう》、
慶応三丁卯《ひのとう》五月　刑部

一時とはいえ、陸海軍の掛までが帯刀に任せられることになる。

さて、話は元の京に戻るが、在京の薩摩藩首脳の小松、西郷、大久保は、いよいよ長州再征となる場合、これに参加するのが是か非かの決定に迫られる。以前から三人は坂本龍馬とも話し合って、勝海舟の説いた雄藩連合を具体化する必要を痛感していたが、坂本龍馬はその連合にぜひ長州を加えることを強く要望している。もし長州再征に薩摩が参加すれば、有力な長州を雄藩連合に引き入れることができなくなる。

三人は至急に帰藩して、藩主父子と共に藩論をまとめることにした。小松と西郷は、京都詰め役の交替者伊勢殿が着任するまでは動けないので、大久保をまず三月二十二日に帰国させ、小松は伊勢殿が着任した後、四月二十二日、京を発った。途中、大坂で薩摩藩邸に潜伏中の坂本龍馬と塾生二十八名を連れ、小松と西郷は、藩船胡蝶丸《こちょうまる》に乗船して出港、五月一日、鹿児島に着いた。坂本一人はその夜一晩だけ西郷邸に泊まり、翌日よりは小松家の原良《はらら》別荘に宿泊することになった。

塾生多数を連れて来たのは、薩摩の船に乗って交易に従事する目的であった。薩摩藩の大坂屋敷に、龍馬はじめ三十名近い塾生が、既に二ヵ月余りも居候しているので、龍馬も薩摩藩に対し申しわけない。何とかして塾生が食べていけるような道を探さねばならない。いつまでも小松や西郷の好意に甘えてばかりはいられない。龍馬は気兼ねして、

「こんなに大勢押し掛けて、長逗留になって、薩摩はんには気の毒じゃきに」

と言うと、小松は、

「いやいや遠慮はいらん。食べるぐらいは薩摩にいけば、何とかなるさ」

龍馬「何ぞ、よい仕事ば探してつかわさい」

小松「実は薩摩は手広く船で商売をしとるから、海軍塾の皆さんに、うってつけの仕事がござる」

龍馬「ええ！　船の仕事なら、我らにもってこいぞな。薩摩海軍の軍艦の仕事かや」

小松「いやいや、船は船でも、軍艦じゃなか。薩摩の交易船の手伝いに頼みたかのじゃ。ちょっと不服じゃろうがのー」

龍馬「やあ！　それはありがたい。不服どころか、船でごっそり大きな商売ばすることは、龍馬の夢でござった」

小松「おはんたちに、それができるか。一つ鹿児島に行って、交易船の商売の模様を見てみたら」
そのため龍馬と塾生一行が鹿児島へ行くことになったのである。
薩摩は昔から他国人禁制の土地柄である。入国は厳しく制限され、幕府の隠密なども、無事生還したものは極めて少なかった。
坂本龍馬も前に一度は薩摩の国界まで来たのだが、野間《のま》の関所で追い返されたのである。今回は薩摩交易船の手伝いに小松、西郷と一緒で入国ができた。他国者は、言葉が全く違うのですぐわかる。龍馬や塾生は他国者で言葉が違っているので、若侍たちがのぞきに来て冷やかす。
若侍A「あれっ！浪人どもが碁を打っちょるぞ」
若侍B「よそ者《もん》じゃね。どこの浪人じゃろかい」
若侍C「どこのもんか知らんが、浪人で遊んでおるくせに、碁どん打っちよいが」
などと、がやがやわからない薩摩弁で冷やかすので、龍馬も苦笑しながら、
龍馬「浪人でも人間じゃきに、碁は打つ。碁ば打って、どぎゃんあるか」
龍馬の言葉は、熊本の横井小楠を訪ねた時に覚えた熊本弁が交じっているので、みんなどっと笑う。浪人だとて馬鹿にしていやがると思うのだが、日本にもこんな言葉の国があったのか、全く違った人種みたいだ。龍馬たちは半月もいてやっと慣れたが、はじめは言葉がわからないので随分苦労した。小松、西郷、大久保らは少し京言葉や大坂弁を交えるので、やや意味がわかるが、鹿児島に来て、薩摩弁丸出しでは、何を言うのか、とんとわからない。子供らの言葉を聞いていると、南洋の土人の言葉かと、龍馬もおかしくてたまらない。
子供A「たっちんこんめ、こんか」
子供B「どけ、いっとよ」
子供A「ケ、ケ、ケ、ケ」
A「早くこないか」、B「どこへ行くのか」、A「貝を買いに行く」の会話だが、最後の「貝を買いに行く」の言葉が、たっ

た一口の、「ケ、ケ、ケ、ケ」で済まされるとは、まことに驚き、便利そのものかもしれぬが、ケケケケと聞くと、思わず笑わずにはおれない。

鹿児島はすべて珍しい所であった。桜島がどんと座って火を噴いている。空と海は青く澄んで、天気がカラッとしていて、薩摩人のカラッとした気性によく似ている。

だが驚いた。話には聞いていたが、薩摩に来てみて、初めてびっくり驚いた。当時日本一の文化の進んだ国だったからだ。

磯浜の薩摩自慢の集成館を参観すると、色んな工場が一つ区域にあって、造船所あり、熔鉱炉《ようこうろ》あり、大砲鋳造所、紡績工場、ガラス工場、さすが日本一の進んだ土地柄だった。港には千石船が何隻も停泊していて、物産の積荷に忙しい。磯《いそ》浜《はま》の沖には軍艦も数隻が浮いている。海軍や陸軍が、盛んに訓練中である。

帯刀の話では、藩所有の汽船は十隻そこそこだが、藩が許可して藩の御用商を務める商人の帆船、千石船などを、五、六十隻も動かして、南は琉球から北は蝦夷地まで、全国を股《また》に大がかりな商売をしている。取引先は、江戸、大坂、和泉、四国伊予、出羽、越前、長崎だという。龍馬は直接この目で確かめて、はじめて「なるほど薩摩が強いはずだ」と合点がいった。薩英戦争に薩摩が勝てたはずである。幕府以上の実力を持つ薩摩だから、これを長州と連合させ、それに土佐や越前など雄藩を連合させたら、勝先生が言うとおり、新しい日本の建設ができるぞ、まず薩長連合が第一だと決心がついた。そしてかねて龍馬自身が念願している、大商船隊、大海軍国の雛型《ひながた》を、薩摩の小松が見せてくれたと思った。

七　龍馬、小松の経済政策に驚く

坂本能馬は小松帯刀の原良の別荘で、半月も泊まったので、鹿児島の見物はもちろんのこと、特に小松より許されて、薩摩が誇る磯の集成館の工場なども見せてもらえた。また小松・西郷・大久保と四賢侯連合の話などが出た。四賢侯とは越前の春嶽侯、土佐の容堂侯、宇和島の伊達宗城《だてむねなり》侯、島津侯をいうので、越前・土佐・宇和島・薩摩の四藩連合のことである。龍馬はこれに長州毛利侯との連合が必要であることを力説するのであった。

塾生の今後については、まずみんなの生活が先決問題で、いくらよい話が出ても、みんなが腹が減っては戦もできない。直接、交易の模様を見ることにして、港の船着場に行った。二、三隻の汽船は盛んに積荷をしている。御用商人の千石船を、藩の取締役人が指揮している。ほかの山川・坊之津《ぼうのつ》・阿久根《あくね》の港でも藩の役人がいるが、特に奄美《あまみ》・琉球の砂糖商売は、藩の専売制にして、直接製造から販売まで藩の役人がいて、名瀬や那覇《なは》の港から船積みさせている。その他、お茶・菜種油など特産物を奨励し、農産物を加工して、大坂方面に出しているというのである。

龍馬は西郷が天下無類の大英傑であるので、すっかりほれて、最も頼りにしている。ところが薩摩に来てみて、今更のように、小松を見直さざるを得ない。貴公子のような顔つきで、肌ざわりの温和な性格、無口な男であるが、やっていることは大きくて、来てみてびっくりしたのである。薩摩藩の家老小松帯刀は、若くて家老に推されるほど、大した男であった。

御家老である上に御軍役掛でもある。財政を切り回す御勝手掛で、軍艦武器の買い入れもやる。蒸汽船掛で琉球産物掛・唐物取締掛で産業と交易を取り締まっている。また、造士館・演武館・集成館・開成所の教育の面まで力を入れている。これらの事業の財源の元になる貿易は、藩船十数隻のほか御用商人を動かし、どれだけ資金を動かしているやら想像もできない。ほかの諸藩が財政に苦しんでいるというのに、薩摩藩では、どの藩でも、まねのできない大仕事をやっているのである。

その上に天下無類の英傑西郷隆盛や、智謀弁説の大久保利通を上手に立てながら、要職につけ、後から手綱を引いているようでもあり、引かれているようでもある。さらに、朝廷や幕府の間にあって交渉になくてはならない男である。正に将に将たる器というべきか。中国の三国志の時代、劉備玄徳《りゅうびげんとく》が、諸葛孔明《しょかつこうめい》という軍師を中心に、張飛《ちょうひ》・関羽《かんう》をうまく御し、うまく御されたのにも、比較せられるほどである。

この薩摩を見て、龍馬は日本の国興しに一段と希望がわき、薩摩・長州・土佐が連合すれば、必ず新しい日本の建て直しができると思うのであった。

さて、小松帯刀が、どのように交易で財政を切り回していたかをうかがってみよう。

小松は先に述べた通り、家老となった外に各掛の兼務を命ぜられたので、陸海軍の軍備はもとより、船舶及び機械などの技術を進めるため、莫大な資金を必要とするに至った。それにはまず海運を盛んにして、交易によって利益をあげ、財政を豊かにしなければ、前述の事業をなすことが困難なので、松岡十太夫《まつおかじゅうだゆう》・伊地知壮之丞《いじちそうのじょう》・汾陽次郎右衛門《かわみなみじろうえもん》・竹下清右衛門等を、生産方掛・集成館掛とし、長崎の薩摩藩御付役人をして、長崎の英国商人グラバーから汽船あるいは帆船を購入させ、北は奥州より、南は琉球・清国(中国)に至るまで取引し、そのもうけで軍備の拡張をはかった。

詳細な記録に乏しいので、すべてを知ることはできないが、一例として元治元年(一八六四)九月の軍艦購入予算の記録によると、

一、軍艦新造　一艘
　代金凡《およそ》弐拾万両
　　内壱万両手付《てつき》
　差引《さしひき》金拾九万両
右、五カ年賦にして一カ年金三万八千両づつ

とあって、この年賦償還には、まず御用商人に資本の金銭を下げ渡し、これで菜種油及び砂糖を藩内や琉球から買い入れ、これを大坂に運送して売りさばき、帰りにその代金にて樟脳《しょうのう》・茶・白糸(絹)・白蝋《はくろう》・干藻《かんそう》などを土佐・柳川・宇和島・島原から購入してきて、長崎の外商グラバーに売り渡し、その利益のうちより軍艦購入の年賦金に充てているのである。この交易計画を次のとおり指令している。

記

一、菜種油　敷根にて　数不レ定《さだまらず》
一、館内砂糖　壱万挺
一、琉球勝手売砂糖　五千挺
右、柿元・酒匂《さかわ》より館内・用聞《ようきき》買入一万挺
五千挺は、琉球へ船取仕立《したて》御用外《ごようほか》、何程《なにほど》にても買入れる様
一、当地新製砂糖　千八百挺
右、砂糖　桐野孫太郎より買入《かいいれ》
三口惣合《そうごう》　砂糖　一万六千八百挺
右、両品《りょうしな》御当地《ごとうち》に於《お》いて買入れ相成《あいな》り、大坂へ繰登《くりのぼ》り、右代金を以《もっ》て、左之通之《のとおりの》場所産物買入、長崎廻《まわ》し艦
価支払之《の》事
　土佐・柳川・宇和島・島原

土州
一、樟脳《しょうのう》二十万斤《きん》、正月より七月に掛《か》け皆着の員数たり
右、土州より長崎江《へ》廻着にて受取《うけと》る
年年四十万斤に出来候由《できそうろうよし》
一、製茶《せいちゃ》五十万斤位《くらい》年年
但十五万斤、已《すで》に手当に相成居候由《あいなりおりそうろうよし》
右、土州へ差越請取《さしこしうけと》る
一、白糸年々二三万斤づつ出来る場所の由《よし》

柳川

一、茶

一、白蝋《はくろう》八万斤位

右へ五千両位《くらい》柿元彦左

出銀いたし置候由《おきそうろうよし》

宇和島

一、干藻凡《およそ》六万斤位《くらい》、代金一万両

一、前文に付《つき》、年年新銭四万両づつ、月割を以《もっ》て御用聞《ごようきき》柿元・酒匂へ下《さげ》渡すこと

一、御用聞

柿元彦左衛門

酒匂十兵衛

波江野《はえの》休右衛門

右町年寄共《ども》なり

一、御用聞共《ども》へ御利潤の内より被レ下分《くださるぶん》、吟味《ぎんみ》之事《のこと》

以上の例はほんの一部で、このほかに、蒸気船生産方支配の下に、

米良産物取扱《とりあつかい》

大和交易方

真幸《まさき》酒屋取扱《とりあつかい》

穎娃《えい》油澄《あぶらずまし》水車方

芸州米鉄木綿等取扱《とりあつかい》
茶御試製方商法
等を置いて、米・酒・種油・木綿・鉄・茶などを交易させた。
大和交易方
琉球産米五千石を琉球にて買い入れ、大坂へ直航し、奥州まで船足を伸ばし、奥州多産の昆布・魚肥《ぎょひ》・米・大豆
等を大坂で交易させている。
○登り品と称し、大坂方面へ売りさばくもの
唐紙等
砂糖、人参《にんじん》、大黄《だいおう》、蒼朮《うっこん》、その他の薬草、水銀、朱粉《しゅのこ》、珊瑚珠《さんごじゅ》、海亀甲《うみべっこう》、腹皮《はらがわ》、西洋布、羅紗《らしゃ》、毛氈《もうせん》、錦縮緬緞子《にしきちりめんどんす》、
○反対に下り品と称するもの
前述の昆布、魚肥、米、大豆等のほか、干生子《ほしなまこ》、干帆立貝《ほしほたてがい》、鱶《ふか》、鯣《するめ》、椎茸《しいたけ》、かつお節、醤油、葛粉《くずこ》、素麺《そうめん》、紙、煙草、
和薬《わやく》、金銀、地金《じがね》、白糸等

例えば、白糸(絹糸)など九貫目入りの一個百六十両のものを、長崎値で五百両ぐらいで取引し、英商グラバーに渡したので莫大な利益を得たのである。これらの交易に当たらせた藩の軍艦及び蒸気船は、
天祐丸《てんゆうまる》、永平丸《えいへいまる》、白鳳丸《はくほうまる》、青鷹丸《せいようまる》、春日丸《かすがまる》、安行丸《あんこうまる》、平運丸《へいうんまる》、胡蝶丸《こちょうまる》、翔鳳丸《しょうほうまる》、乾行丸《けんこうまる》、豊瑞丸《ほうずいまる》、龍田丸《たつたまる》、開聞丸《かいもんまる》、
万年丸《まんねんまる》、三邦丸《さんぽうまる》、大極丸《だいきょくまる》
御用商人は、
浜崎太平次(指宿《いぶすき》)、汾陽源兵衛(阿久根)、田辺泰蔵(柏原)、佐々木源助(山川)、その他
彼等の私有の和船、帆船数十隻も交易に当たらせた。

このように、内に軍備を調《ととの》えるとともに、産業を興し、外に交易を盛んにし、商業をもって資金を得、艦船の購入や蒸気機械の調達に充て、造船修理工場まで経営させた。これらの斡旋に尽力したのが、長崎の英商人グラバーであった。

帯刀は、このような交易事業の全部について龍馬に話す。そして交易の根拠地、グラバーのいる長崎の地に塾生を移し、ここで薩摩藩の藩士として月三両二分〔当時〕（今の金にして十五万八千円ぐらい）を支給し、長崎に借家を探して宿所とし、塾生の生活の拠点とすることに相談がまとまったのである。

八　指宿・山川のにぎわい

海運業に従事することに賛同した塾生一同に、一度その実態を見せておく必要があるので、小松は一行に山川港を見せ、指宿温泉に案内すると言うのである。龍馬はもちろん、塾生一同は大喜びである。

山川の港は、鶴が羽根を広げたような形をした港であるところから、昔から「鶴の港」ともいわれている。山川の港を根拠地としているのが、豪商浜崎太平次のやまき（⺾が屋号）である。太平次は当時日本一の豪商といわれた御用商人であったことは前にも述べたが、つい先年、大坂で死去して、その子供たちの時代になっている。

小松帯刀は指宿、山川が交易上、重要なところなので、家老兼務で指宿の地頭を兼務するよう久光から命ぜられ、今では指宿地頭も小松が任命されている。地頭というのは、その郷の領主と同じようなものである。

薩摩藩は大部分が島津本家の直轄地で、その直轄地の郷には、地頭を置いて治めさせている。百十三郷のうち、九十二郷が直轄地で、そのほかに二十一郷が私領地で、これらの私領を持つ領主を一所持《いっしょもち》と呼んで、この一所持と島津一門家の家柄から手腕力量によって家老となれるのである。吉利《よしとし》郷の小松家は一所持の家柄で、お隣の日置《ひおき》の島津家は一門家であったのである。徳川幕府から城を造ることを禁じられていた島津家では、鹿児島に城はなく、代わりに屋敷を大きくした程度の館を本城とし、外部の百二郷を外城《とじょう》と呼び、いざ戦争の場合は、百二の郷が砦《とりで》となって鹿児島を守る仕組みになっていた。これが有名な薩摩の外城制度で、今は数は少し増えて百十三郷となっているのである。領主や地頭は平素は鹿児島の邸に住んでいて、郷では、御仮屋《おかりや》という城屋敷で、郷年寄《ごうとしより》の五、六人の役人が、合議制で郷の政治を掌《つかさ》どっている。

さて、指宿の御仮屋では、藩の家老であり、また指宿地頭である小松帯刀が、山川港と指宿の視察に、大勢を連れて見に行くとの連絡があったので、御仮屋ではこれは大変と思ったが、

「今回はお忍びで、山川港の見物と指宿の温泉に遊びに行くから、表だった出迎えはするな。ただ指宿のやまきの温泉と、山川の東海楼に二、三十人が見物にお邪魔するから、連絡頼む」

とのことであった。家老が坂本龍馬ほか二十八名とお忍びで行くといっても、大勢では大名行列となるので、鹿児島の港から船に乗って山川の「鶴の港」へ直行することにした。久しぶりに舟に乗るので、海の男の塾生一同は浮き浮きとうれしそうである。

指宿、山川沖に船が差しかかると、

「あれっ、富士山が見えるぞ」

とだれかが言う。

「何だと、薩摩から富士山など見えるもんか」

「見てみろ、富士山そっくりだろう」

「なるほど、似ている。これが薩摩富士といわれる開聞岳《かいもんだけ》か」

「ほんまに、富士山みたいな、美しい山だのう」

この前、薩摩へお国入りする時は夜だったので、開聞岳を見るのも初めてだった。やがて舟は山川港につくという。入口は狭いので、外からは大きな港に見えないが、港の奥へ進むに従って、だんだん広くなって、周囲が山に囲まれ、ほぼ円形の大きな深い湾になっている。これならどんな暴風雨になっても、安全な避難港である。港を取り囲むように、大きな商家や旅館、温泉宿などが千軒も立ち並ぶ、にぎやかな港であった。湾内には十数隻の大きな千石船や二千石船、中には藩の汽船も入港しているし、岸壁は小さな漁船やはしけ船で、ごったがえしている。大坂や兵庫、長崎などは、大きな商売の都だから、こんなにぎわいはいつも見かけるが、このような薩摩の片田舎に、このようなにぎやかな港町があろうとは想像もしていなかった。この山川の港が、日本で屈指の豪商浜崎太平次の根拠地であった。薩摩の御用商を承わっ

ている筆頭のやまき印⛵の帆があちこちに立っている。

つい今朝がた、琉球船が着いたとみえて、次々と荷物が下ろされている。荷物は砂糖が主だが、中には珍しい南蛮壷や、バナナなどの果物、椰子《やし》の鉢植まで下ろされている。日本各地の藩主や重臣の邸や豪商などへ売られるものであるという。別の船から倉庫に移している米俵は出羽《でわ》からの米で、これは大坂行きの帆船に積み替えて、大坂・京へ売り出すのだという。

龍馬や塾生は薩摩藩がこんな大きな交易で資金を得て、進んだ事業に次々に取り組み、軍艦・銃砲の輸入に充て、人材教育に努めていることにびっくりしたのである。

山川港の隣の指宿に故浜崎太平次の邸があり、その近くに大きな造船工場もあるとのことで、これも見てみたいというので、出掛けた。浜崎の邸内には島津の殿様の利用される豪華な温泉が造ってあるので、代々の殿様がこの殿湯《とのゆ》を利用される。指宿《いぶすき》というところは里の田や畑を三尺(一メートル)掘れば温泉が出るといわれるほど、豊富な温泉が湧き出る。海岸の砂地にも温泉が湧くので、指宿の摺ケ浜《すりがはま》では、昔から「砂蒸《すなむ》し温泉」が名物であった。指宿の地名も「出噴《いぶ》く湯《ゆ》の宿《しゅく》」「出豊湯《いぶゆ》の宿《しゅく》」などから「指宿《いぶしゅく》」という地名となったのだといわれる。

この指宿の海岸に広大な敷地を持つ和船の造船所がある。これは豪商浜崎家が、自前の千石船、二千石船など大型和船を造るため建てていて、従業員とその家族は敷地の住宅に住まわせていた。この敷地に隣接して、大きく広い浴槽をもつ千人風呂を造って、従業員や家族あるいは船員の温泉に利用させていた。

龍馬と塾生一同も、このやまきの千人風呂に入れてもらった。二、三十人がお湯に浴しても、どこにいるかわからない広い大きな温泉の池であった。

造船所といい、千人風呂といい、豪商浜崎家の豪勢さがしのばれる。小松の話では、「やまき」は日本全国を相手に交易するので、鹿児島に本店、指宿に支配所のほか、那覇の琉球支店、長崎支店、大坂支店、箱館《はこだて》の蝦夷支店などで手広く交易している。この外、大小の御用商人を動かし、これらがすべて薩摩財政の後ろ盾となって盛り立てているのである。

海を寝ぐらにして大きな交易をしている「やまき」の商船隊の交易に、龍馬と塾生一同はすっかり魅せられ、それを指導して切り回している小松帯刀の薩摩の力を見直し、龍馬の海援隊の構想が浮かび上がったのである。

その日は山川の港で、一泊することになった。宿は山川にある東海楼という、日本一の遊女屋であった。

日本全土、北は北海道から、南は琉球、さらに清国、呂宋島《ルソン》あたりまで、数ヵ月をかけて港に帰ってくる海の男たちは、港々の遊女屋で命の洗濯をするのが、唯一の楽しみであったという。船員の出入りのにぎやかな山川は大きな東海楼の遊女屋が有名で、千客万来のにぎわいをみせ、男と女の愛の交歓、三味太鼓のさんざめきの音で、にぎわいを見せていた。さだめし、龍馬や塾生一同も、久しぶり男の命の洗濯で、一晩をゆっくり休んだことであろう。

九　海援隊生みの親小松帯刀

海援隊といえば、坂本龍馬の土佐の海援隊として有名であるが、この海援隊の生みの親が、薩摩の家老小松帯刀であったことを知っている人は少ない。海援隊の前身は、小松帯刀が長崎の亀山に坂本龍馬の塾生のために拠点として作らせた亀山社中《かめやましゃちゅう》が、その始まりであった。

龍馬とその一党が鹿児島の小松帯刀の別荘に滞在して、薩摩藩の汽船に乗り組んで交易に従事しようと話がまとまったので、龍馬は、

「小松大人、塾生一同の生活のめどがついて、これで安心でござる。後の面倒も、よう見てつかわさい。お頼み申す」

小松「よろしうござる。あなたがたの根拠地として長崎が便利だから、長崎の薩摩屋敷の役人に、おはんたちの宿所を探すように言い付けておき申《も》した」

龍馬「やあ、これで塾生も安心でっしゃろ。小松大人、あっしは早速、薩長連合の交渉に乗り出したいと思っちょるがのう」

小松「そのことだったら、西郷氏《うじ》、大久保氏《うじ》とも相談し申《も》そう」

早速、使いをたてて、西郷、大久保に原良の小松屋敷に来てもらった。小松は四人そろったところで、これからの行動

を打ち合わせる。
西郷「塾生一同の長崎行きは決《きま》い申《も》したか」
小松「坂本氏《うじ》も塾生も、すっかり了承下さった」
西郷「そらよかった。ご家老のお骨折りのおかげ、ござんそ」
龍馬「いろいろ皆さんにお世話になり申した。西郷さん、大久保さん、よろしくお頼み申す。そこであっしはこれから長州との交渉に行くつもりじゃきに、ご両人のご意見ば聞きたか」
西郷「それなれば、まず肥後の沼山津《ぬまやまづ》の横井小楠《よこいしょうなん》先生に、このことを相談され、それから筑前で五卿とも相談した上で、長州との交渉に行かるるがよか」
大久保「長州では、禁門の変から、ひどく薩摩を憎んでおるそうで、我々共では、どうにもうまくいかんのじゃ。そこを坂本氏《うじ》の手で、うまく仲だちを頼み申《も》す」
龍馬「よく気を付けて、話をまとめましょ。あっしは十六日出立しようと思っとります。あと塾生の長崎行きのことば、あんじょう、よろしゅうに頼みますだ」
大久保「新しい門出だと思うて、家内に浴衣《ゆかた》を新しく仕立てさせ申《も》したから、これを着て行きなんせ。この刀一揃《ひとそろい》も、差し上げ申《も》す」
と真新しい琉球絣《りゅうきゅうがすり》の浴衣と大小一揃を渡すと、龍馬は感謝に声を詰まらせて、
「やあ！　大久保さん。これはまた、重ね重ねの御好意、有難うござる」
すべてによく気の付く大久保。龍馬は男所帯で、すっかり汗じみて、くたびれた着物を、贈り物の新しい浴衣に着換え、五月十六日、熊本に向け出立していった。まず熊本の横井小楠を訪ねる。横井小楠とは、勝海舟の使いで、もう数回会っている仲である。勝海舟でさえ、横井小楠を偉大な人物として尊敬して、
「おれは、今までに天下で恐ろしい者を、二人見た。それは横井小楠と西郷南洲隆盛だ。その思想の高いことは、おれなどはとても梯子《はしご》を掛けても及ばぬと思ったことが、しばしばあったよ」

と評し、横井小楠を終生、尊敬し続けた。

横井小楠は、突然旧知の坂本龍馬が訪ねて来たので、大変喜んだ。その席に居合わせた小楠の一番弟子徳富一敬《とくとみかずたか》（蘆花《ろか》の父）の聞き書きを、蘆花は次のように書き残した。

坂本龍馬は其《そ》の時、薩摩から帰りがけと言ったが、今思えば薩長連合に骨折る最中であったのだろう。坂本は白の琉球絣の単衣《ひとえ》に鞘細《さやぼそ》の大小をさし、色の黒い大男で、いたってゆったりとものを言う人であった。衣服大小、皆大久保がくれたものと言っていた。酒が出て人物論がはじまった。大久保は云々。西郷は云々。誰々は云々。その時小楠が「おれはどうか」と言うと、坂本はにっこり笑って「先生はまあ二階にござって、綺麗な女どもに酌でもさして、酒をあがりながら、西郷や大久保どもがする芝居を見物なさるがようござる。大久保どもが行きづまったりしたら、ちょいと指図をしてやって下さると、ようございましょう」と言うと、先生は呵々《かか》と笑ってうなずかれた。

それから筑前に行き、五卿を訪ねたら、三条実美卿等は薩長連合に大賛成であった。

最後に下関で、桂小五郎（木戸孝允《きどたかよし》）などに会って薩長連合を勧め、五卿も薩長連合に賛成されていることを盛んに吹聴した。その時、土佐の土方楠右衛門《ひじかたくすえもん》も下関に来ていて、一緒に薩長連合を木戸に説いた。

実は土方は中岡慎太郎と薩摩の吉井幸輔（友実）と三人、坂本龍馬が鹿児島に出たあとを追っかけるように鹿児島へ出立した。途中でまず中岡と吉井だけが鹿児島へ行き、中岡が西郷を連れて下関に行くことにして、土方一人だけ長州に行き、高杉や桂（木戸）と下関で待ち合わせることにした。

中岡は鹿児島に行って、初めて西郷に会った。中岡が板垣退助へ出した手紙で、

当時洛西《らくさい》の人物を論じ候《そうら》えば、薩摩には、西郷吉之助《きちのすけ》（隆盛）、人となり肥大にして、御免《ごめん》の要石《かなめいし》（土佐藩抱え力士）に劣らず、古《いにしえ》の安倍貞任《あべのさだとう》などはかくの如《ごと》きものかと思いやられ候《そうろう》。この人学識あり、胆略《たんりゃく》あり、常に寡言《かげん》にして、最も思

慮雄断に長じ、たまたま一言を出せば確然《かくぜん》人腸を貫《つらぬ》く。かつ徳高くして人を服し、しばしば艱難《かんなん》を経て頗《すこぶ》る事に老練なり。その誠実は武市（半平太）に似て、学識あることは実に知行合一《ちぎょうごういつ》の人物なり。これ即ち当世洛西第一の英雄に御《ご》座候《ざそうろう》。


と述べており、一度の会見で、すっかり西郷に敬服している。

隆盛も中岡と意気投合し、その説得で下関で木戸等と会うため、佐賀ノ関まで同行して来た。たまたま大久保から隆盛あて至急上京あるようとの連絡があった。西郷はやむなく中岡に別れて上京し、ひとり中岡だけ、下関にやって来た。西郷の来着を待っていた桂小五郎（木戸孝允）と坂本龍馬はがっかりする。桂や高杉は、

「薩摩の連中はよくこの手をくわせる。誠意なんかあるものか」

とすっかり激怒した。

「またしても薩摩にだまされた」

と中岡と坂本に八ツ当たりである。

「諸君の憤慨はよくわかる。西郷とてやむを得ない事情であるから、必ず面目が立つようにする。我々に任せてくれ」

と誠意を尽くしてわびるので、その交換条件に、

「薩摩名義で新式の銃砲、艦船の購入に力を貸してほしい。薩摩名義で留学生を送ることも交渉してほしい」

と提案する。

長州藩は今は朝敵の汚名を受け、再度の長州攻撃に直面していて、艦船、銃器を購入したいのに、外国の新兵器、艦船の取引は長崎で、奉行の了解がなければ購入できない。長州はそれが認められない現状であるので、これについて薩摩の名義を借りることができれば、薩摩とのわだかまりも解ける。

龍馬は長崎に手蔓《てづる》もあるし、薩摩の家老小松帯刀の了解も得られる自信があるので、この提案を快く引き受けた。

早速この事を、長崎の亀山社中の土佐藩出身の上杉宗次郎（近藤長次郎）に指示して、自分は西郷を追って京に出て、

薩長の会合を早急にまとめねばならない。

さて、こちらは長崎の社中の動向である。坂本龍馬が鹿児島を出立し熊本へ向かってから、塾生一同は別動隊で長崎へ行くことになった。たまたま新しく汽船一隻を買い入れるため出張することになった小松帯刀が一緒に長崎へ連れて行く。長崎の薩摩屋敷で探してくれた宿所は、伊良村の亀山という見晴らしのよい岡の上の借家であった。小松は塾生一同を連れてこの借家に住まわせることにした。一同は「亀山社中」と称し、塾頭龍馬の留守中は、同じ土佐出身の上杉宗次郎（近藤長二郎）と紀州の伊達陽之助（陸奥宗光《むつむねみつ》）が塾頭代理となる。

そこへ上杉宗次郎あてに「長州の武器・軍船を薩摩名義で買ってもらうよう購入斡旋を亀山社中に一任する」旨、龍馬より連絡があった。

亀山社中跡（写真提供 長崎市さるく観光課）

長州側では、伊藤俊助（博文、変名古村荘蔵）、井上聞多（馨《かおる》、変名山田新助）を長崎に派遣して、亀山社中の上杉宗次郎を訪ねてきたので、上杉は長崎の薩摩屋敷に連れていった。

上杉宗次郎は長崎に滞在中の小松帯刀に、伊藤と井上を紹介して、薩摩藩名義でグラバーから長州の軍艦、銃器購入のことを斡旋するよう相談した。小松帯刀はそのことをグラバーに交渉し、薩摩藩名義で長州のため銃を購入してやるように頼む。伊藤は亀山社中の高松太郎と共にゲーベル銃とミニエー銃の購入のため長崎へ残り、井上と上杉は小松帯刀と一緒に鹿児島へ同行する。残った伊藤は高松太郎と二人で、英国商人グラバーからゲーベル銃、ミニエー小銃四千三百挺を買い付けることに成功した。

小松帯刀は八月一日、井上聞多と上杉宗次郎を伴って開聞丸で鹿児島に帰り、八月十二日に市来六左衛門《いちきろくざえもん》の吉野実方《よしのさねかた》別荘で桂久武、大久保、伊地知などに井上、上杉を紹介し、薩長の親善を計ったが、薩摩名義で長州の艦船を買うこと、海外留学生を薩摩名義で送ることは、問題を起こす恐れもあるというので、反対が多く不調に終わるのである。井上と上杉の帰国に当たって、小松の斡旋で胡蝶丸を長崎に立ち寄らせ、買い込んであった小銃四千三百挺を積み込み、下関に送り届けさせた。

こうした小松の長州に対する思いやりが、長州の薩摩に対する反感を柔らげ、薩長同盟への道が開かれていくのである。

十 小松、長州艦船購入に助力

宿敵として憎んでいる薩摩の汽船が、長州の港に姿を見せたのも珍しいことである。まして伊藤が買い込んだ長州の小銃四千三百挺を、薩摩の船がわざわざ届けてくれたのである。薩摩に対する長州の悪感情も変わった。

同行した上杉宗次郎は、井上の紹介で藩主毛利敬親《もうりたかちか》に謁見を許されて、その労をねぎらわれ、後藤祐乗《ごとうゆうじょう》作の名刀を賜った。さらに、

「艦船購入については、この上とも尽力を頼む」

と殿様じきじきのお言葉。感激した上杉は、殿様から託された薩摩藩主への書簡を携え、再び鹿児島へ出掛け、小松帯刀の別荘に逗留して、お願いする。ところが朝敵となって、現在、長州征伐で幕府からにらまれている長州のため、何で薩摩藩の名義を貸して軍艦を購入してやる必要があるかと反対が多く、大議論となった。これに対し、小松は、

「薩長連合のため、この好機を逃してはなりません」

と毛利公の書簡を示したので、帯刀を信頼する久光父子から帯刀に「よろしい」と許しが出た。それで反対論者もこれを認めないわけにゆかなくなり、名義を貸すことに決定した。

上杉が井上に出した手紙の一節には、

（前略）八日帯印《たいじるし》（帯刀のこと）の所に逗留、君侯へも拝謁、色々右等の事については大議論もこれあり、相《あい》かわらず帯印の大尽力にて万事成就《じょうじゅ》に至りたり。


と書かれ、小松の尽力であったことを知らせているのである。

この許しが出たので、上杉は喜んで長崎に引き返し、グラバーにこの旨を伝え、汽船購入の手配を頼む。

それから一ヵ月を過ぎた十月十五日、小松は西郷と共に、海軍方一隊の兵を率い上京するので、途中、長崎に立ち寄って、軍艦の買い取りを済ますことに話が進んだ。十七日、長崎についた小松、西郷は早速グラバーに会い、代価支払いは長州だが、名義は薩州の舟として長崎奉行の許可で、十八日、その船を引き渡すことになった。もちろんこの舟が長州のものであることは秘密であるので、汽船名ユニオン号を薩摩の「桜島丸」に改め、旗印も島津の⊕紋を用い、乗組員は薩摩藩士として手当てを受けている亀山社中の塾生が当たることになる。ただし、いざという場合は、軍艦として長州か薩摩に投ずるという井上と上杉の内々の「桜島丸条約」の秘密協約があり、平時は亀山社中が預かって交易に当たることに取り決められていた。

ところが、長州では海軍局の中島四郎が、下関の入港前から船名を「乙丑丸《いっちゅうまる》」と命名して、中島四郎が船将に決められていた。上杉は上陸して高杉晋作に会った時「桜島丸条約」のことを打ち明けたので、驚いた高杉は山口にいる木戸に急ぎ下関に来るように求め、この解決に乗り出した。

長州の海軍局は入港までにこの秘密協定を全く知らなかったので、

「亀山社中の浪士たちに使用権を与え、その自由に任せることは、長州の海軍局を全く無視したもので、侮辱されたも同然である」

として、この条約に反対論が巻き起こった。上杉は船代がまだ長州で未払いである限り、船は長崎に引き揚げるべきだと主張して譲らない。調停に当たった高杉も困り果てている時、京から龍馬が帰って下関に姿を現した。

そこで高杉と龍馬の間で「桜島丸改定条約」が結ばれ、亀山社中は長州海軍局の下で働くことになった。それまで亀山社中は下船を要求されていたので、そのごたごたで上杉宗次郎が毛利公から多額の謝礼金をもらっていたことがばれ、それを隊員に知らせず着服して洋行を企てていたので、亀山社中に対する裏切り行為として社中の非難を浴び、詰腹《つめばら》を切らされ自刃して果てることになった。

この改定条約は、下関の白石屋で話し合われ、亀山社中の者は、長州海軍の指揮に入って、長州藩所有の軍艦に乗り組むという妥協案で解決した。高杉晋作は杯を差しながら、

「いろいろ御苦労でござった」

とねぎらいの言葉を述べると、

「なーに。あっしは、あっしのすべき、当たり前のことをしたまでよ」

と龍馬はにこやかに答えて、杯を返した。同席して酒を満たす役に回った白石正一郎が、

「お二人がおられたら、天下のことが成る日もそう遠いことではありませんね」

と言って、二人の結束を喜ぶのであった。

その時、晋作は懐からピストルを取り出しながら、

「坂本氏《うじ》、これから一緒にやりましょ。今日の記念に、このペストルを贈りたい。お受け取り下さい」

と言って差し出す。龍馬はびっくりして、

「やあ、これは六連発ですな。ありがたい。今はもう剣で勝負をつける時代ではござらんけん、なによりの記念品じゃ」

と押し頂くようにして、うれしそうに、龍馬は懐にしまい込んだ。あとでこのピストルで龍馬は危うい命を助かることになったのである。

十一　小松第二次長征出兵を断る

第一回長州征伐で藩主毛利父子は謝罪し、責任者の家老らは、自刃したので、いったん兵を引き上げた。その後、長州では高杉晋作や山縣有朋《やまがたありとも》などが奇兵隊を結成して、幕府と戦う構えで、武器を買い整えているので、幕府は第二回の長州征伐を決意して、各藩に出兵の準備を命じた。

薩摩は大坂で小松、西郷、大久保等が軍議を開いて、大藩連盟を図り、再度の長州出兵には応じないことを決議し、むしろ薩長同盟を進めようとしている。

九月十六日、英・米・仏・蘭の四ヵ国連合の軍艦九隻が摂津の沖に現れ、先の三港の外にさらに江戸、大坂、兵庫、新潟の開港を迫り、幕府が決定せぬならば直接勅許を得ようと押し掛けた。その時、フランスは「長州は外国の艦船を砲撃したり開港に反対するから、各国が幕府に代わって長州を討ってもよい」と幕府に勧めた。このように外国が日本を攻撃するような困難な時に、幕府は国内問題である長州征伐をするとは、全く大義名分を履き違えていると非難が起こって、出兵を見合わせている藩も多い。

薩摩は非常の際、京を守衛するよう勅命を頂いているので、藩主父子の代わりに、小松帯刀と西郷は海軍方一隊を率い、十月十五日、鹿児島を出港したが、十七日と十八日、長崎に立ち寄り、前記のとおり、長州の艦船を薩摩藩名義で購入してやって上京したのである。

将軍補佐役の一橋慶喜は、十二月十六日、大坂に来て小松を召し寄せて、

「薩摩は天璋院《てんしょういん》夫人(篤姫)、その他徳川家とは深い縁故もあるのだから、今回の長州再征についても、ただ傍観していないで、先に立って諸藩に働きかけてほしい」

と言う。小松答えて、

「昨年は長州征伐に朝廷の御主意《ごしゅい》を受けないで手配したため、甚《はなは》だ迷惑しました。今度は何のための出兵か、朝廷からの御主意を承《うけたまわ》った上で御命令を務めましょう」

と言う。慶喜は、

「御主意と言われても、別に朝廷よりの御主意はない」

と言うと、

「それならば、朝廷の御守備を命ぜられている当藩は、甚だ迷惑であり、出兵をお断り申し上げる」

とはっきり長州再征の出兵を断ったのである。

　こうして第二次長征出兵については、他の藩も出兵を見合わせるところが多く、幕府の威力は全く落ちてしまった。

十二　小松邸で薩長同盟

　長州再征に対し、出兵を見合わせる藩も多く、幕府の威令が行われなくなったのを見て、今こそ薩長連合を実現すべき時であると、黒田清隆は長州と薩摩の提携を主張する坂本龍馬を小松、西郷、大久保三人に引き会わせ、
西郷「坂本氏《うじ》は長州に行って、木戸や高杉に、薩長同盟を談合するため、京へ出て来てもらうようお願いしてほしい」

黒田「京で薩長首脳の会談を行うことが決まったら、船で迎えて連れてくる」

と言う。

小松「それはよい。ぜひ坂本氏《うじ》、長州の木戸等を連れてきてもらいたい」

　薩摩の三首脳の了解を得た坂本は、単身下関に行き、十二月二十一日、木戸、高杉、井上などと会談した結果、木戸と品川弥二郎《しながわやじろう》が行くように決まり、藩主の命令が出た。三田尻に迎えに来ていた黒田は、木戸と品川弥二郎たちを連れ、十二月二十六日、出港し、慶応二年（一八六六）一月四日、大坂に着き、西郷、村田新八らに迎えられ、一月八日、京都二本松の藩邸に滞在することになった。

　在京の小松・大久保をはじめ、ちょうど天機伺いに出京中の家老、桂右衛門（久武）、島津伊勢《しまづいせ》等が馳《は》せ集まり、賓客

として木戸等を歓迎する。奇兵隊の中でも最も薩摩を憎んで、下駄にまで墨で「会奸薩賊《かいかんさつぞく》」と書いて踏みつけていた品川弥二郎も、今日の歓迎ですっかり機嫌が直ったようである。

ところが、仲介役の坂本が遅れて、なかなか到着しない。長州で今少し用事があると言って後に残った坂本は、一月十日出港の船で、三吉慎蔵《みよししんぞう》と下関を出ているのである。

薩摩側も長州側も仲介役の坂本の到着を心待ちにしているが、なかなか龍馬が到着しない。待ちくたびれた木戸や品川等は、もう待てないので、会談を一月十八日に始めることになった。秘密を厳守しなければならぬ極秘の会議なので、場所はお花畑の小松屋敷に決められた。帯刀はすぐ薩摩藩の西郷、大久保、その他の人に会合参集の日時・場所を通知した。薩摩側の参加者は次の七名であったことが、桂久武の日記に次のように記されている。

正月十八日、曇

毎《つね》の通りの寝覚《ねざめ》なり。此《こ》の日出勤致さず。八ツ時分より小松家へ。この日、長〔長州〕の木戸へ、ゆるゆる取り合わせ度《た》く申し入《い》れ置《お》き候《そうろう》につき、参《まい》るようにとの事故《ことゆえ》、参《まい》り候《そうろう》ところ、皆々　大かた時分参《まい》られ候《そうろう》。伊勢殿・西郷・大久保・吉井・奈良原なり。深更《しんこう》まで相話《あいはな》し、国事段々話し合い候事《そうろうこと》。

とあって薩摩側は、小松と桂を加えて七人であった。長州側は木戸のほかははっきりしないが、同行した品川弥二郎が参加したのではなかろうか。

なお、ついでにその後の『桂久武日記』には、

○一月十九日「大久保に二十一日報告のため、帰藩するよう命じたこと」

○一月二十日「この日「別れの盃」が催されたが、他に来客があったため、出会《しゅっかい》出来なかったこと」

○一月二十一日「大久保は報告のため帰藩」

（中略）

〇一月二十四日「坂本龍馬、難にあった旨、知らせがあったこと」

等が記載されている。この日記から見る限りでは、薩長同盟が二十一日であったという定説の根拠がどこから出ているのか疑問が残る。小松邸の打ち合わせは一月十八日。坂本を交えての別れの宴席は一月二十日になっている。慶応二年一月二十一日の薩長同盟の定説には、なお検討の余地がありそうである。

この薩長同盟は一切他に漏れぬように秘密裏に極秘約定とすることになっていたことは、木戸から龍馬に寄せた覚え書きに示されている。したがって、一月二十一日に調印されたとする定説のように、正式に調印されたものはなかったので、この覚え書きを残したものではないだろうか。その木戸の覚え書きと龍馬の裏書は誠に歴史的な重要な文献であるが、濱田尚友著『西郷隆盛のすべて』掲載資料により、次にその全文を参考までに掲げたい。

奉呈、乱筆候につき、得《とく》と（篤と）御熟覧御推了《じゅくらんごすいりょう》、不足の処《ところ》は、御了簡願い上げ奉《たてまつ》り候《そうろう》。拝啓、先《ま》づもって、御清適《ごせいてき》大賀このことに存《ぞん》じ奉《たてまつ》り候《そうろう》。この度《たび》は、間もなくまた御分袂《ごぶんべい》仕《つかまつ》り候《そうろう》都合に相成《あいな》り、心事半《なかば》を尽くさず、遺憾少なからず存《ぞん》じ奉《たてまつ》り候《そうろう》。然《しか》しながら終《つい》に行違《いきちがい》と相成《あいな》り、拝顔も当分し得ざることかと懸念仕《つかまつ》り居《お》り候処《そうろうところ》、御上京については折角の旨趣《ししゅ》も、小西両氏（小松・西郷）等へも得《とく》と通徹《つうてつ》、且《か》つ両氏どもよりも、将来見込みの辺も御同座《ごどうざ》にて、委曲了承仕《つかまつ》り、此《こ》の上なく、上は皇国天下蒼生《てんかそうせい》のため、下は主家のためにおいても、感悦《かんえつ》の至りに御座候《ござそうろう》。他日自然と皇国のこと開運の場合にも立ち至り、勤王の大義も天下に相伸《あいの》び、皇威拡張の端も相立《あいた》ち候節《そうろうせつ》に至り候《そうら》はば、大兄（龍馬）と御同様、このことは滅せぬ様、後来のためにも明白分明に称述仕《しょうじゅつつかまつ》り置《お》き申し度《た》く、然しながら今日の処《ところ》にては、決して少年不羈《ふき》の徒へ洩らし候《そうろう》は、終《つい》に大事にも関係仕《つかまつ》り候事《そうろうこと》につき、必ず心は相用《あいもち》い居《お》り申《もう》し候間《そうろうあいだ》、御安心は遣わさるべく候《そうろう》。

弟（木戸自身のこと）も二氏（小松・西郷）談話のことも、飲み込み居《お》り候《そうら》へども、前申し上げ候《そうろう》通り、必竟《ひっきょう》は皇国の興復にも相かかわり候《そうろう》大事件につき、左に件々相認《あいしたた》め申し候間《そうろうあいだ》、事その場に至り候《そうろう》時は、現場皇国の大事件に直ちに相《あい》かかわり、事そこにおよばずして平穏に相《あい》すみ候《そうろう》とも、将来のために相残《あいのこ》し置き度《た》き儀につき、自然と相違の廉御《かどご》座《ざ》候《そうら》はば、御添削成《ごてんさくな》し下され候《そうろう》て、幸便に御送り返しなしつかわされ候様、偏《ひとえ》に願い上げ奉《たてまつ》り候《そうろう》。

一、戦と相成《あいな》り候《そうろう》時は、直様《すぐさま》二千余の兵を急速差登《さしのぼ》し、只今在京の兵と合し、浪華《なにわ》へも千程は差し置き、京阪両処《けいはんりょうしょ》を相固《あいかた》め候《そうろう》事。

一、戦は、自然と我が勝利と相成《あいな》り候《そうろう》気鋒これあり候《そうろう》とき、その節朝廷へ申し上げ、屹度《きっと》尽力の次第これあり候とのこと。

一、万一、戦、負け色にこれあり候《そうろう》とも、一年や半年に決して潰滅《かいめつ》いたし候《そうろう》と申すことはこれなきことにつき、その間には必ず尽力の次第、屹度《きっと》これあり候《そうろう》とのこと。

一、これなりにて、幕兵〔幕府〕東帰せしときは、屹度《きっと》朝廷へ申し上げ、直様《すぐさま》、冤罪《えんざい》（長州毛利父子に対する）は朝廷より御免《ごめん》に相成《あいな》り候《そうろう》都合に屹度《きっと》尽力のこと。

一、兵士をも上洛の上、橋会桑等（一橋、会津、桑名）も、只今の如《ごと》き次第にて、勿体《もったい》なくも朝廷を擁《よう》し奉《たてまつ》り、正義に抗し、周旋尽力の道を相遮《あいさえぎ》り候《そうろう》ときは、終《つい》に決戦に及び候《そうろう》ほか、これなしとのこと。

一、冤罪《えんざい》も、御免《ごめん》の上は、双方（薩長両者）誠心をもって、相合し、皇国の輝《かがや》き、御回復に立ち至り候《そうろう》を目途に、誠心を尽し屹度《きっと》尽力仕《つかまつ》るべしとのこと。

弟（木戸自身のこと）においては、右の六廉《かど》を大事件と存《ぞん》じ奉《たてまつ》り候《そうろう》。念のため前に申し上げ候様《そうろうよう》戦うも戦はざるも、後来のことに相かかわり候《そうろう》皇国の大事件につき、御同様に承知仕《しょうちつかまつ》り候《そうろう》て、相違の儀これあり候《そうろう》ては、終《つい》にかかる苦心尽力も、水の泡と相成《あいな》り、後来の青史《せいし》にも難じのせらるることにつき、人には必ず知らせずとも、御同様には、よくよく覚えておきたきことと存《ぞん》じ奉《たてまつ》り、御分袂《ごぶんべい》後も、得《とく》と愚按仕《ぐあんつかまつ》り、毛頭隔意《もうとうかくい》なき処《ところ》をもって、内々大兄（龍馬）まで、念のため申《もう》し上候義《あげそうろうぎ》につき、右六廉《かど》得《とく》と御熟覧下され、自然も弟の承知仕《つかまつ》り候義《そうろうぎ》、相違の義も、これあり候《そうら》わば、必ず、御存分に御直しつかわされ候《そうろう》て、この書状の裏へ、失敬ながら、御返書御認《したた》め下され候《そうろう》て、幸便に屹度《きっと》御相違なく、御投じつかわしなされ候様《そうろうよう》、ひとえに、ひとえに、願い上げ奉《たてまつ》り候《そうろう》。実《まこと》にこの余《ほか》の処《ところ》は機会を失わざるが第一にて、いか様の明策良計にても機会を失《しっ》し候《そうろう》ては、万《よろず》のものが、一つほどにも役に相立《あいた》ち申さず、ことにより候《そうろう》てはかえって、後害の相成《あいな》り候《そうろう》ことも少なからず、兎角《とかく》いつでも、正義家は機会を失し候《そうろう》等のことは、その例に少なからず、終《つい》に奸物《かんぶつ》の術中に陥《おちい》り候《そうろう》こと、始終に御座候間《ござそうろうあいだ》、御疎《おんうとんじ》もこれなきことに御座候《ござそうら》へども、此処《このところ》はせいぜい御注目なされ候《そうろう》て、御論述の皇国の大機必ず失却《しっきゃく》なく御回復の御基本、相立《あいた》ち候処《そうろうところ》、祈り奉《たてまつ》る処《ところ》に御座候《ござそうろう》。乙丑丸《いっちゅうまる》一条小事には御座候《ござそうら》へども、委曲《いきょく》御承知の如《ごと》く、一身に取り候《そうろう》ては、困苦千万《こんくせんばん》にて、かつ海軍興廃には屹度相《きっとあい》かかわり候《そうろう》ことにつき、何も逐一御存じの訳につき、かねて存じ通りに相《あい》はこび、弊国(長州)の海軍も相《あい》おこり候様《そうろうよう》、この上くれぐれも願い奉《たてまつ》り候《そうろう》。何分にも小松太夫(帯刀)呑みこみくれ申さず候《そうろう》ては、実《まこと》にもって困迫《こんぱく》このことに御座候《ござそうろう》。随《したが》って海軍は廃滅に至り申すべく候《そうろう》と懸念仕《つかまつ》り候《そうろう》。先《ま》づは前条の次第愚按迂考《ぐあんうこう》仕《つかまつ》り、兎角《とかく》一応申し上げとう存《ぞん》じ奉《たてまつ》り、相認《あいしたた》め候義《そうろうぎ》につき前条委曲申し上げ候《そうろう》通りの次第につき、得《とく》と御熟覧を賜り、必ず、必ず、御裏書《おんうらがき》にて御返書偏《ひとえ》に願い上げ奉《たてまつ》り候《そうろう》。
そのうち必ず、必ず、時下御《おん》いとい第一に存《ぞん》じ上《あ》げ奉《たてまつ》り候《そうろう》。失敬ながら御序《おついで》の節《せつ》、小西吉(小松、西郷、吉井)氏等そのほか諸彦《しょげん》に然るべく御願い致し奉《たてまつ》り候《そうろう》。委曲御礼書《いきょくおれいしょ》は帰国の上、出《いだ》し申すべしと存《ぞん》じ奉《たてまつ》り候《そうろう》。

正月念三《にじゅうさん》　匆々頓首《そうそうとんしゅ》拝

尚、本文の処《ところ》はくれぐれも得《とく》と御熟覧を賜わり、万一にも承知仕《つかまつ》り違いの処《ところ》は、御直しつかわされ候《そうろう》て、必ず、必ず、幸便《こうびん》御裏書御答、偏《ひとえ》に願い上げ奉《たてまつ》り候《そうろう》。この余《ほか》の処《ところ》は只々機会の処《ところ》のみ掛念至極《けねんしごく》に御座候《ござそうろう》。大事は元より、小事にても、必ず成敗は多く機会の失、不失にこれありと申し候《そうろう》。この辺の義は、くれぐれも、御助力、皇国の御為《おんため》祈念奉《たてまつ》り候《そうろう》。

松菊生(木戸の号)

龍大兄、極密御独折

(裏書)

表に御記《おしるし》なされ候《そうろう》六条は、小西両氏(小松、西郷)老兄等も御同席にて談論せしところにて、毛《もう》も相違これなく候《そうろう》。将来と雖《いえど》も決してかわり候《そうろう》ことこれなきは、神明の知るところに御座候《ござそうろう》。

丙寅《ひのえとら》二月五日　坂本龍

この薩長の密約成立が維新革命、明治の国興しの挺《てこ》となったもので、この木戸書簡のもつ歴史的価値は極めて高いものであるので、ここに掲げたのである。

薩長同盟はこうして長州の兵力動員のことまで誓約し、薩長が一挙に共同作戦をとることを誓約することになった。西郷は重要な龍馬の裏書なので、翌日わざわざ黒田了介（清隆）に木戸を長州まで送らせることにし、この手紙は最も信頼する村田新八、川村与十郎（純義《すみよし》・海軍大将）と三人で大坂にいる木戸まで届けに行った。そして木戸は黒田と共に大坂を出港し、山口にて藩主毛利公に薩長同盟のことを報告したのである。

ところが、薩長同盟があって間もなく、坂本龍馬にとって重大な事件が起こっていたのである。

十三　龍馬ピストルで助かる

慶応二年（一八六六）の正月、薩長同盟の仲介の労をとって無事念願を果たし、二十日、木戸等との別れの宴も済んだ。藩主に薩長同盟を報告するため、二十一日、京を発つ大久保を大坂まで送っていった龍馬と三吉慎蔵《みよししんぞう》は、上機嫌であった。大坂から二十三日に帰り着いて、初めてゆっくりした日を迎えた。宿所の寺田屋に帰った二人は、くつろぐ気分になったのだろう。

龍馬「これでやっとほっとした。今夜はひとつゆっくり飲もう」

と三吉慎蔵に言う。

三吉「やっと同盟ができた。木戸や小松、西郷たちと別れの杯もすんで、これで一安心。今夜はゆっくりしてよかたい」

夕飯の支度ができ、お龍さんが、

お龍「ごくろうさんどす。どうどした。長州の木戸さんも、大久保さんも、安心されてお帰りでっしゃろか」

龍馬「うん、木戸はまだ大坂の薩摩屋敷たい。大久保は昨日、鹿児島へ喜んで帰った。木戸もほんまに喜んでいたぞい」

お龍「それは、よろしいおしたな。三吉はん！　今晩はたんと飲んでおくれやす」

三吉「いま坂本氏《うじ》と、そう話していたところです。うんと、酒ばつけていな」

お龍「はい、はい。祝い酒どすさかいに、たんと飲んでおくれやす」

　二十三日の晩は、夜中過ぎまでゆっくり酒を飲んで床についた。お龍さんは台所の片付けで遅くなって、お風呂を浴びている。もう二十四日の八ツ時分(午前二時ごろ)だろうか。

　ふと気づくと、何やら外がざわついて、大勢の人の足音が家の周りに忍び寄るような気配に、お龍さんがそっと外をうかがうと、薄い月あかりに、人影が寺田屋を取り巻いている。ハッと思ったお龍さん、濡れたまんまの肌に腰巻をつけ、裸のまんまとんとんと裏のはしご段を駆け上がって、二階の二人の室に飛びこみ、ぐっすり寝ている二人の頭をパチッ、パチッとたたいて起こし、

「危ない。逃げて！　捕り手だよ、早く逃げて」

「何ッ！」逃げる余裕もない。

　龍馬はすばやく刀とピストルを取り、装填《そうてん》した。三吉も刀を抜いた。龍馬が行燈《あんどん》に羽織をかけて、階段だけ明るく見えるようにしたとたん、ぱたぱたと数人の捕り手が上がって、

「坂本龍馬だな。御用だ。縛《ばく》につけ」

と叫ぶ。坂本は身構えて、

「何ぞ御用の筋があるか」

「御用だ。問答無用、縄をかけろ」

「御用のわけを言え」

「四の五の言わず、ひっ捕らえろ」

もはや数名が室に押しかけている。下からは、

「御用！　御用！」

と捕吏《とって》がひしめいている。これらを相手に斬り合っていたら、しょせんは多勢に無勢、「よし、ピストルだ」と思い、真正面の捕り手に向かいズドンと一発。一人がアッ！と叫んでしゃがみ込んだ。皆驚いて後に跳び下がる。次にすきをうかがって飛び込む奴に一発。続いてくる奴が斬り込んできたから、また一発。三発を発射した時に腕を斬られて手傷を負うたが、六連発である。捕吏も今度は怖がって後ずざりして、飛び込めない。そのうち倒れた捕吏を、四、五人で下に降ろそうとしている。「今だ！」と思って、ピストルを構えるように見せかけ、三吉に左手で合図して、裏の樋から下へ飛び下り、裏手の戸を蹴破って隣の家に押し入り、

「ご免！　危急の場合、お許し下され」

と断って、裏通りから逃げ出した。

　幸い、裏手には捕吏がいない。三吉は龍馬を肩に一散に走る。しばらく逃げると寺があったので、その塀を越えたが、もう既に追手が駆けてくる。その寺の裏に出ると、狭い路地がある。それを走り抜けると川に出たので、川に飛び込んで下手《しもて》にあった材木置場の小屋の材木の下にしゃがみ込んだ。まだ外は、下弦の月で、薄暗かったので助かった。

　あとでわかったが、この捕吏たちは、伏見奉行配下約百名と新撰組であった。寺田屋の周りの町の辻々を固め、とても逃げ出すすきもないので、じっとこの材木小屋に潜んでいた。三吉が、

「とてもこれでは逃げられん。いっそ捕まるより、切腹して死んだがよい」

と言うと、龍馬は、

「いや、死に急ぐことはない。あっしゃ、傷を負っているからここにじっとしているが、おぬしは伏見の薩摩屋敷まで行ってくれ。それがうまくいかなかったら、その時死ねばよい」

と言う。そこで三吉は材木小屋にあった古わらじを見つけ、龍馬に肩を貸した時、着物に付いた血のりを、川の水で洗い、夜が明けるのを待った。人通りのない道路に出ると、すぐ目について危ない。朝が白々と明け始め、商売人が出始める時を待って、三吉は商売人のようにして、道を急いで薩摩屋敷へ向かった。

　さて一方、寺田屋のお龍さんは、

「うまく逃げられただろうか」

と心配で、心配で、気が気でない。じっとしておれないので、お龍さんもすぐに後を追った。いつものように薩摩屋敷に行ったのではないかと道を急ぐと、町々には高張提灯《たかはりちょうちん》がひしめいている。怪しまれるといけないので、懐手してわざとゆっくり歩いたり、人が通らぬ時は走り出し、やっと薩摩屋敷にたどり着く。早朝のことで薩摩屋敷でもびっくりしたが、当番の大山に会って、坂本龍馬が来てないかと聞くと、まだ来てないという。何かあったのかと聞くので、昨夜、奉行所の捕手《とりて》に踏み込まれて逃げたので、心配で探しにきたと話している時、三吉慎蔵だけが、寒さに震えながら、やっとたどり着いた。

三吉はお龍さんを見ると、まず、

「龍馬も大丈夫である。心配いらぬ」

と言った。お龍さんはうれしかった。

「やれやれ、安心した。今、どこにいるの?」

と聞くと、三吉は、

「川べりの材木屋の小屋にいる。手指に傷を受け、出血が止まらず、次第に弱っている。すぐ龍馬どのを助けてつかわさい」

と大山に救いを求めた。そこで大山は薩摩蔵屋敷から小舟を出し、薩摩の船印の⊕の旗を立てて、材木倉庫まで迎えに行き、龍馬を乗せて引き返して来た。そこで医術の心得のある一人が、血止めをし、腕を強くしばりつけ出血を止める手当てをした。


大山はすぐ急使を京都二本松の薩摩屋敷の西郷に立て、龍馬の遭難を知らせる。西郷はびっくりして、一小隊の警備隊と医者を連れ駆けつけた。西郷は龍馬を見舞い、医者の手当を受けさせ、警備隊で邸を警護させ、だれが聞いても、不用意にしゃべるなと注意を与えた。

龍馬遭難の知らせを聞いて、小松、桂、吉井、その他、続々見舞いに飛んで来た。

伏見奉行所では、龍馬が薩摩屋敷に逃げ込んだとみて、探索して引き渡せというけれど、「そのような者はいない」といって受け付けない。それでは邸内を調べようと「邸に入れろ」と言うても、「いやいない。何を証拠に藩の邸を調べる必要があるか」と警備隊が門を閉じて、中に入れてくれないので、どうにもならない。

二、三日たっても、伏見奉行所ではいつまでも探索を続け、薩摩屋敷を監視するので、伏見に置くより安全な京都二本松の薩摩屋敷に移らせることにした。

西郷と小松は夜迎えに一小隊の武装兵士に守らせ、手傷の龍馬を駕籠《かご》に乗せ、お龍さんは男装して警備隊員に仮装させ、駕籠脇に付くことにした。袴をつけ刀を差し男装したお龍さんは、色の白い大家の若侍に見える。

「よう。これはよいお武家ができた。もっと男らしく、肩を怒らして歩きなされ」

「やあ！　お歯ぐろをつけて、まるで、お公家様みたいだ」

と冷やかすと、お龍さんも、

「やっぱり女では駄目やね、男みたいにガニ股でよう歩けしませなんだ。あきまへんな。お龍はやっぱり女ですさかい。ほおかむりせにゃ、あきまへんな」

荒くれ男隊士に囲まれて、ほおかむりのお公家様が、駕籠脇に付いて京邸まで行進していった。知らぬ者には、どこかのお大臣様をお駕籠に乗せた行列に見えたであろう。

二本松薩摩屋敷では、龍馬、三吉、お龍さんのために一室を与え、龍馬の傷の手当てをさせることにした。小松と西郷は丁重に迎え、

「今度の手柄はお龍さんが第一だ」

「あなたのおかげで二人が助かったのだ」

とお龍さんをほめ、下にも置かずもてなした。

半月もすると、傷の具合も大分良くなった。龍馬は手紙で、幕吏に襲われた二十四日未明の事件を、次のように木戸に知らせている。

去月二十三日夜、伏見に一宿仕候所《つかまつりそうろうところ》、はからずも幕府より人数さし立て、龍を打取るとて、夜八ツどき(午前二時)頃、二十人ばかり寝所に押込み、皆手ごとに鎗《やり》をとり持ち口々に上意上意と申候《もうしそうろう》に付《つき》、少々論弁も致し候得《そうらえ》ども、早くも殺し候《そうろう》いきおい相見《あいみ》え候故《そうろうゆえ》、是非なく、彼《か》の高杉より贈られ候《そうろう》ピストールを以《もっ》て打払《うちはら》い、一人を打《うち》たおし候《そうろう》。何《いず》れ近間に候《そうら》えば、さらにあとうたず候《そうら》えども、玉目《たまめ》少《すくな》く候《そうら》えば、手負いながら引取《ひきとり》候者《もの》四人御座《ござ》候《そうろう》。此《この》時初三発致《いた》し候《そうろう》時、ピストールを持ちし手を切られ候得《そうらえ》ども、浅手に候《そうろう》。其《そ》のひまに隣家の家をたたき破《やぶ》り、うしろの町に出候《いでそうろう》て、薩の仕水屋舗《しみずやしき》に引取申候《ひきとりもうしそうろう》。唯今《ただいま》は其《その》手きず養生中にて、参上ととのわず、何卒《なにとぞ》御仁免奉レ願候《ごにんめんねがいたてまつりそうろう》。何《いず》れ近々拝顔《はいがん》、万《よろず》奉レ謝候《しゃしたてまつりそうろう》。謹言々。

二月六夕　　　　　　　　　　　　　　　龍

大圭先生(桂小五郎、のちの木戸孝允のこと)　机下

第五章　龍馬と小松

一　日本の新婚旅行第一号

薩長連盟が成立して、薩摩と長州は共に国興しのため、幕府と戦うという一種の軍事同盟を結んだことになったので、小松らは帰国して、国元を納得させ、討幕戦の軍備を調《ととの》える必要に迫られる。まず藩主父子の承認を取り付け、陸海軍の整備と兵の訓練を充実して戦時体制を強化しなければならない。

そこで鹿児島から上洛した大久保を京に残し、小松・西郷・桂久武《かつらひさたけ》らは帰藩することにした。その折に、寺田屋で手傷を受けた坂本龍馬も連れて行こうという話になった。龍馬とお龍《りょう》、三吉《みよし》を京に置くより、遠く薩摩に身を隠す方が、幕府の目をそらす方法でもある。小松と西郷は早速、坂本を見舞い、

小松「坂本氏《うじ》、まだ手傷は痛みますか」

と尋ねると、負けん気の龍馬は

龍馬「いやいや。これしきに、痛いなどと、言うてはおられん、早う刀が振りたいけん」

と意地を張る。すると、そばからお龍さんが、

お龍「これだから、かないまへん。包帯を替えるたびに顔をしかめて、あ、イタ。あ、イタと言わはるくせに」

西郷「そうだろう。お龍さんがいないと、どうにもならんじゃろう」

龍馬「二人で右手の傷に、包帯できる達人など、おらんじやきに」

皆は龍馬の冗談に、思わず「アハハ……」「ウフフ」と吹き出した。

小松「そこで、坂本氏《うじ》、どうじゃろうか。霧島に傷によく効く評判の塩浸《しおひたし》温泉というのがあるが、そこで湯治をしませんか」

龍馬「やあぁ、それは願ってもない話じゃきに、その温泉に連れて行って下さるか」

西郷「よか、よか。三月四日に、三邦丸《みくにまる》が大坂を出るので、小松家老とわしらは鹿児島へ帰ることにしちょるから、一緒に連れて行きましょ。一つ、薩摩に行き申《も》そや」

お龍「まあ！　それはおおきに。あなた、今度こそ、あたしも連れていっておくれやす。いつもあたし一人だけ残される

さかい、寂しうて寂しうて、いつもあほみるのは女どすさかいに」

お龍さんの方が、もう一人で薩摩行きを決め込んでいる。三吉も相槌《あいづち》を打って、
三吉「今度こそ、お龍さんも連れて行かんばな。それはもう、自分一人で我が手指に包帯できる達人はおらなんだからのう。ぜひ、お龍さんば連れてやらんばのぅ」

西郷「そいがよか。お龍さんが側についておって、手当てをすれば、なお一層、刀傷も早うなおるから」

皆に勧められ、我が国の新婚旅行第一号が誕生し、龍馬・お龍さんの旅行となったのである。

二月二十九日、小松帯刀《こまつたてわき》・西郷隆盛・桂久武・吉井幸輔《よしいこうすけ》らは、坂本龍馬・妻お龍・三吉慎蔵の三名を連れ京を出立、三月四日、兵士とともに三邦丸に乗船して大坂を出港して帰国の途につく。女性が一人軍船に乗るとなると人目につきやすいので、お龍さんは前と同じように男装して若侍になっての乗船である。

薩摩の兵士の軍装に、日本刀を落とし差しにして、たちまち若い兵士に変身する。だが、色は白いし、お歯黒をつけていて、胸のあたりはふくらんでいるし、近くではだれが見ても女性であることがすぐわかる。

兵士A「あれっ、あの若い兵士、女じゃなかか」

兵士B「お歯黒つけておっが、娘じゃないね」

兵士C「あれは坂本龍馬の奥さんらしい」

兵士A「きれいな女を連れて。女は軍艦に乗せないから、男装にしたんだろう」

船内の兵士たちは、ひそひそ話をしているが、外から見る限り軍用船、まさか女が乗るとは気が付かない。

七日、船は下関に着いた。長州出身の三吉はここで下船する。翌三月八日、船は長崎に寄港する。龍馬はお龍さんを連れて、長崎を見物して歩く。船で着替えた新妻のお龍さんを連れて、龍馬は颯爽《さっそう》と歩く。この時、長崎の上野彦馬の撮影所で写真を写したらしい。右手を懐に入れ、手の包帯を隠しているのだという。

小松・桂・西郷などはいつものとおり、グラバー邸を訪れた。グラバーは大げさなしぐさで両手を大きく広げ、
グラバー「おお！　小松さん、西郷さん、よく来ました」

小松「この前は、大変、大変、ありがとう」
西郷「いつも、あんたに、感謝でごわす」
グラバー「いやいや、こちら商売、儲けある。サンキュー、サンキュー」
と手を握って、お礼を言う。
小松「こんど、また新しか軍艦、一隻ほしか、よか軍艦ば見つけて、長崎詰めの御用掛と商談を進めてほしか」
グラバー「サンキュー、サンキュー、ベリーグッド。立派な軍艦、さがしてあげまーす」
西郷「この前のロンドン留学生のことは、大変、ありがとうござった」
グラバー「ベリ、サンキュー。わたし二月十一日、鹿児島へ、行きました。島津のお殿さま、親子大変喜びました。沢山、お礼にお金、もらいました。サンキュー」
　英国の御用商人、グラバーは実に愛想がよい。
小松「話は変わるが、この前からお願いの、英国公使の鹿児島行きは決まりましたか」
　この前から英国公使と英艦隊提督を鹿児島に招待する交渉をグラバーに頼んである。
グラバー「公使、よろしい。いつでも正式に招待状があれば、行くという。家老、正式招待状、私に、書いて送りなさい」
小松「おお、サンキュー。ベリ、ベリ、サンキュー。きっと招待状は、送ります。約束する。公使によろしく頼んで下さい」
　こうして新しく軍艦の注文と、英国公使招待状の約束をして、長崎を出港、三月十日、鹿児島湾に差し掛かる。初めて、薩摩に旅するお龍さんは、穏やかな錦江湾の景色に、すっかり見とれていると、煙を噴く雄大な桜島が眼前に見えてくる。びっくりしたり、はしゃいだり、本当にお龍さんの新婚旅行は楽しそう。
お龍「まあ！　あの山、煙を噴いとるやおまへんか」
龍馬「あれが、火山で有名な桜島たい」
お龍「珍しい山。火山なんか見るのは初めてやさかい。桜島というさかい、小さな島かと思うてました。なんと、高い大きな山やおへんか」

龍馬「そうたい。薩摩は何でも島が好きとみえて山でも霧島、お城下の町も鹿児島と島の名が付くたい。殿様まで島津じゃけん」

龍馬の駄洒落《だじゃれ》は実にうまい。二人の会話を聞いていると、全く漫才みたいに面白い。面白い会話のやりとりで、じゃれあっている若い二人は、幸福そのものであった。

妻子と別れて長い間、家を留守にしている兵士たちは、もうじき楽しい我が家に帰り着くので、この幸福そうな二人の仲を見て、共感がわき、もうじき恋しい妻、いとしい我が子に会える喜びを、待ち遠しい思いで、眺めるのであった。

鹿児島の港に上陸して、宿所として連れて行かれたのが、家老の別荘、原良《はらら》の小松屋敷であった。

お龍「まあ！　すばらしいお屋敷どすなあ！」

龍馬「良いお屋敷だろう。この前来た時も、ここに泊まったよ」

原良の小松別荘は、鹿児島を一目で見下ろす高台にあって、錦江湾と桜島が望まれる眺めのよい場所である。周りは高い石垣で、主屋《おもや》の広い庭には、それはそれは立派な臥竜梅《がりゅうばい》があり、池の周りにつつじやあやめが庭石とうまく配置され、薩摩三名園の一つに数えられる庭園であった。

その横に四阿《あずまや》風の茶室が建てられている。この茶室が二人の宿所にあてられていた。この茶室の正面の床壁は金箔がはられ、茶室の廻縁《まわりえん》の小さな手すりも金箔で、歌人らしい小松好みの掛け軸が掛けられてある。

お龍「まあ！　すてきなお部屋どすなあ」

龍馬「そうだろう、二人にはもったいないね」

お龍「こじんまりしたええお茶室どすなあ。広くなくて、こんな小ぎれいなお家《うち》、わたしたちも欲しいわあ」

龍馬「やがてはそれも夢ではないぞ。だが、今はそれどころではない。この茶室はいつも西郷・大久保、その他天下国家を論ずる志士たちが、話し合いをしている室だ。今に見よ。この天下を我らの手で、立派な日本国につくりかえるのだ。

お龍、今しばらくの辛抱だ」

お龍「はい。よくわかってます。それまで辛抱します」

お龍は我が日本の国興しのため、東奔西走している主人を頼もしく思うのであった。二人は三日間、ここに宿泊し、あちこち鹿児島の見物を楽しんだ。

二　龍馬夫妻霧島にゆく

三日目の夕方、小松家老から使いが来て、明日十四日から霧島の温泉へ湯治に行くが、龍馬夫妻も塩浸《しおひたし》温泉まで同道するので、朝早く本宅の小松屋敷に来るようにと知らせてきた。十四日の朝、迎えの者に案内されて、お城の前にある小松屋敷に行く。来て見て驚いた。小松家の本宅のお屋敷は、城下町の中央、お城のすぐ前の二千坪あまりもある大きなお屋敷であった。

「小松家は昔から忠孝両全の誉れの高い小松内大臣平重盛《たいらのしげもり》の子孫。平家の本流で、すばらしい名家である」と龍馬から聞いたことがあるが、さすが名門だけあって、本邸も堂々たるもので、京育ちのお龍さんもびっくりした。このような名門の御家老様と同輩のように交際している主人を今更のように見直すのであったが、そのような薩摩の御家老小松様が、何の飾り気もなく、心安く語りかけて下さるそのお人柄に、頭が下がる思いがする。小松様には御家来衆が何人もついて、湯治場での食料や寝具などを鹿児島の船着場まで運び、小船で国分（今の霧島市）の浜の市まで行き、御家老と龍馬夫妻は、ここから馬で新川を二里（八キロ）ほど上る。その上流は次々に温泉郷が続く。手前から日当山《ひなたやま》温泉妙見《みょうけん》温泉・安楽《あんらく》温泉・ラムネ温泉、そして一番奥にあるのが塩浸温泉である。霧島温泉はそれからまた二里（八キロ）ほど上場《うわば》の霧島山中にあるという。

妙見温泉で道は二つに分かれ、小松家御一行は、山手の峠を越えて、霧島へと登って行った。塩浸温泉は、吉井幸輔が案内することになった。荷物を運ぶ馬方の男を含め、五人はここから半里（二キロ）あまり、新川に沿って歩く。新川渓谷は清流が岩をかんで流れている。川の中や岸のあちこちで、温泉の湯気がわいて硫黄のにおいがぷんと鼻をつく。

狭い渓谷は断崖絶壁が両方から迫っていて、その行き詰まりに、ひっそりした、ひなびた温泉宿が、たった二軒。これが塩浸温泉であった。山奥のこの小さな温泉が、切り傷の治療によく効くので、途中の便利な温泉場に劣らず、このような不便な山奥の温泉にも、客が来るのである。（現在、国道開通で便利となったが、塩浸温泉のバス停で降りると鶴の湯と福祉の里温泉がある）

こんこんとわくこの塩浸の温泉の湯船に、ゆったり浸っていると、遠い京のことなども忘れる。龍馬もお龍さんもこのような幸せな日があろうとは思ってもみなかった。

湯治も二週間もすると、毎日に飽きがくる。

谷川で釣糸をたれて、鮎《あゆ》や鰻《うなぎ》を釣って楽しんだ。

傷も大分よくなって傷口の肉もくっついたようで、包帯の取り替えでも「痛い」と顔をしかめることもなくなった。宿の主人に付近に名所があると聞いたので、見にゆくことにする。まず隠見滝《いんけんたき》（犬飼滝）を見ようと、二人で歩いて行く。高さは十間（約二十メートル）はあろうか。三月の桜流しの雨で水かさの増した滝は、ごうごうと音をたてて落下してくる。壮観である。ふと滝の上の木に小鳥が目についた。指の傷も少しよくなったが、ピストルが撃てるかどうか、試しに一発をどんと撃ってみた。ピストルの音は谷から谷にこだまして村中や温泉客がびっくりしたという。

帰りに滝の近くの和気清麻呂《わけのきよまろ》を祀る和気神社に参り、谷川のほとりにある「和気湯」という露天風呂を見に行った。この地は忠臣和気清麻呂が配流《はいる》された地で、いつも露天温泉に浴していたので「和気湯」といわれている。忠臣清麻呂の浴したお湯に浴してみたくなった龍馬は、人影もないのを幸い、

「ひとつ和気湯に来た記念に、入ろうか」

とお龍に問いかける。

「いやよ。わたし人から見られるさかい、いやどす」

「それじゃ、あし一人で入るよ」

と浴衣を脱いで一風呂浴びる。露天風呂の味わいはまた格別だ。汗を流して浴衣を着け、和気湯をあとに谷間の道を歩く

と、二人の頬に三月の若葉のにおいが、気持ちよく吹き通る。

このような幸せな新婚の温泉湯治が、二週間続いた三月二十八日、吉井幸輔が訪ねてきた。

吉井「やあ！　しばらくでした。傷の具合は、どうですか」

龍馬「やあーこれは、これは。お陰様で傷も大分ようなったようで、もう大丈夫。刀も握れるようになったぞい」

吉井「そりゃよかった。お龍さんは温泉はどないですか。急に綺麗になられたごとある」

お龍「おおきに、もう大変結構な温泉で、極楽温泉のようで、心まで綺麗になります。ほんまにええ温泉どす」

硫黄谷霧島館 古写真（写真提供 硫黄谷温泉霧島ホテル）

吉井「今日は霧島の栄之尾《えのお》温泉へ、御家老のお見舞いに行こうと思って来た。気分がよかったら一緒にお見舞いに行きませんか」

龍馬「それはようこそ、お誘い下された」

お龍「小松様には、えらい御迷惑かけているさかい、お礼も言わにゃなりません。ぜひとも、その霧島温泉の栄之尾とやらに、連れていってや、たのんますよって」

吉井「ついでによい記念になるから、霧島のお宮さんと高千穂登山ばされたら、よか思い出になりますぞ。山登りの軽い支度がよかですよ」

お龍「まあ、うれし！　山登りも好きやさかい。あなた、山に連れていっておくれやす」

龍馬「ううん。よいとも。高千穂の峰は、日本の国の始まりのいわれのある山じゃけん、一度は登って、『天《あま》の逆鉾《さかほこ》』ちゅうもんば見ておきたか。お龍、これは楽しみぞ」

吉井「そいじゃ、出掛け申《も》そ、栄之尾温泉も、硫黄谷温泉も、霧島温泉中の別天地ですぞ」

三人は草鞋《わらじ》、脚絆《きゃはん》掛けで霧島温泉郷目指して登っていった。お龍さんは途中、妙見で鮎《あゆ》を買って、見舞いにするという。

さて、霧島温泉の栄之尾旅館は、小松帯刀の常宿である。今日も朝から温泉に入って、ゆったり横になっていると、飛脚便で、京からの大久保の便りと、長崎のグラバーの手紙が届き、それを見ているところであった。

ひょっこり、吉井と龍馬夫婦が見舞いにやって来た。突然の来訪に喜んだ小松は、

「やあ！　皆ようこそ来なさった。坂本氏《うじ》、刀の傷はどうですか、ようなりますか」

龍馬「お陰でもうすっかり、ようなりました。御家老は御気分は、どないですか」

小松「ああ、ぴんぴんしとるよ。今も大久保からの便りを見ていたところだが、京の模様を知らせてきた」

龍馬「京では、まだ薩長同盟のことは、漏れてないでしょうな」

小松「うん、まだ大丈夫、だれも知らない。幕閣では一橋《ひとつばし》が再度の長州征伐を決行するよう決めたらしい」

龍馬「やっぱり薩摩は早く引き揚げてきてよかった。わしも薩摩に来てよかった」

吉井「申しおくれましたが、西郷殿《どん》の伝言があり申《も》した。京の大久保殿《どん》が、長州への第二次出兵は、きっぱり断った旨、手紙があったとのことでござい申《も》した」

小松「そう、いつも西郷殿《どん》の御連絡、御苦労でごわす。わ(私)にも今、大久保からの手紙が届き申《も》した」

吉井「すると、薩摩はこのまま手は打たんのですか。長州との約束はどうなりますか」

小松「いや、この前の重役会議で、薩摩はいよいよ兵を率いて、京に上ることに決定し申《も》した。西郷殿《どん》と桂殿《どん》は、兵員や兵糧の準備に当たることになり申《も》した」

龍馬「よかった、よかった。いよいよ面白うなるぞ」

小松「いよいよ、これからだ。早う元気にならんば、温泉に来た甲斐がなか。話は変わるが、お龍さん、塩浸温泉はどないですか」

お龍「ハイ。ほんまにいい温泉をお世話下さって、ほんまにおおきに。御家老様のお見舞いに、新川の鮎が手に入りましたさかい、お持ちしました。ほんの心ばかりで、すんまへん」

小松「やあ！　これは新川の鮎。これはうれしか。ありがとう。塩浸の温泉がよく効くとみえて、お龍さんはまた一段と綺麗になられた」

お龍「御家老さんこそ、お元気そうで。お顔がつやつやしてはる。ここの硫黄谷の温泉がよく効くのでしょう」

小松「そうだな。今からすぐ温泉に入って、汗ば流してきなされ。すぐ下が硫黄谷温泉で、明礬《みょうばん》、硫黄、鉄湯、塩湯、炭酸泉などいろいろあるから、まあ温泉に入ってみやんせ」

吉井「そいがよか。せっかく来たからには、ゆっくり温泉に入ってゆこう」

三人はすぐ硫黄谷温泉へ降りていった。

硫黄谷温泉は湯量の多いことで、まずびっくりした。ざあざあと音をたてて流れる川はお湯の川であった。ほんまにもったいない。これが京にあったらなあと、霧島の温泉がうらやましく思われるのであった。

その夜は龍馬夫妻と吉井は硫黄谷の霧島館に泊まることにした。今の霧島ホテルである。吉井は一人部屋だが、退屈なので、夫婦部屋で一緒に食事しながら、龍馬夫妻に珍しい話をする。

高千穂峰に天の逆鉾を祀ったニニギノミコトのいわれや、霧島天狗の話、それに興味をひく霧島の七不思議の話をしてくれる。

「神社の近くに亀の形をした奇石がある。この亀石が、動く時には、必ず天下に天変地異の大変動が起こる」

「霧島山中には、年に一度だけ、水が忽然《こつぜん》と地中からわき出し、川ができるが、それがどこへともなく吸い込まれる珍しい不思議な尻無し川がある」

「霧島はよく雲海ができるが、山々の峰だけが霧の上に頭を出して、島のように見えるところから、霧島という名が出たのである」

実に霧島は数々の神秘な話題を秘めた霊山であると、龍馬夫妻は旅の楽しさを味わうのである。

終わりに吉井は、

「硫黄谷は色々な種類の温泉が出ることで日本国中でも珍しい温泉だから、夜が明けたら、明礬温泉に入ってみなされ」

と言って、自室へ帰っていった。

明くる朝、刻《とき》を告げる鶏の声に目覚めた龍馬夫妻は、朝日の昇るころ、明礬温泉に出掛けた。霧島の四月はまだ寒い。急いで温泉に飛び込むと、何とも言えない暖かい温泉の湯気の香が漂う。

「やあ！　やっぱり温泉はよいなあ」

と思わず口から漏れて、改めて湯船を見ると、白い湯気の間から、ここの温泉はきらきらと輝く。白と銀色の粉雪が浮いている。それが朝日の薄日を受けて、きらきらと金色、銀色に輝くのである。これは雲母《うんも》だそうで、このあたりでは「きらら」と呼んでいる。この温泉の中に入っていると、話に聞いたローマ皇帝の豪華なお風呂に浴しているようだ。

ちなみに、歌人与謝野晶子は夫君の鉄幹とこの霧島館に泊まって次のように詠んでいる。

明ばんの　湯のきよらなり　帝王の
　翡翠の床と　くらべて思う

硫黄谷　板石坂《いたいしざか》の　二側《がわ》に
　うず巻く青と　黄なる湯の霧

与謝野晶子

明治・大正にかけて、著名な作家・文人歌人や政界・財界の大物といわれる人が、しばしばこの宿に泊まったと現在の霧島ホテルの社長は、家宝のように記録をたどって語ってくれる。つい話題がそれたが、話を龍馬夫妻に戻そう。

三月二十八日の夜を硫黄谷の霧島館で過ごした龍馬夫妻は、吉井の話に引き込まれ、神秘な霊山霧島が好きになった。

さて、二十九日は、思い立つ日が吉日とやら、幸い天気も上々であるので、霧島のお宮参りと高千穂登山をすることにした。霧島山は深山で広大であるので、道に迷うと何日たっても山を出られないと聞いたので、硫黄谷から登山に経験のある修験僧一人を道案内に雇い、硫黄谷温泉を出発した。

およそ二時間も歩いたか、やっと高千穂河原に着いた。道案内に雇った修験僧は、身軽くすたすたと歩くのだが、さすがの龍馬もお龍さんも、遅れがちである。

いよいよ高千穂の山に差し掛かる。急な山で小さな砂利と砂は崩れやすいので、登りにくい。人の登った足跡を踏み締めて、一歩一歩登るうち、ついにお鉢火口《はちかこう》の上に登りつめた。眼前に突然深い火口の谷が現れた。落ちたら千尋の谷。これからが話に聞いた「馬の背越え」である。狭い馬の背のような道、前は深い火口、後は急斜面の深い崖、それに下から吹き上げる風で、足元もよろよろ、谷に吹き飛ばされそうで、気の弱い女性などしゃがみ込んで進めなくなる者も出る難所だ。さすが気の強いお龍さんも、こわいながら、持ち前の気性でこの難所を突破して、やっと次の高千穂の頂上にたどり着いた。

龍馬が一目ぜひ拝みたいと、目当てにしていた「天の逆鉾」が、岩の塚の上に、逆様に立っている。「天《あま》の岩境《いわさか》」といわれる神塚、これが日本の建国を物語る神塚である。

天の逆鉾は地の底からの「不動の逆鉾」として恐れられ、これを動かしたり、塚の石をとると罰が当たるといわれている。

龍馬は言う。

「お国を守り、人を守る神様が、人に罰をあたえるはずがない。お龍、ひとつこの不動の逆鉾を、試しに動かしてみようか」

天下を動かす男、坂本龍馬、不動の天の逆鉾を動かしてみようと神に祈って引き抜いた。後日、霧島登山のことを姉の乙女《おとめ》さんに書き送った手紙にこのことが書いてあるので、その一部を掲げてみよう。

（前略）

天《あま》の逆鉾《さかほこ》は、その形、たしかに天狗の面なり。二人、大いに笑いたり。

（中略）

逆鉾は、少し動かして見たれば、よく動き、又あまりにも両方の鼻高く候《そうろう》まま、両人両方より鼻を押さえて、「エイヤ」と引き抜き候《そうら》へば、わずか四、五尺（百五十センチ前後）ばかりのものに候間《そうろうあいだ》、又《また》もとの通りおさめ候《そうろう》。

天の逆鉾
（写真提供 高原町場まちづくり推進課）

姉の乙女にあてた龍馬の霧島登山の手紙（京都国立博物館蔵）

とある。もちろん元のとおり天の逆鉾を建て直したのであるが、龍馬とお龍らしい豪快な面が躍如として文面におどっている。女仁王といわれていた乙女姉さんも、この手紙に大笑いしたことであろう。手紙には、

　霧島山より下り、霧島社にまいりしが、それは実に大きなる杉の木があり、宮も
　ものふり、極めてとうとかりし。

と結んでいるから、下山してから霧島のお宮に参詣している。今の霧島神宮は、当時霧島社といわれ、神官の代わりに、華林寺《けりんじ》の修験僧が祀《まつ》りついでいる。霧島社の境内には樹齢八百年といわれる大きな杉や桧が、今も天を覆ってそそり立っているから、そのころも荘厳であったであろう。


　この霧島社で、お宮を守っていた華林寺のお坊さんが、

「このお社こそ、日本の国の基を開いた天孫ニニギノミコトを祀ったお社である」

と伝えて、昔からの歴史を代々、語部《かたりべ》たちは伝えてきたのである。このお社の裏から登山道がつくられ、人の登った足跡がはっきりついている。やはり国の始まりの伝説の地だけあって、昔から登山者が多かったのである。

今は車道ができて、バスや車が高千穂河原まで登る。

『小松帯刀日記』の慶応二年の部（抜粋）には、

　三月廿八《にじゅうはち》日　朝曇

一、吉井幸輔、坂元〔本〕龍馬塩浸《しおひたし》より見舞とし入来《いりきたる》之《の》事。
三月廿九日《にじゅうく》　晴
一、坂元〔本〕者《は》霧島山江《へ》参詣之《の》事。
四月朔日《ついたち》　曇
一、吉井、坂元〔本〕も今日塩浸《しおひたし》之様《へゆくよう》被レ帰《かえられ》候事《そうろうこと》。

と書かれている。

こうして塩浸温泉で治療して手指の刀傷もすっかり治ったので、二人は湯治を切り上げて、鹿児島の小松別荘に泊まることになった。六月二日、鹿児島を出発するまで約二ヵ月あったのだから、ゆっくり鹿児島見物ができたのである。磯の島津御殿や集成館などでは、外からではあったが、溶鉱炉の煙が高くあがって、盛んに工場で働いている模様をのぞいて、お龍さんは薩摩の進んでいることにびっくりした。小松は霧島の温泉場を四月八日に切り上げ、鹿児島に帰って来たが、四月十三日、京の大久保へ手紙を書いて、軍備のことや、近く英艦隊が入港することなどを知らせた。

小松には従来の掛に加えて海軍掛その他の兼務の辞令が出ているので、海軍のことに詳しい龍馬から指導を受けたり、海岸にある祇園《ぎおん》の洲《す》や天保山の砲台を見せ、種々意見を聞いた。近く英国の艦隊が入港する話をすると、

「丁髷《ちょんまげ》では外人に笑われるから、惣髪《そうはつ》にして外人と応対したがよい」

と惣髪になることを勧めた。

すべてに合理的な小松だから、毎日のように剃刀《かみそり》で月代《さかやき》をそらねばならず、油断するとすぐ伸びるようなわずらわしさもなくなるので、龍馬の意見に賛成する。小松が惣髪になるよう願い出した口上覚の願書と、その許可の文書が、辞令の中に残っている。

口上覚　　　（原文漢文体、意訳）

私こと、かねて頭寒《ずかん》のわずらい之《これ》あり、月代《さかやき》つかまつりがたく候間《そうろうあいだ》、一応惣髪に成《な》ること御ゆるし仰《おお》せ付け下されたく、願《ねが》い奉《たてまつ》り候《そうろう》。此《こ》の旨《むね》、御申しつけ下さるべく候《そうろう》。

五月　　　　　　　　　　　　小松帯刀

と願い出、次のような許しが仰せ出された。

願之通《ねがいのとお》り、惣髪に成《な》ること、御ゆるしなされ候《そうろう》。

六月　　　　　　　　　　　　伊　勢

龍馬の写真は、誠に近代的な颯爽とした風貌であるが、小松帯刀もこの時の写真が残っていたらと思う。一国の家老たる者が、このような惣髪の決心をすることは、よほどの進歩的な決断がなければできることではない。事は誠に些細なことであるが、龍馬のようにいったん浪人となった者と違い、家老であり、一郷の領主であった小松の惣髪は、他に影響があろうし、批判もされたであろう。これを断固として決断して行う。これが小松の偉さであった。この決断、果断の精神が、西洋の文化を取り入れ、軍備を充実し、藩政を改革し、ついには明治の国興しのため、朝廷や幕府の革新への決断となっているのであろう。

西郷もこの時から一緒に断髪して、英国公使を迎えたのではないかと思われるが、その記録はない。小松の惣髪許可願の記録から、西郷も同様の許しを得ての断髪であったのではないかと想像されるのである。

三　桜島を望む龍馬お龍の像

三ヵ月もゆっくり薩摩にいた龍馬夫妻は、鹿児島の名所をあちこち見て、珍しいことにも出くわしたであろう。きっと二人は桜島にも出かけ、ひょっとしたら登山をしているのではないかと思うが、その記録はない。龍馬が海軍のことで帯刀にそれぞれ意見を述べ、砲台の台場のことや、電気水雷のことも話し合ったし、台場の視察も行った形跡があるから、桜島の袴越《はかまごし》の台場の見物に渡ったこともあり得る。その時はお龍さんも連れて、桜島に渡ったであろう。ここで桜島のことについて述べておこう。

桜島は昔からもう何回となく大爆発を起こし、溶岩も新しいものや、古い溶岩もあって既に松やその他の草木が生えている。この島は大正三年（一九一四）の大噴火で大溶岩原が出現した。しかし、龍馬夫妻が鹿児島を訪れたころは、その前に烏島《からすじま》というかわいい島が、盆栽のように浮いていた。そして、段々畑も広かった。その烏島も畑も、大正三年の大爆発で今は溶岩の下に埋まってしまった。

桜島はだれしも小さな島だと思っているが、来てみてびっくり、高い大きな山のある島で、麓には沢山な人家の村々があり、段々畑は大根や、枇杷《びわ》、蜜柑《みかん》などの名産地、宝の島である。まだ見たこともなかった大根の化け物、桜島大根には驚く。四月五月は種子用の大根の王様が畑に残してあるので、大きいことに全くびっくり、さすがのお龍さんも、京、大坂ではまだ見たこともない珍しい大根であった。

ちょうど四、五月は暖かい季節で、四月は桜の花見。五月は海の見える見晴らしのよい場所で、「浜下り」とか「浜出ばい」といって、部落総出で弁当を開き、酒を酌み交わし、歌と踊りで、三味・太鼓の音がにぎやかである。

その歌はいつも出るおなじみの「おはら節」だ。

「花は霧島、煙草は国分、
　燃えてあがるは、オハラハー、桜島」
「桜島にはかすみが、かかる

わたしゃおはん(貴男)に、オハラハー、気にかかる」

「桜島から嫁女《よめじょ》をとれば
枇杷や蜜柑は、オハラハー、絶やしゃせぬ」

宴たけなわで最高潮に達すると、急テンポの「ハンヤ節」に変わる。そして皆そろって楽しい踊りが続くのである。

桜島の女たちは小さい時からよく働く。女たちは大きな桜島大根や蜜柑、枇杷の入った竹籠を軽々と頭にのせて、急な斜面の段々畑を上り下りするのであった。

おはら節の一節に、

「伊敷・原良の巻揚《まつきやげ》の髪は、
髪をゆたなら、オハラハー、なおよかろ」

と出ている原良の地が、宿所になった小松様の原良別荘あたりの地名で、以前、島津《しまづ》重豪《しげたけ》という殿様が京から連れてきた数名の芸妓《げいこ》さんを住まわせたことから出た歌であることも、初めて知ったのである。

楽しかった龍馬・お龍さんの長い新婚旅行は、終わりに近づいた。国興しに東奔西走した龍馬とお龍さんの一生で、一番楽しい幸せな時であった。

坂本龍馬 新婚の旅碑
(写真提供 鹿児島市観光企画課)

龍馬の薩摩入りは前後二回、長い期間小松家老の屋敷に宿泊し、小松帯刀と龍馬は肝胆《かんたん》相照らす仲となった。同じ天保六年(一八三五)の生まれであったからでもあろう。

龍馬とお龍が、天保山から、桜島丸(ユニオン号、乙丑丸)に乗船し、多くの人々に見送られながら別れを告げたのは、六月二日であった(龍馬の手帳には「六月一日乗船」と記されている)。

今、天保山には、日本で最初の新婚旅行、新婚旅行第一号を楽しんだといわれる龍馬とお龍さんの二人のむつまじい像が建てられているのである。

龍馬とお龍さんが鹿児島を訪れた当時は、桜島はおとなしい火山で、風光明媚な鹿児島であったが、今は終戦後の道義退廃の日本を怒るかのように、毎日噴火を繰り返して、火山灰をまき散らしている。幸いに観光の時節は北からの風が多いので、火山灰は鹿児島からそれてくれるのが神様の思いやりであろうか。

四　小松英国公使を招く

当時、幕府は仏国公使に頼り、仏国を後盾としていたので、薩摩はそれに対抗して、英国と親しく交わり、フランスを牽制《けんせい》しようと、グラバーを通じて英公使を招くことにした。

このことは小松・桂・西郷・大久保等が熟議し、久光、茂久公の了解を得ていたものであるが、その交渉に主としてあたったのは小松帯刀であることは、次のグラバーの談話ではっきりわかるのである。

鹿児島に英吉利《イギリス》の攻撃がありましたが、それが済んでからずっと後に、島津公が自分のところに人をよこして英吉利の公使と艦隊の司令長官に伝言を頼みました。その主意は、

「いったんは戦争をしたが、以後は懇親を結びたいので、一度鹿児島に来てくれるように」

ということでありました。で、自分は江戸へ来てその時の公使と司令官にそのことを話しました。

それから司令官の船に同乗して、清国へ行きましたが、長崎へ帰ったところで、小松帯刀とその外二、三人の人が自分のところに来て、

「今まではお互いに戦を交えた仲だけれど、これからは仲良くしたい。ついては一度鹿児島へ来てくれ」

という話でありましたから、自分は持ち船の「オテントサマ」という船に乗って鹿児島へ行きました。鹿児島へ入ると祝砲を発してくれました。「オテントサマ」という船には四つ大砲が載っていたので四つの答礼砲を撃ちました。それ

から四、五日の間滞在して、大変御馳走になりました。

それから江戸へ行ってサー・ハーリー・パークスに会って、

「鹿児島藩の意向は、決して外人に向かって敵対心を持ったものではないから、是非一度鹿児島に行ってその実状を見てくれぬか」

と勧めたところ、パークスは大変笑って、そこにいるシーボルトを指して、

「自分はこれまで薩摩屋敷へ行こうと思ったことが幾度あったかしれないが、その都度、このシーボルトが、そんなことは決してできないといって止めた」

と申しますから、私は翌朝シーボルトに向かって、

「これから薩摩屋敷へ行くから一緒に来い」

と言って無理に引っ張って行きました。その以前に小松帯刀から、

「もしグラバーという外人が薩摩屋敷へ行ったらこうこうこうしろ」

という通知がしてあったようです。

その時分外国人が外に出ると護衛兵が付いたもので、それがうるさいから、朝早く公使館の裏門から出てシーボルトと二人で行くとだれにも見つかりませんでした。ただ一人自分たちを護衛する人に見つかって、その人がついて来て薩摩屋敷の門まで来ると、

「これを入ると危険だ」

と注意を受けました。けれども自分は前から関係があるからと言って、注意にもかかわらず、入ろうとすると、大きな門を開けてくれて内へ入れて、お茶だのお菓子だのくれて大変取り持ってくれ、そして明日は、留守居役(岩下方平《いわしたみちひら》)が返礼のため公使館に行くと申しました。それから帰ってシーボルトと二人でサー・ハーリー・パークスに会って、その話をしましたところが、パークスは非常に驚きました。パークスがその後幕府の御老中に会った時に、御老中の前で、

「明日薩摩の留守居役が自分に会いに来るから、あなたがたは干渉せずにいてくれ」と言うと、御老中は大変驚いたそうです。

私が察するに、その時分幕府は、外国公使と大名など、直接に会わせたくない、大名の意向はどうであっても、とにかく公使たちに対しては、非常に危険であるから会見せぬ方がよかろうと始終注意していたと思われます。そこへ薩摩の留守居役が公使館に来るということを幕府の老中に話したものですから老中は驚いたのです。その翌日、初めて薩摩の留守居役(岩下方平)が公使館に来てパークスに会って色々話をしました。それから私は長崎へ帰りましたが、帰る前に、

「とにかくああいうようなわけであるから、ぜひ鹿児島に行ってみてはどうだ」

と言ってパークスに勧めましたところ、パークスが言うのには、

「なるほどお前の言ったとおりだ。実際大名というものは敵愾心《てきがいしん》を持っておらぬ。もしちゃんとした招待状をよこしたならば行こう」

という話でありました。それで長崎へ帰ってから小松に話したところ、よろしいというので、こんな大きな(手真似)長いのを、よこしました。

そこで自分はプリンスローヤルという英国の軍艦(その海軍提督はキングという人でありました)に乗って、サー・ハーリー・パークスと共に鹿児島に行って、四、五日も滞在しましたが、その間に狩猟をするとか、御馳走をするとか、調練を見せるとかいうように、非常なる歓待を受けました。島津三郎(久光)にパークスが初めて会った時に、島津三郎(久光)が、

「過去の事は過去の事にしてお互いに忘れてしまって、以後懇親に交際をいたしましょう」

と申しました。その時は艦長以下水夫に至るまで御馳走を受け、土産物は大変立派な物を頂戴してサー・ハーリー・パークスとキングの二人は面目をほどこすことができました。この時に物をもらうということは異例であるから、パークスは最初断ろうとしましたが、熟考の上、外交の一番初めの事であるから、そういう儀式ばったことはやめにして、有り難く頂戴することになりましたが、返礼する物がありません。その折、薩摩で狩猟をさせてくれるという話であっ

たので、鉄砲を持っていきました。それを返礼として島津公以下に贈りました。

以上のグラバーの談話で、この招待に大いに小松が働いたことがわかるのである。英国公使サー・ハーリー・パークスが英国艦隊司令長官海軍中将キングと共に軍艦三隻を率いて鹿児島に来たのは、慶応二年六月十五日であった。英国の暦日では、西暦一八六六年七月二十六日にあたる。

今回は薩摩藩の招きに応じての来訪であるから、薩摩藩から歓迎の礼砲を撃ち、薩摩より迎えの船が出て案内した。第一日目は英国海軍が上陸して市中を行進する。鹿児島始まって以来の外国軍隊の行進である。市民もみんな通りに立ち並んで、堂々の行進を観覧する。

第二日目は薩摩側から藩公・久光公はじめ、小松・西郷らが、軍艦まで迎えに行き、これを磯御殿へ案内して会談することにした。これには欧州留学から帰っていて英語に堪能な松木弘安(寺島宗則)を中心に、歓迎についての儀礼・作法・食事・接待等について準備万端を整えて、これからの両国の親交が深まるよう、手配を済ませていたのである。

英国側の新聞記事によれば、第二日目の談判当日の模様が、次のように記されている。

第十一時頃薩の小船、プリンスローヤルに近づく。艦では舷《ふなばた》に水兵を並ばせ、音楽と祝砲にて出迎え、船にて待合せり。

薩摩侯(茂久)の様子、身体長大、骨格強壮にて自《おのず》から君侯の偉風を備えり。純粋の日本人にして眼目長く、斜なり。かつて日本人の絵図に見たるに異なるなし。

島津三郎(久光)は人の伝える如く侯の叔父にはあらずして、実はその父なり。この人は薩侯より身体短くして肥大なり。その挙動は侯の如く威儀正しからざるも、勇武にして君主の風あり、けだし三郎は日本人中に於《お》いて、最も才略ある政治家の一人と言える人物なり。艦の祝砲終り、薩侯微笑して台場の方を向《むか》いしに、この時台場より応砲し、その発砲甚だ整正なり。かく双方の祝砲終り、侯は下りて水師提督の室に入り、わが公使、提督、士官十七人と共に上陸せり。

海湾に面する侯の夏館(磯別邸、夏の避暑別邸)に至る。この海岸には銅製十ポンド、十二ポンド砲まで備えあり、パークス上陸する時に十五発祝砲せしに、この時は青色の旗を掲ぐべきに白旗を掲げたるは心得違いなり。ついで城内に入り、サー・ハーリー・パークスは水師提督を召しつれ、奥座敷に通して、島津三郎(久光)並に薩侯と話あり。薩侯は格別にその志をのべ
「既往のことは既往のこととして、後来は双方の間に好意を以て懇親あらん」

との趣を告げたり。この談判の間、他の士官は別の間に控え、家老にてとりもち(接待)をなし、半時ばかりにして談判終り、一同一間に集りて饗応あり。それには四、五品の珍味を供え、その調理は日本料理の精巧を極め、日本酒、シャンパン、ビール備わらざるものなし。

長き飯台の一方に英客列坐し、一方に三郎(久光)・薩侯(茂久)及び家老両席につき、薩侯委任の大臣なる小松は飯台の上座の端に坐し、侯の通訳(松木弘安)は下座の端に坐し、各飲食談笑し、楽しみを極めること五時《いっとき》ばかりにして宴を撤せり。酒宴の間に音楽を奏すること一時間ばかりなり。パークス、主人に向い、

「際限もなきことにつき、宴を終らせ、園庭を見物せん」

ことを請《こ》い、宴をやめ、園に至れば、山水明美。これを見て帰ることを忘るる程の景色なり。この処《ところ》にて煙を吹き(桜島の噴煙かあるいは煙草の煙か)、城の前に出でし所は、長さ二百ヤード幅六十ヤードの調練場(磯公園前の広場、今は国道及び鉄道)にて兵卒を調練せり。これより大砲の的弾を見物し、日暮に及び艦に帰りたり。


さらに翌日、集成館の工場を視察、歩兵調練を観覧し、英艦より四、五百人を降ろして、英兵の演習を見せたこと、磯山にて狩猟をしたこと、別れに贈物をもらい返礼に鉄砲を贈ったことが記されている。こちらの贈物は、華麗な花瓶(薩摩焼)、錫器《すずき》、刀剣等であった。

以上のグラバーの談話や、英国側の記事よりみても、英公使を招待し、招待会の司会を務めたのも、小松帯刀であった

のが真相である。

五　小松城代家老となる

幕府は長州の毛利家を処分しようと決し、毛利父子を広島に招いたが、病と称してこれに応じないばかりでなく、諸隊に命じて防戦の備えをかたくしたので、使いを出して重ねて厳命した。長州ではその使者を拘留したので、幕府は長州再征を決定し、六月七日、征長の勅許をとりつけた。六月十一日、ついに両軍開戦となったが、石州口と小倉方面で幕府方はいずれも連敗したので、諸藩から「幕府頼むに足りず」と、信用を失う結果となった。

このような状況の中で、将軍家茂《いえもち》が病気のため大坂で死去する。遺言によって一橋慶喜《ひとつばしよしのぶ》が将軍職を継いだが、喪を秘密にして征長に当たらんとした。ところが将軍死去の報が漏れて、征長の諸軍に知れ、撤兵する藩も多く、小倉も長州軍に占領されたので、慶喜も初めて人心が幕府を離れたことを知り、ついに征長を打ち切って、解兵を命ずることにした。薩摩はこの長州再征に兵を出さないで、早晩国内が大動乱の世となるおそれがあるとみて、藩内の兵備の充実にかかり、やがて中央において活躍する素地をつくらんと考え、風雲急を要する慶応二年（一八六六）七月、一般の不要不急の出費を緊縮し、陸海軍備を主とする予算を定めることにした。これも勝手方掛である小松帯刀ならではの予算である。その主なものは、

一、海軍方　附開成所
　　右、一カ年雑用一万三千両
一、集成館
　　右、　同　弐万両

一、蒸汽船　五艘《そう》
　右、一万三千両
　右、弐万両位づつ雑用に可レ及候得共《およぶべくそうらえども》、石炭仕入料も相応に払込置《はらいこみおき》、且《かつ》運賃料等を以《もって》可二相補一《あいおぎなうべし》
一、陸軍所
　雑用六千両
一、銃薬方硝石丘《しょうせききゅう》
　同　壱万四千両
一、製錬所
　同　壱万四千両
都合八万両
一、当秋出米大概《たいがい》壱万三千石に及び、内六千石、海陸軍兵士御扶持米《おんふちまい》、残り七千石、前条の雑用にあて行《が》う。
真米壱石、当時の相場より少し引下げ。
拾両、都《すべ》て七万両
差引《さしひき》壱万両不足
右壱行、年々御勝手方より差続《さしつづ》け、
右之通《みぎのとおり》、当座《とうざ》被二相定一《あいさだめられ》、追々諸寺へ御手相付《あいつけ》、御手取揚高《とりあげだか》海陸軍方へ被二召付一《めしつけられ》候《そうら》はば、御勝手方より別段差続《さしつづ》け
に不レ及様可二相成一《およばざるようあいなるべし》。
一、大島白糖方
右外《ほか》、御用に全く不二振向一《ふりむけず》。軍艦御取入、
右御雑用に御宛行《あてが》う。

以上

とあって、小松は西郷・桂・吉井・奈良原等と軍備充実に力を合わせ、開政所と陸軍所を拡張強化した。たまたま欧州に留学していた松木弘安(寺島宗則)が帰藩していたので、開政所の充実に尽力させている。そのため前記のとおり、英公使来鹿《らいろく》の折は、その修交に松木が大いに働いたのである。

英公使の来鹿に、応接の中心となって奔走するほか、海陸軍備充実に日夜を通じて励んだためか、かねてより体の弱い小松は、無理がたたって再び病痛を覚えるので、八月十五日からまた霧島硫黄谷温泉で湯治していた。だが、京の政情は、ゆっくり静養することを許さなかった。京では慶喜が将軍となってから、幕府が勢力を盛り返し、小松・西郷が鹿児島にいる間、大久保・岩下などが京で近衛忠房卿《このえただふさ》・山階宮晃親王《やましなのみやあきらしんのう》と画策したが、諸藩の衆議は慶喜(中納言)を通じて奏聞するようになったので、いよいよ幕府の勢いは増し、十月、山階宮、岩倉具視《いわくらともみ》、三条実愛《さんじょうさねなる》、大原重徳《おおはらしげのり》等、反幕府の朝臣二十余人は蟄居《ちっきょ》閉門を申し付けられ、十二月五日、慶喜は征夷大将軍に任ぜられたのである。このような京の状況に、山階宮・近衛忠房卿はこれを心配して小松の上京を求められ、大久保を通じ、

「大久保、小松両人は、文久二年(一八六二)以来の近臣である故、時々参殿いたし、御案内なしに御殿へも遠慮なく罷《まか》り通り、諸事相談遊ばされるように」

と藤井宮内《ふじいくない》を使者として申し越されたのである。十月五日、小松と西郷は久光公に代わって兵を率いて上京したが、京の政情は既に前述のとおりで、その上また、外国の軍船が摂海に現れ、外国はますます開港を迫り、長州再征軍は全く敗れ、内憂外患同時に起こったので、老中筆頭板倉勝静《いたくらかつきよ》は小松を召し寄せ、小松の意見を聴き、久光公の上京を要望した。

板倉より小松に求められた意見とその応答について、桂右衛門久武あてに長い文面をもって通知し、これを君侯に申し上げるようにと申し送っている。あまりに長いので条項だけを掲げると、

一、大隅守(久光)の上京のこと、病にて出来ないとのことであるが、押して上京していただけないか。

「否《いな》、困難である」

二、何ぞ時勢のお見込みはとのお尋ねに対し、

「今まで建言しても何一つとして取り上げず、その外に意見はない」

三、兵庫開港の儀いかが心得候《こころえそうろう》や。

「前に開港について留守居役より建言したるも御採用これなく、今更申し上げても益なし」

四、長州所置の儀いかが心得候や。

「諸藩再征申し出すものこれなく、諸侯の来会を待たれるならば余程長引くだろう」

五、前の話のことなどにつき、小松お見込みの次第あらば、上様（将軍）へ伝えるので書き付けにしてくれるよう

などについて意見を聞かれたが、幕府当局が内憂外患に、余程困っている模様である旨を藩公父子に申し上げられるよう書き送っている。これによってみても、いかに小松の意見を、将軍慶喜も、筆頭老中、板倉なども重視していたかがわかるのである。

このような幕府優勢の政情下の十二月二十五日、孝明天皇が崩御され、これが二十九日、発表された。明けて慶応三年（一八六七）一月九日、皇太子睦仁親王《むつひとしんのう》は践祚され、明治天皇の御代にかわる。一月十五日、国喪のため幕府は征長軍を解兵し、朝廷も大赦によって、蟄居閉門の赦免と前述の五卿の帰京赦免が実現し、小松より他の四藩に伝えるよう命ぜられた。

小松・西郷・大久保等はこの機会に旧藩賢侯の上京を計り、薩摩・土佐・越前・宇和島の連合によって王政復古の目的を成し遂げようと話し合い、西郷、吉井は帰藩し薩摩公父子に勧め、次に土佐及び宇和島に行き、容堂、宗城《むねなり》両侯に兵を率いて上京されるように促す。同時に、小松、大久保は京にあって、近衛、嵯峨《さが》、山階宮、岩倉卿に諮《はか》って、朝廷公卿の結束を固め、旧藩侯の上京を待つこととなった。

このような内外多端な時期であるので、京のことは小松に処置を任せられることが多くなった。そこで諸掛の兼務はそのままで、さらに城代家老の重責を命ぜられることになったのである。

辞令

一、御城代

一、御役料高千石

一、御家老勤《つとめ》
一、諸掛是迄通《これまでどおり》
小松帯刀
右者《みぎは》、別段《べつだん》之《の》思召《おぼしめし》ヲ以《もって》、右之通《みぎのとおり》被仰付《おおせつけられ》、御役料高《おやくりょうだか》被下置《くだしおかれ》候《そうろう》、
慶応三年丁卯《ひのとう》
正月十一日

六　日本最初の株式会社と本間郡兵衛の悲劇

小松帯刀は日本最初の株式会社を創設したことでも先鞭をつけ、日本の民間企業の第一号となったのであった。これに参加した一人出羽の庄内藩、酒田出身の本間郡兵衛の悲劇についても、併せて述べておかねばならない。

小松・西郷・大久保が、勝海舟の持論、大藩賢侯の連盟による政府改革を実施するために、四賢侯が兵を率いて上京するのを待つ間、小松は政治、軍事資金調達を実施に移した。

慶喜が将軍に就任して以来、京にあって幕府方が政治権力を握り、経済上の力も幕府方が優位で、金の力では到底勤皇公卿、志士の側は幕府に及ばない。政治資金がなければ公卿衆を動かすこともできず、今後、軍船・兵器の購入もできかねる。小松は薩摩藩の御軍役掛、陸軍掛、海軍掛である上に、藩の経済を握っている御勝手方掛も、小松の肩にかかっていたので、政治費用、軍事費その他各種事業費に莫大な資金を必要とするようになった。それに今後、港を開き通商条約によって、外国と通商するとなると、外国の大きな資本力に負け、我が国の通商の儲けをすべて外国に吸い取られることになる。このため小松は大坂に設けてあった交易の拠点、大和交易方《やまとこうえきがた》を拡張し、大和方コンパニーという株式会社を組織して、大坂で資金を集め、国興しの基本をつくる計画をたてた。

小松は伊地知壮之丞《いじちそうのじょう》・石川確太郎・本間郡兵衛等を大坂に出張させ、株式会社設立の資金集めに当たらせたのである。

大方、幕末から明治維新にかけての歴史は、ただ政治面、軍事面の事績ばかりが目について、西郷・大久保・坂本・木戸・中岡・岩倉などの功績が評価されやすいが、その政治・軍事の基盤となった政治資金、軍事資金などの経済と軍備がなくては、いかに西郷や大久保ら英傑をもってしても、その活動は遂行できなかったであろう。小松帯刀は自ら、政治面・軍事面に大きな功績をあげたばかりでなく、他のすべての政治・軍事の基礎となった財政・経済にまで力を注ぎ、その功績は、他の志士以上であるといっても過言ではない。そしてこの経済上の施策が、以後の日本の産業・通商の向上に大きな功績を残す結果となっている。

この大和方コンパニーの件について、大坂にあった伊地知から、二月八日、帯刀に送った書簡によれば、

（前略）　（漢文体を意訳）

私共、上京仕《つかまつ》り候《そうろう》みぎり、呼び召され御馳走なし下され、色々御厚意仰《おお》せ聞かされ、有難く御礼申上候《もうしあげそうろう》。翔鳳丸《しょうほうまる》今に着船仕《つかまつ》らず、日日待居《まちお》り申す事に御座候《ござそうろう》。大和交易方の一件は石川所存通り、何遍《なんべん》も手を施され申候《もうしそうろう》。追い追い宜敷《よろし》き都合《つごう》向《む》きにまかり成《な》る向きにうかがはれ申し候《そうろう》。

本間郡兵衛も先日上坂仕《つかまつ》り候《そうろう》。右者《は》本国の出羽《でわ》へまかり越《こ》し、宗家（本家）の本間休四郎一統を固め、北方の治定《じじょう》を仕《つかまつ》り候《そうろうて》手筈《はず》に御座候《ござそうろう》。参殿仕《つかまつ》り候《そうろう》みぎり、あらあら申上《もうしあ》げ候《そうら》えど、コンパニー（株式会社）取企《とりくわだ》ての一条は、寺島へ相談仕《つかまつ》り、石川へ託し、手を付《つ》け申候《もうしそうろう》。

随分泉州堺《さかい》、大和《やまと》、河内《かわち》、和泉《いずみ》は出銀（出資）致し候都合《そうろうつごう》相調《あいととの》ふ儀《ぎ》と存《ぞん》じ奉《たてまつ》り候《そうろう》。追《お》い追《お》いは出羽・近江辺までも手を伸ばし申すべく候《そうろう》。もっとも御国許《おくにもと》の大家商人共《ども》にも相応《そうおう》出銀仕《つかまつ》り申すべく候《そうろう》。左候《さそうら》はば、数十万の元手相調《あいととの》ひ候様《そうろうよう》、まかり成《な》るべく、兵庫開港商法一変仕《つかまつ》り候《そうら》はば、何《いず》れコンパニー（株式会社）に御座《ござ》なく候《そうろう》ては、本朝（日本）の膏油《こうゆ》を、彼に吸はれざる様の仕ようこれより外《ほか》なしと、寺島の説に御座候《ござそうろう》。西洋は一般に、蒸汽車鉄道より諸機械屋等に至るまで、コンパニー（会社）の仕向けに御座候《ござそうろう》。大略の方向定まり候《そうら》はば、な

り行きを伺い奉《たてまつ》る可《べ》く候《そうろう》。云々。

と会社出資の模様を知らせている。

ついで、二月十二日の書簡では、会社組織も順調に進捗し、長崎及び国許《くにもと》などで要する費用も五卿帰京の入費も、大坂で調達して送っていることを次のように知らせている。

（前略）

大和方コンパニー一件に付《つき》、石川昨日より泉州堺へ差し越《こ》し申候《もうしそうろう》。此《こ》の節《せつ》は相応の仕事相調《あいととの》い申すべく候《そうろう》。同人引《ひき》取《と》り候《そうろう》までに、私にも頭取の者へ面会致しくれ候《そうろう》よう承《うけたまわ》り候《そうろう》に付《つ》き、其《そ》の通り仕《つかまつ》るべく候間《そうろうあいだ》、是《これ》また左様御含み置《お》き下さるべく候《そうろう》。

（中略）

大山格之助も昨日、芸州《げいしゅう》船万年丸《まんねんまる》よりまかり越《こ》し申候《もうしそうろう》。同人へ五卿方御帰京用の弐千両、相渡《あいわた》し置《お》き申候《もうしそうろう》。長崎へ壱万五千両、お国許《くにもと》よりも三万両差しつづけ候様《そうろうよう》申し参《まい》り、金の都合、なかなかに御座候《ござそうろう》。此《こ》の分は、是非調達仕《つかまつ》らず候《そうろう》ては、相済《あいす》まざる儀《ぎ》と存《ぞん》じ候《そうろう》。云々。

とあり、政治資金、軍用金など資金を集め、これを各方面へ送金していることをうかがい知ることができる。長崎への送金は造船所出資金であった。

さて前文手紙の中に、

「本間郡兵衛も先日上坂仕《つかまつ》り候《そうろう》。右は本国の出羽《でわ》へまかり越《こ》し、宗家《そうけ》（本家）の本間休四郎一統を固め」云々とあるが、この株式会社設立のため、出羽に帰った本間郡兵衛は、その資金募集について本間の親類筋を説いて回ったが、結局、彼は薩摩のスパイと誤解され、監禁されたうえ、哀れにも毒殺の悲劇に巻き込まれてしまう。この本間郡兵衛が、どうして薩摩のために働いていたのか、それも小松帯刀と関係があったからである。

本間郡兵衛は出羽の大富豪本間家の一族の出である。本間家は日本一の農地を有する大資産家で、庄内藩は無論、日本全国に知られた富豪、酒田港に米倉を連ね、米問屋、廻船《かいせん》問屋として米の積み出しも行った。その豪勢さは、

「本間様には及びもないが
　せめてなりたや殿様に」

と歌われたほどである。この出羽の米は、薩摩の御用商の手でも、大坂京方面に交易された。本間家は本家を中心に、本間十六分家の一族すべて富豪として代々栄えてきた。その十六分家の一族の出である本間郡兵衛は、初め浮世絵師の弟子となり、浦賀へのアメリカ軍艦入港を聞いて、浦賀に走って軍艦の写生をしてきた。後に世の風潮の動きに敏感な郡兵衛は、洋画を目的に長崎に遊学したが、長崎で英語を学び、海外事情を知るようになった。こうして当時の先覚者たちと交わるようになった。慶応の初め一時欧州を回って帰ったが、薩摩藩家老小松帯刀が英語教師をグラバーに求めたことから、英語に堪能な郡兵衛を、小松帯刀に薦め、薩摩の開成所の美学教師に迎えられ、鹿児島に行くことになった。ところが、開成所が幕末の風雲急を告げるようになって縮小され、陸軍所が開設されるようになると、英学教師の郡兵衛は、大坂にあった大和方コンパニー（株式会社）設立の一員として設立資金調達に当たることになったのである。

帯刀をはじめ、世界情勢に明るいこの先覚者たちは、勤皇倒幕は国内問題の内乱にすぎないが、それより外国が日本をねらっているのは経済侵略であると悟っていた。このままでは日本は外国資本にやられる。薩摩は当時、琉球はじめ日本全国との交易で、巨大な利益をあげていたが、いずれ開港と同時に、外国の強大な資本が押し寄せてくる。それには株式会社を結成して薩州商社（正しくは大和方コンパニー）を設立して、全国から資金を集めないと彼らに太刀打ちできない。早く会社の資金を集める必要があった。

本間郡兵衛は酒田の本間家一統に出資させることが、本間家のためにもなる、好機を逸してはならぬと思ったのである。あにはからんや、庄内藩は奥州諸藩とともに、すべて幕府支持の国である。勤皇倒幕の薩摩とは敵対関係にあった。この

国で薩摩の小松がもくろんでいる株式会社、商社の趣旨をいくら説いても、無駄であった。外国の日本に対する経済侵略を説いても、庄内酒田の人たちには通じなかった。かえって郡兵衛は薩摩のスパイと疑われて捕らえられ、鶴岡の親戚預けとなり、蟄居《ちっきょ》監禁され、ついに明治元年（一八六八）七月十九日、前途ある先覚者だった洋学者本間郡兵衛は、哀れ毒殺の憂《う》き目にあったのである。時に四十七歳、誠に惜しい限りであった。

それからわずか二ヵ月後、西郷軍の庄内藩攻略は九月二十六日、刀折れ矢弾尽き果て庄内藩の降伏となった。藩主酒井《さかい》忠篤《ただずみ》は自ら降伏のため西郷の陣営にくると、西郷は自分から先に迎えに出て、賓客の礼をもって、寛大な条件で降伏を受け入れ、

「このような官軍の大軍が庄内にとどまっていては、庄内藩の費用もかさみ、大変迷惑だろう。直ちに撤兵せよ」

と命令し、藩士高島鞆之助《たかしまとものすけ》が、

「西郷先生、あまり御謙譲で、どちらが降伏したのかわからんようですが」

と言うと、

「いや、降伏はただ負けたからで、あの殿様の恐れ入った素直な姿を見やしたか。勝った方が威張ってみせては、向こうは思うことも言えんでごわしょう。ハッハハ」

と笑った。この西郷の寛大な人柄に感じ入った庄内藩は、隆盛の人徳を慕い、はるばる鹿児島の西郷の私学校に子弟を送り、教育を受けさせた。その教えを庄内で出版し、西郷遺訓として今も子弟の教育に当てている。中には、西南戦争の西郷軍に従軍し戦死した者もいるが、百年後の今に至るまで西郷を尊敬し、鹿児島と庄内は姉妹都市の厚誼《こうぎ》に結ばれている。しかし、その裏に哀れな本間郡兵衛の悲劇があったことを知る人は少ない。

本間郡兵衛があと二ヵ月生きていたら、毒殺を免れ、本間郡兵衛の真価が実証され、明治維新に大いに活躍したであろう。

ここに先覚者本間郡兵衛の死を弔い、その悲劇を紹介する次第である。

七　雄藩連合策成功せず

雄藩連合によって政治改革をしようとの呼びかけで、薩摩・土佐・越前・宇和島の四藩は、これに同意し、まず薩摩では、久光が西郷を従え、陸軍六小隊、大砲隊、海軍兵七百余を率い、四月十二日、京に着いた。続いて宇和島の伊達宗城は十五日、越前松平春嶽《まつだいらしゅんがく》は十六日、土佐の山内容堂は五月朔日《ついたち》、上京してきた。

会談は五月四日から始められ、まず朝廷に諸藩の人材を登用すべきであると、朝廷で予定の人選を提出したが、慶喜は身分が卑しいとか、人物が過激であるとか難をつけ、候補者七人中、わずか二人しか採用しない。

次に長州の処置と兵庫開港の問題の評議では、外国からの圧力があるから、長州の処置は後にして、先に開港問題を決めようと将軍は希望するのに対し、久光と宗城は、まず内政問題の長州の処置を先にすべきであると主張する。将軍は、それならば長州の処分は、まず長州藩から詫び状を提出させてから、幕府の命で行わせようとするのに対し、久光と宗城は、これは朝命によって行うべきであるとして、将軍と久光、宗城の意見が合わず、四藩の意見も分かれ、まず土佐の容堂が帰藩する気配である。そこへ土佐の勤皇派の急先鋒板垣退助が上京してきて、いつも容堂が王政復古に踏み切りが悪いので、藩論を王政復古に決するよう容堂に勧める。そして中岡慎太郎が、是非西郷、小松に会って意見を聞くがよいというので、板垣(乾退助)、谷干城《たにたてき》、毛利恭助《もうりきょうすけ》らと一緒に、五月二十一日、京の小松邸で小松、西郷、吉井と会い、西郷、小松の意見を聞いた。板垣が、

「薩摩が王政復古に積極的に行動されるのに、土佐は藩侯が幕府の鼻息をうかがって踏み切らぬのは、チクと恥ずかしか」

というと西郷は、

「お互い御国のためでごわす。土佐藩の御協力を頼みます」

という。板垣は土佐藩の上士の家柄だけに、

「拙者はこれから帰藩して、土佐の藩論を動かすつもりだ。もしできない場合は、同志を集め脱藩してでも、薩摩の後に続くつもりだ。中岡、谷、毛利の三人は京で運動されるがよい」

と西郷に約束する。西郷は、

「いや誠に有り難い。是非、御協力下され」

　こうして薩土の私的な会合は進行中であるが、山内家は昔から徳川家と因縁が深いだけに、容堂はこれにこだわり、五月二十七日、京を発って土佐へ引き揚げてしまった。続いて越前の松平春嶽も引き揚げる。宇和島の伊達宗城はあとに残って久光と朝廷の公卿方と掛け合い、結局、結論は将軍慶喜の決断に任せることになって、宇和島に引き揚げる。

　久光一人ではどうにもならぬ。せっかくの四藩連合策による改革も成功しなかったので、小松・西郷・大久保は、最後の決断を長州との連合にかけるべきであると、久光の奮起を促した。

　そこで久光は、京薩摩邸に潜伏中の、長州の品川弥二郎と、たまたま長州から連絡係として上京してきた山縣狂介（有朋）の両人を呼び、

「四藩連合で王政復古を実現する計画で色々談合したが、我ら四人の建言も、かえって幕府を強化するために、利用される状態である。このような形勢では、もはや、討幕の企てを立てなければならぬように立ち至った。帰られたら、薩摩はそのつもりであると、毛利公父子に伝えてほしい」

と言う。同席していた小松、西郷、伊地知らは、もっと詳しく計画を打ち合わせるため、小松家老の屋敷に二人を伴い、小松、西郷、大久保、伊地知らと会談する。お琴さんは皆を迎え、お茶をたてて接待する。座敷に着いたところで、まず小松が、

「今日、主君（久光）よりのお話のとおり、薩摩は朝廷の御守護を専一と考え、勅命を奏請して、幕府の罪を糾《ただ》し、朝廷の基本を立てるつもりである。我々は諸藩と連合し、協力して、大義を天下に呼び掛けたいので、まず長州の毛利公父子とも打ち合わせをするために、だれか行くことにしたい」

と述べた。西郷は、

「それについて、具体的に打ち合わせたいが、薩摩は既にその手はずを作成してある。伊地知殿から説明してほしい」

と伊地知に命じ、久光と藩首脳との決定になる討幕計画の基本方針と、挙兵の作戦計画書を見せ、これを書き写させた。

そして薩長間で品川・山縣《やまがた》二人の覚書を作成し、六月二十一日、薩摩船豊瑞丸《ほうずいまる》で帰藩し、長州毛利公父子に伝達すること

にする。

その時、隆盛が長州に同行して詳しく毛利公父子に説明する予定だったが、土佐との会談のため、代理として村田新八を派遣した。その翌二十二日、小松邸を訪れた土佐の後藤・坂本等と薩土盟約が成立したのである。品川弥二郎と山縣《やまがた》狂介（有朋）は薩摩の村田新八を連れ、長州毛利公父子に面謁して、久光の伝言を伝え、薩長盟約によって薩摩と同時に決起して下さるよう頼んだ。

長州藩では戦乱にかかわる重大な事柄なので、もう一度、薩摩藩の具体的な作戦を確かめるため、急進派の巨頭、御堀《みぼり》耕助《こうすけ》（後の太田市之進）と、側近の重臣柏村数馬《かしむらかずま》を密使として、備前藩士に偽装して上京させ、八月十四日、小松邸に小松、西郷、大久保を訪ね、秘密会談が行われた。『柏村数馬日記』によって打ち合わせの概略を見ると、まず柏村が、

「薩摩藩が久光公はじめ、藩を挙げて決起されることに感じ入り申した。長州も毛利公父子はじめ、薩摩に呼応して立ち上がる準備に掛かり申したが、その実行の手だてを委細承りたくて参上致し申した」

と言うと、西郷は、

「もう武力以外には方法がないと思うが、薩摩は京にある兵一千名を三つに分け、一つは御所の御守衛につき、三分の一は京都守護職会津藩邸を急襲し、残り三分の一は堀川の幕府屯所を焼き打ちする計画である」と言う。

柏村「よくわかり申した。大坂の幕府軍には」

西郷「これに呼応して薩摩の本国より軍艦で兵三千を上らせ、幕府の軍艦を破り、大坂城に攻め上ることに考えており申《も》す」

と説明すると、御堀耕助は、

「わかりましたが、江戸表において旗本に対して薩摩兵はどうなりますか」

西郷「江戸表には薩摩兵約一千名はござるが、これでは幕府側に取り囲まれるのは必定である。早目に甲斐《かい》に立てこもり、江戸旗本がすぐ京に入れぬように、京進撃を阻止する外はないと思う」

これらの作戦の具体的な説明は、すべて西郷が応答し、軍の運用については小松は西郷にすべてを任せているらしく、ほとんど話さない。無口で、いつも責任を任せたら、余計な口出しなどはしない小松は、相槌を打ちながら、ただ黙って

聞くのみである。
御堀「京ではほとんどが敵に付くでしょうが、御所護衛に、薩摩の三分の一程度の小人数では十分でしょうか」
西郷「九門の警固はいずれも小人数である。ただ敵対する兵は会津だけだから、緒戦で不意をついて挙兵すれば大丈夫でござる」
御堀「動乱では京は出火は避けられないでしょうが、その際、万一の時、新帝(明治天皇)の御避難はどうされますか」
西郷「まず男山八幡《おとこやまはちまん》(石清水八幡宮)を予定しておりますが、その場に応じて臨機応変の処置をとらねばなりますまい。薩摩藩でもこれらの計画は、ごく内密で君侯以外は二、三人が知るのみで、朝廷の同志、堂上《とうしょう》(公卿)方にも、全く当日にならねば、内通せぬことにしてある。とにかく絶対緒戦では見込み十分と思っとります」
と西郷は自信をもって、はっきり断言する。
柏村「薩摩御一藩のみでも決起の御決心、誠に感服のほかござらぬ」
大久保「以上、西郷どのより、我が藩の決心を申し上げたことですが、同時に討幕の勅命をいただくよう、同志の堂上方にも通じてあります。そうすれば、他の藩も応じてくると思っとります」
御堀「土佐の決心はいかがでござる」
西郷「土佐の方は、後藤象二郎君が、帰国する前、こちらに見えて、藩論を統一して、兵を率いて上洛するとのことです。長崎での英国水兵殺し事件で、今ごたごたしているので、はっきりはしないが、間違いはないと思う。どのようなことになろうとも、我が薩摩藩一手にても事を挙げる決心です」
御堀「誠に見上げた御決心、土佐やその他が立たなくとも、一藩でもとの腹の中をお聞きして、我ら恥ずかしいくらいでござる。帰国の上は、早速、毛利公父子に報告申し上げ、長州も藩を挙げて準備いたす所存でござる」
小松「御帰国されて毛利公父子への御報告以外は、たとえ御藩中の親しい者にも、だれにも一切漏れぬよう、固く秘密にお頼みいたし申《も》す。毛利公御父子に何分よろしく御願い申すとお伝え下さるように」
　このような秘密を要する会合は、ほとんどすべてがこの京の小松邸で、小松・西郷・大久保の三人が中心となって、協議されていた。

　小松邸の志士の会合の接待役は、いつもお琴さんで、黙々としてお茶をすすめて、多くの公卿堂上の方や、天下の志士の接待に当たった。全くお琴さんは陰の功労者であったのである。

八　小松邸での薩土盟約

　土佐藩主山内容堂や板垣退助らが帰藩した後、京に残っていた中岡慎太郎、毛利恭介、谷干城らのところに、坂本龍馬が、土佐の重臣後藤象二郎と連れ立ってやって来た。二人は長崎から来たという。どうして長崎から二人が一緒であったのか。

　土佐の重役後藤象二郎は一月のころ、土佐の交易のため藩命によって長崎に出張していた。武器の買い付けが重要な任務であった。その長崎で、土佐出身の坂本龍馬と一月十二日、会見、懇談する機会を得た。後藤象二郎はかの有名な豪傑後藤《ごとう》又兵衛《またべえ》の子孫である。大坂落城の後藤又兵衛の子孫は、土佐の山内家に仕え、重臣として活躍しているが、その末裔にあたる男である。かつては坂本龍馬の尊敬する武市半平太《たけちはんぺいた》を捕らえ、死に追い込んだ男であるとして、今まで会ったこともなかった。ところが亀山社中の党首坂本龍馬が同じ土佐出身であるところから後藤は坂本と親しく話し合う。話では坂本が長崎で亀山社中を率いて交易をしていると聞き、ちょっと土佐っぽらしくないので後藤は、

「坂本氏《うじ》、あなたも土佐人じゃきに、もっと骨のある仕事ばしなさらんば」

「何言いなさる。あし(わし)らの亀山社中こそ、国のために役立つ男の中の男の仕事じゃ」

「金儲けばかりか。こんな国の大事な時じゃきに」

「こんな国の大事な時だから、亀山社中は、日本を股《また》にかけ、清国や呂宋《ルソン》までも交易できる大船隊をつくり、外国海軍に劣らぬ日本海軍をつくりあげるつもりですぞ」

「なるほど、平時は貿易、いざとならば海軍に変わるのか。なるほど。えらい。坂本氏《うじ》、後藤大いに見直し申した。なら

後藤象二郎肖像写真
（写真提供 国立国会図書館）

ば、おぬしのその大きな考えでもって、土佐のため帰参して、働いてくれぬか、わしが力になるぞ」
「そうだな、今、外国は日本に開港通商を迫っている。うっかりすると、日本は外国の貿易のため、すっかり抑えつけられる。あしはそんなことにならぬよう海援隊をつくるのだが、土佐藩が必要なら、それもよかろう」
「よし、決まった。あしが主君に、うまく話してつかわそう」
これがきっかけで龍馬の亀山社中は改めて土佐の海援隊となり、その土佐海援隊長に任ぜられるのである。後藤の差し金で、龍馬は、新しい日本の建設のため、この土佐の海援隊を「世界の海援隊」として、貿易ござれ、海軍ござれの珍しい結社として発展させるつもりである。

薩摩では既に小松帯刀が、その小型をつくって、貿易と海軍をつくりあげている。龍馬は今度は日本の新しい国づくりに、もっと大型の日本の商船隊、大海軍をつくりあげ、世界の海に羽ばたく「世界の海援隊」としたいのである。
この龍馬の大きな考えに、後藤は大いに共鳴したのである。

後藤はこの海援隊の初仕事として、後藤が長崎で買い入れた土佐の銃砲その他を、土佐まで輸送するように頼んだ。龍馬は桜島丸（乙丑丸《いっちゅうまる》）が、長州の海軍に引き上げられているので、伊予大洲《いよおおず》藩のいろは丸を借り、銃砲その他を満載して四月十九日、土佐へ向け出航した。しかし、四月二十三日、船が瀬戸内海讃岐《さぬき》の箱《はこ》ノ崎《さき》に差し掛かった時、濃霧なのに灯りも点けず警笛も鳴らさず、突然眼前に現れた紀州の大型船明光丸《みょうこうまる》に衝突され沈没した。

この賠償交渉は、長崎奉行所で行われたが、その裁判で紀州側は御三家の威を借りて、長崎奉行を我が陣営に引き込み、土佐側代表の後藤は苦境に追い込まれた。ところが、どっこい、そうはさせない。龍馬が海軍操練所仕込みの「万国公法」を持ち出し、これに照らして論陣を張ってきたので、ついに長崎奉行所もその非が紀州側にあることを認めた。龍馬たちは外国留学から帰った外国律法に詳しい薩摩の五代才助（友厚《ともあつ》）をその仲裁に頼んで、紀州側は賠償金八万三千両を土佐側へ支払うことになった。この裁判で土佐の後藤と、土佐海援隊長坂本龍馬は名を高めたのである。それ以来、二人は国事について、皇国の向かうべき方策を論ずるようになった。幕府は大政を朝廷に奉還し、各藩が協力して新しい日本の政治をやるべきであることを後藤に説いたので、四侯会議で京出張中の容堂に大政奉還を勧めるため、後藤は龍馬を伴い上京することにした。

その船中で後藤は、容堂に説明するため、

「皇国の向かうべき基本政策を書いてみせろ」

と龍馬に求めたので、同伴の長岡謙吉も加わり、基本政策の八策を起草した。これが有名な龍馬の「船中八策」といわれるもので、後に新しい日本政府の基本政策となったものである。

新政府綱領八策（船中八策を基に龍馬自身が執筆したもの。カタカナをひらがなにして読みやすくした）

第一義　天下有為《うい》の人材を招致《しょうち》し、顧問に供《そな》う

第二義　有材《うざい》の諸侯を撰用し、朝廷の官爵を賜《たま》い、現今有名無実の官を除く

第三義　外国の交際を議定《ぎじょう》す

第四義　律令を撰し、新たに無窮《むきゅう》の大典《たいてん》を定む。律令既《すで》に定《さだむ》れば、諸侯伯、皆此《みなこれ》を奉《ほう》じて、部下を率《ひき》ゆ

第五義　上下議政所《ぎせいしょ》

第六義　海陸軍局

第七義　親兵

第八義　皇国今日の金銀、物価を外国と平均す

右、預《あらかじ》め二、三の明眼士《みょうげんし》と議定し、諸侯の会盟《かいめい》の日を待って云云。〇〇〇〔マヽ〕自ら盟主と為《な》り、此《これ》を以《もっ》て、朝廷に奉《たてまつ》り、始《はじめ》て天下万民と共に公布云々。強抗非礼《きょうこうひれい》、公議に違《たが》う者は、断然征討《せいとう》す。権門《けんもん》貴族も貸〔仮〕借することなし。

慶応丁卯《ひのとう》（三年）十一月　坂本直柔〔龍馬〕

これが龍馬の八策であるが、きわめて簡明で、要領を得たものである。これを藩主容堂侯に見せて、大政奉還を説こうと思って、京土佐屋敷に行った。ところが、目当ての藩主容堂侯は既に土佐に引き揚げてしまったあとであった。そこで中岡慎太郎と毛利恭介、谷干城に会った。三人は藩主容堂侯の帰藩のいきさつを話し、「五月二十一日、薩摩の小松、西郷、大久保、吉井等に会って、薩摩の意見を聞いた。我々土佐藩も、これらの薩摩や長州等に遅れてはならぬから、是非、小松、西郷、大久保と会って話し合うことが必要である。会談を申し入れよう」ということになった。

慶応三年(一八六七)六月二十二日、いつものように小松邸において、薩土盟約が行われた。薩摩側は小松帯刀、西郷吉之助、大久保一蔵、吉井幸輔、土佐側は後藤象二郎、坂本龍馬、中岡慎太郎、毛利恭介であった。

京小松邸で結ばれた薩土盟約書は約諚《やくじょう》大綱と約定書に分かれているが、当時の一藩を代表し、国家の政治指導者となった人々が、利害得失を離れ、道義倫理から生死を越えて、「斃《たお》れてのち已《や》まん」と約束した盟約書であった。

薩土両藩盟約書
約諚《やくじょう》の大綱

一、国体を協正し、万世万国に亘《わた》りて不レ恥《はじず》、是《これ》第一義。
一、王政復古に論なし。宜《よろ》しく宇内《うだい》の形勢を察し、参酌協正《さんしゃくきょうせい》すべし。
一、国に二帝なし、家に二主なし。政刑唯《ただ》一君に帰すべし。
一、将軍職に居《お》りて政柄《せいへい》を執る。是《これ》天地間あるべからざるの理《ことわり》なり。宜《よろ》しく侯列《こうれつ》に帰《き》し、翼戴《よくたい》を主とすべし。

右、方今《ほうこん》の急務にして、天地間常有にある大条理なり。心力を協一にして斃《たお》れて後已《のちや》まん。何ぞ成敗利鈍《せいばいりどん》を顧《かえり》みるに暇《いとま》あらんや。

皇《おうの》慶応丁卯《ひのとう》(三年)六月

となっている。別に約定書として、具体的に政策の箇条書がついている。前文は省略して末尾の箇条の部分だけを書くことにするが、龍馬が船中で書いて後藤象二郎に渡した八策の精神が、盛り込まれている。

約定書

(前文略)

今般、更始《こうし》一新、皇国の興復《こうふく》を謀り、奸邪《かんじゃ》を除き、明良を挙げ、治平《じへい》を求め、天下万民のために、寛仁明恕《かんじんめいじょ》の政《まつりごと》を為《な》さんとて、此《この》法則を定める事、左の如《ごと》し。

一、天下の大政を議定する全権は朝廷にあり。我皇国《わがこうこく》の制度法則、一切《いっさい》の万機《ばんき》、京師《けいし》の議事堂より出《いづ》るを要す。

一、議事院を建立するは、宜《よろ》しく諸藩より其《そ》の入費を貢献すべし。

一、議事院上下を分ち、議事官は上公卿《くぎょう》より、下陪臣《ばいしん》庶民に至るまで、正義純粋の者を選挙し、尚且《なおか》つ諸侯も自ら其《そ》の職掌《しょくしょう》に因《よ》って、上院の任に充《あ》つ。

一、将軍職を以《もっ》て、天下の万機《ばんき》を掌握するの理なし。自今宜《じこんよろ》しく其《その》職を辞して、諸侯の列に帰順し、政権を朝廷に帰《き》すべきは、勿論なり。

一、各港外国の条約、兵庫港に於《おい》て、新たに朝廷の大臣・諸大夫《しょたいふ》と衆合《しゅうごう》し、道理明白に新約定《やくじょう》を立て、誠実に商法を行うべし。

一、朝廷の制度法則は、往昔《おうじゃく》より律例〔令〕ありといえども、当今《とうぎん》の時勢に参し、或《あるい》は当らざる者あり、宜しく弊風《へいふう》を一新改革して、地球上に愧《は》ぢざるの国本を建てむ。

一、此《こ》の皇国興復の議事に関係する士大夫《したいふ》は、私意を去り、公平に基《もとづ》き、術策を設けず、正実を貴び、既往《きおう》の是非曲直《きょくちょく》を不《と》レ問《わず》、人心一和を主として此《こ》の議論を定むべし。

右約定せる盟約は、方今《ほうこん》の急務、天下の大事これに如《し》く者《もの》なし。故に一旦、盟約決議の上は、何ぞ其《そ》の事の成敗利鈍を顧《かえり》みんや。唯《ただ》一心協力、永く貫徹せんことを要す。

(濱田尚友著『西郷隆盛のすべて』)

以上であるが、この盟約書には、具体的に兵力をもって実力行使するか、平和的方法でやるかについては、全くふれていない。

坂本龍馬をはじめ、後藤象二郎の土佐側は、できる限り平和のうちに解決したいと望み、薩摩側は実際問題として、結局のところ、兵力による以外に解決の方法はないとの決意を固めていた。

ただ薩摩側にあっても、西郷と大久保は、徳川三百年の実力を完全に改めるには、将軍が領土人民の返還をしない限り実現できないから、武力以外にはないと決意しているが、公武合体を進めてきた小松帯刀は、やはり山内容堂と同じく、でき得る限り平和のうちに解決し、武力による内乱を避けたいという考えで、坂本龍馬の腹の中と相通ずるものがあった。

ただし用意周到な小松は、もしそれが平和のうちにできない場合は武力が必要であり、武力の威力を見せるためにも、軍備を進めておいて、あとは待つばかりに準備をしているのである。

後藤はその後十日間京に残って、細部について打ち合わせ、「藩論をまとめ、藩侯容堂の名において、大政奉還の建白書を提出するよう尽力するが、万一の場合に備えるため、二個大隊相当の兵力を率いて上京する」ということを約束する。

後藤が土佐に出立する前日、薩摩側は薩土盟約を祝し、土佐側一同を京木屋町の柏亭《かしわてい》に招待し、条約完成の別れの宴を開いてお互いの協力を深めたのである。

第六章　大政奉還

一　当代一の妙案 ─大政奉還建白書─

土佐藩山内容堂は西郷の勧めで、慶応三年（一八六七）五月一日、上京して、「雄藩連合による政治改革の会議」に臨んだ。この会議は将軍慶喜《よしのぶ》も同席のことであるから、将軍が議長となっての、公武合体のための会議であろうと容堂は考えていた。しかし、会議が進むにつれ、どうやらそうではないらしいとわかる。大勢はまず長州藩毛利の冤罪を許し、京への復帰を認め、幕府将軍の政権をつぶす方向に進みつつあることに気付く。

土佐の山内家は徳川家によって家を興して、恩顧の深い家柄だけに、朝廷を中心に、幕府と公武合体で将軍を立ててゆくのが山内容堂の持論である。議事の進行につれ、反対の方向に進みつつある会議に、その片棒を担ぐわけにいかない。失望した容堂は会議の結論も出ない途中で、土佐へ引き揚げて帰ってしまった。

その後、後藤象二郎と坂本龍馬は、容堂に幕府の政権を朝廷に返すように説得しようと、京にやって来たが、容堂は既に土佐へ引き揚げてしまった後であった。

後藤と坂本は、京にいた中岡慎太郎や毛利恭介と相談し、六月二十二日、小松邸を訪れ、小松、西郷らと会談し、薩長土の連合をもって、新しい日本を興そうと薩土盟約を結んだ。そして土佐は藩論をまとめ、必ず兵二個大隊を率いて上洛すると約束する。

土佐に帰った後藤は、板垣と藩論まとめに努力したが、藩主容堂が考えを変えない限り、兵を率いての倒幕には踏み切れない。

それより将軍を説得して、将軍自ら将軍職を辞し、大政を朝廷に返還させるなら、たとい幕府は倒れても、徳川家は助かるし、それに容堂の建言であれば土佐も生きる。これこそ妙案である。早速、後藤は容堂に面謁し、

「妙案がございます」

と言うと、困っていた容堂は、

「なに、妙案とは、何だ」

後藤「はい、それは将軍に、自ら大政を返還させることであります」
容堂「なに、将軍に政権を自ら朝廷へ返上せよというのか」
後藤「そのとおりです。もし将軍が大政を返上しさえすれば、薩長は武力による討幕のやり様がなくなります」
容堂「なるほど、そうだな」
後藤「大政は返上しても、将軍は自身で返還申し上げた功で徳川家も続き、これを建言した我が土佐藩の立場もよくなります」
容堂「よくぞ思い付いた。後藤、これは当代一の妙案だぞ」
　容堂は膝をたたいて喜んだ。
　容堂は早速、後藤に命じて、建白書を書いて出させるようにした。後藤は坂本龍馬の船中八策を新政府組織の基本として文案を練り、他の重臣の訂正をうけ、容堂名義の建白書とし、後藤象二郎・福岡藤次・神山佐多衛《こうやまさたえ》・幸村左膳《ゆきむらさぜん》の土佐重臣四名の署名をつけて、容堂の承認を得たのである。
　後藤はこの「大政奉還建白書」を持って上京し、九月二十一日、京に着いた。西郷は土佐の藩論がどうなるか、容堂のことが気に懸って、今や遅しと後藤の上京を待っていた。九月二十三日、西郷を訪ねた後藤は、
「薩土盟約に従って藩論の統一に努力してきたが、土佐は王政復古には賛成であるが、容堂侯は武力討幕に踏み切れない。上京に際し、二個大隊の兵を率いるよう乾退助《いぬいたいすけ》(板垣退助)と必死の努力をしたが、駄目であった。しかし、大政返上の建白書を容堂侯名義で、差し出すことに相成った」
西郷「将軍が大政を返上するだろうか。考えが少々甘くはないか」
後藤「この建白書は山内家としても、大変なことで、幕府に好意の忠告をするのに、何の兵力の必要があるかと言われるので、このとおり一兵も引き連れずに参った」
　隆盛はひどくがっかりして、
「やはりそうだったか。容堂侯名義による建白書だけでも仕方はないか、御苦労でござった」

とやや不満そうである。後藤は、

「土佐藩に比べ、薩摩藩の御覚悟は敬服の外《ほか》ござらぬ。土佐の建白も、薩摩藩の御決意も、大政を朝廷に返す目的は一致していることだから、この建白書を幕府へ提出することだけは御同意下され」

と言う。西郷も今はこの「大政奉還建白書」を活用する外《ほか》はない。それでも将軍が大政を奉還せぬ時は、討幕に踏み切ればよいと思い返し、

「よくわかり申した。大政奉還のこの建白書を提出されて差し支えないんで、これを活用していきましょ。大変御苦労でござった」

と賛意を表し、

「小松殿や大久保はどうでしたか」

と西郷が聞いたので、後藤は、

「まだですが、これから伺うつもりです」

後藤は、その足で大久保と小松帯刀《こまつたてわき》を訪ねて、建白書提出について了解を求めた。小松は即刻、吉井幸輔《よしいこうすけ》を使いとして、西郷と大久保の意中を確かめ、その結果、薩摩としては意見一致で、容堂名義の建白書の提出に賛成することになった。

後藤は慶応三年(一八六七)十月四日、京の二条城に登城し、老中板倉勝静《いたくらかつきよ》にこの大政奉還建白書を提出したのである。

二　討幕の密勅

幕府側は王政復古については反対で、どうして幕府の権力を取り戻そうかと考え、四藩連合による王政復古運動を切り崩すため、裏であらゆる手段を使った。堂上《とうしょう》の公卿《くぎょう》方や、四藩の重役等に賄賂を流し、朝廷に四藩主の帰国命令まで奏請した程であったという。この妨害運動をやったのは、幕府小監察役の原市之進《はらいちのじょう》と梅沢孫太郎《うめさわまごたろう》であった。梅沢は薩摩が

第二次長州征伐に反対で、出兵についても、幕府に協力しないので、薩摩の実力者小松帯刀に会うため、慶応二年（一八六六）十二月、京の宿屋で、説得に努めた事実が記録に残っている。

覚《おぼえ》

右者《みぎは》、面談致度儀有レ之候間《いたしたきぎこれありそうろうあいだ》、明後六日夕七ツ時、拙者旅宿西組与力熊倉市太夫《くまくらいちだゆう》方迄《まで》、罷越候様《まかりこしそうろうよう》、可レ被レ達候《たっせらるべくそうろう》、

小松帯刀

以上。

十二月四日

〔島津茂久〕
松平修理大夫殿

梅沢孫太郎

覚

右、御用之儀有レ之候間《ごようのぎこれありそうろうあいだ》、明後十日夕七ツ時、無二相違一《そういなく》、拙者旅宿え〔へ〕罷出候様《まかりいでそうろうよう》、可レ被レ達候《たっせらるべくそうろう》、以上

小松帯刀

十二月八日

〔島津茂久〕
松平修理大夫殿

梅沢孫太郎

この梅沢孫太郎と原市之進は、水戸出身勤皇派であったが、慶喜が将軍となったので、その小監察に引き上げられ、今は幕府のために尽力し、朝廷の公卿衆を幕府方に誘うため、盛んに賄賂を流し、私利を図っていた。このため京の宿所で、同じ幕臣の鈴木恒太郎、鈴木豊太郎、佐田権太郎の三名が、原市之進を斬り、その首級を板倉老中の玄関に投げ込み、三人は自刃した。その斬奸状《ざんかんじょう》には、「二人とも朝廷をだまし、将軍にも誤った方針を勧め、私利のため国を危うくする国賊

である。依《よっ》てこれを誅する」とあった。梅沢は難を逃れて無事であったが、次のような狂歌がはり出された。

「風もなき二百十日に原あれて、首も三つ飛ぶ板倉の門」

幕府方が政権を維持するため、将軍の寵愛の策士をして、四藩連合の切り崩しを図らしめたのである。

小松・西郷・大久保は四藩連合の失敗に懲りず、これから長州と連合して武力による討幕を決意するに至った。藩主久光が薩摩に引き揚げるに当たり、京の警衛のため島津備後《しまづびんご》(久光の次男珍彦《うずひこ》)に国元の精兵を、かねて用意している艦船で一挙に兵庫に送らせた。九月八日、久光は朝廷に対して、

「病気(脚気《かっけ》)のため帰国するが、名代として島津備後守を上洛させ、京の御警衛に当たらせる」

と願い出たが、その時、既に島津備後は、兵一千名を率い兵庫に上陸していたのである。そして九月十一日、早くもその一千名の精兵を率い、島津備後は入京して来た。たちまち京は大騒ぎとなった。

幕府側も驚いた。早速、

島津備後上京の旨《むね》、御届《おとど》けこれあり候間《そうろうあいだ》、御警衛所通行の節《せつ》、姓名相《あい》ただすと云々。若《も》し無作法の所業これあり候《そうら》はば、早速御目付《おめつけ》まで申し出《い》づべく候《そうろう》。一両日前、兵庫へ着船、凡《およ》そ千四、五百、或《あるい》は同勢一万と申し唱《とな》え候《そうろう》。

と幕府側は各藩邸へ、あわてて通知した程である。明らかに薩摩は討幕を覚悟で、精兵を率いて入京してきていることに幕府側も気付いたのである。当時、西郷は小松の推挙で一代限りの大番頭《おおばんがしら》に列せられていた。城代家老は小松帯刀、側役《そばやく》大久保。この三名に今後のことを任せ、久光は九月十五日、帰国の途についた。

同じ日、大久保を正使、大山格之助(綱良《つなよし》)を副使として、長州毛利公に出兵の打ち合わせのため、派遣することにした。

大久保等は、京の薩摩邸に潜伏中の品川弥二郎、伊藤俊輔(博文)と共に豊瑞丸で大坂を出港し、長州へ向かった。

長州側は三田尻《みたじり》に御堀耕助《みぼりこうすけ》(大田市之進)が出迎え、山口で長州の重臣木戸準一郎(孝允《たかよし》)、広沢兵助と共に藩主毛利公父子に面謁して、薩長の共同出兵方について承認をお願いした。

薩長双方の首脳は出兵について次のように取り決めた。

一、薩摩藩の国元からの兵は一応三田尻へ停泊する。薩摩軍の指揮者、大山格之助は直ちに帰国し、九月二十五、六日ごろまでに三田尻に着き、長州側の宍戸備後介《ししどびんごのすけ》に引き合わせる。

一、三田尻に薩摩兵が到着するまでに長州軍は待機して薩長同時に上京せしめる。内一隻は一日先に摂海《せっかい》に入り直ちに京に注進する。

一、主力は翌日夜中に摂海に入る。その翌晩を一挙の期限とする。

一、右の計画の実施は九月いっぱいを目途とする。その上は情勢判断によって行う。

一、薩摩藩主出馬の節、京の模様如何《いかん》によっては、長州領内に滞陣するやもしれぬが、その時はよろしく配慮願う。

長州では、芸州（広島）藩家老、辻将曹《つじしょうそう》（維岳《いがく》）と植田乙次郎が芸州藩主浅野長勲《あさのながこと》を説いて、いざ一挙の時は、長州と共に出兵する約束を前から取り交わしているので、芸州藩も出兵するだろう。そのつもりでいてもらいたい。芸州藩との詳細な打ち合わせは長州が責任をもってする。芸州藩の兵は御手洗浜《みたらしはま》で待機して、薩長芸がそろったところで上坂するなどを決定した。

長州から京に帰った大久保のところに、品川弥二郎が出て来たので、二人は洛北の岩倉具視《いわくらともみ》を訪ねた。岩倉は勤皇志士と出入りして、特に薩摩の小松・大久保・西郷とは緊密に連絡して、朝廷の情報を得ていた。岩倉の親友である中山忠能《なかやまただよし》卿は、明治天皇の外祖父にあたるので、こちらの情報を朝廷へ奏上するのにも便利であった。大久保と品川弥二郎が訪ねた日に、たまたま中御門《なかみかど》卿が、岩倉を訪れて同席となったので、薩長が連合して討幕軍を起こす約束ができていること、もし討幕の宣旨が戴ければ、芸州その他も一挙に加わる意向のあることを話す。岩倉と中御門卿はそれに賛同し、

「薩長が討幕趣意書と宣旨降下の請願書を中山・正親町《おおぎまち》・中御門三卿あてに提出されるなら、討幕の宣旨を下されるよう三卿より奏上しよう」

という密約が話し合われた。大久保と品川弥二郎は喜んで、岩倉邸を辞した。

それから二日後の十月八日、三藩の重臣が会合した。薩摩は小松、西郷、大久保。長州は広沢、福田、品川。芸州は辻、植田であった。三藩は同盟の約束を交わし、次の三項目を決議し、これを中山卿、正親町卿、中御門卿を通じて朝廷に提出したのである。

一、三藩軍兵《ぐんぴょう》大坂着船之《の》一左右《いっそう》次第《しだい》、朝廷向《むき》断然の御尽力兼而《かねて》本願置候事《おきそうろうこと》。
一、不二容易一《よういならざる》御大事の時節に付き、為二朝廷一《ちょうていのため》、抛二国家一《こっかをなげうち》、必死之《の》尽力可レ致事《いたすべきこと》。
一、三藩決議確定之《の》上は如何之《いかに》異論《いろん》被二聞食一《きこしめされ》候共《そうらえども》、御疑惑被レ下間敷事《くださるまじきこと》。

これが薩長芸盟約の三条項であった。この三藩決議を提出すると同時に、小松・西郷・大久保は、討幕の勅命を下し賜るように奏請した。

まず趣意書に幕府の措置の誤りを列挙して、

「その罪状は明らかで、心根が正しくないので、武力に訴えてその罪を討ち、王政を古の正しさにかえし、国家長久の基礎を立てん」

と述べ、勅命降下の請願書を提出した。

請願書

皇国内外之《ないがいの》御危急《ごききゅう》不レ可レ謂《いうべからざる》の状態、別紙趣意書を以《もっ》て申上候通《もうしあげそうろうとおり》に而《て》、宝祚《ほうそ》の存亡に相拘《あいかかわ》り候《そうろう》御大事の時節、苟安《こうあん》を偸《ぬす》み、傍観黙止《ぼうかんもくし》難レ仕《つかまつりがたく》、為二国家一《こっかのために》干戈《かんか》を以《もっ》て其罪《そのつみ》を討ち奸兇《かんきょう》を掃攘《そうじょう》し、王室恢復《かいふく》の大業相遂度《たいぎょうあいとげたく》、不レ可レ制之忠義《のちゅうぎ》、暗合会盟《あんごうかいめい》、断策義挙《だんさくぎきょ》に相及候《あいおよびそうろう》に付《つき》、伏冀《ふしねがわ》くば相当の宣旨《せんじ》降下相成候処《あいなりそうろうところ》、御執奏《ごしっそう》御尽力被二成下一《なしくだされ》度奉レ願候《たくねがいたてまつりそうろう》。

慶応三年丁卯《ひのとう》十月

小松　帯刀
西郷吉之助
大久保一蔵

中山前《さきの》大納言様
正親町三条前大納言様
中御門中納言様

薩摩藩が王政復古のため討幕の宣旨を降下されるよう請願書を提出したことは、前から密約で話し合っていた岩倉具視が待ち望んでいたことなので、「よくぞ、やったり」と岩倉具視もまた幕府の失政を挙げ、征夷大将軍を廃して、大政を朝廷に返し、政治の制度を革新するため、英断をもって討幕の詔勅を下さるよう奏聞書を奏上申し上げた。

岩倉の宮廷工作で外祖父中山権大納言が三藩連盟による挙兵の顚末を陛下に申し上げたところ、天皇は深くお喜びになり、その請願書をお取り上げになったので、関白二条斉敬《にじょうなりゆき》も、お上の御内意と聞いて、これを認めざるを得なかった。岩倉は直ちに薩摩と長州にこれを伝える。

同時に京にあって幕府を助けている会津・桑名の藩主も討伐すべしという勅命をお下しになった。長州へも同文の詔書が出た。この詔書に対してその御下命をお請けする請書を薩摩は、小松帯刀・西郷吉之助・大久保一蔵が署名して奏呈申し上げた。長州は広沢兵助・福田侠助・品川弥二郎が連名をもって奉呈申し上げた。

討幕の詔書

左近衛権中将源〔島津〕久光
左近衛権少将源〔島津〕茂久

詔源慶喜藉二累世之威一、恃二闔族之強一、妄賊二害忠良一数棄二絶王命一、遂矯二先帝詔一而不レ懼擠二万民於溝壑一而不レ顧、罪悪所レ至、神州将二傾覆一焉、朕今為二民之父母一、是賊而不レ討、何以上謝二先帝之霊一、下報二万民深讐一哉、是朕深憂憤所レ在、諒闇而不レ顧者、万不レ得レ已也、汝宜体二朕之心一殄二戮賊臣慶喜一、以速奏二回天之偉勲一而措二生霊于山嶽之安一、此朕之願無二敢或懈一

慶応三年十月十三日

正二位　藤原　忠能
正二位　藤原　実愛《さねなる》　奉
権中納言　藤原　経之

（書き下し文）

詔《みことのり》す。源慶喜、累世《るいせい》の威を藉《か》り、闔族《こうぞく》の強を恃《たの》み、妄《みだ》りに忠良を賊害《ぞくがい》し、数《しばしば》王命を棄絶《きぜつ》し、遂《つい》に先帝の詔《みことのり》を矯《た》めて懼《おそ》れず、万民を溝壑《こうがく》に擠《おと》して顧《かえり》みず、罪悪の至る所、神州将《まさ》に傾覆《けいふく》せんとす。朕《ちん》今民《たみ》の父母為《た》り、是《こ》の賊にして討たずんば、何を以《もっ》て上は先帝の霊に謝し、下は万民の深讐《しんしゅう》に報《むく》いんや。是朕《これちん》の深き憂憤《ゆうふん》在《あ》る所、諒闇《りょうあん》にして顧《かえり》みざるは、万《よろず》已《や》むを得ざるなり。汝宜《よろ》しく朕《ちん》の心を体《てい》し、賊臣慶喜を殄戮《てんりく》し、以《もっ》て速《すみや》かに回天《かいてん》の偉勲《いくん》を奏して、生霊を山嶽《さんがく》の安に措《お》け。此《こ》れ朕《ちん》の願、敢《あえ》て或懈《わくげ》すること無かれ

以上が薩摩藩久光・茂久父子に下さった討幕の詔勅であった。また日付は違うが（十月十四日）、同文の詔勅が長州藩主毛利父子にも下された。

また、会津・桑名の藩主を討つべしとの勅命は次のとおりである。

会桑討滅の勅命

会津宰相〔松平容保〕
桑名中将〔松平定敬〕

右二人、久滞二在輦下一助二幕府之暴一、其罪不レ軽候、依レ之速可レ加二誅戮一旨、被二仰下一候事、

十月十四日

忠能
実愛
経之

薩摩中将殿
同　少将殿

（書き下し文）

右二人、久しく輦下《れんか》に滞在し、幕府の暴を助《たす》く。其《そ》の罪《つみ》軽からず候《そうろう》。之《これ》に依《よっ》て速《すみや》かに誅戮《ちゅうりく》を加《くわ》うべき旨、仰せ下され候事《そうろうこと》

これらの二つの勅命は、共に他に発表されないまま、十月十三日の京都二条城会議で大政奉還が決定したので、討幕の戦が必要でなくなって、世に知られないまま、しまい込まれてしまった。これが「討幕の密勅」といわれるものである。

十月十三日に開かれた京都二条城の大政奉還の大会議には、城代家老の小松帯刀が出席するが、同じ日に「討幕の詔勅」が降下されるので、拝受に来いとのことで、これは大久保一蔵が三条邸で受領することになっていた。一説には大久保は、中村半次郎（桐《きり》野《の》利《とし》秋《あき》）を受領の使いに派遣したので、「討幕の詔勅が出なければ藩邸に帰れない。ここで腹を切る」といって、必死の宮廷工作をしたとの説もあるが、その真偽は別として、薩摩へ下された詔勅の日付は十三日となっている。とにかく、十三日は大政奉還か、討幕かの際どい決定の日だった。小松はもし大政奉還が実現しない時は、討幕の軍を起こ

さねばならぬという諸刃《もろは》の剣《つるぎ》を胸に秘めて、京都二条城に参殿したのである。

三　暗殺団に命をかけて

幕府側は幕府を倒そうと暗躍している勤皇党に対し、京都守護職会津藩主松平容保《まつだいらかたもり》がその配下の町奉行見廻組と、暗殺団と恐れられた新撰組に命じ、暗殺の機会をねらっていた。中でも討幕の中心となっている薩摩、長州両藩の仲介の労をとっている土佐の坂本と中岡等の動きに、神経をとがらせていた。だから、坂本や中岡をはじめ、小松・西郷・大久保・木戸孝允などは常に暗殺団にねらわれていた。

そして朝廷側と最も密接につながり、公卿と諸侯の間を画策している薩摩の城代家老小松帯刀の身辺も、常に暗殺の心配があった。

小松帯刀は家老としての格式からも、外出の時は、いつも一小隊の警備兵が護衛するが、小松はほとんど駕籠《かご》を使わない。いつでも乗馬である。小松は乗馬の名人といわれ、夜など馬乗提灯《ちょうちん》をつけて、どんなに駆けても提灯の灯りが上下に揺れず、水平に一直線に動いたといわれた程の乗馬の名手であった。それに小松帯刀の護衛には、薩摩示現流《じげんりゅう》の達人、選《え》り抜きの剣客をつけてある。前後を守られて、馬に乗って毅然たる態度で、颯爽《さっそう》と行く小松。その小松につき従う家臣の足並も、主人の人柄を反映するかのように厳《おごそ》かであった。暗殺団として恐れられていた新撰組局長近藤勇《こんどういさみ》さえも、馬上の小松の行列に行き会うと、道路脇に身を避けて敬意を表し、これを見送るしかなかったといわれている。

十月十三日、京都二条城の大会議に薩摩の城代家老として、小松帯刀は、吉井友実《よしいともざね》を従え、一小隊の守衛に守られ、いつものごとく馬上にあって隊伍《たいご》を組んで出掛けた。

「今日の会議は幕府の生死をかけての会議であるから、どのようなことが起こるかわからぬ。そのつもりで、守衛を厳重にせよ。特に帰りの途中が警戒を要する。場合によっては馬を駆けさせるので、いつもの二名は鞍にぶら下がり、馬と一緒に駆け抜けるぞ」

と指示をあたえ、隊伍を整え、一段と緊張して行列を組んで登城した。

土佐藩では、後藤象二郎と福岡藤次（孝悌《たかちか》）が二条城の会議に登城することになった。出発に先立って、坂本龍馬は後藤に必死の努力を願って、手紙を送って激励し、建白書が取り上げられず、大政奉還がなされなかった場合は、将軍参内の途中に、海援隊が待ち受け、これを迎え討つ計画であると書いている。


建白の儀、万一行われざれば、もとより必死の覚悟故《ゆえ》、御下城これ無き時は、海援隊一手を以て、大樹《たいじゅ》（将軍）参内《さんだい》の道路に待ち受け、社稷《しゃしょく》（国家）の為《ため》、不倶戴天《ふぐたいてん》の讐《あだ》を報じ、事の成否に論なく、先生（後藤）に地下（冥土）に御面会仕《つかまつ》り候《そうろう》。

これに対して、

御書拝見、万万謝《よろずよろず》す（中略）大政返還行われざる時は、勿論生還するの心、御座無《ござな》く候《そうろう》。併《あわ》せてし今日の形勢に依《よ》り、或《あるい》は後日、挙兵の事をはかり、瓢然《ひょうぜん》として下城いたすやも計《はか》られず候《そうら》えども、多分死を以《もっ》て廷論《ていろん》するこれ心事。


と返書して、決死の覚悟で会議に臨んだのである。

大政奉還会議の日は、龍馬はじめ海援隊の同志たちは、龍馬の宿に集まり、象二郎からの吉報を待っていた。そして手紙のとおり、将軍の返事いかんでは武力に訴えて、将軍慶喜を討つという非常手段も辞さぬ考えであった。やがて「大政奉還なる」との一報が届くと、龍馬は涙を流して喜んだという。

さて、その二条城の大会議の模様はどうであったろうか。

四 二条城の大会議

将軍慶喜は早くから、前将軍の世継ぎにうわさされていた程、卓越した傑物であった。さすがに時勢の推移を的確に把握していた。今のままでは武力による討幕が起こらぬとも限らない。国内が戦乱で紛糾するようなことになれば、それに付け込んで、外国が乗り込んできて清国香港《しんこくホンコン》の二の舞を踏むようなことにもなりかねない。

将軍慶喜は、進んで政権を朝廷に返してもよいと思っていた。しかし、幕臣や諸侯の中には、これに反対で、あくまで徳川幕府を守るべきであるとする強硬派がいるので、武力衝突は目前に迫っていた。さすがの傑物将軍も決断しかねて、どうしてよいか処置に困っている時、幕府思いの土佐の山内容堂から、大政奉還建白書が提出されたのである。これは将軍慶喜にとって救いの妙案であった。この建白書のとおり、自ら大政を朝廷に返還するなら、武力による討幕をされる心配もなく、徳川家も滅亡をまぬがれる。たとえ将軍の職は辞しても、大政を奉還した功によって、政権返還後の処遇も、発言力も有利になるので、最も聡明な方法である。

慶喜は家臣や諸侯の了解を得て、大政を朝廷にお還《かえ》ししようと思い、十月十三日、在京四十藩の諸侯や国事担当重臣を京都二条城に召集して、返還可否の意見を聴くことにした。

前日の十月十二日、将軍は在京の幕臣を二条城に集め、大政奉還の可否につき、明十三日、「大政奉還の決意」を述べることを告げた。翌十三日、二条城の大広間に列座した諸侯重臣たちは、幕府の浮沈をかけた大会議だけに、緊張して咳《せき》一つしない。やがて「将軍様、おなりー」の声に諸侯重臣は平伏すると、将軍慶喜はしずしずと上座に着く。老中筆頭の板倉勝静は、将軍名代として大政奉還の趣意書を読み上げた。次に、大目付永井尚志《ながいなおゆき》は、将軍より仰せ出された御沙汰書《ごさたしょ》を披露し、各藩はこれに対する意見を陳述されよとの将軍の意向を伝える。永井は三宝に手控帳《てびかえちょう》を載せて

「大樹公(将軍)より御下問であるが、上様に直ちに拝謁し言上を希《のぞ》まれる者は、その姓名をこの手控帳に記帳せられよ。なお、考慮を要する向《むき》は、後日申し立てられてもよい」

といって、三宝に手控帳と矢立てを載せて回したが、この案に賛成すれば倒幕派と見られるし、反対すれば朝廷への大義

名分に反することになるので、皆はなかなか筆を執る者がない。手控帳が小松帯刀のところに来ると、真っ先に小松が署名した。続いて土佐の後藤象二郎、次に福岡藤次(孝悌)、次に芸州の辻将曹が署名した。その後、備前の牧野権六郎、宇和島の都筑荘蔵《つづきしょうぞう》が署名し、残りはそのまま退出した。大広間の大会議を終了した将軍慶喜は別室で拝謁を許し、直接、意見を聴くことにした。慶喜は手控帳の署名を見て、まず小松、後藤、福岡、辻の四名を招き入れる。

小松帯刀は慶喜が将軍になる以前から、何回となく面謁し、意見を聴かれたこともあるので、まず一番に小松の意見を聴く。小松は、

「皇国の御為《おんため》に大政奉還の御英断、誠に感銘の至りと存じます。この上は、一刻も早く朝廷へ御奏上召されるようお願い申し上げます」

続いて後藤が、次に辻が同様の口上を申し上げ、福岡が黙っているので、慶喜が、

「福岡藤次はどうだ」

と尋ねる。同じ土佐の出身であるので、永井が、

「藤次も同じ土佐で、後藤と同じ意見でございます」

と取り次ぐと、慶喜は、

「決心した上は、早速、明日にでも奏上の手続きを取りたい」

と言うのを、筆頭老中の板倉勝静が慶喜にかわって、

「明日は朝廷の式日であるから、執奏に差し支えあるかと思う」

と難色を示す。それを聞くと、日ごろ温厚な小松が厳しい大きな声で、

「何を言われる。式日とあっても、このような大事な問題を、ちょっとでも猶予されるは理解出来ない。一刻も早く、二条殿下に執奏方、是非お願い申し上げます」

と詰め寄った。一日でも奏上が引き延ばされると、幕臣や、会津、桑名などの佐幕派から、どのような横槍が入って、返還反対にならぬとも限らない。そうなれば、討幕の勅命を頂くことになっていること故、討幕戦争になることは必定で、

それに付け込んだ外国の侵入を招く恐れが大きい。同日、降下される討幕の勅命を奏請したのも小松自身と西郷、大久保であるから、大政奉還が失敗して、討幕戦になるか、平穏のうちに解決するかの諸刃の剣を帯びて列席している。戦争か平和かは、小松の肩にかかっている。だからこそ

「このような大事な問題を一刻も猶予あらせ給うな」

と激しく将軍慶喜に迫ったのである。

将軍慶喜は薩長を中心に討幕の計画があるらしいと、うすうす察知している。その薩摩の城代家老の小松帯刀が必死の覚悟で、激しく返還奏上を迫る理由がのみ込めた。かつて小松帯刀は公武合体で慶喜とともに運動したことのある仲間で、将軍の立場も考えての発言であることがのみ込めたので、

「よくわかった。明日にでも、すぐ奏上しよう」

と応諾を与えたのである。

もし大政奉還がないまま、討幕戦が引き起こされたら、幕府の味方となる諸藩も多く、薩長の精鋭をもってしても、やすやすと討幕はできず、国内分裂の大戦乱を引き起こしていたであろう。これに付け込んで仏や英が介入しかねない。これを小松も龍馬も最も恐れている。

二条城大会議での小松の強硬な説得が、国内の戦乱を未然に防いだ。小松の激しい言葉の気迫が、将軍慶喜に大政返還の最後の決意をさせたのである。

後に江戸総攻撃に当たって、西郷と勝海舟が会談によって攻撃を中止し、江戸を戦火から守った。これを感謝して、上野に西郷の銅像が建てられたのに比べても、小松はそれ以上に、日本国を戦乱から救うべく、敢然として将軍に建言した大功労者であった。その小松の功労に対し、日本国民は果たしてどれだけの感謝をしたであろう。小松に対しては一つの銅像もなく、生誕地や邸宅跡に一つの石碑さえないのである。さらに小松の外交や、産業開発の功績を併せ考える時、日本国民として小松帯刀を遇する方途を考えるべきものと、筆者は声を大にして訴えたいのである。余談が横道にそれたが、話をもとに戻したい。

小松は会議後まで後藤らと居残って、将軍から大政奉還の決意を聞いた。早くこれを西郷・大久保に知らせねばならない。小松は明日も参内して朝廷に運動しようと、後藤と約束してひとまず帰ることにする。大政奉還成功のうれしさを、早く知らせたい一心から、暗殺団のうらをよみ、家臣の警衛隊より一足先に馬で帰ることにする。

「これから馬をとばして帰る。警固役の二名は鞍につかまって、ぶら下がって走れ」

と命じ、京の町を疾走して、西郷・大久保らに大政奉還の成功を知らせた。

坂本龍馬の方でも、大政奉還成るの一報を聞いて、海援隊員は、思わず万歳の声をあげ、龍馬はぼろぼろ流れる頬の涙をふきもせず、男泣きして喜んだのである。

翌十四日、慶喜は大政奉還を奏上する。これを知った幕府党は憤慨して、摂政《せっしょう》二条斉敬《なりゆき》に却下を迫る者もあるので、小松と後藤は二条摂政を訪れ、

「大政奉還は実に千載一遇の好機会である。断然、許可して戴きたい。もしぐずぐずした処置をされるなら、我らもまた一大決心をせねばなりませんぞ」

と暗に武力討幕に訴えると促す。それにまた岩倉・中山・嵯峨《さが》・中御門の諸卿よりも提案されたので、朝議決定して、十月十五日、大政の奉還が許可されたのである。

五　新政府構想

二条城大会議によって大政奉還が行われたが、二百六十余年も続いた徳川幕府を、平和のうちに政権交替させたのは、実にみごとであった。こうした例は世界史の上でも珍しいことで、日本の国柄が他の国と違っていたからでもあろうが。ところが後が悪い。せっかく平和のうちに政権交替ができたのに、幕府党の家臣は憤慨して「薩摩を討つ」を名目にして戦を起こすこととなった。徳川慶喜という傑物将軍と小松帯刀という名策士が、話し合いによって、無血革命を成功させた

のに、惜しいことであった。

さて、大政奉還によって、新しい時代が始まろうとしている。そこで、京都二本松の薩摩藩邸で新政府の構想が協議されようとしていた。その席には、小松・西郷・大久保・坂本龍馬・陸奥陽之助(宗光)、広沢兵助等といった顔ぶれがそろっていた。

新政府の大筋は、関白、議奏、参議の三本の柱が予定されていた。この役に最適と思われる人材をあてないと、これからの日本の方向が狂ってしまう。最も重要な問題であるので、だれでもというわけにいかない。

これらの顔ぶれの中心となるのは、やはり格式から小松であったから、小松から口を切って、

「どうです、新しい政府に最も適した人材が必要であるが、西郷殿は広く人材を知っておいでだから、あなたから挙げてもらったら」

と言うと、西郷は、

「いや、わしより坂本氏《うじ》が各方面の人材を知っておられる。ひとつ坂本氏《うじ》、それぞれの役にこれぞと思う人の名を書き入れてみて下され」

と龍馬に譲る。

前々から坂本龍馬は日本各地を飛び歩いて、各藩にいる人材を訪ね、広く付き合って、よく人物評論をやっている。だから、龍馬はずば抜けた人物眼をもっていたといわれていた。この龍馬が、いつも「当代天下の大人物」に挙げていた人が九人あった。それは、
勝海舟・大久保忠寛(一翁)・小松帯刀・木戸準一郎(孝允)・高杉晋作・横井小楠《よこいしょうなん》・三岡八郎(由利公正《ゆりきみまさ》)・西郷吉之助・長谷部勘右衛門
であったといわれている。

新政府の人材としては、政治面、軍事面に手腕のある勤皇の士であって、広く産業、経済、交易、金融、教育、外交など各方面の人材が必要である。西郷も多くの人々と交友しているが、経済、交易、金融、教育などについては、さほど広

くは知っていない。やはりこれらの人材を広く知っているのは坂本龍馬であったから、西郷は龍馬に選ばせた。西郷の求めに応じて、龍馬はそれぞれの役に、これぞと思われる人の氏名を記入した。

　これが新政府の登用人事の叩き台となったのである。それによると、

〔関白〕
　三条実美《さんじょうさねとみ》（公卿）　〔副関白〕　徳川慶喜

〔議奏〕
　島津久光（薩摩）・毛利敬親《もうりたかちか》（長州）・松平春嶽《まつだいらしゅんがく》（越前）・鍋島閑叟《なべしまかんそう》〔直正〕（肥前）・蜂須賀茂詔《はちすかもちあき》（阿波）・伊達宗城《だてむねなり》（宇和島）・岩倉具視（公卿）・嵯峨実愛《さがさねなる》（公卿）・東久世通禧《ひがしくぜみちとみ》（公卿）

〔参議〕
　小松帯刀（薩摩）・西郷吉之助（薩摩）・大久保利通《おおくぼとしみち》（薩摩）・木戸準一郎〔孝允〕（長州）・広沢兵助（長州）・後藤象二郎（土佐）・横井小楠（肥後）・長岡良之助（肥後）・三岡八郎〔由利公正〕（越前）

　以上が挙げられていた。西郷はこの中の参議の欄に当然あるべき龍馬の名がないので、

「この中に坂本氏《うじ》の名が欠けている。あなたの名も当然挙げるべきですが」

と言うと、龍馬は
「いや、わしは駄目じゃ」

「それはまたどうした訳じゃ」

重ねて西郷が尋ねると、龍馬は笑いながら、

「わしはどうも窮屈な役人は性に合わぬ。わしは世界の海援隊として生きていきたか」

と答えるのであった。

　あれほどお国のために動き回って、その結果やっと新政府が発足するのに、坂本龍馬はこれらの栄職顕官に目もくれず、海援隊を率い世界の海に生きるのだという。偉い男であった。これを微笑しながら傍らで聞いていたのが、小松であった。

龍馬の心の中を素直に理解したのは、小松一人であったのではないか。龍馬に人一倍の好意を抱いていた小松には、龍馬の一言がひどく好感がもてて、にっこりほほえんだのである。

関白と議奏は公卿と諸侯で、総裁格と枢密顧問《すうみつこもん》である。実質的に新政府の運営に当たるのが参議であったから、参議は天下の逸材を必要とした。

その参議の筆頭第一に小松帯刀が挙げられていた。この筆頭の小松はだれもがうなずける逸材である。新政府では、政治、軍事はもちろん、産業、経済、交易、外交、教育と多方面に経験が必要であるが、小松帯刀は既に薩摩において、新しい日本政府の小型の見本を育て上げている。この多方面の経験は、他のだれも持ち得ない唯一の人材であった。小松をよく知っていた龍馬は、この小松帯刀をこそ、第一代の宰相格の人材として参議の筆頭に掲げ、だれもがこれに異議を持っていなかったであろう。当時の朝廷側からみても、一般世評から考えても、小松帯刀の参議筆頭は、皆がうなずく人事であったに違いない。

ところが事実はそのようには運ばなかった。突然、坂本龍馬が刺客の手に斃《たお》れ、小松帯刀自身も病気のために、大事な組閣人事の時に、不在となって参加できなかったので、この人事構想の小松の参議は実らなかった。

しかし、この逸材を野に埋もれさせるにはさすがに惜しい。後に小松帯刀の病気が治るや、明治元年(一八六八)、新政府は、参与(参議)として特別に召し出して、外交(兼務)を担当させることになる。このように特別に追加して召し出される参与を、徴士参与《ちょうしさんよ》と呼んだ。本当の人材登用の参与であった。長州の木戸孝允、広沢兵助なども、徴士参与として召し出されたのである。

六　薩長兵を率い京に上る

十月十五日、大政奉還が裁可されて、一応は王政復古の目的は達せられたものの、実質は土地人民の一切を朝廷で治めない限り、日本全土は幕府の権力下にある。幕府には多くの家臣があって兵力を持っているし、海軍力も薩長を併せても、到底幕府の海軍に及ばない。それに後ろ盾になっている仏国の海軍が幕府を助けてくれることになれば、幕府の権力は元どおりすぐ復活するのである。

口先ばかりでの交渉で、土地人民を返すとなると、兵力を持つ幕府が、すぐおいそれと応じてくる見込みはない。結局は実力をもってこれを承認させねばならぬので、薩・長・芸三藩はもちろん、越前と土佐にも出兵の交渉を進める必要がある。新政府構想の打ち合わせの折に、越前には坂本龍馬が、春嶽の説得と、三岡八郎（由利公正）との面会を兼ねて出掛けることになった。

土佐の容堂は後藤象二郎だけでは、出兵説得が困難と思われるので、小松帯刀が土佐に行って容堂の説得にあたることを後藤に約束して、それぞれ出兵の実行に取り掛かった。

主力と思われる薩長は、直接、小松・西郷・大久保が説得することにして、まず京の守衛は島津珍彦（備後）、吉井幸輔、伊地知正治《いぢちまさはる》に任せ、小松・西郷・大久保は長州の広沢（兵助）、福田（侠助）などと共に十月十七日、芸州船万年丸に乗船して、長州三田尻に着き、大山の率いる薩摩兵を、直ちに京に派遣して、京の守りを強化させる。一行はそれより山口に行き、毛利公父子に面接し、広沢兵助から討幕の詔勅をささげ、小松・西郷・大久保の奔走で毛利父子の罪を許され、入京が可能となったから、詔勅による討幕軍を率い、上洛されるように相談する。毛利公父子は大変喜び、兵を率い上洛することを快諾された。

「薩摩も直ちに準備にかかり、十一月中旬ごろ、藩主、兵を率い軍艦にて出兵し、長州と打ち合わせて上京する」と相談して帰国する。

十月二十六日、鹿児島に着いた小松・西郷・大久保は、直ちに藩主父子に面接し、討幕の詔勅を奉呈し、「長州も同じく討幕の詔勅を戴いて、毛利公父子も出兵することを約してきた」と経過を説明する。藩主父子もこれを快諾されたので、翌日出兵準備についての重臣会議を島津図書《しまづずしょ》邸で開く。藩主父子へ討幕の詔勅もあるので、それまで慎重を主張してきた者も全員挙兵に賛同し、藩主名の諭告書を藩内に流して、十一月中旬までに出陣の準備に取り掛かることになった。

このような緊急の事態を予想し、小松は既に長崎のグラバーに発注していた新軍艦の回航を指令し、新艦到着を待って、十一月八日を出発予定にしていたが、新軍艦春日丸《かすがまる》の到着が遅れ、出発を十一月十三日に延期することになった。

藩主茂久は自ら三千の精鋭を率い、薩摩の命運をかけた決死の征途につくことになる。藩主茂久は西郷を従え、三邦丸に乗り、久光と小松は病気のため鹿児島に残ることになった。兵三千はかねて武装を調《ととの》えた翔鳳、平運、三邦の三汽船と新軍艦春日丸に分乗し、島津伊勢《しまづいせ》、岩下方平《いわしたみちひら》の両家老が統率する。小松帯刀は先に土佐の出兵について容堂侯を説得するため、土佐に行くことを後藤象二郎に約束していたが、ひどい脚痛で歩行も困難になったことから、小松の土佐行きは大久保に代わってもらう。大久保は十一月十日、豊瑞丸で土佐の高知へ向け出発したのである。

小松は十一月十一日、後藤象二郎に手紙を書き、病のため上京することができないことは遺憾で申し訳ないが、島津伊勢や西郷、大久保などと万端打ち合わせ下さるよう書いている。その書簡は漢文体であるので、その文意を読み下しに改めると、次のようである。

其《そ》の後、御安否伺《うかが》わず候《そうら》えども、益《ます》ます御多祥にて天下の為《た》め、御尽力のこと、大慶これに過ぎざる事と喜び奉《たてまつ》り候《そうろう》。

僕も御別れして航海は都合よく先月二十六日帰国し、直《す》ぐ修理太夫《しゅりたいふ》様(藩主茂久)、大隅守《おおすみのかみ》様(久光)へ、此《こ》の節《せつ》のなり行きを詳細申上《もうしあ》げ候処《そうろうところ》、御案外の事にて、とりわけ御よろこびに御座候《ござそうろう》。まことに天下挽回《ばんかい》の時節に立《た》ち至《いた》り、大隅様(久光)には御病気中にて、修理太夫様(茂久)すぐさま御上京御決着に相成《あいな》り、明十三日御出帆《ごしゅっぱん》の御つもりに御座《ござ》候《そうろう》。

就《つい》ては僕、早早御国元(土佐)へ罷《まか》りいで候《そうろう》つもりに御座候処《ござそうろうところ》、あに計《はか》らんや、帰国の折、船中より足痛相起《あしいたあいおこ》し居《お》り、当月二日より甚《はなは》だしく相成《あいな》り、進退起居《しんたいききょ》も心にまかせず、誠に苦心の至りに御座候《ござそうら》えども、此《こ》の節《せつ》は皇国一大事の場合故《ゆえ》、ぜひ御約定《ごやくじょう》通りに出京し、かねて御はなし申上《もうしあ》げ候《そうろう》通り、及ばずながらいささか尽力の心得にて、過日より温泉等へ差《さ》し越《こ》し、昼夜精ぜい入湯をはげみ、療養相加《あいくわ》え候《そうら》えども、更《さら》に快方にも至らず、起居《ききょ》も出来《でき》申さず、それ故《ゆえ》御国元（土佐）へまかり出候《いでそうろう》ことも相《あい》かなわず、よんどころなく、大久保を差《さ》し出《いだ》し候事《そうろうこと》に相成《あいな》り候《そうろう》。尤《もっと》も五日方よりまかりいで候《そうろう》つもりの処《ところ》、崎陽（長崎）より蒸艦、両日後に廻船《かいせん》し、それ故《ゆえ》時日がくりのべに相成《あいな》り候《そうろう》都合も御座候間《ござそうろうあいだ》、宜敷《よろし》く御くみ取り下さるべく候《そうろう》。

陳《のぶれ》ば、修理太夫様（茂久）御出帆《ごしゅっぱん》の節《せつ》は、是非随従《ぜひずいじゅう》の心得に御座候処《ござそうろうところ》、前文の次第にて、よんどころなく御供のところは御ことわり申候仕《もうしそうろうし》儀《ぎ》に御座候《ござそうろう》。右に就《つき》ては、かねて御約定申し上げ候《そうろう》通り、御出かけすぐさまと云々《うんぬん》。御尽力の御筋あいもこれ有《あ》り、押しても出京の含《ふくみ》には御座候《ござそうら》えども、只今の通りにては、とても出来申さず候《そうろう》。かかる機会に痛所に悩《なやま》され、天下国家の為《ため》、寸分の微忠《びちゅう》も尽されざるは、天運に尽き果て候《そうろう》かと、且《か》つ恨み且《か》つ歎《なげ》きのほか御座《ござ》なく候《そうろう》。しかしながら、せいぜい保養して一日も早く上京し、微力も尽し度《た》き所存に御座候《ござそうろう》。

外国の議事院（議会）の条も、取りしらべかけ候《そうろう》うちに、前文の次第にて、いまだ十分に致さず候間《そうろうあいだ》、出京の節《せつ》までにこまごま取調《とりしら》べ持参の心得に御座候《ござそうろう》。

此《こ》の節《せつ》は容堂様御出京の筈《はず》、其《そ》の上は御親睦《ごしんぼく》第一の事にて、征夷防長事件等には、速《すみや》かに御はこび相成《あいな》り度《た》く候様《そうろうよう》、御尽力下され度《た》く、御着涯《ぎわ》の処《ところ》、大事の御場合と存《ぞん》じ奉《たてまつ》り候《そうろう》。

僕の遅参は千載の遺憾、何とも御断りの申し上げようもこれ無く、何卒《なにとぞ》寛大の御賢慮《ごけんりょ》を以《もっ》て、御海容《ごかいよう》下さるべく候《そうろう》。かたがた引きあい等に不都合の事もこれ有《あ》るべきかと存《ぞん》じ奉《たてまつ》り候《そうら》えども、同役の島津伊勢や西郷、大久保が、随従の事に御座候間《ござそうろうあいだ》、万端御引き合い下さるべく候《そうろう》。

何卒《なにとぞ》あしからず御くみとりの程《ほど》、ひとえに願い奉《たてまつ》り候《そうろう》。申し上げ度《た》き儀《ぎ》、山海に（山ほど海ほど沢山）御座候《ござそうら》えども、紙上に尽くさず、就ては近々拝眉《はいび》の上、縷々《るる》御ことわり申し上《あ》ぐべく候《そうろう》。

先《まず》は此《こ》の旨《むね》、早々貴意を得《え》候《そうろう》。

恐々　敬白

十一月十一日

小松帯刀

後藤象二郎　貴下

以上、こまごまと後藤象二郎に書き送っている。このように帯刀は、天下の勤皇党の先頭に立ち、昼夜を分かたず東奔西走して、大政奉還に尽力し、王政復古が成立して、文明の制度を採用し、いよいよこれからという時、文化を開拓する理想を持ちながら、不幸にして重病にかかり、この千載一遇の時に、これに参加することができなかったことは、かえすがえすも残念で、その心中はこの書簡の中に読みとることができる。

七　坂本・中岡、刺客に斃《たお》る

薩長が挙兵に明け暮れていたころ、京では薩長同盟の立役者、坂本龍馬と中岡慎太郎の二人が、刺客のため難にあって、壮絶な最期を遂げてしまったのである。

新しい政府の構想が話し合われ、龍馬は越前の春嶽侯に上京を促し、越前の家臣三岡八郎(由利公正)を新政府の金融財政の担当者に推薦するため、十月二十八日、京を出立して越前へ向かった。

十一月一日、坂本龍馬は福井に着き、藩主松平春嶽侯に拝謁して、新政府のため上京せられるよう勧め、当時謹慎中の三岡八郎に会談したいと申し込んで、春嶽の許しを得た。

三岡との会見は「たばこや旅館」で、立会人の監視つきで行われた。

龍馬は以前から「新政府の財政担当は三岡八郎しかいない」と皆に話し、新政府構想の中でも参議予定者として挙げているが、三岡自身に念を押しておきたかったのであろう。龍馬は海援隊の岡本健三郎を連れていたが、三岡の立会監視人に松岡と出淵が同席していた。龍馬は囲炉裏《いろり》で三岡と対し、酒を飲みながら話す。

「将軍の政権返上を、とうとうやったぞ」

「聞いたぞ。随分きついことをやったものだ」

「ここまではやったが、この先三岡殿ならどうなさる」

「わしはこのとおり、今は動けん。坂本氏《うじ》はどうなさる考えか」

「ここまではやったが、これから先は手がないのだ」

「とにかく、これからは戦争だろう。その戦争の用意はありますか」

「いや。戦争はしないつもりだ」

龍馬は武力に訴えずに政権を返還させ、将軍を新政府の副関白として、無血革命を成し遂げようと思っている。

「戦うつもりはないといっても、向こうが戦争を仕掛けてきたら、用意が無くてはならぬと思うが」

「用意するといって、わしには人も金もない。薩長が戦うにしても、新政府には金もない。三岡殿ならどうする」

「そうだな。金札発行しかないだろう」

「なるほど」

「金札を発行しても、それの流通信用がないと通用しない。それはこうこうすればよい」

「なるほど、少しはわかったが、実施する時、貴殿なら何とかなるのだがね」

監視人立ち会いの席で、それ以上は言えない。謹慎処分解除を春嶽侯に願って、京に出てもらうしかない。「その時はよろしく頼む」と言いたいのだが、それができない。しかし、以心伝心で、三岡には会見に来た理由は、この事だとわかっている。

後日、三岡八郎は、新政府に参与として迎えられ、由利公正と改名し、明治初代の財政担当として、銀行行政の立役者となるのだが、よもや半月もせぬうちに坂本らが刺客のため斬殺されるとは、三岡も神ならぬ身には知る由《よし》もなかった。

十一月五日、京に帰った坂本は、宿所の近江屋《おうみや》新助方で「新政府綱領八策」の起草に当たっていた。

十一月十五日の夜だった。不意に土佐陸援隊長の中岡慎太郎が訪ねて来た。二人の間には意見の相違がある。武力によらず平和裏に新政府を樹立するという龍馬の意見に対し、武力討幕でなければ、真の改革にはならぬと慎太郎は主張する。この事で二人が夢中になって話している時、不意に刺客に襲われ、龍馬は即死同然の最期であった。慎太郎は重傷ながら二日間生存し、見舞いに駆け付けた陸援隊士の田中光顕《たなかみつあき》や土佐の友人谷干城《たにたてき》に遭難当時の模様を詳細に語って死んでいる。

中岡慎太郎肖像写真
（写真提供 国立国会図書館）

慎太郎の話したところによると、次の通りである。

十五日の午後九時ごろであった。

十津川の郷士だと名乗って客が訪ねてきた。龍馬の家僕藤吉が来客の名刺を持ってきたので、行燈《あんどん》の明かりでその氏名を確かめようとした時、藤吉の後をつけて二階に駆け上がってきた刺客は、龍馬の部屋の入口にいた藤吉を真っ先に斬り、部屋に突入するや刺客の一人が「こなくそ！」と叫んで慎太郎の後頭部に斬りつけた。不意をつかれて、龍馬は後ろの床に置いた刀を取ろうとしたが間に合わず、眉間に一撃を受けて倒れた。

龍馬も慎太郎もひとかどの剣客であるから、二対二の対戦なら、このような事はないはずであるが、行燈の明かりで名刺を確かめようとしているところを突然斬り込まれて、間が悪かった。慎太郎は短刀を取って応戦しようとしたが、利き腕を斬られていて抜くこともできない。相手に飛び掛かっていこうとすると足を斬られ、そのまま倒れてしまった。

二人が倒れてしまうと刺客は「もうよい、もうよい」と言って出ていった。刺客が立ち去った後、慎太郎は龍馬がどうなったかとうかがうと、やはり斬られて倒れていた。龍馬も自分も、もう駄目だと思った。ところが倒れていた龍馬が、突然よろよろと起き上がって、行燈を下げて梯子段《はしごだん》のそばまで歩いていって、そこでばったり倒れ、

「石川（慎太郎の変名）、刀はないか。刀はないか」

と二声三声言うと、そのまま音がしなくなった。

以上、谷干城が慎太郎から聞いた話として書き残しているが、倒れていた龍馬が起き上がって、無意識に行燈を持って歩き出し、再び倒れて「刀はないか。刀はないか」と言ったという鬼気迫る状況は、本当の話であろう。慎太郎は、意識ははっきりしていて、二日間も生き残っていたが、

「我々が無能呼ばわりしている幕臣の中にも、こうした非常の挙に出る者がいる。敵も必死なのだから、討幕のことは一

日も疎《おろそ》かにしてはならない」

と語っているから、この刺客遭難の話も決してうつろな幻を見たものではないであろう。こうして、薩長連合と大政奉還に大きな足跡を残した、坂本、中岡の両雄は、悲壮な最期を遂げた。時に龍馬三十三歳、慎太郎は三十歳であった。

この刺客はだれであったかがはっきりせず、下手人は近藤勇の率いる新撰組ではなかろうかといわれていたが、近藤勇が明治元年（一八六八）捕らえられ、尋問では、坂本龍馬の暗殺には、近藤も、新撰組も関係してないことを証言し、明治元年四月二十五日、処刑されている。

今では、刺客たちは京都守護職の会津藩主松平容保の輩下の見廻組《みまわりぐみ》の組頭（与頭）佐々木唯三郎《ささきただざぶろう》、以下、渡辺吉太郎《わたなべよしたろう》・今井信郎《いまいのぶお》・高橋安次郎《たかはしやすじろう》・土肥仲蔵《どいちゅうぞう》・桜井大三郎《さくらいだいざぶろう》・桂隼之助《かつらはやのすけ》など計七名で、いずれも選《え》り抜き腕達者、特に室内格闘に効果的な、小太刀の名手などが加わっていたとされている。その中の二名が先に踏み込んだものであろう。

十一月十八日に行われた龍馬、中岡の葬儀は龍馬の海援隊、慎太郎の陸援隊の同志のほか土佐・薩摩・長州各藩の有志多数が参列する盛大なものであった。三条実美は弔歌をささげ、

もののふの　そのたましいや　たまきはる
神となりても　国守るらむ

と詠んで二人の霊を弔った。墓は京都の霊山神社《りょうぜんじんじゃ》にある。

西郷は兵を率いて上京中で、大久保は土佐へ回っている途中である。大坂に着くや、隆盛は坂本の悲報を聞いて、

「実に、実に残念でごわす。惜しいことをした」

とつぶやいて、目を閉じて、涙をこらえていた。小松は鹿児島におり、木戸もまだ長州にいて、後からこの悲報を受けて、残念がった。

八　小御所御前会議の激論

土佐の山内容堂侯が十二月八日、上京してきたので、九日、大号令煥発《かんぱつ》の会議を、宮中御学問所、通称小御所《こごしょ》で開くことになった。

岩倉具視は、前日に五藩（薩・土・芸・越・尾）の担当者を集め、明日の会議の宮門警備の配置や参内の注意書を示し、草案を練り上げ、参内の用意をしていた。

いよいよ十二月九日、小御所では、次のように着座して、明治天皇の御親臨を待つ。

第一の間は天皇の玉座の間で、第二の間に西向きに宮家の有栖川宮《ありすがわのみや》・山階宮《やましなのみや》・仁和寺宮《にんなじのみや》・公卿の中山前大納言・正親町前大納言実愛・中御門中納言・大原重徳《おおはらしげのり》・万里小路宰相《までのこうじさいしょう》・長谷三位《はせさんみ》。それに対して、東向きに向かい合って座するのが尾張大納言（慶勝《よしかつ》）、越前宰相（春嶽）、安芸少将（長勲《ながこと》）、土佐少将（容堂）、薩摩少将（茂久）。第三の間は、

尾張藩——丹波淳太郎、田中邦之助
越前藩——中根雪江、酒井十之丞
土佐藩——後藤象二郎、神山左多衛
安芸藩——辻　将曹、桜井与次郎
薩摩藩——岩下方平、大久保一蔵

一同の座が定まったところで、明治天皇が、第一の間に臨御され、玉座に着かれた。

まず、中山忠能が開会を宣し、

「将軍慶喜、既に政権を朝廷に返上し、征夷大将軍を辞したので、その願を許し給う。依《よっ》て、ここに皇政の基礎を固め、万古不易《ばんこふりえき》の国是を確定するため、各位御聖旨を奉じ議論を尽くさるべし」

と述べ、天皇新政の諭告文を朗読し、新政府の組織が発表された。

新政府組織

〔総裁〕
有栖川宮（熾仁親王《たるひとしんのう》）
〔議定〕
仁和寺宮（嘉彰親王《よしあきらしんのう》）・山階宮（晃親王《あきらしんのう》）・中山前大納言・正親町三条実愛・中御門経之・尾張大納言（慶勝）・越前宰相（春嶽）・安芸少将（長勲）・土佐少将（容堂）・薩摩少将（茂久）
〔参与〕
大原重徳《おおはらしげのり》・万里小路博房《までのこうじひろふさ》・長谷三位《はせさんみ》（信篤《のぶあつ》）・岩倉具視・橋本少将（実梁《さねやな》）、尾張藩三名、越前藩三名、薩摩藩三名、土佐藩三名、安芸藩三名
以上であった。
さて、会議は予定どおり進んで、佐幕派寄りの公卿二十名の停職、長州毛利公の赦免、会津藩、桑名藩の皇居御門の警備をやめさせることが発表された。
それまで異議なく進行していたが、突然、山内容堂が、
「恐れながら、一言」
と前置きしてから、
「この席に徳川慶喜、会津中将（容保）、桑名定敬《くわなさだたか》が見えぬが、いかなる次第でござるか。それに九門の固め厳重で物々しく、公平無私の皇政発足に当たり、疑わざるを得ない。予は昨日上京したばかりであるが、討幕の陰謀があるとのうわさがあるが、それについても事実かどうか仔細《しさい》を承りたい」
と切り出した。すると、大原重徳卿が、
「それについては、将軍は政権を奉還されたとはいえ、本当に大政を返されたなら実行すべきこともあるべきに、それもまだ疑わしいので、この会に参加させられないのでござる」
それを聞いた容堂は、

「疑いがあるといって、片手落ちの陰険な御処置。朝廷は幼年の天子を擁して政権を勝手にされては、天下騒乱の始まりにもなろう」

　すると岩倉具視が立ち上がって

「山内侯、お言葉が過ぎますぞ。すべてこれ英明なる天子が御決断されての事なのに、聖上に対し、不敬でござろう。お控えなされっ」

と鋭く言い放つ。容堂はハッとして、

「ただ今の不敬の一語、失言をおわびいたします」

と謝る。そこへ松平春嶽が口を入れ、

「この際、徳川内府《ないふ》(慶喜)を呼んで、会議に入れ給《たも》うたらいかがでござろう」

　岩倉はそれを聞いて、

「徳川内府(慶喜)におかれては、真実に大政を奉還されるのであれば、領地人民も返納され、官位も辞退されるのが当然であろう。その誠意があるかどうかを確かめて、真実かはっきりすれば列席されることも、許し給うであろう」

と言う。それに続いて大久保が、

「土佐、越前両侯の御発言は、徳川内府公の心中をお確かめの上での御発言であろうか。ただ御想像の上での御発言であれば、おそれ多いことである。それに、ただ言を左右にして御趣旨に背くようなことがあれば、皇国の大事を私する大罪、大いに討伐するより外はござるまい」

と言い切った。それを聞いて後藤が立ち上がり、

「ただ今のお説ですが、内府公を召されぬのは何としても、公明正大の御処置とは思われぬ。岩倉、大久保氏にお尋ねするが、心中一点のやましさもありませんか。拙者、今日のことは、ある含みがあってのことと確信いたしますが、いかがでござるか」

と暗に討幕の計画を知った上での発言であるので、岩倉も大久保も、この裏切り者めと思い、ややたじろいだ。

こうして土佐、越前、尾張側と薩摩、安芸側の主従とが二派に分かれてしまった。天皇の御生母の実父である中山忠能が心配になったのか、ふと自席を離れて、二、三人とひそひそ話を始めた。すると、岩倉がこれを見て、

「この大事な会議に、みだりに席を離れて、ひそひそ話をするとは何事か。御前であるぞ。堂々と心の中をわって可否を決められたい」

と語気鋭く叱咤する。中山はあわてて自席に帰る。この様子に陛下より、

「しばらく休憩せよ」

のお声があったので、会議を中断して休憩することになる。

薩摩藩家老の岩下方平は、この休憩の合間に席を抜け、藩兵を使いにやって、西郷を呼び出した。宮門の警備の指揮をしていた西郷は急いでやって来て、

「何ぞあり申《も》したか」

と聞くので、岩下は、

「実は内府（慶喜）を出席させろと容堂侯が言い出し、議論が真っ二つに分かれて、もめて決着がつかんので、休憩になった。どうしたもんだろう」

と委細を話すと、西郷は、

「岩下殿《どん》、もう口先ではラチがあき申《も》さん。岩倉殿《どん》に、最後の手段よりほかはなか、もうこれしかなかと申したと伝えてくいやんせ」

と言って小刀のつかを叩いてみせた。

岩下は西郷の伝言を岩倉に伝える。岩倉は、うなずいて即刻短刀を懐中に隠して、芸州侯（浅野長勲）の控え室に行き、

「山内容堂があくまで自説を曲げぬとあれば、もう覚悟がござる。今から別室にお呼びして二人で刺し違えて死ぬのみでござる。亡き後はよろしく頼む」

と言う。びっくりした浅野長勲は家老辻将曹を呼び、土佐の後藤に伝えさせる。辻将曹も、

「岩倉なら本当に決行しかねない」

と話す。後藤もさすがに驚いた。

「殿、これは危ない。岩倉が殿と刺し違えて死ぬから、後はよろしく頼むと短刀を懐にしている。殿、この場は避けたがよい」

となだめて、容堂を会場より退去させ、帰邸させてしまった。

会議は容堂不在のまま再開され、ついに将軍の退官と納地が決まり、聖断を仰いでこの決定を慶喜に伝えることで小御所会議は終了した。こうして十二月九日、王政復古の大号令が煥発されることになった。

この小御所会議に薩摩藩城代家老小松帯刀は病気で鹿児島に居残っていたので、代わりに家老の岩下方平が大久保と列席した。西郷は皇居の御門の警衛にあたって、会議場の小御所の守りについていた。

参与の決定について、この会議で五藩に対して各藩三名ずつと決められたので、薩摩藩は、岩下方平、西郷隆盛、大久保一蔵の三名を、参与として選出したのである。しかし、小松帯刀は当然参与たるべき功労者であり、人材であるので、朝廷においては特別追加して参与として徴することになった。この特別追加によって、天下の逸材を参与にあげたのを徴士参与と称しているが、小松帯刀は正に徴士参与の第一号であった。

九　鳥羽・伏見の戦

十二月九日の小御所の御前会議で、慶喜の退官と納地が決議されて、越前春嶽と尾張慶勝が使者に選ばれ、慶喜に領地を朝廷に納め、官職を辞任するよう伝えることになった。翌十日、二人は二条城に登城したが、幕臣たちは大政奉還で幕府が倒されたことに憤慨し、徳川の親藩である尾張の慶勝や、幕府重臣の越前の春嶽は薩長の手先かとののしる声が背後で聞こえる。慶喜も、どうしてよいやらわからない。二人は昨日の小御所会議での模様を話し、

「御自ら将軍職を辞任し、領地も朝廷に返還するよう、我ら二人が使者として参った。皇国のため、まげて奏上お願い申

す」

と頼んだが、慶喜も即答する勇気がない。

「城中の家臣たちは、御覧のとおり激昂している。即答できる状況ではないと伝えてほしい」

というので、二人はその結果を報告する。それを聞いて岩倉や大久保が、

「やっぱり嘘の大政奉還であった」

と息巻くので、春嶽は、

「今一度諭すので、それまで待ってほしい」

と頼むより仕方はなかった。

西郷は、毛利公父子の赦免と入京の許しが出たので即刻進発せよと指令を出して、摂津の浜に待機していた山田市之允の率いる長州軍七百が京へ入ってきた。京に残っていた会津・桑名の家臣たちはますます憤り、

「この際、薩長を討つべし。尾越両侯のごときは薩長の手先である」

と二条城は強硬論で沸き返った。

十二日、慶喜は春嶽、慶勝を招いて、

「家臣の評議は強硬論ばかりで、もはやどうにもならぬ。薩長討つべしという論が圧倒的であるから、退官、納地のことは成り行きに任せるほかはない」

と言って、会津・桑名の両侯と共に大坂城へ引き揚げてしまった。

江戸でも、大政奉還が成立して幕府が倒れたのは薩摩のせいであると激昂し、幕府は一千名の兵力を動員し、十二月二十五日、三田の薩摩邸を包囲し焼き打ちを掛けた。その第一報が三十一日、大坂に届くと、大坂城内でも「薩摩討つべし」の論が強くなり、慶喜自ら兵を率いて入京することに決し、慶応四年(一八六八)正月元旦、「討薩の表」の奏聞状を奉呈し、作戦準備がなされた。

二日には会津と新撰組の兵八千を伏見街道より京へ発進し、桑名と見廻組の兵五千が鳥羽街道より進撃を開始する。

大坂城は数千をもって本営とし、計約一万である。

西郷はこの情報を得て、作戦主任伊地知正治を総監軍として薩摩兵二千をもって鳥羽街道を守る。長州兵千八百は、山田市之進《やまだいちのじょう》を総監軍として、土佐兵三百を加えて伏見街道を守る。西郷は島津珍彦、吉井幸輔の率いる兵四百をもって東寺の本陣で全般の総指揮に当たることにした。

朝廷では二日夜、新政府の総裁、議定、参与の会議が開かれ、恐れをなした公卿から軟論が出て、

「天皇を早く山陰道に移すべし」

「慶喜の怒りをなだめよ」

などの腰抜けが出始める。延々三日朝まで続く会議となった。

三日正午ごろに、早くも彼我の砲声が聞こえ始めたが、まだ討幕開始の朝議は決定されない。岩倉が、

「既に砲声が聞こえる。早く議を決し、断然開戦を宣言されよ」

と言うと、ある公卿は、

「この戦は徳川と薩長の私闘でござる。これについて朝議で開戦を宣するのは軽率である」

と言い、二、三人の公卿がこれにひそひそ同調する。

「何を言わるるか、既に王政は復古し、その守護の兵に手向かってくるものは朝敵でござるぞ。私闘とはけしからぬ」

と岩倉が怒った。この時、次の間の末席にいた十九歳の西園寺公望《さいおんじきんもち》が、

「今ははや議論の時ではない。既に討幕の勅命も薩長に下されている由《よし》、岩倉卿の言わるるとおり私闘ではなく、まさに朝敵である。今こそ、朝廷の威光を示さずに何といたしますか」

と堂々と述べたので、この一言でたちまち討幕開戦に踏み切ることに一決した。

朝廷では上を下への大騒ぎ、にわかに錦の御旗や軍旗の製造、軍装、食糧の調達、慣れないこととて、大騒ぎとなったが、さっぱり現金がない。物資の調達となると、まず金であるが、御所の有り金は全部で五百両であったという。これでは大事な食糧の調達ができない。岩倉の発議で大津の米倉に兵を派遣して無断借用して急場をしのぐ始末であった。これ

らは朝廷における堂上公卿衆の食糧にあてるものである。薩長の軍は既に前から討幕のため、食糧、弾丸などを準備して上京している。四日に東寺に征夷大将軍として仁和寺宮が着任され、東寺に錦の御旗が揚がった。これを見て初めて官軍の討幕戦がはっきりして、朝廷の気勢があがった。今まで去就を決めかねていた在京諸藩からも官軍に参加する者が出た。鳥羽、伏見の両街道を進撃してきた幕府軍と、これを迎え討つ薩長士軍は、四日、主力が激突した。幕府軍は二万に近い大軍、これに対し薩長士は併せて四千数百にすぎないので、一時は苦戦となった。特に会津の猛将佐川官兵衛に率いられた突撃隊の奮戦はものすごく、薩摩軍の中村半次郎（桐野利秋）の率いる斬込隊と激突、中村の斬込隊四十人中二十八人が戦死する激烈な白兵戦を演じたのである。

戦期熟すと見た西郷は、自ら先頭に立ち、錦の御旗を押し立て、四百の精鋭を率い進撃を開始した。作戦用兵も、平素訓練の洋式で、大砲小銃も優秀な兵器をもって、追撃、追撃、怒濤のごとく進撃する。猛将佐川官兵衛もついに負傷し、会津の士気衰え、幕府軍は淀《よど》まで退却のやむなきに至った。淀ではここを拠点として反撃する予定で、入城しようとしたところ、淀城主稲葉正邦の兵は門を閉じて入れないばかりか、官軍に味方して追い討ちをかける。山崎を固めていた藤堂《とうどう》采女《うねめ》も官軍に加担する。西郷は、この戦の起こる以前に使者を派遣して、朝廷の軍に味方するよう手回しがしてあったのである。

幕府軍は拠点を失い、腹背から敵を受け、四日から五日にかけて、なだれをうって大坂まで退却する。数では薩長の三倍以上の旧幕府軍だが、新しい装備と洋式戦法で訓練された薩長軍によって総崩れとなり、徳川三百年の天下をわずか三日で失うという腑甲斐なさであった。

大坂城の慶喜は、六日夜、仮装して大坂城を脱出し、会津、桑名の両侯と共に闇に紛れ、苫舟《とまぶね》で兵庫に逃れ、幕府軍艦開陽丸《かいようまる》に乗って江戸へ引き揚げた。

翌七日朝、諸隊の将士は、慶喜の残した布告文によって、「将軍も将士も、江戸城に立てこもって再起を図るべく、江戸へ引き揚げよ」とて、それぞれ江戸へ向かい引き揚げを開始した。これによって鳥羽、伏見の戦は、官軍の勝利に帰し、一月十一日、征討将軍仁和寺宮は西郷らを従え、大坂城に無血入城したのである。

第七章　初代外交官として

一　正妻と側室に愛されて

小松帯刀《こまったてわき》は国元に妻を残したまま京にあって国事に奔走していて、反対派にねらわれている。妻のお千賀《ちか》どのは、いつも帯刀の安否を気遣って、よく手紙をやるのである。帯刀は、

「心配はいらぬ。朝廷へも、幕府へも、具合よく事が運んでいる」

と絶えず手紙をやって消息を知らせている。

元治元年（一八六四）、三十歳を迎えた正月にも、正月三日、五日、十五日と次々に、お千賀どのへ手紙を送っている。短い文ながら正月五日の手紙は新年を祝い、妻をいたわる愛情あふれるものである。

カヘス〴〵イトイ被レ成《なされ》候《そうろう》ヨウニ、ゾンジ《〔存〕》参《まい》ラセ候《そうろう》。

早々メデタク、カシク。

文《ふみ》ニテ申入《もうしいれ》マイラセ候《そうろう》。マヅ〳〵、折カラノサワリナク、サヘ〴〵シク、クラシ候《そうら》ハント、イカバカリ幾久《いくひさ》シク、メデタキ候事《そうろうこと》トゾンジ《〔存〕》参《まい》ラセ候《そうろう》。拙者ニモ大元気ニ、相勤《あいつと》メ居ルママ、少シモ〳〵アンジ《〔案〕》ナサレマジク候《そうろう》。ココ元モ無事ニ御座候《ござそうろう》ママ、アンシン《〔安心〕》ナサルベク候《そうろう》。三日ヨリ文ドモ遣ワシ候《そうろう》ママ、相《あい》トドキ《〔届〕》候《そうら》ハントゾンジ《〔存〕》参《まい》ラセ候《そうろう》。何カト細《こまか》ニ申遣《もうしつかわ》ス事候《そうら》ヘドモ、今日ハ、早朝ヨリ平松家其外堂上方《そのほかとうしょうがた》へ、年頭ノ御祝儀ニ出《い》デ、上様モ御出《おいで》ノツモリニテ大キニイソギ《〔急〕》居リ、アラ〳〵一シヨ《〔書〕》申参《もうしまい》ラセ候《そうろう》。

ナオスグ長々申遣《もうしつかわ》シ候《そうろう》。幾久《いくひさ》シク、メデタク、カシク

小マツ帯刀

於チカドノ　　無事

人々

とあって、平易な仮名文字で、女子供にもわかるように心くばりして妻の安否を気遣った、愛情あふれる手紙である。

このほか、手紙の中で、まだ懐妊の気配はないかとか、後継ぎの子供はまだかと帯刀の心中を申し送った文も目につく。

帯刀は二十二歳で、跡目養子として小松家のお千賀どのと結婚したのに、お千賀どのは、子宝に恵まれない。西郷隆盛に嫁さんの糸子さんを薦め、媒妁人となって式を挙げたが、その後一年たって立派な男の子が生まれたのに、お千賀どのは結婚後八年近くもたつのにまだ子供が授からない。懐妊が駄目で子供がないとなると、小松家の跡目も考えねばならない。主人から「まだ懐妊の気配はないか」と手紙が来るたびに、何とも申し訳ない思いである。お千賀どのはこのごろあきらめ気分である。

今と違って家を中心に考えた時代だから、女性は跡目を継ぐ子供が生まれないと、妻としてその家にとどまることはできない。「三年にして子無きは去る」と教えられて、女は自分から離婚して別れなければならない時代であった。名門小松家を継ぐ跡目が生まれないとなると、お千賀どのは責任重大であるが、これぱっかりは神や仏のお力にすがっても自分の願いどおりに子供ができるものでもない。

久光公も小松に跡目を継ぐ子ができないので、よく話題にして、

「小松、いっこうに子供ができないね」

「殿、これぱっかりは、どうにもなり申《も》さん」

「小松、おぬしの頑張りが足りんのかの！」

久光もちょっと冗談を言って冷やかしているようだ。

「そんなはずはありませんが、もう八年近くもなって子供が生まれんとなれば、見込みはあり申《も》さん」

「小松家を絶やすわけにはいかん。仕方はなか、ここらでだれぞ養子をもらわんか」

「はい、妻のお千賀も、近ごろ、そういう気でおります」

「どうだ。町田民部の四番目の弟を、跡目養子に迎えたらどうか」

「町田民部の弟の申四郎《しんしろう》なら、申し分はありますまい」

「よし、予から町田家に話してつかわす」

こうして、開成所学頭町田民部四弟、町田申四郎が、久光公のお声がかりで、帯刀の養子に決まり、文書で公に発表された。

小松帯刀

右者《みぎは》、別段之思召《べつだんのおぼしめし》を以《もっ》て、民部四弟町田申四郎事《のこと》、帯刀養子被二仰付一《おおせつけられ》候《そうろう》、

四月　　右衛門

小松はそのころ、京都祇園《ぎおん》の名妓《めいぎ》お琴と近づきになって、お互いに愛情を感ずるようになっていた。そしてしばらく付き合い、京小松邸の接待掛の名目で、身受けして琴仙子（お琴）を迎えることになったのであった。

通常、殿様など、格式の高い家柄のところでは、家系を絶やさぬように側室（第二夫人）を迎えるのが習わしであった。帯刀は小松家の家系を絶やしてはならない跡目相続人である。お千賀に子宝がないとなると、側室を捜さねばと思っている矢先に、祇園の名妓お琴が現れたのである。小松はお琴を通じ、幕府党とそれに組む公卿《くぎょう》の動向を探らせていた。後にお琴は本名琴仙子にかえり、京小松邸の接待掛に迎えられる。公卿方や勤皇志士の会合の接待役で、初めて国興しの運動も理解することができた。間もなく一年がたって琴仙子に男の子が授かり、安千代と名付けられた。

帯刀は喜んだ。自分の血を引く我が子が生まれてみると、かわいいものである。もう少し養子をとらず待っていたらよかったのに、「早まった」と思うが、久光公お声がかりで、既に町田申四郎が帯刀の跡目養子と決まったので、今更どうにもならぬ。しかし帯刀も、後継ぎはやはり、かわいい我が子にこしたことはない。思い切って、妻女のお千賀どのに、

「京邸で接待掛に召し使った女に男のやや子ができた」

と打ち明ける。

お千賀どのがいやな顔をするかと、帯刀は内心気にかかっていたが、彼女は、

「わたし故に、子供ができないので、あなたにすまないと、申し訳なく思っていました。どなたかよい側室を迎えられた

らと思っておりましたので、跡目を継ぐ男の子を生んでもらえて、それは良かった」

とあっさり認めてくれた。帯刀はほっとする。

「子供ができたからには、ただの召し使いでは具合が悪い。あなたが言うとおり、側室として認めていただければ、ありがたい」

という帯刀に、

「できるなら、その子を引き取って、手元で育てたい」

とお千賀どのは言うのだが、まだ乳飲み子なので三、四歳にならないと、まだ早い。

　正妻のお千賀どのは、京の側室琴仙子と安千代という子供を暗に認めてくれた。時がたてば、跡目養子の申四郎のことは、自然とよい解決が出て来るであろう。

二　小松徴士参与となる

　朝廷では、新しい政府が総裁、議定《ぎじょう》、参与の組織で発足し、慶応四年(一八六八)正月二日、初会議を開いた。徹夜でやっと三日に討幕の儀が決定し、四日より六日にわたった鳥羽・伏見の戦で官軍が勝利を収めた。新政府は太政官《だじょうかん》制度を設け、太政官総裁に三条実美《さんじょうさねとみ》、岩倉具視《いわくらともみ》が任ぜられ、その下に、神祇《じんぎ》、内国、外国、海陸軍、会計、刑法、法制の七総督を置き、議定の公卿や諸侯がそれぞれの総督に任ぜられた。この七総督の下に七事務局を置いて、この事務局掛に参与の適材をあてることになったが、これまで王政復古に最も功績のあった薩摩の小松や桂久武《かつらひさたけ》、長州の木戸、広沢などがまだ参与に漏れているので、徴士参与として任ずることとし、このため彼らは京に招かれることになったのである。薩摩に帰っていた小松帯刀と桂久武は、正月十一日上京せよとのことであったが、二人とも上京すれば薩摩藩の政治改革に支障を来すので、以前から中央で最も中心になってきた小松帯刀だけ、まず上京することになった。

小松帯刀は、久光公の正月天機伺いの使者を兼ね、歩兵二小隊、大砲隊、海軍隊を率い、正月十八日、汽船で鹿児島を出発し、二十五日、京に着いた。

正月二十八日、朝廷に出仕したところ、徴士参与職に挙げられ、太政官総裁局顧問をおおせ付けられ、木戸《きど》孝允《たかよし》は同じく総裁局総顧問に任ぜられた。帯刀の辞令は、

小松帯刀

徴士参与職、総裁局顧問被二仰付一候《おおせつけられそうろう》

慶応四年辰《たつ》二月

総裁(印)

さらに事務局については、西郷は海陸軍局、大久保は内国事務局、小松帯刀は外国事務局の兼務をおおせ付けられ、外交官として実権を握ることになった。

当時、外国との外交折衝は、開港通商問題や外国に対する国民の攘夷論など、一歩誤ると紛争を起こし、国を危うくすることにもなりかねない難問題を抱えていたので、この難局をうまく処理できる人材が望まれた。天下の人材を集めた参与の中で、外交に当たる人材を選ぶとなると、かつて英国公使などと親交を重ねている小松帯刀をおいて他に適任が見当たらないので、外国局の外交担当に、帯刀の登場を必要としたのであろう。

小松帯刀は政治手腕もあったが、友情に厚く、その人柄が温かく、親しみやすい性格で、外交的な才能にもすぐれていたとみえ、イギリスの青年外交官で、明治維新の時代、日英間外交に功績をあげたアーネスト・サトウは、その著書『一外交官の見た明治維新』の中で、小松帯刀の印象について、次のように述べている。

「小松は私の知っている日本人の中で、一番魅力のある人物で、家老の家柄だが、そういう階級の人間に似合わず、政治的才能があり、態度が人に優れ、それに友情が厚く、そんな点で人々に傑出していた」

とほめている。外国の外交官から、このように見られている程であったから、日本の新政府初代の外交官として、うってつけの人物であった。外国局の総督の東久世《ひがしくぜ》卿と伊達《だて》侯は、参与の小松に外交担当を兼務してもらうように願い出、小松に出された外国事務局の辞令は、次のとおり兼務となっている。

小松帯刀
外国事務局判事兼勤《けんきん》被二仰付一《おおせつけられ》候《そうろう》事、
慶応四年辰《たつ》二月
総裁（印）

総督の東久世、伊達の二公は、外交の実務はすべて小松に任せ、全面的に信頼した。

小松は外交官にふさわしい人柄で、外交折衝にはなかなかの手腕があるが、自分で外国語を話すことだけはできない。そこで英国留学で欧州の事情に精通し、英語の話せる五代友厚《ごだいともあつ》を片腕として部下につけ、その下に国際法に詳しい陸奥《むつ》宗《むね》光《みつ》を起用する。陸奥は龍馬の海援隊にいる時、万国公法を勉強していたのである。

慶応四年二月三日、幕府征討の大号令が出され、天皇は御親征成功祈願のため、大坂へ行幸されることになった。東征大総督には、有栖川宮熾仁親王《ありすがわのみやたるひとしんのう》、大総督参謀に西郷が任命されて、二月十五日、江戸へ向け進発することに決められた。天皇御親征の大坂行幸は、初め二月二十一日の予定で、事前の準備を小松におおせ付けられたので、小松は大坂へ出張し、調査の結果、行在所《あんざいしょ》を大坂の西本願寺に決定して図面を添えて奏上し、諸準備を整えて行幸をお待ち申し上げることになった。

新政府としては外国との外交関係を確立することも急がねばならぬので、外国局では西本願寺に各国公使を招き、二月十八日に京都御所で、天皇の謁見の儀を行うことを通告したのである。

ところが、東征軍発進の十五日、泉州堺《さかい》でフランスとの間に一大事件が突発し、外国公使謁見の儀も、天皇の大坂行幸も、延期せねばならなくなった。泉州堺の事件はフランスとの問題であるので、その解決には外国事務局の担当、小松帯刀と五代友厚などが当たらなければならない。

三　フランス艦員刺殺事件

突発の一大事件とは、泉州堺で起こったフランス海軍の海兵刺殺事件で、一般には堺事件といわれている。フランスは従来、幕府に力を貸していて、幕府の長州征伐の際にも、一緒に長州を討ってもよいと申し出たほどであった。そのフランス海軍の海兵が、二月十五日、泉州堺で近海を測量し、堺の町に上陸して市街地をうろついたので、それを見た土佐藩兵が、

「日本に勝手に上陸したり、近海を勝手に測量するとはけしからん」

と怒って、三人を斬殺し、七人を負傷させ、そのほか六人を連れ去って、その行方がわからなくなる事件が起こった。仏国の公使は怒って、五ヵ条の要求を突き付け、行方不明の六人を十七日の午前八時までに連れてこいと迫った。その五ヵ条とは、

一　土佐の藩主自ら仏国軍艦に来て謝罪せよ。
二　土佐人が刀を帯び居留地に入るを禁ぜよ。
三　賠償金十五万弗《ドル》を支払え。
四　仏人を殺傷した兵士を処刑すべし。
五　政府は文書をもって罪を謝すべし。

の五項であったので、外国事務局の小松は、これを京の総督及び総裁に報告し、行方不明者を捜させた。ところが、行方不明の六人も殺害されていたので、死骸を引き渡した。土佐藩主山内容堂侯は事の重大さに驚いて、外国事務局の小松の

言をいれ、自ら仏軍艦に至って謝罪し、朝廷では遺族賠償金十五万ドルを出すことになった。政府は文書で謝罪し、下手人の土佐藩士十八人を捕らえ、要求どおり処刑を命ずることにした。この下手人は二人の隊長の命によって、不法外人を殺傷した者であった。

外国官知官事《ちかんじ》伊達《だて》宗城《むねなり》（元宇和島藩主）と、副知官事小松帯刀が、下手人十八名に、

「なぜ仏国海兵を殺したか」

と聞くと、隊長二人は、

「日本の国土に勝手に不法上陸し、測量するのは、不法侵入で許すことはできぬから、部下に斬るように命じた」

と答える。帯刀は、

「君らの怒りはよくわかる。日本を守るために彼らを斬ったのは認めるが、諸君の処刑を要求してきている。もし断れば、仏国海軍はこれをきっかけにして、新政府に戦をしかけ、そのために国を危機に陥れる。やむを得ず、誠に忍びないが、これを命じた隊長二名に自刃を命ずる。国のため、死んでもらわねばならぬ」

と説得すると、隊員は、

「我々も同罪である。隊長ばかりを死なせるわけにいかぬ」

「十八人そろって敵艦長の面前で自刃して、日本人の意気を示す」

と言う。そこで艦長、将校の面前で切腹斬首を命じ、外国官知官事伊達宗城と小松帯刀、五代友厚の立ち会いで刑を執行することになった。

まず隊長二名は刑にあたって、

「我々は仏国兵士の不法を許すことができず、彼らを斬った。この罪に対して切腹するが、このような不法に対しては日本人すべてが、生命を捨てて国を守る。国のため死ぬのであるから、喜んで刑を受ける」

と述べて、切腹斬首の刑に服した。それに続いて残りの者もいずれも臆する色もなく、平然と切腹して死につくのに、艦長はすっかり度肝を抜かれ、顔色を変えて見守ったが、切腹斬首が十一人まで進んだ時、艦長は、

「もうよい。刑はそれまでで中止せよ」

と叫んで、

「彼らが処刑に対し、罪に服する心は、何と潔白なことよ。罪をあがなうに十分である。残りの者は処刑するに及ばない」

と刑を中止させたのである。

国を守るためなら、己《おのれ》の命も平然とささげる日本国民の心意気に強く打たれた仏国艦長は、日本の国民性に接し、これ以上、日本に無理を押し付けることの不可を悟ったのである。

四　英公使行列斬込事件

一月十五日に堺で起こった仏兵の斬殺事件のため、公使謁見の期日について、二月三十日と改めて通知した。折から江戸城攻撃のため、関東が戦場になるかもしれない。米・伊などの公使は居留民保護のため、横浜に帰港したので、残りの英・仏・蘭の三国の公使は、二十八日・二十九日それぞれ厳重な護衛つきで京に来て、宿所で明日の謁見を待っていた。

翌三十日、英公使パークスは謁見のため参内しようと、行列を組んで宿所を出る。行列が三条の橋のたもとにかかった時、物陰から不意に攘夷党の暴漢が襲いかかり、行列の前駆の中に斬り込んできた。よほどな剣客とみえ、これを防ぐ伴侍《ともざむらい》の数人が傷ついた。

その行列に同行して指揮していた接待係の、後藤象二郎と中井弘(注)は、抜刀して駆け付け、暴漢と戦う。後藤象二郎は、以前に一度は人斬り以蔵《いぞう》と異名をとった暗殺者、岡田以蔵の剣をかわし、二度目は薩摩の示現流《じげんりゅう》の達人、中村半次郎（桐《きり》野利秋《のとしあき》）からつけねらわれて、その剛剣を逃れた程の剣の使い手であったので、暴漢の一人を斬り倒した。中井弘もこれまたひとかどの剣の使い手であるため、残りの攘夷侍の白刃をたたき落として捕縛する。英国公使パークスはこの暴挙に怒って、参内を中止し、すぐ軍艦で横浜に帰ると主張した。接待係の後藤と中井は平謝りで、

「どうぞ、引き揚げることだけはやめて下され。でないと、後藤・中井二人の役目が果たされません」

「今日は一応宿所に引き返し、また日を改めて謁見の日を通知しますから」

と二人は三拝九拝して頼む。英公使パークスも命を助けてくれた二人に引き止められて、一応宿所に引き揚げた。

その知らせを聞いた小松は、自分は謁見の儀に立ち会わねばならぬので、すぐ英公使に見舞いの使いを出す。

無事謁見の儀を済ませた仏・蘭の公使は、英公使が見えないのを不審に思い、

「英国の公使が見えぬが、どうしたのか」

と聞く。

「参内する途中、暴漢が斬り込んできた。英公使は無事だったが、怒って宿所へ引き返した」

とわかって、仏・蘭の公使は見舞いにとんできた。仏公使は幕府に味方しようと力を入れているので、

「日本の新政府はなっとらぬ。徳川の幕府がどれだけましかわからぬ。今から一緒に江戸へ引き揚げ、徳川氏に味方した方がよい」

と勧める。しかし英国公使パークスは薩摩の小松とは親しい仲で、以前、鹿児島に招かれて訪問して以来、親交の小松が外交の担当であるし、薩摩の王政復古に同意しているので、

「このことで謁見の式を済ませないで、横浜へ引き揚げるのは、日本の皇帝陛下に対し不敬になるだろう」

とパークスは答えた。仏・蘭公使の謁見の後、すぐ小松と五代も、英国公使の宿所に見舞いに行き、

「公使に怪我がなくて幸いでした。このようなわからずやがいて、あのような無礼をはたらき、申し訳ない。どうか、小松・五代の役に免じて、謁見を済ませて下され」

「皇帝陛下は、この不慮の事件に深くおわびされ、これに懲りず、一層親密に、よろしく伝えるようお言葉があった。ぜひ謁見をお願い申す」

と小松と五代が頼み、政府よりは謝状を送ってねんごろにわびたので、英国公使も、

「かねて親しい小松・五代の立場もあるから、この事件については追及しない。今日の事件は忘れて、謁見を済ませる」

と、日を三月三日に改め、今度は更に厳重な警戒のもとに、謁見の儀を無事に済ませた。全く小松・五代の執り成しで、穏やかに収めることができた。外国総督の東久世卿は、この事件が重大な問題になってはと心配していたが、小松・五代のお陰で無事に済んだので、太政官総裁の三条・岩倉あて手紙をもって報告し、

（前略）
先日来、宇和島・小松・五代、誠に大周旋、英国とは従来の懇意なればこそ、かようの大事件が、戦争に及ばず相《あい》すみし姿に御座候《ござそうろう》。左様無《さような》くんば、新政府の役人に対し、暴挙の上に何の情を以《もっ》て、懇親を尽《つく》すべきや。云々。

と書き送って、小松・五代があったればこそ無事に済んだが、そうでなかったら新政府の役人に対して、もっと厳しく、情け容赦なくねじ込まれることになっただろうと、小松・五代の功績を知らせている。

（注）中井弘＝鹿児島の生まれ、後に京都府知事となった人。

五　江戸城無血入城

新政府の陣容も整ったので、三月九日、天皇は太政官邸に行幸され、三職の百官に、慰労の勅語を下され、翌十日、最も功のあった重臣たちを円山《まるやま》の端寮《はりょう》に招かれて、慰労の懇親会を開かれた。この懇親会には、三条・岩倉両総裁をはじめ、主な公卿諸侯、薩摩、長州、芸州、越前、肥後の旧藩主と重臣の小松、大久保、木戸、広沢、後藤等が招かれた。西郷は征討軍参謀として、江戸へ東上中であったので、この懇親会には参加できなかった。

朝廷では、堺事件や京都事件で延び延びになっていた天皇御親征成功祈願の大坂行幸が、改めて三月二十一日に行われ

ることになった。
岩倉総裁は、布告を出す前に、まず小松、大久保、吉井幸輔《よしいこうすけ》（友実《ともざね》）に手紙で申し送り、このことを心得ておくようにと、覚書をしたためて通知した。

覚

一、来る二十一日卯刻《うのこく》御親征御発途
一、石清水社《いわしみずしゃ》御参詣、同日御一泊
一、翌二十二日、守口御一泊
一、二十三日大坂着
一、二十四日、二十五日之中《の》海軍叡覧《えいらん》
右之通《みぎのとお》り御治定《ごじじょう》、明日仰せ出され夫々《それぞれ》御布告相成候《あいなりそうら》えども、先《ま》ず心得のため申入候《もうしいれそうろう》。誠に過日は彼是《かれこれ》苦心千万察し入《い》り候《そうろう》。

草々不具
具視

明治元年戊辰《つちのえたつ》
三月十四日
小松帯刀殿
大久保一蔵殿
吉井幸輔殿

御親征成功祈願の大坂行幸は、三月二十一日に予定どおり実施になり、石清水八幡《いわしみずはちまん》に御参拝、御祈願を済まされ、守口を経て大坂にお着きになった。そして小松帯刀などがお待ち申し上げる大坂西本願寺を行在所として、ここに御滞在になった。

二十六日は、大坂湾において海軍の観艦式《かんかんしき》を執り行わせられた。

一方、幕府征討の大号令によって、薩長を主力とする官軍に、多くの藩が馳せ参じた。二十二藩の総勢約五万と称せられ、有栖川宮と西郷の率いる征討軍は、本営を駿府(静岡)に進め、今や江戸城に迫らんとする勢いである。

徳川慶喜は、二月十二日、江戸城を出て忍《しのぶ》ガ岡《おか》の寛永寺《かんえいじ》に潜み、

国のため　民のためとて　今しばし
　忍が岡に　すみぞめの袖

と一首を詠んで謹慎し、恭順謝罪の意中を伝えて、一切を軍事総裁の勝海舟に一任する。

海舟は幕臣が江戸城を死守して、決戦しようといきり立つのをなだめ、「将軍の恭順の意を西郷に伝えたいのだが、もし江戸で決戦となると、それが外国の内政干渉につながるおそれがあるから、江戸での決戦を避け、まず駿府の西郷へ使者を送ろう」と考えていた。それを知った幕府の重臣大久保忠寛(一翁)は剣禅の達人、山岡鉄舟の人物を見込んで、これを使者にあてるよう海舟へ紹介した。

海舟はこの山岡鉄舟に、西郷への手紙を託し、西郷と海舟二人の会見によって、できる限り江戸の決戦を避けたいと思った。だが山岡鉄舟が果たして駿府まで行けるだろうか。海舟は、山岡が小田原まで進軍してきている官軍に捕まらずに駿府まで行けるかどうかを心配し、使者の案内として薩摩人の益満休之助《やくみつきゅうのすけ》を同行させることにした。益満は三田の薩摩屋敷焼き打ちの折、捕虜となっていたのである。薩摩弁の益満が「西郷どんとの会見の使者でござる」と言えば、無事に駿府まで行けると思ったからである。

案に違《たが》わず途中で何遍も官軍に止められたが、益満が薩摩弁で

「あたいども（わたしたち）は、総参謀の西郷先生へ面会すったため、駿府までいっもす（行きます）。この益満が案内ござんで（ですので）、間違いはございもさん（ございません）」

と問答して、駿府まで無事通過した。西郷に面会を申し込むと、幕府の使者山岡と益満が来たというので、早速、西郷は会見する。山岡が預ってきた勝海舟の手紙を読むと、海舟が幕府の軍事総裁として一切を任されて「日本の将来のため、将軍慶喜を誤らせぬように」と思っているのに、多くの幕臣の激論に苦労し、孤軍奮闘している様子がよくわかる。

「山岡さんとやら、勝先生の趣旨はよくわかい申《も》した。朝廷でも好んで戦いをするわけではござらん」

「だけど、西郷先生、既に江戸城攻撃の日程も御決定と聞きますが、戦いを好んでするのでないとは、どういう意味でござるか」

「攻撃の態勢はできても、これからの徳川氏の恭順の出方いかんによっては、戦をするとは限い申《も》さん」

「慶喜公はすでに上野寛永寺で謹慎されて、恭順の姿勢をとっています。勝先生も重臣一同の軽挙をとり静めて、一人で痛ましいほどでござる」

「よくわかい申《も》した。勝先生のお心が、手紙でもよくわかい申《も》した。総督の宮とよく相談してみ申《も》す。しばらくお待ち下され」

しばらく待たせて帰ってきた西郷は、

「たいへんお待たせして申し訳ござらん。総督の宮の思し召しは、これらの条項を承諾されるなら、徳川氏の罪を軽くしてもよいとのこと。徳川氏のことは、拙者が引き受け申《も》す」

と言って、次の条件付き処分案を渡す。山岡はこれをしばらく熟読する。

静寛院宮《せいかんいんのみや》（和宮《かずのみや》）、田安中納言《たやすちゅうなごん》（亀之助）へ御含ませ相成《あいな》り候《そうろう》事件もこれあるにつき、御趣旨貫徹候様《そうろうよう》ひたすら尽力のこと。

一、慶喜儀、謹慎恭順の廉《かど》をもって備前藩へ御預け仰《おお》せ付けるべきこと。

一、城（江戸城）明け渡し申すべきこと。

一、軍艦残らず相渡《あいわた》すべきこと。
一、軍器一切相渡すべきこと。
一、城内（江戸城）居住の家臣、向島《むこうじま》へ移り、慎みまかりあるべきこと。
一、慶喜の妄挙《もうきょ》を助け候面々《そうろう》、厳重に取調べ謝罪の道きっと相立《あいた》つべきこと。
一、玉石共に砕くの御趣意、更《さら》にこれなきにつき、鎮定の道相立ち、もし暴挙いたし候者《そうろうもの》これあり、手に余り候《そうら》はば、官軍をもって相鎮《あいしず》むべきこと。
右の条々、実効急速相立ち候はば、徳川氏家名の儀は、寛典《かんてん》の御処置仰せ付けらるべく候こと。

山岡はしばらく熟読した後、

「処分案の条項大方はお受けできるかと思われますが、私の考えで甚だ申し訳ありませんが、第一条のことだけは、拙者家臣として忍び得ない点でござる。備前池田藩にお預けされるは徳川の屈辱、臣下として承服し得ないところ、もしこのまま再考なしとのことであれば、幕府軍は戦端を開き、数万の人命を戦火の犠牲とすることに相成るかと思われまする。この一項はもう一度御検討賜りたい」

と言う。西郷も心の中で、なるほどと感動したが、

「山岡先生の言われるところわからぬでもないが、既に総督の宮の御意向もあったものでござるでのう」

すると、山岡は、

「そこを、この山岡の嘆願でござる。西郷先生、私の立場になったと考え、もしも先生の御主君島津公が、このような場合になった時、先生は我が主君島津公を臣下のところへお預けになるのを承服されましょうか。幕臣とて同じでございましょう。先生、官軍の総参謀としてお察し賜りたい」

と言う。至誠を込め、眼頭に涙をためて訴える山岡に感動した西郷は、

「山岡先生、よくわかい申《も》した。勝先生はよき家臣をお持ちでござる。慶喜公のことはこの西郷がきっとお引き受け申《も》す。

とりあえず、この処分案を勝先生へお見せ下され」

「ただ今の一言、不肖誠《まこと》に有り難く存じます。先を急ぎますので、これでお暇《いとま》させていただきます」

こう言って帰ろうとすると、「しばらく」ととめて、隆盛は陣中通行証を出し、

「これを持ってお帰りなされ」

と言い、門まで送っていって、丁重に見送ったのである。

江戸に帰った山岡は、勝海舟に処分案を示し、会見の時の西郷との応答の次第を報告する。西郷がいよいよ江戸に入って、芝高輪《しばたかなわ》の薩摩藩邸にいるので、勝海舟は使者に手紙をもたせ、会見を申し込んだ。西郷からは、十三日正午に面会するよう返事があったので、両雄は四年ぶり、高輪の薩摩邸で会見する。

「やあ、勝先生、しばらくでごわす」

「西郷さん、大坂で会ってから四年ぶりですね」

と両雄は対座してあいさつした。海舟は和服、羽織袴で脇指一振の姿、西郷は詰め襟段袋の官服で、やせ気味の海舟と大兵肥満の隆盛の取り合わせ、

「勝先生、今度のことは、敵味方に分かれてしまって、先生の御苦労は並大抵ではありますまい」

と隆盛が切り出すと、海舟は、

「いかにも。じゃが今度は貴殿が大参謀で総元締でおじゃるで、さほど苦には思っとりません」

と言ってから、

「本日は山岡にお示しの処分案についての返答ではなく、正式の御相談は明日になると思いますが、その前に西郷先生とゆっくり話して、明日までに考えを決めておきたい。幕臣の者どもは何をやりだすかわからんので、拙者がやっと、まとまりをつけていますが、私の立場も考えておいていただきたいと思って、私的な相談に参った次第です」

「よっくわかい申《も》した。明十四日、芝田町の薩摩藩倉屋敷《くらやしき》で会見し申《も》そ。勝先生の立場もよく考えた上で、取り決め申《も》そ」

明けて十四日、勝海舟は江戸城へ登城し、重臣一同の意見を聞いて、あらかじめ了解を求めて、芝田町の薩摩藩倉屋敷

へ出向いた。

　まず海舟は、

「本日は登城の上で重臣一同の意見を取りまとめ、正式に処分案の相談に参り申した」

「で、江戸城はお引き渡しに決定しましたか」

「よろしゅうござる。異存はござらんが、問題の第一条は、幕臣どもの取り静めのためにも、もう一度嘆願を文書にして参りました」

「徳川氏のことは力を尽くすことを、山岡氏《うじ》に確かに約束し申《もう》した。ただ拙者の一存で約束するわけにもまいらんので、即刻、京に上って正式会議にかけて、取り決めねばなり申《もう》さん。その会議で私が頼まねばなりませんから、若干日数がかかり申《もう》すが、その間は、江戸城攻撃は一時中止と致し申《もう》す」

　隆盛は、早速、村田新八、中村半次郎（桐野利秋）を呼び、勝海舟の面前で、進撃中止命令を出すように申し渡し、その場で命令書を書いて二人に渡した。


　明日江戸城打入りの儀、相達《あいたっ》し置き候《そうら》へども、大総督の宮よりの仰《おお》せ出《いだ》され候《そうろう》次第もこれあり、明日のところ先《ま》ず見合せ申すべく候《そうろう》。尚《なお》日限の儀は、追って沙汰《さた》に及ぶべく候間《そうろうあいだ》、この旨《むね》心得べく候《そうろう》事。


　こうして歴史的な江戸進撃中止命令は、西郷・勝の両雄談笑のうちに、発令されることになった。

　村田・中村の両名が、命令伝達のため立ち去った後は、隆盛は満面に笑みをたたえ、さらりとして何のわだかまりもなく、勝者のおごりの態度も微塵もなく、「勝先生」「勝先生」を盛んに連発して、笑いながら世間話などをする。かつて「識見、議論では西郷に負けぬが、事天下の大事を決する人物は彼西郷であろう」と弟子の坂本龍馬に勝海舟は漏らしたといわれるが、至誠と勇気、底知れぬ西郷の肝っ玉であった。自身は孤立無援で悪罵を我が一身に浴びても、西郷がいる限り、結着をつけられるとみた海舟自身の目にも狂いはなかった。やがて海舟は暇《いとま》を告げる。西郷も立って門外まで送る。海舟は一人の従者も連れず、単身馬に乗って来ていたので、守衛もまさか敵の総大将が一人で来たとは思ってもいなかった。西郷大参謀が門外まで送ってきて、「勝先生」「勝先生」と丁重に言うので、びっくりし、指揮者は「気を付け」「敬礼」と一斉に目送の礼をとる。

「拙者、幕臣の勝安房《かつあわ》（海舟）でござる。談判の都合じゃ、明日にでも諸君らの銃口にかかる体じゃ。よく見ておかれよ」と笑いながら返礼のあいさつをし、ヒラリと馬に飛び乗り、一鞭当てて駆けていく。

隆盛はしばし砂塵の中に消えていく海舟の後ろ姿を見送っていた。西郷は即刻駿府に飛び、総督宮に報告し、京に飛んで会議の結果で、勅裁を得て、最終的決定を下した。そして江戸城が無血のうちに正式に官軍に引き渡されたのは、慶応四年（明治元年）四月十一日であった。

六　外債整理にあたる

江戸城の明け渡しで官軍は無血入城し、徳川慶喜の処分も海舟らの嘆願によって、死一等を減ぜられて、旧水戸藩預かりの寛典でもって一応の結着をみた。これを不服とする幕府軍の残党が、彰義隊《しょうぎたい》を結成して上野に立てこもった外、会津、越後、庄内、箱館などに討伐戦は続くことになった。

しかし、大局的に見て、幕府の統制は瓦解《がかい》したので、朝廷では太政官制を改正して、いよいよ内政の立て直しをすることになり、新たに参与を任命した。薩摩からは、小松帯刀、大久保利通《おおくぼとしみち》、岩下方平《いわしたみちひら》、町田民部、吉井友実が参与に挙げられ、小松帯刀に従四位下《じゅしいのげ》の位階を贈り、また特に外国局より急を要する時に利用する飛脚船一隻を授けられた。

叙従四位下　　小松帯刀

小松帯刀

火船一艘諸事一切管轄被二仰付《おおせつけられ》一候《そうろう》事

慶応四年
閏《うるう》四月廿一日《にじゅういち》
総裁（印）

慶応四年
閏四月
外務事務局（印）

従四位下の位階は辞退したが、お許しが出ない。

新政府は内政の制度改革に力を入れようとしている時、またも難問題が発生した。

幕府が外国から借り入れた債務を新政府が引き継がねばならぬことになったのである。幕府はこれまでオランダ（和蘭）の資金を借りて、長崎飽之浦《あいのうら》製鉄所を建て、また仏人ピケーから横浜と横須賀の両製鉄所を担保にして五十万ドルを借りて仏国から武器・機械を購入し、陸海軍人の教育訓練をするため仏人を教師に雇い入れていたが、幕府が倒れたので新政府が引き継ぐことになった。この外債の残額を返せと迫ってきたのである。仏国教師の給与と解雇のため帰国する費用まで決済せねばならぬ。横浜、横須賀を管轄していた神奈川裁判所に返済を迫ったので、困って政府の内国事務局に善処法を要請してきた。発足したばかりの新政府に政治資金は無いし、軍事費もいる時期で、内国事務局のさすがの大久保もどうにもならない。三条実美や岩倉具視に相談して、これには何としても英国公使と親しい小松帯刀から英国に交渉して借り換えてもらわねば、何とも解決の手の打ちようがない、英国の公使や外交官に顔のきく小松帯刀の力でなければうまく処理できない、ということになった。この厄介な外債整理の難問題も、またまた小松帯刀に依頼するより外はなかった。新しい問題が出るたび、難問題が出るたびに引き出されるのは、小松帯刀であった。

総裁の三条・岩倉も小松の手腕を高く評価していることとて、小松に相談してこれに当たってもらうことになり、次のような辞令が出された。

小松帯刀
当官ヲ以《もっ》テ関東表へ下向仰出《げこうおおせいだ》サレ候《そうろう》事

慶応四年五月

総裁局（印）

帯刀は六月一日、大坂から神戸に行って、外国事務局配属の飛脚船コスタリカに乗って横浜に五日に着いた。そこで横浜に滞在中の寺島宗則を通訳に連れて、まずオランダの公使ハンデルダッチと交渉する。寺島は旧名松木弘安、かつての英国留学生なので、通訳は実にうまい。幕府がオランダに借りていて、一八六八年七月までに返済の約束になっていた分、は左記のとおりの証文で処置することに取り決める。

記

一八六八年第七月迄《まで》皆納返済ノツモリノ川勝近江守《かわかつおうみのかみ》・成島大隅守《おおすみのかみ》ヨリ談判相成《あいな》り居候分《おりそうろうぶん》ノ払方

当六月中三万弗《ドル》、同七月ヨリ月々壱万弗ヅツ相払候約定《あいはらいそうろうやくじょう》ニ決シ候《そうろう》事

別口

長崎飽ノ浦入用金、旧政府ニテオランダ商社へ借《かり》ウケノ残高拾参《じゅうさん》万五千弗有レ之《これあり》候処《そうろうところ》、此節新《このせつあらた》ニ約束ヲ改メ、

第六月中　一万弗

七月中　同

八月中　同

九月中　同

十月中　同

十一月中　二万弗

十二月中　同

来巳年《きたるみのとし》正月中　同

二月中　同

ヲ相払申《あいはらいもう》ス可《べ》ク候《そうろう》、尤《もっと》モ右ハ大坂ヨリ横浜ヘ参《まい》リ候《そうろう》金ヲ以《もっ》テ相払《あいはら》イ申ス可《べ》ク候ニツキ其月《そのつき》ノ払日ハ定メ難ク候、

仍《よって》証書如レ件《くだんのごとし》

慶応四年辰《たつ》六月

神奈川裁判所

小松帯刀

和蘭《オランダ》公使ハンデルダッチ君

以上のような契約の証書を渡して、オランダの債務の返済は、局を結んだのである。

七　政治資金・軍事費の借り入れ

仏国の外債については、幕府は仏人ピケーから、横浜と横須賀両製鉄所を担保として、五十万ドルを借り、軍器・銃砲を購入し、またその訓練指導のため、陸海軍の教師を雇い入れた費用等であった。小松はその償還金の借り換えについて、内々で英国公使と話し合い、その紹介で、英国オリエンタル銀行に借用を取り結んだ。そしてその全額を仏人ピケーに支払って、担保を消滅させた。更に十万ドルを借り入れて、幕府の取り残しの軍器・資材を受け取って、仏国との結末をつけたのである。

そのついでに、新政府の政治・軍事費が入り用であることを知っている小松は、英国公使と英国オリエンタル銀行に掛けあって、以後本込《もとごめ》小銃などの軍器を英式に改めて、英国から購入することを条件に、更に五十万ドルを借りるように交渉し、政治資金、軍事費の調達を成し遂げた。大久保に送った書簡には、

七月二十三日書簡

（前略）横浜並《ならびに》横須賀《よこすか》両製鉄所ひき当《あて》にて、仏人ピケーへ五十万弗《ドル》借金返済の義、内々英国へも示談の上、五十万弗《ドル》借用、今日はおよそ出来るつもりに御座候《ござそうろう》、いよいよ借用相《あい》とのい申《もう》し候《そうら》はば、残らず払いきるつもりに昨今尽力中に御座候《ござそうろう》。さ候《そうら》はば本込銃《もとごめじゅう》など入手のはこびに相成《あいな》るべく候《そうろう》。

然《しか》るところ京都表《おもて》の御借金並びに長谷川出港にて、御手当金等の義も、当座欠くべからざる御用金の備え方等もこれ有《あ》り、いよいよ本込《もとごめ》（銃）など入手のはこび如何《いかが》かと相考《あいかんが》え申候《もうしそうろう》。右の事件かたがた長谷川氏近々《ちかぢか》帰府《きふ》の上、るる御聞きとり下さるべく候《そうろう》。併《あわ》せて五十万弗払方《ドルはらいかた》も先々出来候《できそうろう》むきにて御同慶《ごどうけい》この事に御座候《ござそうろう》。引続き五十万弗《ドル》ぐらいは借用致し、京坂の間にも二十万余《よ》持参仕《つかまつ》らず候《そうら》はでは、急速の御用途、相《あい》とのわず、御不都合も相成《あいな》るかと、精々《せいぜい》尽力し、持帰り候含《そうろうふくみ》に御座候《ござそうろう》。云々《うんぬん》。

七月二十四日の書簡

（前略）五十万弗《ドル》英国より借用に付《つき》、別紙委任状これ無く候《そうろう》ては締結相済《あいすま》ず候《そうろう》につき、条公（三条実美）より御書き渡し相成得《あいなりう》れば、よろしきやと、実は内々英公使へも話し合い、細事は東郷へ申し含め、差越申候《さしこしもうしそうろう》に付《つき》、御聞取《おききと》り、早急相運候《あいはこびそうろう》よう御尽力下さるべく候《そうろう》。是非明日中に相達《あいたっ》するよう御取計らい下さるべく候《そうろう》。（下略）

七月二十七日の書簡

（前略）陳《のぶれ》ば、過日は東郷差出し外国御借用金委任状の儀、申上候処《もうしあげそうろうところ》、早々御尽力つかわされ、それ故《ゆえ》英国公使も落つき相成《あいな》り、ようやく昨日、ドルもうけとりのはこびと相成《あいな》り、横浜、横須賀製鉄所引き当てても相消《あいき》え、御同慶この事に御座候《ござそうろう》。

十万弗《ドル》は京摂御用として持参のつもりに取はからい申候《もうしそうろう》。最早《もはや》小銃・胡服《こふく》（洋式軍服）等は、入手相成《あいな》り申候《もうしそうろう》に付《つき》、当時もろもろの御用に御召使い相成候《あいなりそうろう》て然《しか》るべく存《ぞん》じ奉《たてまつ》り候《そうろう》。

然《しか》しながら、弾薬十分にこれ無きやに御座候《ござそうら》えども、随分、製造方、相《あい》とどのい候向《そうろうむき》に御座候間《ござそうろうあいだ》、左様《さよう》御承知下さるべく候《そうろう》。（中略）

尚《なお》英仏海陸軍士官は帰国いたし候《そうろう》よう、ことわり申入《もうしい》れ候《そうろう》。此条《このじょう》、且《かつ》小銃等の儀は、大村氏（益次郎）へもなり行き御話置《おき》下さる可《べ》く候《そうろう》。云々《うんぬん》。

この書簡によると、単に外債返済ばかりでなく、京の朝廷の政治資金、あるいは軍事費までを英国から借り入れて、これで政府の運営がなされているから、この外国事務の任務は誠に重要なものであった。この重要な任務をうまく処理できる人物は、英国と親密な間柄で、外交手腕のある小松帯刀を除いてはだれも外になかったのである。

しかも、この交渉の間に、英仏等の外国の陸海軍の士官の帰国を決め、外国の政治軍事介入を防がんと、日本滞在を断るなど、心憎い程の手をうっているのである。

八　幻の初代宰相

小松帯刀は外国局にあって、東奔西走して外交問題はもちろんのこと、当時新政府が最も困っていた政治資金、軍事費の借用にも掛け替えのない人材であった。

朝廷では、八月、新帝御即位の大礼を行われる御予定で、それが済むと引き続いて九月には、東京へ御東幸の計画であった。その準備などで非常に多忙となったので、天皇の思し召しで、総裁の岩倉具視から、特に主要な相当の高官に酒饌《しゅせん》を賜ることになった。小松帯刀に送られた酒饌進呈のあいさつは次のようである。本文は難解な漢文体であるので、読み下し文にすると、

舌演
各位日夜勉励《べんれい》にて、殊にまもなく御即位、引き続いて御東幸なされるについて、一層繁劇《はんげき》になり、休暇のいとま
次第で、実《まこと》に御苦労おし測《はか》り候《そうろう》。
依《よ》って、いささか慰労のため軽品ながら、酒饌《しゅせん》を進呈候条《しんていそうろうじょう》、御笑納給《ごしょうのうたま》わるべく候《そうろう》。
八月廿八日《にじゅうはち》　具視
小松帯刀殿

九月四日には、新政府で初めての外務担当として、小松帯刀は玄蕃頭《げんばのかみ》に任命された。玄蕃頭というのは、後の外務大臣にあたる役である。

小松帯刀の死後、新たに内閣制度が発足した時、玄蕃頭は外務大臣に改められて、小松帯刀の部下として育てられていた陸奥宗光《むつむねみつ》が昇格して第一代の外務大臣となったのであるが、名称こそ違うが、明治維新の実の第一代外務大臣にあたるのが、この玄蕃頭の小松帯刀であった。まさに、明治維新の外交の基礎を築いたのが小松帯刀であったのである。

小松帯刀
任　玄蕃頭《げんばのかみ》
右
宣下候事《せんげそうろうこと》
明治二年(書込)
九月四日　(印)太政官

これが玄蕃頭の辞令であった。

当時、外国局の事務局は大坂にあったが、外国との接衝が重要であるので、五月ごろから、後藤象二郎も大坂在勤をおおせ付けられ、その下に欧州事情に詳しく英語の話せる五代友厚と、万国公法に通じた陸奥宗光がつけられた。彼らが、外国事務局の主要メンバーであった。小松はやがて東京で重要任務（初代宰相《さいしょう》であったのではないか）につくことが予定されていたので、小松のあとを引き継ぐため、後藤が大坂勤務となったのであろう。いよいよ天皇の御東幸《ごとうこう》が九月二十日、京都御発進と決まると、小松帯刀に東京へ先発して準備に当たり、御東幸を東京でお迎えするようにと、次の辞令が発令された。

小松玄蕃頭

御東幸《ごとうこう》御用ニ付《つき》、東京先着被二仰付一《おおせつけられ》候《そうろう》事

九月　行政官

新しい事業や、困難な問題が起こるたびに、誠心誠意、手抜かりなく処理する手腕力量をかわれ、小松帯刀が、いつでも引き出されているのである。例えば、

一　藩政時代の城代家老としての大きな業績
二　初代の外交担当、堺事件・京都事件の解決
三　天皇大坂行幸の準備、困難な外債整理
四　重要な政治・軍事資金の借り入れ

などなど、何を担当しても、うまく処理できる小松帯刀の手腕は、三条・岩倉をはじめ、朝廷の重臣すべてが認めるところであった。今回の御東幸でも、小松帯刀に先発してもらって、手抜かりなく諸準備に当たってもらうつもりであった。ところが折悪《あ》しく今回もいつもの持病の脚痛のため、残念ながら、東京先発をお断りしなければならなくなった。小松は誠に運に恵まれない人であった。

いよいよ東幸の御出発も近づいたので、九月十六日、天皇は重臣を招かれ、御前賜饌《ごぜんしせん》を賜ることになった。小松もお招

きにあずかりながら、病気のため出席できなかったので、天皇はわざわざ弁事《べんじ》（官名）に命じ、御下賜品をお贈りになったので、小松は天皇の深いお情けに感涙して有り難く拝受したのである。

いよいよ九月二十日、東幸の御行列は京を発進されるので、病のため大坂にあった帯刀は、病をおして早目に、十五日に上京して、当日の御発輦《はつれん》をお見送り申し上げた。

天皇は病のため、東幸に参加できなかった小松のことを気にかけたまい、弁事にお命じになって慰問書と菓子一箱を御下賜になり、容体を委細言上するよう仰せ出された。帯刀は重ね重ねの天皇の深いお情けに、またしても涙を流して皇恩に感謝申し上げた。

その時の天皇の仰せ出されたことが、弁事よりの伝達書では、次のように述べられている。

所労《しょうろう》之《の》由《よし》、相聞候《あいききそうろう》ニ付《つき》、御菓子一箱賜候《たまいそうろう》、容体ノ儀、委細言上《ごんじょう》コレ有《あ》ル可《べ》ク、仍相達候也《よってあいたっしそうろうなり》。

十月朔日《ついたち》　弁事《べんじ》

小松玄蕃頭殿

（参考）明治新政府の初代高官

慶応四年（一八六八）九月八日、改元によって一世一代の元号が発布されて、明治元年九月八日となる。明治政府の始まりである。そして新政府の太政官の官制も整えられ、新しく担当高官の人事も改正されて、次のように発令されたのである。

小松帯刀は再び議政官の参与に列せられた。ところが行政官の外国官についても、外交について最も経験のある小松帯刀の力が必要である。そのために参与の小松と議定の伊達宗城をもって兼務させることになったのであろう。明治新政府の高官人事は誠に重要なものであるだけに、傑出した人材をあてられている。その顔ぶれは次のとおりであった。

まだこの時は西郷隆盛は東征軍の総参謀として軍の現役にあるので、この太政官の官制の中にはその名が見えないようである。太政官総裁は三条実美である。その下に議政官と行政官が置かれたのである。

○議政官

輔相《ほしょう》　岩倉右兵衛督《ひょうえのかみ》具視

議定《ぎじょう》　中山儀同《ぎどう》忠能《ただよし》

正親町《おおぎまち》三条前大納言《さきのだいなごん》実愛《さねなる》

徳大寺《とくだいじ》大納言実則《さねつね》

中御門《なかみかど》大納言経之《つねゆき》

松平中納言《まつだいらちゅうなごん》慶永《よしなが》

山内中納言豊信《とよのぶ》

伊達宰相宗城《むなり》

参与　阿野《あんの》中納言公誠《きんみ》

鍋島少将《なべしましょうしょう》直大《なおひろ》

三岡四位《みつおかしい》公正《きみまさ》

福岡四位《ふくおかしい》孝悌《たかちか》

小松玄蕃頭《げんばのかみ》清廉《きよかど》

後藤象二郎元燁《もとはる》

大久保一蔵利通

木戸準一郎孝允

広沢兵助真臣《さねおみ》

○行政官

弁官事《べんかんじ》

副島《そえじま》二郎龍種《たつたね》

横井平四郎時存《ときあり》

岩下左次右衛門《さじえもん》方平《みちひら》

大木民平喬任《たかとう》

坊城右大弁宰相俊政《ぼうじょううだいべんさいしょうとしまさ》

勘解由小路左中弁《かでのこうじさちゅうべん》

五辻弾正大弼安仲《いつつじだんじょうだいひつやすなか》

秋月右京亮種樹《うきょうのすけたねたつ》

西四辻《にしよつつじ》少将公業《きみなり》

神山五位君風

田中五位輔

神祇官

知官事《ちかんじ》　鷹司前右大臣輔熙《たかつかささきのうだいじんすけひろ》

副《ふく》知官事　亀井中将

判官事《はんかんじ》　植松少将雅言《まさこと》

福羽五位《ふくわごい》美静《よししず》

会計官

知官事　万里小路《までのこうじ》中納言博房《ひろふさ》

判官事　池辺五位《いけべごい》永益《ながます》

軍務官
　副知官事同様
　　有馬中将頼慶《よりよし》
　三等陸軍将
　　坊城侍従俊章
外国官
　知官事　伊達宰相宗城
○副知官事　小松玄蕃頭清廉
刑法官
　知官事　大原中納言重徳《しげのり》
　副知官事　備前侍従章政
　判官事　中島五位錫胤《すずたね》
　　　　土肥謙蔵《どひけんぞう》
京都府
　知府事《ちふじ》　長谷宰相信篤《のぶあつ》
　判府事《はんふじ》　松田五位道之《みちゆき》

この表の行政の軍務官は、副知官事同様の取り扱い有馬中将頼慶があるだけで、知官事が欠けている。この知官事が欠けているのは、東征中の総参謀西郷隆盛を参与と軍務官の長官たる知官事の兼務とすると予定されていたのではないかと筆者は推測する。

小松は参与に列せられた高官であって、行政の外国官副知官事は兼務で、小松の外交手腕を高く評価されての措置であったことを知ることができる。

九　洋式造船に先鞭

天皇よりお見舞いのお菓子一箱をいただき、容体の委細を言上せよとの御沙汰書《ごさた》をいただいた帯刀は、早く病状が回復するよう心掛け、十月末ごろより横浜に行き、外人医者について治療に当たっていたらしいが、はっきりした記録はない。ところが、明治元年（一八六八）十二月六日には帯刀にとって忘れられない行事が長崎で行われている。それは長崎の戸町村の小菅《こすが》に建造中だった小菅修船所の落成式である。しかしながら、この輝かしい落成式にも、主役の帯刀は病気のため参加できず、五代友厚も新政府の外国官事務掛として忙しく、代わりに長崎府判事野村宗七やグラバーが完工式を挙行した。

去る慶応元年（一八六五）、薩摩藩は家老小松帯刀などの計らいで、五代才助（友厚）、新納刑部《にいろぎょうぶ》など薩摩の子弟十九名を英国に留学させ、欧州大陸を視察させた。詳しいことは既に述べたが、五代友厚はこの外遊で、ベルギー商人モンブランと修船所（ドック）創設のことを相談し、資金や場所のめどがついたら協力しようとの言質を得たが、自分一人ではどうにもならない。帰国後、慶応三年（一八六七）、家老小松帯刀と相談し、帯刀がつくった商社大和方コンパニー（薩州商社ともいう）の代表小松帯刀の資金と、長崎の英商グラバーの出資によって、長崎戸町村の小菅に修船所の設立をすることになった。当時、藩名義では幕府の許可も出ないし、外人グラバーでは認められないので、小松は、山田宗次郎・若松屋善助の名義で許可を受け、岩瀬公圃が工事監督に当たることになった。当時の小菅修船所の建設は、地質が岩盤で、規模、計画も実に空前の大事業であった。グラバーは英国商人で大富豪であったし、小松帯刀も大坂の商社に資金を集め、株式会社としてこの洋式修船所の完成のため資金を投じた。大和方コンパニーから、長崎へ一万五千両出金したことが、前述の伊地知《いぢち》の手紙にも出ていたが、これはこの修船所の建造資金であった。

明治元年十二月六日の落成式当日の記録によると、グラバー所有の大きな汽船を、蒸気力によって新しい修船所の船架(ドック)に引き上げた。当日はこの様子を見ようと多くの参観者が押し掛けたが、

「壮観にして、その蒸気力の感心なること、筆の上にて書き尽くすべからず」

と蒸気の力で大きな船を引き上げたことに驚いた。

「西洋人の老若男女がおびただしく、万国旗数百本が立ちならび、日章旗も三本ほど立てて最も壮観、午後から男女ともに野掛《のがけ》のまま食事を出し、その数百人を超ゆ」

とその日の盛況ぶりが『五代友厚伝』に記されている。完成後の小菅修船所は当時国内唯一の整備されたドックとして内外船舶の修繕や、新船の建造に多忙を極めた。


小松は明治二年(一八六九)、退官を覚悟し、五代に依頼してその持ち株をグラバーに買い取らせ、五代と益を分配した。五代はそれらの金で実業界に入り官界を辞任したいと小松に相談する。小松は五代の心意気に賛同したのである。

その後、明治五年(一八七二)、明治天皇は御召艦龍驤《おめしかんりゅうじょう》と供奉艦《ぐぶかん》多数を従え、長崎に行幸され、この修船所にも行幸された。参議西郷隆盛が供奉官《ぐぶかん》としてお供をしたが、既に帯刀は死亡した後であった。この時は既に明治政府は、明治三年(一八七〇)三月、英商グラバーの所有の小菅修船所を調査し、長崎製鉄所に洋銀十二万ドルで買収させていたのである。長崎では、この修船所を「算盤《そろばん》ドック」といっていて、今もその船台は昔のまま残され、三菱長崎造船所が所有し、観光ルートの中に史跡地として、グラバーをはじめ、小松帯刀・五代友厚の功績をたたえる顕彰碑として残っている。

こうした日本の造船業界にも、日本最初の洋式造船所を建設した小松帯刀の功績が残されているのである。

十 惜別の歌

明治天皇が東京へ御東幸された後、帯刀は京の小松邸で、お琴さん親子と一緒に住んで病の治療に努めていた。

明治二年（一八六九）に朝廷では、版籍奉還と廃藩置県の二大問題を実現することにして、その草案が鹿児島へも回送されてきた。薩摩藩はその線に沿って改革に着手しようとしたが、凱旋《がいせん》軍人の勢力が強く、もはや久光、茂久の命令といえどもその命に服さず、西郷は日当山温泉にいて藩政にあずからないので、藩庁はほとほと処置に困ってしまった。そこで、京に使者を送って、小松・大久保・吉井に帰藩を願い、藩政の改革に取り組んでもらうことにした。三条、岩倉両総裁は、まず薩長の改革が、日本全国の基本となるので、薩摩と長州の藩公と西郷の上京を願って、勅使を派遣することにした。鹿児島への勅使は柳原前光《やなぎはらさきみつ》卿に大久保利通がついて行くことになったので、その前に小松と吉井がまず先行して鹿児島に帰ることになった。

小松は国に帰ったら、自分から領地家格を朝廷にお返しして、版籍奉還の範を示す考えであった。彼の友人北郷久信が、

「貴下は大政を翼賛して尽力せられんことを望む」と勧めると、

「いったん皆が互いに帰国して、各自の玄関より壊して着手するのでなければ、真の皇政維新は成し遂げることはできない。多言は要しない」

と言うのであった。この際、官職も辞任して、病気の治療に専念する考えであったから、お琴にもその覚悟を話し、しばしの別れとなる。鹿児島へ旅立つ前夜、歌の師匠であった八田知紀《はったとものり》が彼の旅立ちを送ろうとやって来た。小松はしばし別れの悲しさを歌に託し、次のような歌二首を作り、それにお琴も、八田翁も惜別の歌を作って、別れを惜しんだ。

折にふれて　　　　小松観瀾

鳴渡《なきわた》る　雁《かり》の涙も　別れ路《じ》の
　袂《たもと》にかかる　心地こそすれ
よもすがら　うぢの川風　みにしみて
　ともにききしや　思い出《い》ずらむ

別れの愛惜の情がそくそくと迫る思いであった。お琴も筆を執って

小松清廉の帰国のはなむけに、火打にそえて　琴仙子

うちいづる　今日の名残《なご》りを　思いつつ
さつまの海も　浅しとやせん

八田知紀翁、小松清廉を送る　桃田八田翁

立つ雁の　声きくだにも　悲しきを
いかにせよとか　君はゆくらむ

帯刀はまだ幼い子を抱いて京に残るお琴と安千代がふびんでたまらない。別れの悲しみはひとしおであったに違いないが、国のため、この悲しみを乗り越えて旅立っていったのである。この時、お琴は第二の子を宿していた。

十一　範を示す

薩摩藩でも国のため王政復古に尽力しながら、いざ版籍奉還となると、自分の領地、石高を失うことになるのだから、反対が出るのも無理もない。しかし、これでは立派な真の王政復古にはならない。まず自分の玄関から壊して出直さねば、新しい家も建たないと、小松は考えている。

版籍奉還と廃藩置県となると、薩摩でもがたがた反対が出て、久光、茂久公の命でも服さなくなった。このような困

難な問題が出ると、必ず引っ張り出されるのが小松帯刀である。小松や大久保の力を借りなければ、この薩摩のがたごとは直りそうもないのである。

鹿児島へ帰った小松と大久保は、桂久武や、吉井幸輔と協議して、島津家の家政を内務局、藩政を知政所として、別個に切り離して、内務局に喜入摂津久高《きいれせっつひさたか》を長官とし、知政所には桂久武、伊地知正治、伊集院兼寛《いじゅういんかねひろ》、黒田清綱などの人材を登用することで、久光父子の同意を取り付けた。

しかし、版籍奉還、土地・禄高の返還となると、私領を持つ領主連中からして反対である。そこで小松はまず自ら吉利《よしとし》の領地を奉還し、家格を返上することにして、二月五日、藩主に吉利の領地・鹿児島の小松家本宅の屋敷まで返上する届書を出し、自分は原良《はらら》の別荘に移り住んだ。

この事実を見た領地返上反対組も、ただ自分たちだけの利益、権利だけにこだわっていることが恥ずかしくなって、小松に右へ倣えで主立った藩内の領主層が新しい方針に同調し、版籍奉還も軌道に乗ったのである。

しかし、他から「小松は政府の高官だから、それも可能なのだ」と言われてはせっかくの領地返還にも影響が出る。帯刀は職を辞し、一野人となって出直すため、病の故をもって辞表を出し、五月十五日、これまでの官職を辞職した。妻のお千賀も鹿児島の本宅を引き払って、帯刀とともに原良の小松別荘に移って、細々と生活する。小松が官を辞し、領地、本宅も国に返上してしまったので、領地は全てが知政所へ無償で奉還された。島津久光・茂久もその他の藩内の領主層もこれに倣ったので、知政所ではその生活の代償を考えねばならない。八月になって知政所は評議して次の辞令を決定し、永世禄三百石、先祖軍功禄二百石それに別に十五ヵ年限りの勘忍料二百石を小松に下さるように発令された。

後には、これが賞典禄となるのである。

十二　功臣の賞典禄

明治二年（一八六九）九月二十六日に、朝廷において復古功臣の賞典が発表された。島津久光は従二位《じゅにい》大納言、藩主茂久は従三位《じゅさんみ》参議に賞典禄十万石を下賜されたが、久光父子は直ちに位階を辞退して、旧藩主斉彬《なりあきら》に追贈せられんことを請願したので、十一月二十二日、故島津斉彬は従一位《じゅいちい》を贈られた。

西郷隆盛は藩士最高の永世賞典禄二千石、正三位《しょうさんみ》に叙せられた。

木戸、大久保、広沢はそれぞれ千八百石、大村益次郎千五百石、吉井幸輔、伊地知正治、板垣退助、小松清廉（帯刀）、後藤象二郎、岩下方平がそれぞれ一千石の賞典禄で、大久保・木戸は従三位、小松は既に慶応四年（一八六八）に従四位に叙せられている。

この復古功臣賞典禄では、小松帯刀は既に五月に官を辞して退職していたのに、これだけの賞典禄となったが、もし現職中で玄蕃頭（外務大臣）であったら、当然木戸・大久保と並んでいたであろう。ここでも小松は運が悪かった。しかし病気退職中の小松にして、なお永世賞典禄一千石を下されたのは、やはり破格の賞典であり、彼の功績を物語るものであった。その辞令は次のとおりである。

従四位《じゅしい》平朝臣清廉《たいらのあそんきよかど》

高千石

依二勲労一《くんろうによって》永世下賜候事《そうろうこと》

明治二年巳《み》九月　（印）太政官

小松従四位清廉

積年心ヲ皇室ニ存ス、戊辰ノ春大政ニ預参《よさん》シ、日夜励精以テ《れいせいもっ》中興ノ丕績《ひせき》ヲ賛《たす》ケ候段《そうろうだん》、叡感不レ斜《えいかんななめならず》、仍賞二其功労一《よってそのこうろうをしょうし》禄千石下賜候事《そうろうこと》

明治二年
巳《み》九月

太政官

それに対し、小松は賞典禄の辞退を申し出ているのである。その請願には小松の謙虚な気持ちがにじみ出て、己《おのれ》の功績を誇らず、なおあれだけの功績をあげながら、何らの功績もないのにと述べているあたり、我ら現代の者は恥じ入るばかりである。その請願は漢文体で難しいので、読み下して記すと、

臣清廉《しんきよかど》、謹《つつし》んで願い奉《たてまつ》り候《そうろう》。今般格別の思《おぼ》し召《め》しをもって、積年心を皇室に存し、戊辰の春、大政奉還に参画し、中興の功績をいたし、その功労として禄千石を下賜《かし》され候段《そうろうだん》、おそれ多いことと存《ぞん》じ奉り候。清廉（不肖）以前王政の末席をけがすといえども、かつて何らの功績もなく、かえって病のため、職をけがした罪の方が多いのに、寛大にも病欠した罪をゆるし賜《たも》うのみならず、重ねてこの非常な特別な恩賞をいただき感謝の気持ちやむことなし。伏《ふ》して考えるに、ただ今は軍事の費用に急を要するものが多い。この時期に清廉、手柄のない身をもって、徒《いたず》らに国の禄を費やし、国の予算をむだにする罪責のみ増し、謹《つつし》んで禄千石奉還仕《つかまつ》りたく存じ候。但《ただ》し至尊《しそん》の特別な思《おぼ》し召《め》しにもとり、おそれ多い事ながら、やむを得ざるの御願いきこしめされ、よろしく御執奏方をお願い申《もう》し候《そうろう》。

己《つちのと》巳《み》十月

臣清廉頓首謹言《とんしゅきんげん》

朝廷では、この辞退願をお許しなく、次の付箋が付けられ、

辞表の趣、御もっともに思《おぼ》し召《め》され候得《そうらえ》ども、功労に対する叡感《えいかん》のあまり賞せられての賜りにつき、返上の儀は御沙《ごさ》汰《た》に及ばず候《そうろう》事《こと》

と朱書して辞退返上を取り上げなかった。

翌年の正月にも、再び賞典禄奉還書を奏上し、

「禄千石と位階の奉還の願を申しあげたのに、臣の願いを許したまわなかったが、去年は奥羽が飢饉で米穀稔《みの》らず苦しんでいるとのこと、この賞典禄の米をその方の救済にあてられたまえ」

と再度の辞退を申し出たが、取り上げられずそのままとなってしまった。

十三　魂は天に召されて

病がはかばかしく治癒しないので、小松は大坂に出て、大坂府医学校の医師ボードウィンについて治療を受けていた。看病のため、京より大坂へとんで来たお琴は、小松の枕元に付きっきりで看病する。

大坂府医学校では、ボードウィンを主治医とし、明治二年（一八六九）の七月五日より治療にあたり、翌年五月に至るまで長い看病のために、お琴は献身的に尽くす。正妻のお千賀も病が重いと聞いて大坂に駆け付ける。病み衰えた帯刀を中に置いて、お千賀とお琴は初めて顔を合わせる。お千賀はお琴の看病に感謝し、

「お琴さん、本当に長い間、主人の看病をして下さって有り難う」

と献身的な看護を謝すると、

「御奥様、ほんとにすみません。わたしの看病が思うように届かず、清廉様を全快させるまでに至りません。今後も一緒

に、看病をさして下さい」

「よろしいですとも、あなたが京、大坂にいたから、主人も心置きなく働けたのです。あなたのことも、子供の安千代のことも、主人からよく聞いています。どうか一緒に看病してやって下さい」

「奥様、ありがとうございます」

「あなたの子供安千代は元気に育っていますか。わたしに子供がないから、安千代は大事な跡目相続の一粒種です。いずれは私の養子に迎え育てたいと話してありますから、大事に育てて下さいよ」

お琴はお千賀さんのやさしい今の言葉がじーんと胸にこたえて、思わず涙ぐんで、

「奥様ありがとうございます。安千代は、大事な小松家の跡取り、奥様の子として、私も大事に育てて参ります」

こうして二人が帯刀の看病に力を尽くしても、だんだん病は重くなり、「小松の病重し」のうわさは、重臣の口から公卿の耳へ、ついに天皇のお耳に達した。

天皇も小松の病を気にかけたまい、岩倉と弁事を呼ばせられ、

「朕の見舞いとして、大坂府知事より届けるように」

とのお言葉である。早速、宮内省より左の御沙汰書が大坂府知事に届けられた。


(前略)然《しか》れば小松　従四位儀《じゅしいのぎ》、御地に於《お》いて此《こ》の節《せつ》、大病の由《よし》、聞《き》こし召《め》し、いたく御案《ごあん》じ思《おぼ》し召《め》され、別紙目録の通り、二折の見舞賜《たまわ》り候間《そうろうあいだ》、宜《よろ》しく御とりはかり給《たま》わり度《た》く、依《よっ》て代金弐拾両《にじゅうりょう》相廻《あいまわ》し申し候《そうろう》。此《こ》の段申《だんもう》し入候也《いれそうろうなり》

五月廿七日《にじゅうしちにち》　　東京　宮内省

大阪府知事殿

(別紙)

一、庚午《かのえうま》　五月十三日岩倉大納言より御達《おたつし》にて左之《さの》御品下賜《かし》候《そうろう》

肴《さかな》　壱折
菓子　壱折
以上

岩倉大納言の大坂府知事への御達示には、小松の病気のことを、お上にも聞こし召され、深く気の毒におぼし召し、御案じなされて、今一段保養に努め、追い追い全快に立ち至るようにおぼし召し、内々お尋ねになり、下賜なされる旨、宮内省より申し越されたのである。


大坂府知事は六月四日、木場を御使として、御見舞いの御下賜の品を小松へ届けられたので、小松は寝台の上で、

「脚が痛く正座できない。体を起こして支えてくれ」

と頼み、手を合わせ、拝むようにして拝受し、感極まって涙を目頭にため、

「陛下、ありがたく頂戴仕《つかまつ》ります」

と深々と東の方を伏し拝んだ。

七月十二日になると、

小松従四位《じゅしい》
御用有レ之《これあり》、東京住居被二仰付一候間《おおせつけられそうろうあいだ》、病気全快次第可二罷出一候事《まかりいづべくそうろうこと》
庚午《かのえうま》七月
太政官

という東京在住の御沙汰書が、太政官より発せられた。小松の病気はいよいよ重いのに、

「小松、元気になって、もう一度出てこい。東京に住んで、御用を勧めてくれよ」

との陛下のお心が込められていた。

これを受け取った小松は、聖恩の有り難さに感泣したが、もはや再び立つことはできなかった。恐らく、心は既に東京の聖上の許《もと》に飛んだのであろう。

その日、お千賀とお琴をそばに呼んで、

「長らく心配をかけた。陛下より、このような有り難い仰せを受けた。元気だったら、東京に連れて行くのであったが、後のことは賞典禄もいただいているから心配するな。詳しいことは遺言書に書き残してある。税所長蔵や篤満に頼んである。五代にも頼んである」

と言って、その後は意識は朦朧《もうろう》として、魂は夢の中を東京の空へ飛んだのか、再びかえらぬまま、五代や税所などに見守られ、お千賀、お琴の末期の水を含みながら、七月二十日、安らかにあの世に旅立ったのである。年三十六歳の若さであった。

小松の葬儀には政府代表、大坂府知事、五代友厚、横綱陣幕休五郎、親族など、日ごろ小松と関係のあった人たちの参列があったが、今や政府の高位高官にある人々は、東京に移っているので、大坂の小松の葬儀に参加することはできなかった。

墓所は大坂府天王寺村夕日ガ丘に定められ、神葬によって執り行われ、豊御蔭玉松彦之命《とよみかげたまつひこのみこと》と諡《おくりな》された。

葬儀が済んで遺言状を開いてみると、簡にして要を得た遺言状で、小松家の跡目相続の安千代、お千賀、領地吉利の小松家あてに、それぞれ賞典禄を配分するよう手抜かりのない采配が決められていた。後に残されたお千賀は、鹿児島永吉村原良の小松屋敷に、跡目相続の安千代を連れ帰り、お琴に代わって大切に育て上げ、小松家を継がせた。これが第三十代清直である。お琴は生まれて間もない長女のスミと大坂に残り、安千代の禄を分けて暮らすことになった。

明治二十九年（一八九六）六月、政府は小松帯刀の旧勲を賞し、孫の帯刀に伯爵を賜った。孫の第三十一代も第二十九代清廉の帯刀と同じ帯刀を名乗ったのである。

死後二十六年を経た明治二十九年になって、その孫帯刀に伯爵を授けられたのは、小松帯刀の功績が他の功臣に劣らぬ程、抜群のものであることがはっきりしているのに、独《ひと》りだけ埋もれているので、明治天皇の仰せで、旧勲を賞して孫に

西郷従道（隆盛弟）**肖像写真**
（国立国会図書館写真提供）

伯爵を贈られることになったものであると聞いたことがある。事実かどうかはわからないが、小松の死の直前まで何回もお見舞いを賜った明治天皇が、常に小松の功績をお忘れにならなかったことから、さもありなんと拝察されるのである。

伯爵位を頂いて華族に列せられた第三十一代帯刀も早世したので、弟の第三十二代重春が伯爵家を継いだが、重春もまた嗣子がなかったので、西郷従《さいごうつぐ》道《みち》の四男従志《じゅうし》が養子に迎えられ、第三十三代を継いだ。幕末から明治維新にわたり、一緒に働いた西郷隆盛、従道のゆかりの西郷家系から小松家を継ぐことになったのは、実に深い因縁《えにし》といわねばならない。

従志の子晃道《てるみち》が第三十四代を継ぎ、現在〔当時〕第三十五代道夫氏、二男義夫氏は、母堂小松静子氏と東京に健在でおられる。

拾遺　小松帯刀余話

一　お琴の純愛

帯刀《たてわき》の死後、側室のお琴はどうなったであろうか。お琴の長男安千代は、鹿児島の小松家でお千賀《ちか》のもとで育てられ、小松清直と改名し、明治五年(一八七二)九月、第三十代を継いだ。お琴には安千代の外に、もう一人長女スミが生まれた。

お琴は帯刀の死後は、京の小松邸が既に大久保利通《おおくぼとしみち》に譲り渡されていたので、大坂の五代友厚《ごだいともあつ》の大邸宅の一隅にある寓《ぐう》居《きょ》で、長女のスミを育て、ひっそり暮らしていた。

五代友厚は大坂(大阪)の外国局で小松帯刀の部下として、帯刀の片腕となって功績をたてたが、帯刀に相談の上、退官して、実業界に乗り出した。最初は小松の資金援助もあったが、欧州留学で得た新しい知識で取り組んだ仕事が、ほとんどすべて成功し、大坂の実業界の第一人者にのし上がった。帯刀が退官して大坂で病気を治療している時も、よく帯刀を病床に見舞っていた。帯刀の病が重く、危篤となると、帯刀の枕元で看病し、息を引きとる時に立ち会ったのである。恐らくお琴や子供のことを五代に頼んで、あの世に旅立ったのであろう。小松は長年の病で蓄財も使い果たし、死んだ時、借金があったが、死後政府が借金を免除するよう措置した覚書が残されている。

五代は大坂に大きな邸宅を構えたので、屋敷の一隅にあった寓居に、恩人小松帯刀の未亡人お琴親子を、住ませたのである。

お琴は帯刀が死んだ時、まだ二十二歳の若さで、かつて京の名妓《めいぎ》とうたわれた美貌の持ち主である。それが若後家となって、五代の邸宅の一隅に住んでいたので、世間では彼の囲い女となったのではないかとのうわさが出た。五代は今を時めく大実業家で、どこへ行っても大もて、特に女が好きで遊びも派手であった。「英雄色を好む」のことわざどおりであったから、若い美貌のお琴に手を伸ばさぬ筈はないと、だれしも思うのだが、五代友厚の一代記には、恩人小松の側室お琴だけは、決して自分の女にすることなく、恩人の未亡人として、面倒をよくみてやって、小松の御恩を決して忘れなかったと書かれている。

金と力を持っている五代のことだから、それと思えばどうにでもなったであろう。もし二人の仲が怪しくなったら、よい小説のねたになったかもしれぬが、お琴は堅固に身を守って二人目の子を育て、五代も決して恩人の未亡人には手を触れなかったという。

真実はお琴が小松を心から慕って、他の男に心をひかれなかったからで、四年後にお琴が亡くなった時、それがはっきりした。小松が死んで四年後の明治七年(一八七四)、不幸にしてお琴は病魔に侵され、二十六歳の若さで死んでしまうが、死ぬ間際まで小松との思い出を懐かしがり、

「私が死んだら、帯刀公の傍に埋めてほしい」

と遺言したほどであった。これほどまで慕われた小松は男冥加《おとこみょうが》に尽きるといわねばならぬ。彼女の墓は遺言どおり、大阪天王寺夕日ガ丘に小松帯刀の墓と並んで建てられた。

お琴の小松に対する愛と功績を述べると、次の通りである。

小松がお琴と深い仲になったのは、小松が二十九歳の十二月、忘年会の席に舞妓《まいこ》としてお琴が呼ばれてからであることは、前に述べた。それ以前は、小松はちょいちょい舞妓や芸者をあげて遊んだといわれている。京に単身滞在し、妻お千賀どのと別れての生活であるので、わからぬでもない。薩摩の若い家老で羽振りもよいし、勝手掛で金回りもよい。それに男前というのだから、女たちから大いにもてたのである。あまりのことに、芸者遊びについて忠告した者がいた。その時、小松は、

「芸者遊びはちょっとやめられない」

と言うと、

「それではお国の奥さまがかわいそうだ。藩の家中の手前もある。少し慎んだら」

「いや、実は舞妓や芸者遊びは、ただの遊びではない。舞妓や芸者は幕府側の役人や、幕府贔屓《びいき》のお公家《くげ》や新撰組の宴席にも出るので、それとなく話を聞き出すと、彼らの動静がよくわかる。宴席にはだれだれが参会して、どのような話が出たか。裏でこのような秘密があるなどと、反対派の動きが聞き出せる」

と答えた。

舞妓や芸者から、相手方の動きや計画の情報を入れていたのである。その昔、赤穂《あこう》の家老大石内蔵助《おおいしくらのすけ》が、京の山科《やましな》で芸者遊びをして相手方の目をそらし、裏でこっそり相手の情報を入手していたのに似ている。

しかし、このような芸者遊びの風評が表に出ると、薩摩の家老としての手前、家中の批判も受けることになるので、具合が悪い。ちょうどそのころ、舞妓のお琴と親しくなった。お琴なら久光公から、名指しでお琴を招くよう頼まれていて、都合がよい。

お琴には多数の仲間や知り合いの芸妓がいて、お琴を通して、仲間や芸妓から、多くの情報が入るのである。

小松はお琴に、それとなく、わからぬように情報の収集方を頼んだのである。ほれた男の頼みであり、これがお国のためになると思って、進んでこの役を引き受けた。以来、小松の芸者遊びは少なくなって、ただ一人、お琴とだけの接触が多くなった。お琴は仲間や芸妓との顔が広い。各方面の情報が、今まで以上に得やすくなった。

小松とお琴の仲はいよいよ離れられなくなり、ついにお琴を接待役として、小松のそばに召し使うことになった。愛する男のためなら、どんな危険なことでも引き受けるのが、女の愛なのかもしれない。

お琴は小松を訪れる勤皇志士の湯茶の接待役だけでなく、仲間の舞妓、芸妓を通して、今でいう情報活動で小松らを助けた陰の功労者であったのである。

二　吉利小松墓地

明治九年（一八七六）、旧領地吉利《よしとし》の小松家ゆかりの有志は、お千賀どのと相談して帯刀の遺骨を園林寺《おんりんじ》跡の小松家墓所に改葬することにした。その時、お琴の墓も吉利の小松墓地に移すことになったのである。領主小松家の墓所だから、格式を重んずる家臣たちにとって、正妻のお千賀どのを傍らに予定してのことであろう。お琴の墓は、小松墓地の一隅に小さな墓石が建てられた。その後、正妻のお千賀どのが亡くなって、その墓は帯刀の傍らに並んで建てられている。

園林寺の小松墓所に眠る小松帯刀とお千賀、二人の墓を弔うと、代々の殿様と同じ型の大きな屋形造りの墓石が並んでいる。片隅のお琴の墓を弔うと、並の小さな墓碑に、

安養院証妙大姉《あんよういんしょうみょうたいし》　明治七年八月二十七日死亡
俗名　琴　享年廿六歳《にじゅうろく》
清廉妾《きよかど》

と記されている。齢《よわい》わずか二十六歳のうら若さで死亡しているのに、そぞろ哀れを感じさせられる。小松の死が三十六歳、明治三年（一八七〇）であるから、その時、琴女は二十二歳の若さであった。

「私が死んだら、帯刀公の傍らに埋めてほしい」

と遺言したお琴、心から小松を慕った女心の切なさを思うとふびんな気がする。小松家墓所の一隅に、帯刀の墓と離れて建てられたお琴の墓。無情にも、浮き世の定めは厳しかったようである。

あの世では、きっと帯刀を真ん中に、右と左にお千賀とお琴の魂が寄り添っていることであろう。

三　今上天皇祭粢料勅使派遣

帯刀とお千賀の墓の間に、「祭粢料《さいしりょう》御下賜紀念の石灯籠」が建てられている。それには次のことが刻まれている。

昭和十年十一月天皇陛下薩・隅・日ノ野ニ陸軍大演習ヲ行ハセラレ、次《つい》テ鹿児島ニ行幸《みゆき》遊バサレシガ、明治ノ元勲《げんくん》従

四位小松清廉ノ忠誠ヲ思召《おぼしめ》シ墓前ニ祭粢料《さいしりょう》ヲ下《くだ》シ賜《たま》ウ。天恩ノ優握《ゆうあく》ナルニ感激セザルモノナシ。我村民、先生ノ遺勲《いくん》ヲ追慕《ついぼ》シ、此《こ》ノ栄光ヲ石燈ニカカゲ後昆《こうこん》ヲ照《て》ラスベク紀念《きねん》トナスモノナリ。

昭和の世になってまで、小松帯刀の功績が、はっきり今上天皇〔当時〕の心にとどめられて、その功績を思し召されて、勅使を派遣し、祭粢料を下賜されたのである。

今の日本の文化・経済・技術の繁栄の源を開いてくれた英傑小松帯刀の功績は、天皇の御心にまで伝わっているのに、我ら一般国民がそれを知らずに、小松帯刀の国興しの恩恵が、今の日本国民の幸せにつながっているのも忘れ果て、帯刀の事績の顕彰を怠っていることは、誠に残念なことである。

これ程の英傑偉人の恩恵に対し、我々国民は何をしたであろうか。今や小松帯刀の墓所は荒れ果て、訪れる人もなく、銅像一つなく、宅地跡に石碑一つなく、彼の功績を語る著作さえ、ほとんど発表されてない。

小松帯刀公の事績を調べ、その功績の偉大さに感銘された埼玉県入間《いるま》郡の高麗神社《こまじんじゃ》社家の郷土史家、高麗博茂《こまひろしげ》先生は、訪ねる者もまれな寂しい小松帯刀の墓に詣で、

「これ程の偉人なのに、生誕地も、屋敷跡にも石碑一つ無く、銅像もないとは、慨嘆に堪えません」

と絶句された程である。

四　西郷、小松に心服す

久光の怒りにふれて、西郷吉之助は大島に、村田新八は喜界島に流されていた。小松と大久保はこれを京に召喚せんと久光に願い出、共に天下のことを画策することになる。

当時、小松は城代家老の重職にあったが、西郷はその面前で、召喚の恩もわきまえない様子で、横臥《おうが》して応答し、全く

礼儀を知らないもののように、その挙動、無礼千万であったが、小松は少しも意に介せず、西郷の非礼をとがめず、従者を呼んで、

「吉之助は遠路の旅で、疲労の程、察するに余りあり。枕を与えよ」

と命じた。西郷には人を試してみる癖がある。後で吉之助、人に語って、

「わしは小松の胸中度量を試さんと、わざと横になって無礼を装うたが、実に世評にたがわず、我が輩の泰斗と仰ぐべき識量ある人傑なり」

と評し、それより大小となく、すべて小松の裁決を仰いで、事をなすようになった。

小松もまた西郷の英傑ぶりに敬服していて、地位の点では西郷の上役であったが、八歳も年長である西郷を尊敬し、丁重に扱い、その意見をよくいれ、地位の上下は無いもののようであった。いつも西郷・大久保の両雄と書簡で情報を交換し合い、小松、西郷、大久保の一致した意見で藩論を指導し、明治の国興しの大業に、大きな役割を演じたのである。

西郷、大久保を明治維新の偉人として名をなさしめたのは、小松帯刀であった。「小松帯刀なくしては、西郷、大久保の功績もあり得なかった」とは『鹿児島県史料』第二十一集を編集された芳即正《かんばしのりまさ》教授の解題の言である。

五　小松帯刀の名声

明治元年(一八六八)のころ、小松は至急の公用のため、馬に乗り、品川駅を一騎で駆けていた。たまたま朝廷高官の四条殿が儀仗兵《ぎじょうへい》二大隊を引率して、堂々の列をつくって通行されるところに出くわした。しかし小松は敬礼もせず、鞭《むち》を加えて一気に駆け抜けようとするので、行列の侍者は小松を呼び止め、大声で叱って、

「四条殿に礼をつくさずに騎馬のまま通過する者、一体何者だ。その官職姓名を名乗れ」

と言うと、小松答えて、

「予は小松帯刀という者で、かねて四条殿とは、日常親しく交際している者である。本来ならば、あいさつして参るべきものを、急用の際は上位の方と途中で会っても、下馬するに及ばずとの朝命を受けている。本日の所為が不敬にあたるとなれば、用を済ませた後、親しく旅館にお伺いして罪をわびよう」

と言う。侍者は小松帯刀の名を聞くと、びっくりして、

「いや、これは失礼を申した。この事は別に四条殿の御意ではないので、その儀には及びません」

と辞を低くして去った。

当時、薩摩の家老小松帯刀や、西郷、大久保の名は、堂上《とうしょう》、官界はもちろん、一般市民でも、知らぬ者はない程であったのである。

六　小松帯刀の文藻

小松帯刀は少年時代から儒学を横山安容に学び、歌を八田知紀《はったとものり》に習い、号を観瀾《かんらん》または香雪斎《こうせつさい》と称した。小松はなかなか文章や歌が巧みで、国事に奔走するようになって、いつも堂上公卿《くぎょう》や志士に文通し、種々の情報を交換している。その手紙類はこまごまと、詳しく記載している。久光に従って京や江戸にある時は、公卿や公武合体派諸侯の間の交渉のために、日夜忙しい身であったにもかかわらず、妻のお千賀(於近《おちか》)にも、忙しい暇を割いて筆まめに情況を知らせ、妻の安否を気遣った心暖まる手紙を送っている。

小松の文藻《ぶんそう》の豊かであったことは、安政二年(一八五五)九月三日、江戸から鹿児島へ帰る途中、書いた旅日記にうかがうことができる。それは名所旧跡を和歌に詠みこんだ道行き風の日記文で、歌日記ともみられるもので、誠に見事な筆致である。次にその抜粋を掲げる。

安政二年の日記抜粋　（本文はカタカナ交じり、読みやすいようひらがなに改める）

頃は安政二年九月三日の事なるに、中御暇《なかおいとま》にて罷下候段《まかりくだりそうろうだん》、過《すぎ》し日君命を蒙《こうむ》り、今日五ツ時分に、東都《とうと》芝御屋敷、出立《しゅったつ》。名残《なごり》おしさや暫《しば》しの旅、頃を申せば同年入梅の時分に出府《しゅっぷ》、漸々《ようよう》ふた月計《ばかり》、旅の御奉行相勤《ごぶこうあいつと》め、何《いずれ》もおもい足《た》らざる事にて候《そうろう》。それのみならず尊兄も御詰合《おつめあい》にて跡《あと》に残しあげ、旅立ち行く、はかなさつれなさ思いやりてぞ立ければ、佐水なる釜屋といふ所迄《まで》、尊兄はじめ多くの人数、送り給《たま》ふ。右の所にて暫《しば》しは立寄《たちより》、琴三味線のけふもしばしば取はやしけれども、はやそれにてすまなれば、漸々《ようよう》せきでる涙、打《うち》のごい、心計《こころばかり》のいとま乞《ご》い、立行《たちゆ》きけるは悲しと思い行々六郷川《ろくごうがわ》渡り候《そうろう》。川崎宿なる万年屋かねて親しき同席なる竪山《たてやま》、田中、上村、高田、本田の何某《なにがし》など待請《まちうけ》れば、酒宴のもてなし、しばし賑《にぎわ》う其内《そのうち》に、末より最早《もはや》時過ぎますが御立《おた》ち、御立ちといふに付《つき》、詮方《せんかた》なくもはやし立てられ、さらばといふて駕籠《かご》の内、それと計《ばかり》にいとま乞《ごい》、またと参《まい》るはあるとだにあれど、親しき同席抔《など》に立別《たちわか》れ、夕暮ばかり神奈川の宿迄《まで》着く也《なり》。万年屋にて別れに竪山何某《たてやまなにがし》なるが小松の君の馬のはなむけといふ題にて、

　初雁《はつかり》と　翅《つばさ》ならべて　行く君は
　　雲井のよそに　名をや立つらん

と読送《よみおく》りけるに、返しというこころもちにて

　初雁と　翅ならべて　帰るさの
　　旅の独身《ひとりみ》　ものうかりける

と書《かき》つづり、物笑《ものわらい》にも相成《あいな》らんぞと送り候《そうろう》。供《とも》勝目十左衛門、下人《げにん》新助也《なり》。足軽道中旁《かたわら》の世話方として大迫《おおさこ》清太相頼候《あいたのみそうろう》。泊宿《とまりやど》まで吉利勇蔵送候《おくりそうろう》事。

明《あけ》て四日、朝立ちより雨も降り出し、立たんとしけるに、吉利勇蔵なるが、某《それがし》東都《とうと》之《の》様趣《ようす》との事にてさぶらいけるに、取あえず口ずさみにて書付け送る。

同席なる竪山何某《なにがし》殿、東都《とうと》之《の》事でと題書にて

友鶴の　翅《つばさ》ならべし　東路《あずまじ》の
夢みるごとに　袖は濡れつつ

実兄に述懐といふ心もちにて

東路に　君をのこして　我独り
帰り行く身は　はかなかりける

御供に付添う人々へ

古郷へ　帰るさなれど　東路の
なれし友こそ　なつかしき哉《かな》

となど言付《いいつ》け、勇蔵なるに暇乞《いとまごい》して明けの六ツ時、神奈川の宿出立し壱里位《いちりくらい》も行過《いきすぎ》て、程ケ谷《ほどがや》宿の駅所にて、人や馬、継立てまたまた、壱里計《ばかり》も行《いき》ぬれば武蔵《むさし》、相模《さがみ》の境も打過《うちすぎ》て、ヤキモチ〔焼餅〕坂やシナノ〔品濃〕坂、越《こし》て戸塚の茶屋へ立寄る頃は九ツ時かや、仕度《したく》いたして人馬継行《つぎゆ》けば程なく一遍上人《いっぺんしょうにん》開基時宗《じしゅう》の本寺藤沢山《とうたくさん》、藤沢駅《ふじさわえき》にて人馬継行くに右の行手に白はた〔幡〕大明神社あり、彼《か》の社《やしろ》は奥州より義経《よしつね》の首、鎌倉に送り実験の後、祭り納めし社《やしろ》と言う、弁慶《べんけい》の首塚は二丁程《ほど》脇にあるとは聞きぬれど、泊《とまり》の宿も遠ければ、立ち寄る事も間遠しと急げば、やがて馬入川《ばにゅうがわ》、船渡《ふなわたし》にも雨もとどろと降りければ、急ぎ平塚宿継《つぎ》にてようよう大磯の宿迄《まで》つき、其《その》日も暮にけり。

五日には、昨日の雨に酒匂川《さかわがわ》つかえにて、大磯駅え〔へ〕滞在、日も長かりけるに、

述懐

なかなかに　つれなきものは　旅衣《たびごろも》
ゆくに行かれん　やどりなりけり

右駅の内に、昔西行《さいぎょう》法師の心なき身にもあわれはしられけりと読みし鴫立庵《しぎたつあん》有《あり》けるに詣《もう》ける時、夕暮の鴫立沢《しぎたつさわ》と言

う心持にて、

あわれさは　今も昔も　知られけり

鴫立沢の　夕暮のそら

右の庵《いおり》に詣《もうで》けるに、西行の木像の脇に碑有《あり》けるを写す。

こころなき身にも哀れはしられけり、鴫《しぎ》たつ沢の秋の夕暮、と読しは、鳥羽北ノ院、北面の武士ノリサト〔義清〕のかみ〔髪〕をおろしてそい〔僧衣〕の身の西へ行名《ゆくな》のしるしにや、仏道歌道いみじくて見ぬ世の、風になびきし富士の根の、煙とならん身のひまを、あくる箱根やこよろぎのいそげとつぐる〔告〕友ちどり、ともねの鴫の沢水の名発句《めいほく》なれや新古今《しんこきん》、三の夕の名どころ〔所〕を、したふや時の和歌所、飛鳥井雅章《あすかいまさあき》、駕を立てて、折しも春のあわれさは、秋ならねどもしられけり。

鴫立沢の証歌《あかしうた》ゆへ、我も行脚《あんぎゃ》の笠かけ松、月よりほかはとう人も、嵐のよする高すなこ、かきならしつつ、この沢の、あるじをねがふ〔願〕、さちありて、其《そ》の名高雄《たかお》の文覚《もんがく》の名を作てふみえい〔御影〕堂、和歌三神や虚心堂、猶《なお》五智尊を開基せし、宗雪居士《そうせつこじ》もはか所、我が身もここに、置台《だ》して謡につかりあるは又、田鳥集に国々の詩歌連俳あつめつつ、五百年忌のたむけして、満題せしを我国の、いせのいざわの友津人《びと》　旅人《たびと》をなしてたのもしや、心なき身も西へ行く、道しるべにと立てし石文《いしぶみ》

東往居士三千風誌レ之《これをしるす》

左之方《さのほう》に

元禄十三庚《かのえ》辰《たつ》二月望日

右之方《うのほう》に

相州鴫立沢碑一基

寄附施主《きふせしゅ》生国《しょうごく》勢州射北住江戸本町

富山氏

鴫立庵西行自筆の歌

おともなく　なりゆく人の　言のはは
秋より先の　紅葉なりけり

飛鳥井《あすかい》様御筆の歌東都に御下向砌《ごげこうのみぎり》御覧して

あわれさは　秋ならねども　しられけり
鴫たつ沢の　むかし尋ねて

右之《の》碑歌ども写すに隙取《ひまとり》ぬるが日も暮れかかりけるに、外に余多《あまた》の石文《いしぶみ》も写す事だに叶わず西行の杖など其の庵の人に乞い見物すれば、めずらしきかな、なよ竹と相見《あいみ》え五尺の長さにむふし〔無節〕、げにめずらしなどといいながら、日も暮れ果て、旅宿へ帰りけり。

（二月余の旅日記で長文であるため中を略す）

明《あけ》てなが〔長〕月九日、吉原宿《よしわらじゅく》、暁七ツ時分に出立《いでた》つ。ツタ町、アオシマ、高島、三度橋をも渡り、カハラ宿、トウノキ村過《すぎ》て、左の山辺に厚橋《あつはし》といふ有り、曾我《そが》兄弟の社《やしろ》有り、又次に久次とかいふ所に福善寺といふ古寺有り、曾我兄弟の石塔位牌有《いはいあり》けるよしを聞き、

ふしのねの　裾野《すその》にかかる　白雪は
消えても今と　名は残るらむ

右少し過《すぎ》て本市場といふ所に白酒茶屋、これが富士白酒名物なり。右茶屋へ立寄り、白酒二三盃かかげるに、

ふじのねに　幾よつもりし　白雪の
雫や酒と　成やしぬらん

それより垪垣《へいがき》ゆの木、松岡過《すぎ》て名におふ富士川にいづる。此《こ》の川は、流れ早く瀬定《さだま》らず、水上《みなかみ》は信州八けだけ〔焼岳〕より流れいでたり。

川渡守《かわわたしもり》も竿さしがたく見えけるに

渡守　竿さしがたく　見えにけり
　目もつれてもふ　富士川の水
　　此処《このところ》にて家隆の
朝日さす　高ねのみ雪　空晴れて
　立も及ばぬ　ふしの川霧《きり》
と読まれしも理《ことわり》なり。
　　此《こ》の川渡り岩淵村右手に、富士川岩淵煙草所《たばこどころ》藤田藤右衛門所へ立寄り、富士をうつせし盆石相求《あいもと》めけるに
東路《あずまじ》の　ふじの姿を　古郷《ふるさと》の
　言葉のつてと　取にける哉《かな》
と狂歌もいたし、右所を立って中ノ郷三間茶屋をも過ぎ、蒲原宿《かんばらじゅく》にて人馬継行に此《この》蒲原より、江尻迄《えじりまで》の間、田子《たご》ノ浦《うら》といふ名所なり。
田子の浦の　沖に釣する　阿満人《あまびと》の
　小舟さしにも　などなろうらむ
と口ずさみ新田村、向田村、ヒル沢川、コガネ中村、ガタ浜、セキ沢、カンザハ川過ぎ、油井宿へ着く。右蒲原より油井迄《まで》の間、皆家続《いえつづき》なり。油井より宿次にて、油井川、舟ガ島、町屋原、今宿、タイラテラヲ、東クラサワ過て、西クラサワに立てば、此処《このところ》より富士山、三保《みほ》ノ松原《まつばら》見えて絶景なり。
東路《あずまじ》の　ふじの高嶺《たかね》に　そふものは
　沖までつづく　三保の松原
富士のねの　裾野によする　白浪の
　帰る小舟も　みえ初《そ》めにけり
三保の浦に　通ふ小舟も　ふじの嶺《ね》の

　　けしきと今は　成りにけるかな
右の所は蚫《あわび》の名物にて、昼飯《ひるめし》仕まわんとて茶屋へ立寄ける。それより薩埵《さつだ》の坂を上り、峠にしばらくやすむ。右は高山、左は大海、昔は此《この》道は海ばたにて親しらず子しらずなど言う所ありたる由《よし》、明暦元年朝鮮人来朝の時、今の道を開かれしと言う由《よし》。右の坂越《こし》て、興津川《おきつがわ》に出る歩渡《ほわたし》、興津は清見潟《きよみがた》に清見関《きよみがせき》と言う名所なり。
　富士のねの　嵐は三保に　留《とど》りて
　　静なりける　清見潟かな
（日を追って毎日歌日記は続いているが、長文となるために途中を略し、最終日十月八日の日記を掲げる）
神無月《かんなづき》八日五ツ時分、伊集院町出立《いじゅういんまちしゅったつ》。道すがら桜島漸々《ようよう》間近《まぢか》く見えければ、家の事どもなつかしく
　我宿の　軒端《のきば》にみえし　桜島
　　近くなるこそ　なおなつかしき
と口ずさみ、横井へしばらく休み、安之介殿・万之進殿へ逢い、互《たがい》に無事を述べ、大曲《おおまがり》あたり通過。水上坂《みつかんざか》の下迄《まで》八ツ前着《ちゃく》のところ、段々迎《だんだんむかえ》の方も多人数にて無事を述べ、酒等少しもてば、はやし。そのうちに時もうつりけるに、亦《また》出立し、七ツ時分安着《あんちゃく》。両親御無事のこと悦《よろこび》たてまつり、うれしさの涙、互につつみ兼《かね》、まず互に無事をよろこびけり。
　二親《ふたおや》の　無事の面影《おもかげ》　見にしより
　　うれしだけなく　せきあへにけり
それより皆々無事の儀、嬉しさかぎり無く、外にあまた客もあり、いろいろと話もいたし、酒も取り寄せ祝言等もはじまり誠に賑《にぎ》わい、思わず夜も深更《しんこう》に及び、皆々余程《よほど》の良い気分にて引取り、頓《とん》と安堵《あんど》の思いなしにけり。
　すみなれし　我が古郷《ふるさと》に　着しより
　　こころ安くも　成《なり》にけるかな
　長月《ながつき》の　初空にここ　都路《みやこじ》を
　　おもい立《たち》しも　久しかりける

七　将軍慶喜、小松を表彰

文久三年（一八六三）八月、中川宮と高崎五六《ごろく》、高崎佐太郎（正風）の働きで、薩摩と会津が共同して、攘夷を実行しようとする七卿と長州の勢力を京から追い出し、替わって公武合体派の久光と小松は、一橋慶喜《ひとつばしよしのぶ》を中心に、越前の松平春嶽《しゅんがく》、土佐の山内容堂、会津、尾張と協力することになる。

薩英戦争で薩摩の実力を知った慶喜は、十一月十三日、兵庫に小松を召し出し、公武合体を推進するため小松の意見を聞き、公武合体派の諸侯と公卿の交渉を依頼する。そこで小松は近衛《このえ》家へお輿《こし》入れの貞姫《さだひめ》の祝賀を兼ね、近衛家の桜木邸で、十二月二十六日、公武合体派諸侯と公卿を招き忘年会を開き、久光を中心とした公武合体の運動を推進したのである。

こうして小松は、いよいよ朝廷に対しても、幕府に対しても、重要な人物と認められるようになった。

一橋慶喜は小松の功績を高く評価し、元治元年（一八六四）四月十六日、小松と高崎五六、高崎佐太郎に明くる十七日、二条城に出頭するようにとのことであった。

翌十七日、二条城において小松と高崎五六と佐太郎に対し、慶喜より表彰を賜った。

小松が家族に送った書簡によれば、二条城槍の間で、奏者番《そうじゃばん》より御時服《ごじふく》二枚、御袷《あわせ》と葵《あおい》の御紋付を拝領した。

松平〔島津茂久〕修理大夫家来
小松帯刀
高崎猪太郎〔五六〕
高崎佐太郎〔正風〕

右、明《あくる》十七日四時、二条御城へ罷出候様《まかりいでそうろうよう》
可レ仕候《つかまつるべくそうろう》

四月十六日

一橋慶喜の御白書院第三ノ間で、慶喜直々に、

「永々在京、国事を周旋し、満足に思う」

と懇《ねんご》ろにこまごま、お言葉を頂いた。「かようなことは先例もないことで、誠に有難く、何とも恐れ入った次第で、これも中将様（久光）の御蔭様《おかげさま》にて幾重にもありがたく存《ぞん》じ参《まい》らせ候《そうろう》」とその喜びを知らせている。

八　慶喜の豪傑振りに感嘆

元治元年（一八六四）七月十九日、長州勢が御所公家門《くげもん》に攻め込み、これを守護する薩摩と会津軍のため、長州軍は敗れて敗走中であった。薩摩軍を指揮していた小松帯刀のところへ、ある公家衆が参られ、帯刀に向かい、

「和議を図られるようとの達しであります」

と言う。小松が、

「それは何方よりの御指揮でしょうか」

と尋ねると、

「伝奏《てんそう》よりの御指揮でござる」

と言うので、小松は、

「もはや賊徒は大方敗走し、今や残党を討つまでのこと、この期に至って和議を申す時機ではない。しかも右のような大事を薩摩の小松くらいの者に命ずる訳もあるまい。これは総督へ御交渉あるが当然」

と答えたので、その公家衆はそれなり御所の方へ引き返した。

そこで小松は直接、一橋の御本陣へ駆け付けたところ、総督の一橋中納言（慶喜）は御床几《しょうぎ》に腰掛け、采配を取って御自身で指揮をされていた。そこへ罷《まか》り出た小松は、逐一事の次第を申し上げ、一大事の訳柄に付き、即刻参内《さんだい》なって、事の

成り行きを奏聞《そうもん》すべきで、小松もお供仕《つかまつ》りますと伝えると、直ちに一橋中納言は一騎駆けにて御所へ参内された。小松も後に続いてお供をする。

昇殿《しょうでん》の官位資格を持つ一橋中納言は、帯剣《たいけん》のまま履《くつ》ばきのままで昇殿し、御簾《みす》近くで、何とか奏聞されるが、昇殿を許されない小松は、はるか遠くの廊下に蹲踞《そんきょ》して待っていた。

この奏聞によって和議の件は、その場は中止されることになって、一橋慶喜は退出された。

しばらくすると、再び長州贔屓の公家衆は、和議説を唱え、天子のお心持ちもその方に動くような情況であるとの知らせを受けた小松は、再び一橋中納言へ注進し、小松もお供したところ、有栖川宮《ありすがわのみや》をはじめ、長州贔屓の多数の公家衆は、紫宸殿《ししんでん》に集まっている。

一橋中納言はただ一人、帯剣のまま履ばきで紫宸殿に昇殿され、多勢の公家衆を前に、一人で舌戦を展開され、ついに公家衆の和議派を説破《せっぱ》された。小松はそれをはるかに見て、一橋公の勇気をかいま見た。退下してきた一橋公は、もしこの言をいれなければ、公家衆を打ち果たす所存であったと話された。

ところが、夜になって再三和議派は集会し、御遷幸《ごせんこう》を決め、紫宸殿前へ鳳輦《ほうれん》を用意、三種の神器も奉持しているとのことである。

それを聞いた一橋中納言と、お供につくは小松一人。紫宸殿に駆け付けるや、会釈もなく昇殿し、まさに御遷幸に出らせられんとされる主上《しゅじょう》のお袖をお引き止め奉り、

「私が主上を守護し奉《たてまつ》りますれば、まだ御遷都の時機ではございません」

と堂々と振る舞う一橋中納言の挙動は、誠に天下無双の豪傑に見えたと小松は述懐したという。

九　二条城小松論

将軍慶喜に大政奉還を決意させた小松帯刀の功績は、倒幕の歴史に決定的な結論を与えた点で、極めて重要なものである。

十三日、大政を朝廷に返すことが決定され、翌日上奏、十五日に認可されたことによって、列藩は朝廷方につくことを決意した。もし朝廷に背いて徳川側につくとなれば、朝敵とならねばならぬ。そこで二十余藩の、総勢五万と称せられる東征軍が結成されることになった。もしこの大政奉還がここで決定されていなければ、幕府側につく藩も多く、あるいは情勢は変わったものになり、薩長二藩は全国列藩を相手にしなければならなくなって、明治維新は成功しなかったかもしれない。

将軍慶喜は心の中で、大政奉還は、もはや決定すべき時勢と見ていたが、幕臣の反対が多いので、二条城で諸藩の意見を聴いたのである。

当時は最高且《か》つ絶対の権力を持つ将軍に対し、直接に面前で意見を述べることは、副将軍か大老、筆頭老中の幕閣の首脳でない限り、たとえ一国の藩主であってもできない時代であった。それなのに藩主でもない薩摩藩の家老にすぎない小松帯刀が、大政の返還を迫る大胆な発言をすることができ、将軍が小松の意見をよく聴いたのは、以前から将軍慶喜が小松帯刀をよく知っていて、度々彼を招いて所見を聴いていたからである。

前に述べたように、小松帯刀は、将軍職を継ぐ前の一橋慶喜時代から、公武合体の同志として親しくしてきた仲であり、忘年会にお招きをした間柄でもある。また、長州の皇居御門の襲撃でも一緒に働き、永年の小松の功績に対し、小松を二条城に招いて葵の御紋付と袷の二品を賞として与えるなど、小松帯刀と将軍慶喜とはお互い親しみを感じていた間柄であった。

将軍慶喜は傑物であったから、時勢の推移を見抜き、薩長で倒幕の企てがあることも、すっかり感付いていたに違いない。その薩摩の城代家老が小松であることは幸いであった。大政を自ら返還すれば、討幕の戦いは避けられ、小松なら慶喜の将来の処遇を保証する発言をしてくれるだろうし、たとい将軍職は辞しても、この慶喜を見捨てるようなことはしないであろうと思ったであろう。

小松など、公武合体派の考えは、坂本龍馬と同じく、討幕の戦争を避け、なるべく平和に、将軍を辞めさせ、しかるべき地位にあげて新政府の改革を断行しようというものであった。だから将軍慶喜は小松を信じて、大政奉還の決意を述べたのであろう。

小松が大政奉還を決意させた大功労者であったことは、紛れもない事実である。

だがその後、小松が病気のため鹿児島に引っ込んだまま出られなくなり、十二月九日の小御所会議の席は、慶喜も小松も不在のままで、岩倉具視《いわくらともみ》、西郷隆盛、大久保利通などの討幕派によって、慶喜の望みは断たれた。官位剥奪、領地没収によって、将軍は権力すべてを失ったのである。将軍慶喜の新政府への参加もかなわなかった。小松は内心不服であったに違いない。

しかし、結果はどうあれ、小松の二条城における大政奉還の意見によって、明治維新の幕が切って落とされたのは事実であった。

小松のこの功績は、西郷、勝による江戸城無血明け渡しに劣らず、もし幕臣の反撃さえなかったら、日本を無血で改革できたかもしれない。

将軍の領地、人民の返還によって明治維新の改革は完成したが、それによって幾多の摩擦や無理や悲劇を生じた。どれが正しかったかは、その後の歴史が証明することになるが、二条城での小松の功績は、長く明治維新史に残るべきものであろう。

もしも幕府と幕臣らが、小松が私領、家禄を自ら投げ出したように快く領地、人民すべてを朝廷に返していたら、無益な戦争も起こらず、慶喜も傑出した人材であったから、もっと明治政府に貢献できたことであろう。

十　小松家の由来

小松家は平清盛《たいらのきよもり》の長男、内大臣平重盛《たいらのしげもり》の子孫で、小松の姓は、重盛が小松御殿に住んで小松御大臣《こまつのおとど》と呼ばれていたところから、小松をとって姓としたものである。小松家初代の清重《きよしげ》の名は、平清盛と平重盛の一字ずつをとって、清重とされた。重盛の子は維盛《これもり》といい、源平合戦のはじめのころ、平家の総大将として出陣したが、富士川の戦で敗れてから実権を失い、屋島では平家の本隊と別れ、高野山で出家し、平家が壇の浦で滅ぶ前に、熊野灘《くまのなだ》で入水《じゅすい》自殺した。

彼には六代《ろくだい》と呼ばれる十二歳の子があったが、源頼朝《みなもとのよりとも》は家臣北条時政《ほうじょうときまさ》を京に派遣して、平氏の子孫を捜し出して、処刑するよう命じた。時政は平氏の血縁のある者は、全部捜し出し、これを捕らえて殺した。この時、維盛の子六代が、母と一緒に京の遍照寺《へんじょうじ》の近くの菖蒲谷《しょうぶたに》に隠れていることを聞き出し、六代を捕らえた。六代を育ててきた乳母は、何とかして六代を助けようと思い、当時名僧として頼朝からも尊敬されていた神護寺《じんごじ》の文覚上人《もんがくしょうにん》のもとにとんで行き、六代を救って下さるよう懇願した。文覚上人は乳母の心中を哀れに思い、六代の助命を時政に願ったが、時政はそれを許さない。文覚上人は、せめて頼朝の許しを得るまで処刑を延ばすように頼み、頼朝に手紙を書き、使僧を鎌倉にいる頼朝に遣わし、六代の助命を強く頼んだ。その手紙には、

「頼朝公も幼い時、危なく殺されようとした時、六代の祖父重盛の一言で助けられた。その重盛の御恩を思い、またかねて親しくしていた文覚の顔に免じて、この六代を助けて頂きたい。六代は私の弟子として仏門に入らせ、決して謀反など致させません」

とあったが、すぐには許さなかった。しかし、使僧が熱心に頼み、文覚の願いを訴えて引き下がらないので、それに動かされた頼朝は、ついに助命を承諾した。頼朝は時政に手紙を書いて、しばらく六代の死を許すように知らせたので、時政は六代の処刑を許し、身柄を文覚に預けた。その後、

平重盛肖像
（個人蔵）

頼朝は何度も文覚上人に手紙を送って、六代の動静を尋ねたので、
「六代は平凡な男であるから、気を遣うほどのことはない」
と返事を書き送ったが、六代の母は心配して髪を剃らせて僧となし、文覚上人の弟子として、名を妙覚《みょうがく》と改めた。世間では三位禅師《さんみぜんじ》と称した。後に高清《たかきよ》と名乗る。なお、建久八年(一一九七)に、僧文覚は紀伊国の阿弖川荘下司職《あてがわのしょうげすしき》に補任されているが、当時は任地に赴かないことが多かった。文覚もやはり京に住んだままの補任であろう。

そのころ、妙覚(六代)は高尾の神護寺に住んでいた。妙覚に次郎という子がいた。妙覚はいつ捕らわれるかもしれない身である。ある時、北条時政に語って、
「我が家は、寿永・文治の役で、一族みんな死んで、家系が断絶しようとしていますが、わたしはあなたのお陰で、幸いに死を免れました。わたしに一人の子があります。あなたのお力を頂いて、その子によって血筋を残したいと思います。なにとぞ、この子を遠くの国へお逃し下さい。御高恩は決して忘れません」
と言う。妙覚の願いを聞いて、時政はうなずいた。この次郎が清重と名乗った。

建久五年(一一九四)六月、頼朝は鎌倉に来た六代を召して「異心を抱くことなくば、一寺の別当職《べっとうしき》たらしむべし」と告げた。この時、六代の願いを聞き入れ、北条時政と相談の上、六代の子清重を日本本土の最南端、祢寝南俣院《ねじめみなみまたいん》の院司《いんじ》とし、後に薩摩・大隅の守護島津忠久に通告したのであろう。これが小松家(祢寝家)初代の清重である。建久八年(一一九七)の『大隅国図田《おおすみのくにずでん》帳《ちょう》』に「祢寝南俣院四十丁、元建部《たけべ》清重云々《うんぬん》」とあるが、同じこの年、僧文覚を紀伊国の阿弖川荘下司職に任ずる旨、発令されたのであるから、この年以前に六代の願いをかなえて、清重を日本の最南端の果てに発令したものであろう。ここは謀反の恐れのない僻遠《へきえん》の地である。

頼朝は文覚上人や清重を僻遠の国へ遠ざけたが、翌建久九年(一一九八)、自分の死後、妙覚(六代)が謀反を起こすことを恐れ、頼家をして妙覚(六代)を捕らえさせ、これを鎌倉に護送させた。途中、相模の国の田越川の川原で、妙覚を斬り殺した。妙覚、時に年三十歳、建久九年二月五日のことであった。

源頼朝は翌年(一一九九)一月十三日没し、二代将軍頼家が後を継ぐ。二月十四日、中原政経《なかはらまさつね》、後藤基清《ごとうもときよ》、僧文覚らは謀

議のため捕らえられ、文覚は佐渡国《さどのくに》へ配流されることになった。

清重は祢寝南俣院の院司として封ぜられたが、鎌倉に住む守護の島津忠久に預けられたのか、その後、建仁三年（一二〇三）に家臣数名を連れ、海を渡って、大隅の佐多《さた》岬の浜尻浦に着いた。しかし、この地に勢力のない清重は、この地方に勢力のある豪族建部清房の娘をめとり、養子となって建部姓を名乗る。このころ、兵馬の権（政権）は源氏にあったので、清重は平姓を名乗るのを避けたのであるという。

清重は父六代（妙覚・高清）の冥福を祈って一寺を建てた。これが勝雄寺で、後に吉利《よしとし》移封の折に、この寺も吉利郷へ移された。清重が父六代のため勝雄寺を建て、六代の像を今も小松家の守り本尊として伝えていることは、平家の嫡流を永く伝える証であろう。

六代木像
（清浄寺蔵・日置市教育委員会 写真提供）

祢寝南俣院は、はじめは佐多を含めたものであるので、初代清重より四代までは、建部一族と佐多の高城《たきじょう》城を居城としたが、第五代清治《きよはる》は祢寝（小根占《こねじめ》、田代）に移り、南谷城《なんでんじょう》（一名富田城）を居城とし、佐多は建部一族が守りを続け、佐多《さた》流《ながれ》といわれていた。それに対し、小根占、田代を祢寝流《ねじめながれ》と呼んだ。富田城は堅固な城で、これから勢威強大となって第八代の清有《きよあり》は大祢寝院（大根占《おおねじめ》）、鹿屋院《かのやいん》の地頭職となった。第九代久清《ひさきよ》は肝付《きもつき》氏、伊東氏と並んで大隅の大半を制圧した。

第十六代重長《しげたけ》は天資豪邁《ごうまい》で、仁政をもって名声が高く、乱賊を討ち平らげ、領民の生活も安定したので、領民は「祢寝殿《ねじめどん》」と尊崇して、死後、鬼火神社を建てて祀った。重長は、

「当家はもともと平姓であるのに、固有の姓を捨てておいて他姓を名乗るは、祖先に対する礼ではない」

と言って、建部姓を改めて祢寝姓を称することにした。当時、主命で地名をもって姓とするよう勧められていた。

重長の子重張《しげはる》は第十七代を継いだが、この時代に薩摩は豊臣秀吉の島津征伐に敗

れ、秀吉の命によって領主の国替えが実施された。

祢寝家は大隅から薩摩の吉利領主として移封されたので、文禄四年(一五九五)九月三日、重張は吉利へ移った。初代清重が、建仁三年(一二〇三)、祢寝院に移ってきてから十七代、三百九十余年を経て、吉利へ移されることになった。

吉利移封によって、領主館を建て、この地に祢寝と同じ名称を付け、南谷城と称し、家臣の屋敷を整備して府本《ふもと》(麓)を中心とし、神社仏閣を移し、祖先の霊を祀った。勝雄寺(高清(六代)の菩提寺)、園林寺(小松家代々の菩提寺)山坊、明王院、仏念寺、光叢寺《こうそうじ》、鬼丸神社を移し、諸制度を設け、政治も整然となった。

以来、名君が続き、なかでも第二十一代祢寝丹波清雄《たんばきよかつ》は産業を興し、文武を奨励し、仁政を施したので、人望が高く、薩摩本藩の家老に推され、上下心服して大きな業績をあげた。藩主に命ぜられて京に上り、皇居の造営の奉行を務め、また、幕命によって江戸の上野寛永寺本堂の改築工事の奉行も務め、徳川光圀公に拝謁した時、祢寝家(小松家)系図をお見せしたところ、光圀はその家系を尊崇され、自ら筆を執って添え書きをつけられたということである。神社仏閣を整え神仏を敬い祖先を祀り、農業を奨励して「農業法」を著述するなど、その業績から小松家中興の名君と仰がれ、「丹波様《たんばさま》」と領民から尊敬された。

第二十四代の清香《きよか》も、薩摩本藩の家老に推され業績を残した。特に祖先の祭祀を重んじ、祖先を祀る神社仏寺を復興し、佐多・祢寝に残る古い祖先の墓を修復した。そして当家の家系が平家の末裔でありながら、大隅では、建部姓や祢寝姓を称してきたが、吉利郷へ移ってまで祢寝姓を名乗るべきでないとして、本来の平姓に改め、祖先の平重盛の小松大臣《こまつのおとど》の小松をとって姓とした。

平家は壇の浦で敗れて、平家の落人《おちうど》はみな各地に隠れ散ったが、平家の本流は六代を最後に絶えたと伝えられ、信ぜられている。しかし、小松家は平家の本流、小松内大臣の直系として、初代清重が父六代を勝雄寺に祀って以来、今も六代様の像を守り本尊として、現在廃寺の勝雄寺の六代様の像は、吉利の清浄寺《しょうじょうじ》に安置されている。

小松家の伝承や系図では、平家の重盛の嫡流として伝えられているが、このことはあまり世に知られていないようである。真偽は別として、長い年月、祖先を大切にして祀ってきた名家であることは事実である。

この名家小松家を継いだ第二十九代小松帯刀清廉は、幕末・明治の時運に際し、薩摩の城代家老にあげられたのである。小松帯刀は、若くして大志を抱き、名君島津斉彬の抱負を受け継ぎ、天下の志士の先頭に立って画策奔走して、ついに王政復古の偉業を成し遂げた。

明治維新が発足するや、参与として招かれ総裁局に席はあったが、当時、最も困難な外交関係の行政にも兼務を命ぜられ、玄蕃頭《げんばのかみ》（外務大臣）にあげられた。参与という議政官の高官でありながら、行政官の外交を兼務するという例はほかにないことであった。

惜しいことに、明治二年（一八六九）五月、病気の理由で辞表を奉《たてまつ》って退官し、病気治療に努めたが、明治三年（一八七〇）七月二十日、わずか三十六歳の若さで没した。

彼の功績は実に顕著であったので、死後二十六年を経た明治二十九年（一八九六）に、小松の孫、帯刀（祖父と同名）に伯爵を贈られたのである。

（参考）六代（高清）の生涯（『吾妻鏡《あづまかがみ》』より）

六代は平維盛の子にして、平重盛の孫なり。文治元年、北条時政京師《けいし》に上り、平氏の遺族をさがし求むるや、六代は遍照寺の奥、大覚寺の北なる菖蒲谷にあり、時政のために捕えらる。時に十一月十七日なり。然るに神護寺の僧文覚は、六代と弟子の関係ありとなし、時政に乞うに、

「使を鎌倉におくりて、頼朝の赦免を請《こ》う間、六代の刑期を緩《ゆる》うすべき」

を以《もっ》てしぬ。かくて文覚の使僧は鎌倉に着し、頼朝に請いて曰《いわ》く、

「六代は文覚の徒弟なり。今や時政に捕えられ、まさに処刑にあわんとす。されど六代、年末だ幼なし。之《これ》を赦《ゆる》すも亦何事かあらんや。加うるに其の祖父重盛は、かつて公（頼朝）に対しては、好意を尽さる。されば一は重盛の功により、一は愚僧に免じて、これを愚僧に附せられんことを」

六代は平氏の嫡宗なれば、頼朝は、後日の禍《わざわい》を慮りて俄《にわか》に之《こ》れを許さざりしが、使僧は再三これを乞《こ》いければ、遂にこれをゆるし、書を時政に与えて、しばらく六代の刑期を緩め文覚に預けしめたりき。

其《そ》の後六代は文覚に就きて出家し、建久五年四月、文覚の書状を帯びて、鎌倉に至りしに、頼朝はこれを害せざるのみならず、留めて関東に居らしめ、六月六代を召してこれにまみえ、

「異心を懐《いだ》くことなくば、一寺の別当職《べっとうしき》たらしむべし」

と告げたり。

以上は当時の史料として最も正確とされる吾妻鏡の記する所なり。されど吾妻鏡には、六代の末路を記さず。

然るに源平盛衰記・平家物語には、駿河の国、千本松原の一節を作為《さくい》し、時政六代を伴《ともな》いて鎌倉に帰る途上、千本松原（今駿河の国、沼津町に属す）に於《お》いて、まさにこれを刑せんとせしに、文覚の使僧、馬に乗りて疾走し来り、辛うじて之《これ》を救うことを得たりとなせるは誤りなり。吾妻鏡によるに、時政はこの時、京師に滞在したれば、六代の赦免は京都に於ける事なり。

平家物語によれば、頼朝の死後、文覚事を以《もっ》て流さるるにおよび、将軍頼家は、六代が変を起さんことを恐れ、これを捕え、相模の田越川に斬るとなせり。田越河畔（相模国三浦郡田越村大字逗子）には、六代の墓あり。但し、平家物語には異本多く、六代処刑の地に就きて、或は千本松原となし、或は鎌倉の六浦坂《むつうらざか》となせるものあり、又保暦間記《ほりゃくかんき》には、鎌倉に召し下して、芝と云う所にて斬ると記せり。何れが事実なるやを詳《つまびら》かにせずと云う。

（祢寝邦夫『吉利村郷土史』による）

（注）小松（祢寝）系譜について、平家の末裔か、建部氏の末裔か、今なお疑問とする異論もあるが、本書は小松家伝承に従った。

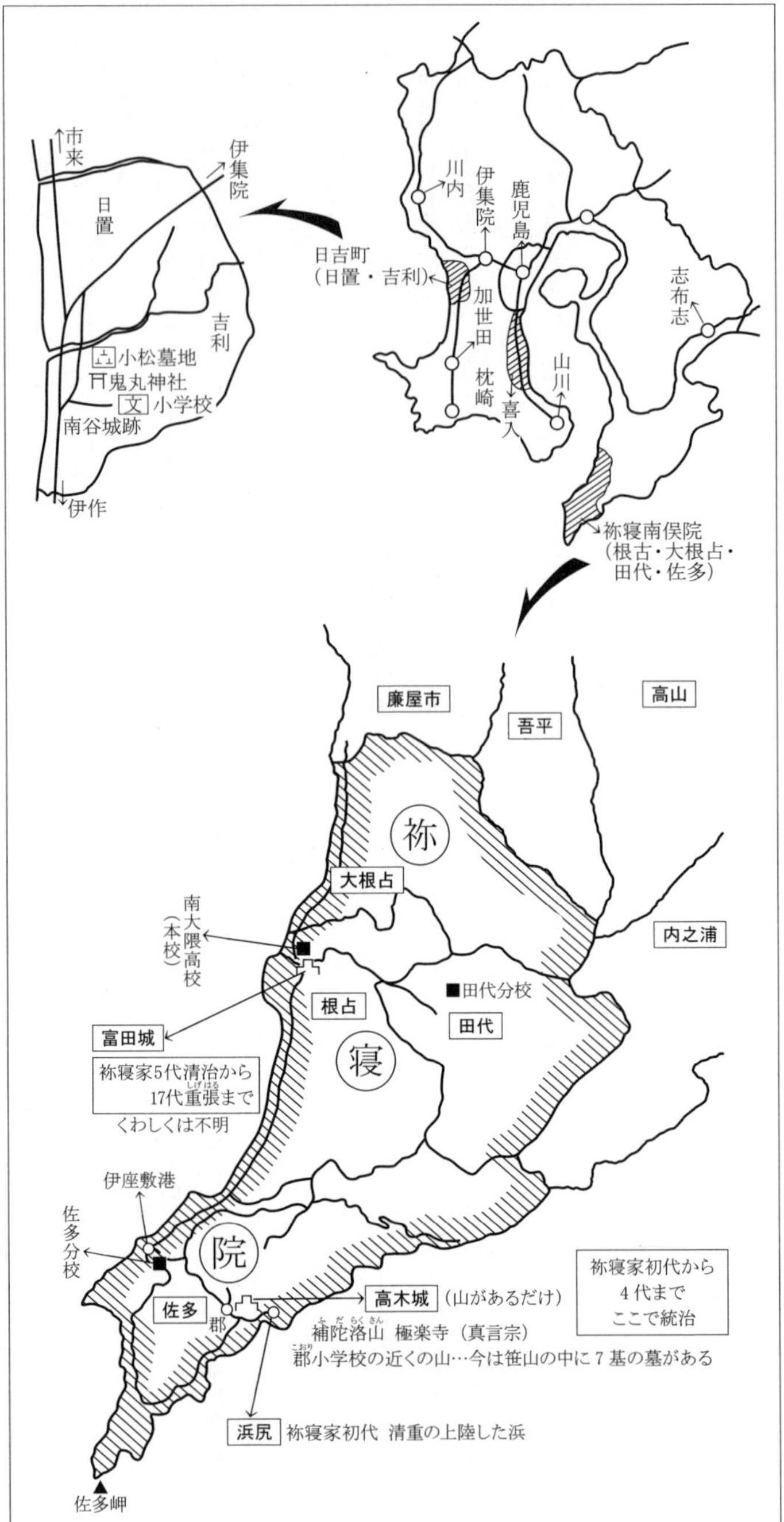
市来
伊集院
日置
吉利
小松墓地
鬼丸神社
小学校
南谷城跡
伊作
川内
伊集院
鹿児島
日吉町
（日置・吉利）
加世田
枕崎
喜入
山川
志布志
祢寝南俣院
（根古・大根占・
田代・佐多）
鹿屋市
吾平
高山
祢
大根占
南大隅高校
（本校）
内之浦
田代分校
根占
田代
寝
富田城
祢寝家5代清治から
17代重張《しげはる》まで
くわしくは不明
伊座敷港
佐多分校
院
佐多
郡
高木城
（山があるだけ）
補陀洛山《ふだらくさん》 極楽寺（真言宗）
郡《こおり》小学校の近くの山…今は笹山の中に７基の墓がある
祢寝家初代から
４代まで
ここで統治
浜尻
祢寝家初代 清重の上陸した浜
佐多岬

封地所在図

祢寝家四代の墓は、佐多町郡《こおり》部落の小学校の近く補陀洛山《ふだらくさん》極楽寺にある（七基）。

一　沙弥行西《しゃみこうぜい》（清重）
二　妙春大姉（同夫人）
三　沙弥浄光（二代清忠）
四　沙弥了本（三代清綱）
五　法器大姉（同夫人）
六　沙弥行恵（四代清親）
七　宝珠大姉（同夫人）

四代まで四つの墓は宝篋印塔
夫人の墓三つは五輪塔

（宝篋印塔《ほうきょういんとう》）　（五輪塔）

（注）二代夫人の墓がないが、清忠は鎌倉からの帰途、曾木重能らに殺されているので、夫人はいなかったのかもしれない。この七つの墓は吉利領主小松清香（祢寝家二十四代）が宝暦三年（一七五三）に再興したものである。

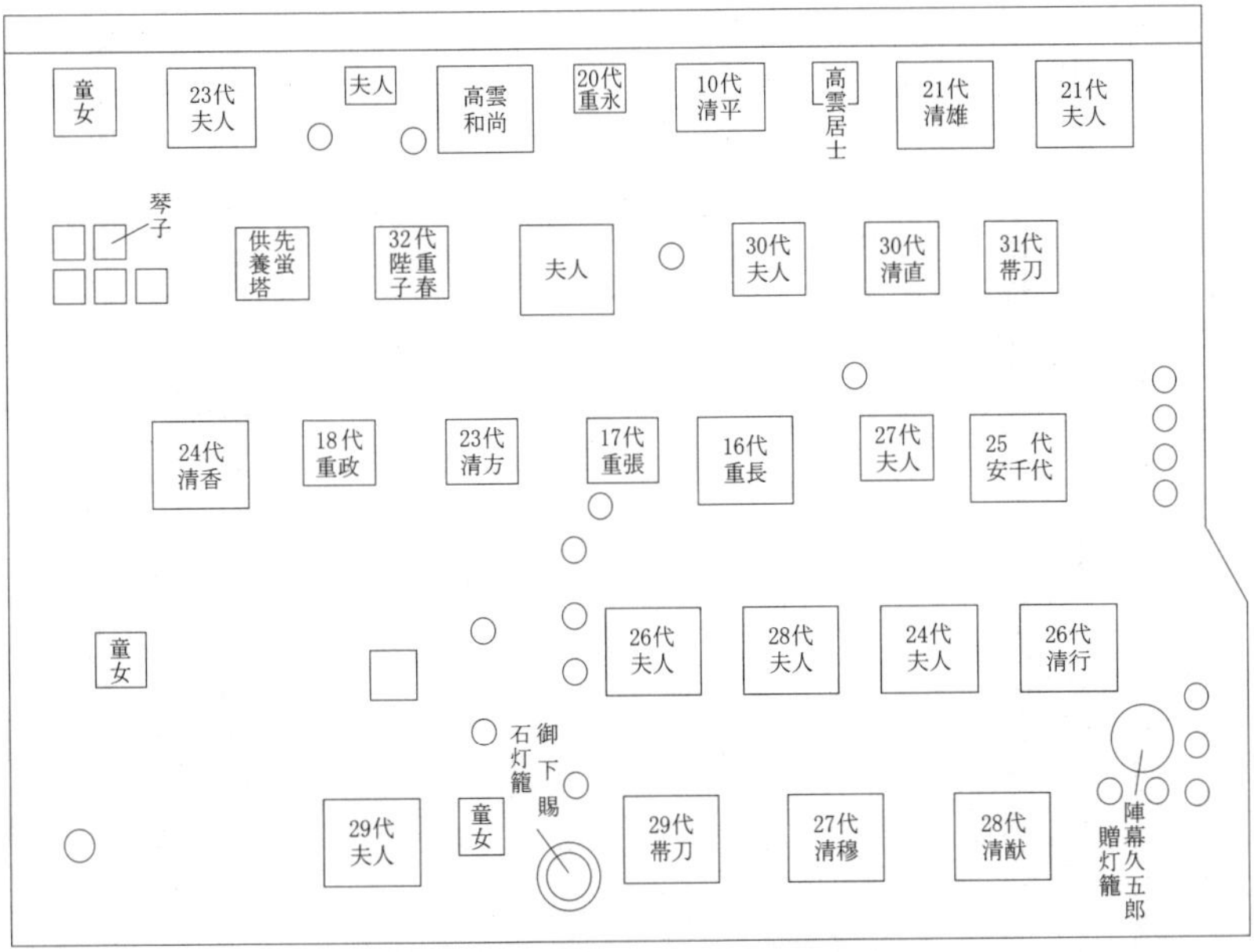

吉利園林寺趾 小松家墓地見取図

十一　横綱陣幕奉献の石灯籠

園林寺小松墓所の帯刀の墓近く、参道に特に人目を引く大きな白御影石《しろみかげいし》の立派な石灯籠が建っている。

これは薩摩藩島津のお抱え力士、横綱陣幕久五郎《じんまくきゅうごろう》が奉献して建てたものである。横綱陣幕は京で国事に奔走していた薩摩藩家老の小松帯刀に私淑し、御恩になった小松の国興しの偉大な人物を慕い、奉献したもので、表面に、

奉献
薩州陣幕久五郎通高《みちたか》
明治三庚午《かのえうま》年久建之

とあって両面には、

刀持　相生松五郎　　年寄　玉垣額之助
横綱　陣幕久五郎　　　　　伊勢海五太夫
先払　鯱海梅吉　　　行司　式守伊之助

となっている。石灯籠は土俵の屋根をかたどり、四隅の四本柱は紅白木綿の模様が彫られて、土俵の周りは俵が一俵一俵丹念に彫刻された、いかにも相撲好きごのみな立派な石灯籠で、相撲好きであった小松に贈るにふさわしいものである。作者は尾道《おのみち》石工常助作とあるから、白御影石は尾道か岡山産のものであろうか。明治三年（一八七〇）、小松帯刀の墓が大阪天王寺村の夕日ガ丘に建てられた当時に、この石灯籠も建てられたもので、大正初年のころ、吉利へ移し建て替えられたものである。

横綱の陣幕久五郎が、国民に代わって、帯刀の顕彰、御恩返しをしてくれたようなものである。

天王寺夕日ガ丘近くに以前住んだという堺市西野の吉田嘉一翁から、このような手紙をいただいた。
○数年前、京都二条城参観のとき「小松帯刀・慶喜公へ大政奉還建白」の歴史的場面の展示を見た。後藤象二郎らと共に、大政奉還の大義を建白し、徳川三百年の幕政を王政復古すべく決意せしめ大功を樹《た》て、王政復古なりしあと幾ばくならずして死去さる。
西郷、大久保の偉人たるを人は知るも、小松大人の偉大なること、両者の上にあるべきで（筆者は両者と共に、としたいが）維新から百年過ぎし今でも顕彰すべきで、もしいま少し存命されていたら、伊藤博文以上の名宰相《さいしょう》になられたであろう。
○小松公はその名清廉そのものの如く、高潔清廉《こうけつせいれん》な人格者、恩賞千石、知行所・家格の返上、身を以て手本を示された。
○文武兼備、人望厚く、温厚な人格者にして、よく外交手腕と経済方面の卓見を示し、文化技術を導入し、英智を以て大業につくされた。この功績は近時首相達も遠く及ばないであろう。
有情《うじょう》ロマンの人としてもなつかしさを覚える。チカ正妻を大切にし、琴仙子からも慕われて、その女性の墓も、小松家の墓所にあるなど、有情ロマン・美しき人情家だ。
○歌人八田知紀大人に師事して和歌に堪能、王政復古なりし日の歌、

よろず代に　いま改めて　今日よりは
天津日つぎと　なりにけるかな

まさにその時代を語る愛国歌であろう。

と小松帯刀の偉大な愛国の志をたたえて、吉田嘉一翁自作の和歌を添えられ、小松帯刀の顕彰を呼びかけておられる。

薩摩隼人　大義に燃えて　陽《ひ》は昇り
　噴煙高し　桜島山

この時に当たって、今まで幻の女《ひと》と思われていた琴仙子の遺影も、古いガラス版が発見され複写されて、美貌のあで姿を見ることになったのである。また慶応二年(一八六六)一月十八日、薩長同盟の舞台となった旧京都小松帯刀邸の写真も篤志家から寄贈されてきた。遅まきながら、小松帯刀公顕彰の気運がどうやら動き出すかにみえる。必ずや、日本国民の同情を呼び、篤志家の共感の波が広がって、顕彰の実が実ることを合掌祈念して稿を終わるのである。

昭和六十年は、小松帯刀生誕百五十年に当たる。
小松帯刀命日、昭和五十九年七月二十日。

あとがき

小松帯刀《こまつたてわき》は郷里吉利《よしとし》の旧領主で、明治維新に大功を立てた偉人であると、少年のころから聞いてはいたが、その具体的な功績については、古老から二、三の断片的な話を聞くだけ、また『旧吉利郷土史』を読んでもその概略が述べられているだけで、功績の全貌を知ることができなかった。

大正十年ごろ、郷土史研究家の故祢寝邦夫《ねじめくにお》氏が小松帯刀の伝記を書こうと資料を集められたことがあるが、結局、完成せずに、途中で挫折したらしく、その遺稿を見ることもなかった。時々、小松帯刀の概説などを、雑誌等では見ることはあったが、まとまったものは一冊も出ていなかったようである。

たまたま日吉《ひよし》町郷土誌編纂委員を依嘱《いしょく》され、幕末明治維新の郷土の歴史を執筆することになったが、小松帯刀の伝記を抜きにしては成り立たない。しかし、あれだけの大きな働きをした明治の功臣小松帯刀の資料のないのに困り果てていた。何回も資料を探すため、県立図書館を訪れた。当時、副館長であった吉利出身の川窪幸一先生を訪ねたところ、小松帯刀の資料はほとんどないが、図書館に原稿のままの小松帯刀伝があることが発見され、それを芳即正《かんばしのりまさ》先生の手で編修して刊行されたのが、昨日届いたばかりであるという。郷土誌編纂のため、是非一番にそれを日吉町に出していただきたいと頼み、手に入れた。この書が真っ先に日吉町郷土誌委員の手に入ったことには、何か不思議な縁があったような気がしてならない。この書は、『鹿児島県史料』第二十一集として、「小松帯刀伝」「薩藩小松帯刀履歴」「小松公之記事」の三編を収めてあるが、鹿児島県立短期大学の芳即正教授に編集、校訂、校閲をいただいたものであると、県立図書館長宇都哲先生の刊行のことばに述べられている。

芳即正先生のこの御努力がなければ、本書も生まれなかったであろう。心から原著者坂田長愛先生、祢寝直治先生の霊と、これを編集・刊行して下さった芳即正先生の御功績に感謝申し上げる。小松帯刀のことについて、芳即正先生は、その解題に次のように述べておられる。

薩藩誠忠組の幕末史上における役割を考えるとき、小松帯刀の果した役割は極めて重大であるが、病弱のため明治三年三十六歳の若さで没した。従って明治維新といえば、西郷、大久保ときて、小松の名はかすんでしまう。しかし実は、西郷、大久保の働きは、小松の存在を抜きにしては考えられないのである。それにも拘《かかわ》らず小松については一編の伝記も存在せず、関係史料もまとめられていないため、小松の活躍を系統だって知ることはできない。ところが幸い鹿児島県立図書館所蔵資料の中に本書に収めた如き資料と日記類（『小松帯刀日記』）が存在する。ただこの鹿児島県史料集は、後世の編集物を除き、原典史料を刊行することを趣旨としている。しかしここに収めた三編は後人の執筆したものであるが、小松の伝記概略をまとめたという点極めて貴重であるとともに、もちろんこれまで刊行されたことはなく、また恐らく将来もその機会はめったなことでは到来しないであろうと思われる種類のものである。

芳先生の解題の言葉にあるように、この坂田長愛先生の執筆された「小松帯刀伝」「小松帯刀履歴」はそれまで出版されたこともなく、原稿のまま鹿児島県立図書館に収蔵されていたもので、小松帯刀についての資料書籍がないところから、例外として県立図書館が出版された貴重なものである。

これを一読して、小松帯刀の功績の偉大さにびっくりし、感激したのである。

故坂田長愛先生の遺稿「小松帯刀伝」「同履歴」は、島津家臨時編揖《へんしゅう》所の編纂事務に携わっておられた先生が、確実な資料をもとにして、実に詳細・的確にまとめられた伝記であるが、原稿のまま出版されなかったので歴史研究者の目にふれず、歴史学者でさえ小松帯刀の事績については知らないまま、歴史書に小松の功績はほとんど記載してないのが実情である。恐らく故坂田先生も、また「小松公之記事」を執筆された故祢寝直治先生も、小松公の偉大な功績が埋もれて、世人から忘れ去られているのを嘆かれ、小松公の埋もれた功績を世人に訴える心で書かれたものであろう。その胸中の想《おもい》が行間ににじみ出ているようである。

『日吉町郷土誌』上巻に小松帯刀の功績を記述するには、ページ数の関係で、その詳細を述べることができないので、縮小してその概略を記載せざるを得なかった。郷土誌は日吉町出身関係者が主として購入し、他の町村や県外までは広がらない。広く世間に小松帯刀顕彰の輪を広げるには別に冊子を出版しなければいけないので、わかりやすく目次をつけて、五十四ページの明治維新秘史、小伝『小松帯刀の功績』を刊行した。この小伝は各地に紹介されて、鹿児島県はじめ東京、埼玉、京都、大阪、遠くは山形県酒田市あたりから、反響の便りが続々と舞い込んで、小松帯刀の功績が多くの方々の心を動かしたことにびっくりした。むしろ、これは鹿児島県外から多かった。

「はじめて小松帯刀の功績を知った。このような大功労のある小松公の顕彰が、どうして鹿児島ではほうっておかれたのであろう」

「この小伝はページが分厚くなく一日、二日で読めるように苦心がはらわれ、よく小松帯刀の功績をまとめてあり、だれでも手軽に読める」

「小松帯刀小伝という名著によって、全国に、小松公顕彰の機運が起こるだろう」

このような小冊を名著と言われて恥じ入ったが、小松帯刀の功績がわかってもらえたことがうれしかった。中には、

「あまりに小伝が薄いので、せっかく本棚にしまっておいても、見たい時に、どこにしまったのか探すのに困る。もっとページ数の多い、詳しい伝記にしてほしかった」

という意見もあり、伝記小説の形で出版する必要を痛感したのである。

さて伝記小説となると、浅学非才の私には、到底及ばぬ事なので、だれか著名な作家にお願いするしかない。あちこち手を尽したが、史料の少ない小松公のこととて作家による著作も見込みがたたない。顕彰に熱心な同郷出身の角良晴《すみよしはる》先生から、

「今にして小松帯刀の伝記を書いておかないと永久に埋もれてしまう。これを書き残すのは君しかないじゃないか」

と再三手紙を頂いて、是非書くよう勧められ、やっと書く気になった。しかし私にはあまりに荷が重過ぎる。素人の私ごときが執筆するには、あまりに小松帯刀公の功績が大きい。あれやこれやと構想を練っている時に鹿児島県観光連盟の中心幹部、指宿《いぶすき》白水館の下竹原弘志社長に巡り会った。県観光連盟副会長の同社長は、鹿児島県の観光の振興のため献身

されている人である。小松帯刀の顕彰の話をしたところ、同社長は小松帯刀の大きな功績にびっくりされ、「これ程の偉人が顕彰されずに埋もれているのは残念で、西郷、大久保を登用して、これを偉人たらしめた小松の功績を、全国に紹介することが、県の観光客誘致の上からも、是非必要である。前回出版の小伝を、小説風にもっと具体的に書いてみよ。原稿ができたら、コピーをとって読ませていただく」と激励され、初めて伝記小説を書く気になった。それから毎月一章ずつ、下竹原社長の事務所に運んで、コピーをとっていただいた。本書が形になったのは、全く下竹原社長のお陰である。

小松帯刀は実に幕末、明治の京都中央での中心人物なので、史実に照らして書かねばならない。第三章を書き上げた時から、日本近世史、特に薩摩藩の歴史に精通しておられる鹿児島大学助教授〔当時〕原口泉先生を訪問して、監修指導を受けた。原口先生も心から応援してくださり、特に、

「小説といっても小松帯刀の伝記として決定づけられるものであるから、史実に照らして、全く史実にないものを創作しては、価値がなくなる」

と注意をいただき、誤りを訂正していただいたこともあった。そのため巻末に掲げた小松帯刀と、坂本龍馬の歴年表を作って、それに沿って、事件を具体的に描写する伝記小説になった。ただ今までの西郷伝記、大久保伝記の中では、小松帯刀のやった事柄を、西郷、大久保がやったように誤って書かれたことが多いので、なるべくそれに関する書簡や、日記文に照らし、これを正しく改めようと、証拠となる資料を引用したので、ややぎこちない作品となった。しかし、この引用した書簡や日記文こそ、あるいは今までの定説を訂正する程の貴重な資料を含んでいるのではないかと思われる。

巻頭に掲げた「人吉《ひとよし》の災禍を救う」の史料は、かつての人吉藩渋谷家老の手記を、子孫の渋谷敦先生から頂いたものである。渋谷先生に小松公の小伝を紹介くださったのが、埼玉県の高麗博茂《こまひろしげ》先生であり、早くから小松帯刀の顕彰に力を注いでいただき、薩摩焼の窯元、映画「故郷忘じ難く候」の主人公、沈寿官先生宅を、同僚の嶺崎巌氏と三人同道で訪問して先生の意見を聞いた。その折、偶然にも沈寿官先生宅に、小松帯刀愛用の琵琶が現存していることを承《うけたまわ》った。誠に不思議な縁であった。

このように、高麗博茂先生には御援助を得ているので、原稿を送って見ていただいたところ、それをコピー機で複写し

た上、常用漢字、仮名遣いなどを訂正して、「興味津々として尽きない」と励ましていただいた。

前回の小伝ができた時、小松帯刀と遠い血縁関係にある元鹿児島市長平瀬実武先生を訪ね、平瀬先生の連絡紹介で、東京在住の本家小松静子社長とのつながりができ、御両方《おふたかた》ともに今回の執筆に資料や写真を提供いただいた。後日、東京の小松家御本家を訪れたところ、大変な御歓待を受け、近世代の系図、写真など貴重な資料も頂戴した。

また小伝『小松帯刀の功績』の縁で、京都市の坂本龍馬研究家西尾秋風先生から多くの坂本龍馬に関する史料と、若き日のお龍さんの写真を提供いただき、はじめて本書にその姿を写し、花を添えることになった。

同じく小伝の縁で、遠い山形県の酒田市の、相蘇敏夫先生から、小松と関係のあった本間郡兵衛の史料を送っていただいた。

また、堺市西野の吉田嘉一先生は、昔住んでいた大阪天王寺附近の夕日ガ丘、小松帯刀の墓跡などを調べられたが、今はそれらしい形跡はない。しかし、明治初年のころの思い出を書き、小松公に対する切々たる書簡をいただいて、感激した。

吉利の小松家にゆかりの深い方の元から吉利郷土史の資料と小松帯刀の側室、琴仙子の遺影が発見され、龍馬夫人お龍と共に、その若きあで姿を本書に飾ることができた。また、吉利出身、京都在住の坂口勇先生から旧京都の小松邸や寺田屋の写真を頂いて、これまた本書に花を添えることになった。

小松公の史料を多く集め、郷土史に詳しい日吉町教育長今中一芳先生から、多くの参考資料を得ることができて幸いであった。その他、参考文献として本書末尾の書籍によるところが多かったが、特に濱田尚友先生の『西郷隆盛のすべて』を引用した分は、濱田先生に負うところが多く、厚く御礼を申し上げたい。

写真資料について、鹿児島県観光連盟麻野氏の御尽力で高知県観光連盟、山口県観光連盟をはじめ、鹿児島市観光課、尚古集成館、鹿児島県立図書館、西郷記念館、黎明館《れいめいかん》の御協力を得、出版について春苑堂書店野添社長と南日本新聞社専務日高旺先生の御懇篤な御助言を受けた点、心から御礼を申し上げる。

印刷・発行については、前回の小伝や『日吉町郷土誌上巻』の出版に御縁のあった第一法規出版株式会社九州支社の荒井彰氏はじめ、担当社員の御厚意によって刊行に御便宜を頂いたが、以上述べた多くの先生方の御指導に対し厚く御礼申し上げるとともに、今後の小松帯刀顕彰事業のため、さらに御指導、御協力を賜りますよう御願い申し上げる次第である。

昭和六十年七月二十日〔帯刀命日〕

著者　瀬野冨吉

付録 明治維新の推進者 小松帯刀の功績

発刊のことば

明治維新の推進者として功績をあげながら、新しい日本の建設を目前にして死んでいった坂本龍馬と小松帯刀（清廉《きよかど》）は、天保六年（一八三五）の同じ年の生まれであった。

どちらも二十七、八歳頃から、国事に奔走しはじめているが、龍馬は大政奉還の直後に、三十三歳で刺客の手にたおれ、帯刀は新政府成立後まもない明治三年（一八七〇）に、三十六歳で病にたおれ、惜しいかな、二人とも三十代の若さで、死去したのである。

明治の革新を成しとげた多くの志士たちの中で、坂本龍馬と小松帯刀の果たした役割は、最も大きく、諸藩の志士たちは、この二人を中心にして活動し、薩長土の連合によって明治維新を成功させたと言っても過言ではない。この二人がもう少し生きていたら、明治十年（一八七七）の西南戦争も起こらず、西郷隆盛も死ぬようなこともなく、大久保利通《としみち》も殺されず、歴史は変わったものになっていたであろう。

坂本龍馬は、ずばぬけた人物眼をもっていたといわれ、例えば西郷隆盛を釣鐘《つりがね》にたとえ、

「大きく叩けば大きくひびき、小さく叩けば、小さくひびく」

と評して、西郷の深く大きな人物を、たたえている。

この龍馬が、当代天下の大人物として、九人をあげているが、勝海舟・大久保忠寛《ただひろ》（一翁）・小松帯刀・木戸準一郎（孝允《たかよし》）・高杉晋作・横井小楠《よこいしょうなん》・三岡八郎（由利公正《ゆりきみまさ》）・西郷吉之助（隆盛）・長谷部勘右衛門であったという。

大政奉還を前にして、新政府の構想を練った時、関白と議奏と参議の職制に、あてはめるべき人物を誰にするか話し合いとなったが、その時、西郷が龍馬に、

「あなたが、これぞと思う人の名を書き入れてみなされ」と求めたのに対し、龍馬はそれぞれ氏名を記入した。関白と議奏は当時の公卿《くぎょう》と諸侯が挙げられていた。参議（参与ともいう）は天下の逸材をあげて、政治の中心をなす人物が選ばれていた。

この参議は九名であったが、その筆頭第一から、小松帯刀・西郷吉之助・大久保一蔵（利通）・木戸準一郎・広沢兵助・後藤象二郎・横井小楠・長岡良之助・三岡八郎の名があげられ、龍馬の名がないので、西郷がわけをたずねたら、龍馬は、

「窮屈な役人は性《しょう》に合わないから、自分は世界の海援隊として生きたい」

と言ったという。世界の海の商船隊として、交易を盛んにして豊かな日本を建設し、援助してゆきたいという意味であった。ずば抜けた人物眼をもっていた坂本龍馬から当代天下の大人物と推賞され、再び参議予定者の筆頭第一にあげられ、二度までも龍馬が推《お》した小松帯刀は、その人物・識見・政治手腕の点で、維新政府に最も必要な逸材であったのである。

幕末の志士、明治維新の多くの功労者は、そのほとんどが伝記を残され、銅像などで顕彰され、世にひろく知られているのに、大政奉還に大きな功績をあげ、龍馬から参議の筆頭第一にあげられ、新政府のため最も期待せられていた小松帯刀が、若くして死んだため、西郷・大久保の先頭に立って奔走した功労者でありながら、二人の陰にかくれ、陽《ひ》の目を見ずに、まだ一冊の伝記類も世に出版されていなかったのである。

本書は、鹿児島県立図書館に原稿のまま収蔵されていて、未《いま》だ一度も世に出なかった小松帯刀の伝記・日記類をもとに、他の志士たちの書翰、伝記などによって、はじめて明らかにされる明治維新秘史である。小松帯刀のかくれた歴史や功績が明らかになれば、あるいは明治維新史を書き加えたり、書きかえねばならぬ点も生じるであろう。

誠実で清廉潔白な人柄と、富国強兵の薩摩をつくりあげた小松帯刀の政治手腕を見込んで、西郷や木戸と薩長連合をはかった坂本龍馬の活眼と洞察力が、明治維新の幕開けとなった。

この王政復古・明治維新に、重要な役割を果たし、不滅の功績を残しながら、若くして死んだ小松帯刀の短い生涯の、偉大な足跡を、小伝としてまとめ、広く世に顕彰して、その功績をたたえたいのである。

著者　瀬野冨吉

現代の日本の文化・経済の興隆は、封建性の強い幕府を倒し、日本古来の王政に復し、それに西洋の科学文明を導入した明治維新の大改革によるところが多い。

明治維新は、当時の若い志士たちが、命を捧げて、日本を外国の侵入から守り、天皇を中心に、強力な統一国家を築きあげようとした一大革新であった。

これらの志士たちの中で、特に西郷・大久保・木戸は維新の三傑と呼ばれ、広く世に知られているが、この外に坂本龍馬・後藤象二郎その他多くの志士たちが、活躍した。これら天下の志士たちの首領格として、最も傑出した偉人が小松帯刀と桂久武《ひさたけ》の二人である。中でも小松帯刀は、抜群の功績をたてながら、明治維新が緒《ちょ》についたばかりの明治三年(一八七〇)に、わずか三十六歳で病死した。そのため、帯刀のあとを引き継いだ西郷・大久保が、帯刀にかわって、明治新政府の中心的役割を果たし、明治維新の改革をなしとげ、大きな功績をあげ得たのである。

この章の小松帯刀の伝記は、王政復古に力を尽くした帯刀の東奔西走の記録であると同時に、明治維新の歴史そのものであるので、多くの頁をさいて、詳細に記述することにした。

一　小松帯刀の若き時代

第二十九代　清廉（帯刀）

清廉《きよかど》は幼名を尚五郎《なおごろう》（兼才）といい、後帯刀《たてわき》と称した。号を観瀾《かんらん》・香雪斎《こうせっさい》と称したこともある。

1誕生

天保六年（一八三五）己未《つちのとひつじ》十月十四日誕生。父は喜入《きいれ》領主肝付主殿《きもつきとのも》伴兼善《とものかねよし》。第三子である。母は重富《しげとみ》領主島津山城守忠寛《しまづやましろのかみただひろ》の娘であった。

○清廉　十歳（弘化元年）

弘化元年（一八四四）十一月十五日、十歳の時、はじめて藩主斉興《なりおき》公に拝謁し、弓一張を進上したと記録されている。

2少年時代（弘化元年―嘉永元年）

尚五郎は幼より学を好んで、儒学を横山安容《あんよう》に学んだ。その頃、号を観瀾とつけ、また香雪斎とも称した。また歌を八田《はった》知紀《とものり》に受けた。昼夜よく勉学に勤めて怠ることなく、一旦寝床に寝ても、目覚めると再び起きて読書にはげみ、夜どおし読書することも多かった。

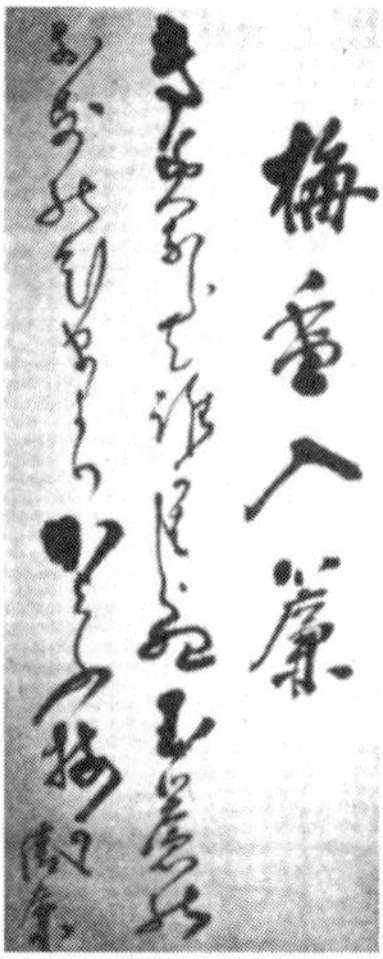

小松帯刀の筆跡
（個人蔵）

3青年時代（嘉永元―六年）

尚五郎は身体はやや弱い体質であったので、母君はこれを心配して、勉学をやめさせ、保養を命ぜられた。生家は領主でお付きの役がいるが、お付き役にも保養に注意するように命ぜられた。

十七歳の頃より多病の身体となったので、母君は勉学を止め、保養に気を配られた。保養の助けにと琵琶を弾くことを習い、昼夜琵琶を離さなかったので、執事は心配し、肝付家先祖の誠忠《せいちゅう》を話したところ、しばらく落涙して聞いていた尚五郎は、その夜、直《ただ》ちに琵琶の糸を引きちぎって、棚の奥に押し込め、それ以来、琵琶を手にしなかった。

当時、薩摩藩には、側室のお由来派と誠忠派とがあって、近藤隆右衛門・山田清安・高崎左太郎や日置島津《ひおきしまづ》家ゆかりの赤山靱負《あかやまゆきえ》などの誠忠派の武士が死を賜わって騒然となっていたが、尚五郎はその頃、交際を四方の名士と結んで出歩くので、母君は心配して、お付き役の供なしに出歩かぬようにさとされた。尚五郎は途中までついてきた供の者に、「われらは供などつれて出る身分でないが、母君が心配されるので、途中まで来たらよいから、あとは遊んで時間をつぶして帰れ」と言って帰されるのが例であった。この頃、誠忠派の名士とのつきあいがはじまった。尚五郎は、また湯治について、

「湯治は養生のためばかりではない。湯つぼでは諸方の人が集まって世間ばなしをするので、身分を隠し、田舎者の風をしていると、いろんな心得となることや民情がわかって勉強になる」

と言われた。若い年に似合わず感心な心掛けと聞こえていたが、数年ならずして御小姓役《おこしょうやく》を拝命せられた。尚五郎は才智が衆よりすぐれ、決断もよい人であったと、近《きん》

侍《じ》の人々の話が残っている。

二　藩庁勤務時代

○清廉　二十一歳（安政二年）

4　江戸詰と斉彬公の薫陶

安政二年（一八五五）、二十一歳で奥小姓として御近習番《ごきんじゅうばん》を命ぜられ、五月、江戸詰となり、九月江戸より帰着した。僅かの期間であるが、斉彬公の御近習番、奥小姓として、斉彬公の薫陶を受けたものと思われる。

斉彬公が為《な》さんとしたことを、帯刀が為したので、彼は斉彬の遺鉢《いはつ》をついだものであるといわれるのも、偶然とは思われない。

○清廉　二十二歳（安政三年）

5　小松家を継ぐ

安政三年（一八五六）、尚五郎は、小松家の養子となって、小松尚五郎となる。この時、詰衆《つめしゅう》の役を命ぜられた。養家の小松家は、吉利《よしとし》の領主で、第二十八代の小松清猷《こまつきよもと》は琉球使節役となり、琉球在任中、旅宿にて二十九歳で没した。清猷には嗣子がなかったので、妹チカに婿養子を迎えることになった。チカは尚五郎より年長であったが、小松家は一所持《いっしょもち》の家格の領主で、力量手腕によっては家老にもなれる家柄であったので、皆にすすめられて、年上のチカに婿入りしたものであろう。鹿児島の小松邸はお城の正面にあったが、原良《はらら》に小松の別荘があった。

小松帯刀肖像写真
（尚古集成館蔵）

尚五郎が小松家二十九代を継いだ時、吉利郷は役人らが両派に分かれ、権力争いがあって、留守をあずかる物奉行《ものぶぎょう》、郷士年寄《ごうしとしより》らの役人の一部の者が実権を握り、反対派の家門禄高《ろくだか》を没収して、僻地へ追放・配流《はいる》しており、道義も民風もすたれていたのである。

○清廉　二十三歳（安政四年）
6 領地吉利の治績

尚五郎は小松家を継ぐと、翌安政四年（一八五七）、まず追放されていたこれらの家士の流刑をゆるし、家門をもとに復して呼び戻し、生活物資を給し、下民の貧窮を救い、賞罰を明らかにしたので、家臣はみな名君を得たことをよろこんで、忽《たちま》ち民風が改まり、その名声が高く、藩内に知れ渡った。

吉利の小松家 仮屋敷跡（写真提供 日置市立吉利小学校）

寺前塾第二代降喜も安政四年配流を許され、配流先の鬼界ケ島《きかいがしま》から帰郷し、塾を再開した。配流を解かれた家士は、ことごとく吉利へ帰郷し、物奉行某の罪状が明らかになった。その張本人は皆の批判を受け、切腹してわびるように迫られたが、死に切れず、気丈なその母が、紐を渡して首をくくって死ぬように叱ったので、家の梁に紐をかけ首をくくって死んだ。それで、その死んだ某に「とっくりどん」とあだ名して、皆その死をいたむ者はなく、当然の罰だと言いはやした。そして、皆、無事に再び吉利へ帰れたことを喜び、祝宴をはったと、古老の話に残っている。

○清廉　二十四歳（安政五年）
7 火消隊長、当番頭《とうばんがしら》となる

安政五年（一八五八）三月朔日《ついたち》、尚五郎は改名して、小松帯刀清廉と称した。この年の七月に藩主斉彬公が急死され、その葬儀が南泉院（今の照国神社の地）で行われたが、当時火消隊長をつとめた帯刀は、火消隊を率いてその警衛にあたった。斉彬の遺言によって久光の子忠義《ただよし》が藩主をつぎ、久光は国父《こくふ》として執政となった。この時、帯刀は当番頭に進み、奏者番《そうじゃばん》を兼務させられ、久光の側近に仕えることになった。

○清廉　二十六歳（万延元年）
8 名士との親交

万延元年（一八六〇）六月、帯刀は弁天波戸場の台場掛《がかり》の受け持ちを、伊勢雅楽《いせうた》、北郷作左衛門らと二ヶ月交代にて命ぜられ、この頃から諸有志と交際して、文武の修業に励み、砲術、砲台築造の技術家、蘭学者などの名士と交際し、大久保正助（利通《としみち》）・児玉雄一郎・海江田武次その他とも、よく出入りして親交を深めた。

三　公武合体推進時代

○清廉　二十七歳（文久元年）
9　藩主・国父に認めらる

文久元年（一八六一）、帯刀二十七歳の時、北郷作左衛門と共に、電気・水雷などの研究のため長崎出張を命ぜられ、帰国後、御側役《おそばやく》勤務を命ぜられた。その後、忠義公の御前で長崎で習得した破裂弾水雷砲術の試射を四月と六月の二回なし、また電気水雷の試射をなし、成績良好で、忠義公は満悦せられた。九月九日、重陽《ちょうよう》の式当日、忠義公出座の席で、帯刀は造士館・演武館掛を命ぜられた。翌日は寄合《よりあい》以上の館員を招集し、忠義公の命で一人ずつ呼び出して素読あるいは講義をさせ、親しく聴聞された。

九月十六日と二十三日には、各派槍術・剣術家を招集し、藩主忠義・国父久光臨席の御前試合を行った。帯刀二十七歳、壮年気鋭の文武の研修の結果が、藩主・国父に認められ、十月二十日、帯刀には御改革方・御内用掛を命ぜられることになった。

○清廉　二十八歳（文久二年）
10　家老見習となる

文久二年（一八六二）には伊作地頭職《いさちとうしき》となるとともに、従来の勤務の外に、大番頭《おおばんがしら》を命ぜられ、特別な取りはからいによって家老吟味《ぎんみ》（家老見習い）の役に加えられた。時に年僅か二十八歳の若さで、特別な昇進であったので、藩中皆その出世をほめたたえ、吉利郷の家臣も良君を得たことを喜んだ。久光公は江戸へ出府の計画であったので、帯刀を御供に加え、御側用人方の御用を勤めるようにと申し渡された。

当時、世界の強国が植民政策をもって東洋に進出し、諸外国が競って日本に修好を要望し、植民地とする気配があるので、攘夷論（外国打ちはらいの論）が起こったが、それに対し幕府が適切な対策もたてないので、幕府を倒して、皇室を中心にした新しい日本を建設する尊皇倒幕論が起こって、尊皇の志士と幕府を守らんとする佐幕《さばく》党とが、全国に対立する情勢になった。薩摩藩でも佐幕派と勤王派があった。天下の尊皇の志士は、倒幕を行い、新しい日本の建設の中心になる力は、薩摩藩などであるとみて、筑前の志士平野次郎（藤井五兵衛と変名）が筑前の使者として、また久留米の真木和泉守保臣《まきいずみのかみやすおみ》もひそかに来鹿《らいろく》して、久光公に献言し、天下の形勢を説いて久光の奮起をうながした。

久光公も先君斉彬公の遺志をついで、新しい日本の建国をなさんと考えていたが、当時の薩摩藩でも、幕府を中心にたてようとする佐幕派と、勤皇派と中間派の三派があって藩論が一定しなかった。

11 勤王党の首領にあげられる

小松帯刀は大義名分に通じ、天下国家の時事を論じ、大久保利通や西郷隆盛などと勤皇派に属した。彼らは佐幕派に対抗できる家柄の小松帯刀を中心に押したて、勤皇派の首領としたのである。当時、西郷は幕府の追跡をのがれ、僧月照《げっしょう》と入水し、そのため死亡したとして、大島にひそんでいた。久光公は小松帯刀・大久保利通・中山尚之介にはかり、前記、平野や真木和泉の情報による天下の形勢に対し、熟議の結果、久光公上京によって改革に着手することに方策が決定された。その方策は、まず、京都に上って朝廷の命をいただき、ついで江戸に行き、幕府を改革して、朝廷と幕府の融和を図らんとするもので、幕府がその議を容《い》れず、朝廷の命に従わないようなことがあれば、直ちに断然たる策をとる（倒幕に踏み切る）ことになっていた。この策は一応、藩の佐幕派は同調する案であったが、勤皇派の急激の志士は、これをもどかしく思い、脱藩して京都において他藩の志士と事を挙げんとした。

この状況を見て、小松帯刀は大島から西郷を帰し、これを止めたけれども、なかなか聞き入れなかった。

是枝柳右衛門《これえだりゅうえもん》の日記に、

小松帯刀殿より申されしは「貞至（是枝のこと）近日発足の聞えあり。必ずとどめ置候《おきそうら》へとの事なり。近日大機会もあるべし。早まりて事を破り給うな」とぞ申されける。我心の中、空うそぶいてうたえるは、

いでん日の　にほいは　見えついざさらば
　雪の降る日に　道踏みひらきてん

と記され、鹿児島や江戸藩邸を脱出して大坂に潜入し、

大坂藩邸を脱出した有馬新七らと合流した。西郷隆盛はこれを止めんとして、久光に無断で大坂まで行って、報告もなかったので、久光が激怒して、西郷は再び大島に流されることとなった。

12 寺田屋事件

有馬新七ら急進派は、伏見の寺田屋に結集し、関白九条《くじょう》尚忠《ひさただ》や京都所司代《きょうとしょしだい》酒井忠義を殺害して、尊攘のさきがけにしようと計画していたので、藩士結集の動きを知った久光は、奈良原喜左衛門ら八人の鎮撫使《ちんぶし》を派遣して、計画の中止をはかったが、結局、激論の末、ついに乱闘となり、有馬新七・橋口壮助・柴山愛次郎・田中謙助ら計九名の死者を出した。世にいう寺田屋事件である。

13 公武合体の勅使

帯刀は久光公に代わって京都に参り、近衛忠房《このえただふさ》卿に面謁して、久光公上京の趣旨と九ヶ条の意見を陳述した。このことが議奏の中山大納言忠能《なかやまだいなごんただよし》と正親町三条大納言実愛《おおぎまちさんじょうだいなごんさねなる》を通じて、天皇のお耳に達し、当地に滞在して浪士を鎮静するよう勅諚《ちょくじょう》を賜わった。久光公の意見は幕府もこれに賛成し、改革も久光公の意見に沿うようにするとのことで、朝廷と幕府の信頼を得るようになった。

朝廷においては、大原重徳《おおはらしげのり》卿を勅使とし、

一　将軍は早く諸大名を率い上洛すること

二　五大藩を五大老として武備の完全を計ること

三　一橋《ひとつばし》を後見役、越前侯を大老とすべきことをはかることになり、これの警護役を久光公に命ぜられ、小松帯刀も御側役兼務を命ぜられ、江戸、国元において家老同様・御用取扱をなさしめられた。そして勅使を輔《たす》けて、久光公は首尾よく任務を終え、江戸を発して帰洛の途についた。

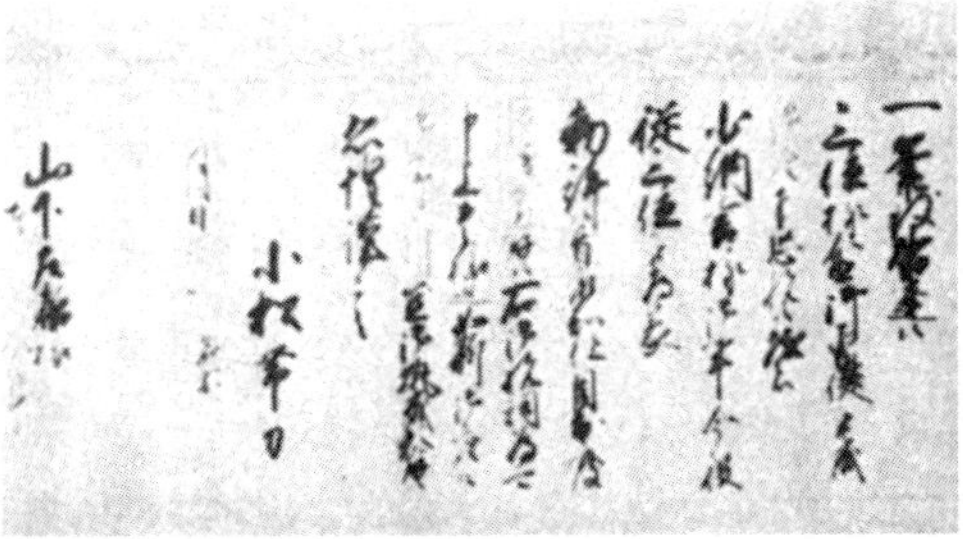

久光の少納言従三位昇進をしらせる帯刀の手紙

14 生麦《なまむぎ》事件

その帰路の生麦村で、英人がその行列を冒《おか》したので、奈良原喜左衛門がその一人を斬り、二人を傷つける事件が起こったので、事を幕府に申告した。これが後の薩英戦争の原因となったのである。京都に着くや、帯刀が大久保利通・藤井良節と共に近衛家に参ったところ、久光公は翌日参内せよとのこと、帯刀等用人もこれに従って参内することになった。帯刀の家に送った手紙の一節によれば、

禁裏(宮中)へ御参内なされ候様にとのこと、御承知の通り準備もなく、近衛様へ参殿《さんでん》の上、御直垂《おんひたたれ》を頂戴してお召し替え候《そうろう》うて、御参内《さんだい》あられた処、御謁見の上、御剣を頂き、誠に誠に容易ならぬことにて、何とも恐れいり、話も出来兼《できかね》ね参《まい》らせ候。かようなことは、これまであらせられ候こと、どなたにもこれ無く、ただ、ただ夢の様に存じ上げ参らせ候。拙者にも御供仰《おともおお》せつけられ、参内いたし、誠に冥加《みょうが》の至り、何とも何とも恐れ入り候事、筆には尽し難く、心中察しなされたく存じ参らせ候。御着《おつき》より右の事などにて昼夜暇も之《こ》れ無く、しょっちゅう御殿に詰め通しにて御座候《ござそうろう》。云々。

とのことである。

こうして参内の折、褒勅《ほうちょく》をいただき、御剣一振《ひとふり》を主上《しゅじょう》より久光に賜わって面目をほどこした。帰路は兵庫丸にて阿久根《あくね》に着し、鹿児島に帰着された。久光公は翌々日、帯刀を召し出し、この使節に粉骨して周旋した労をねぎらい、親《みずか》ら大小の刀一揃《ひとそろい》を授けられた。

四　薩英戦争と和平交渉時代

15 家老及び諸掛を命ぜらる

文久二年(一八六二)の十二月二十四日、国元において正式に御側詰《おそばづめ》兼務にて家老を命じられ、その外に各種の掛《かかり》を兼任せしめられ、実に薩摩藩の軍備・財政・教育の悉《ことごと》くを、その双肩に担うこととなった。次がその辞令である。

辞令

小松帯刀

一、御家老
一、加判《かはん》同役同前
一、役料高《やくりょうだか》千石
一、御側詰兼務

右之通被㆓仰付㆒《おおせつけられ》御役料高被㆔下置《くだしおかれ》候、席順川上但馬

頭可二罷《まかり》在《あるべく》一候

十二月（二十四日）

辞令

一、御軍役掛

　但鋳製方掛　御流儀砲術方掛兼

一、琉球掛

一、唐物取締《からものとりしまり》掛

一、琉球産物方掛

一、御製薬方掛

一、造士館演武館掛

一、御改革御内用掛

一、御勝手方掛

一、佐土原《さいとばる》掛

一、蒸汽船掛

小松帯刀

右之通、掛被二仰付一候、

十二月（二十七日）

川上但馬

以上の辞令を見れば、帯刀は御家老である上に、すべての薩摩藩の政治・軍備・財政・教育・商工の掛・企画実施を双肩に担うことになっていたのだとわかる。であるから、当時、天下の志士が薩摩をたよりにし、島津の実力者小松帯刀のことを「島津の小松か、小松の島津か」とうわさし、帯刀をたよりにしたという。

○清廉　二十九歳（文久三年）

16　薩英戦争と攘夷

文久三年（一八六三）、小松帯刀・大久保利通などが、英船が薩摩におしかけるかもしれぬとの藩庁よりの通知で鹿児島に帰った間に、京都では長州の急激派尊王攘夷党の久坂玄瑞《くさかげんずい》・寺島忠三郎・轟《とどろき》武兵衛《ぶへい》などの運動が強まり、朝廷では攘夷派が勢力旺盛で、急に政情が一変した。近衛卿らは久光公の上京を求められたので、久光公は四月四日、小松帯刀・中山中左衛門ほか七百余人を率い、白鳳丸にて京都に上った。そして攘夷の不可を述べたが、久光の意見をとりあげず、政情が急に元に返るとも見えない上に、生麦事件に関する英国の要求もあって、重大さを増したので、急いで帰鹿《きろく》することに決定し、帯刀を朝廷と幕府に遣わし、急に京都を引きあげる事由書を届けさせた。

当時、京都にあった慶喜《よしのぶ》公と閣老の板倉と水野等は、帯刀を呼んで「去年秋の生麦の事件について、英国はしきりに償金を請求し、加害者の首領を死刑にするよう、薩摩に命ずるよう要求している。これについて、薩摩藩はどのような意見であるか」とただして、さらに幕府は薩摩を威嚇して「首領の死刑に島津三郎(久光公)の首級《みしるし》を要求してきた」とおどした。これに対し帯刀は「この事件は、その原因が薩摩藩にあるのだから、直接薩摩藩に談判せられたいと英国に申されるように願いたい。そうすれば、どちらが是か非か、正か邪か、直ちに薩摩藩にて解決するでしょう」と答えた。

帯刀は御軍役掛で責任者であったので、帰国すると、ただちに軍役掛総がかりで、英国の来襲に備えて戦争の準備に取りかかったのである。帯刀はそのため忙しくなったが、常に久光公の側近にいて、政事の中枢にあったので、月番をやめさせられた。こうして薩摩は戦備を整え、万が一の戦争を予想し、配備について待ち構えていた。

英国政府は軍艦七隻を送り、薩摩藩の罪に対する談判を迫った。六月二十七日、英艦七隻は谷山沖に侵入し、翌日、前之浜で談判したが、交渉は難行した。七月二日、英艦隊は、重富《しげとみ》沖に避けていた薩摩藩の汽船三隻を奪って焼いたので、帯刀は開戦を決意し、こちらより発砲し、遂に薩英戦争が勃発した。英艦の大砲は威力を発揮し、各砲台はほとんど壊滅し、城下町は火災となって焼失したが、英艦も一隻は祇園《ぎおん》ノ洲《す》に座礁し、かろうじてのがれ、一隻は錨《いかり》を切り捨ててのがれた。沖小島の沖にさしかかった際、残っていた薩摩藩の砲台からの弾丸は、英艦に命中し、艦長以下死傷五十余人も出たのにくらべ、薩摩軍は戦死一、負傷者数名にすぎなかった。勝敗は互角であったが、英艦は逃げ去ったので、薩摩藩の勝ち戦として評判は天下に知れ渡った。

久光公は西田町の千眼寺にあって、軍役掛の帯刀はその傍に従い、後に玉里に移られて全軍を指揮したのである。

なお、薩摩軍の現地の総指揮官はわが日置島津の久明であって、吉利・日置の両雄が薩英戦争の功労者であった。この薩英戦争は、薩摩一藩で、大英帝国の艦隊を打ちしりぞけたのであるから、天下の志士は、幕府頼むに足りずとして、薩摩を中心とする薩長土連合の気運を起こす原因となった。また薩摩藩内の勤皇党と、佐幕党と中間党が、これから藩論を一つにし、勤皇党として国事に尽くす気運をつくりあげることになった。

八月になって中央に政変があって、お召しによって、久光公も帯刀も上坂《じょうはん》し、朝廷方の中川宮、近衛家、正親町三条家・二条家へ使いし、また一橋（慶喜）公、越前の春嶽《しゅんがく》侯、伊予《いよ》宇和島の伊達《だて》侯の、公武合体派の中心の上洛を待って、久光公の使として帯刀の活躍は繁忙となった。

○清廉　三十歳（元治元年）

17 池田屋事件と新撰組

　文久四年（一八六四）正月二日、久光公は帯刀らを連れ、慶喜公の館に伺候《しこう》したが、会津、越前、宇和島の三侯も一緒になった。この時、横浜鎖港《さこう》のことや長州処分について、慶喜公と意見が合わず、帯刀を残して、久光公は帰郷された。

　長州の急進尊攘派は、昨年の政変による七卿の西下後の薩摩と会津の接近を喜ばず、長州公の入京を運動した。長州を脱藩した急進派浪士が、京都の池田屋に集合したところで、新撰組はこれを襲い殺傷した。長州藩では家老福原越後らが一隊の兵を率い入京し、「哀願のための出京なり」と言って武力を示し威嚇した。

18 皇居警備と禁門の変

　薩摩藩は久光公帰国のあと、帯刀が滞在し、外に島津《しまづ》図書《ずしょ》、島津《しまづ》備後《びんご》珍彦《うずひこ》をはじめとし、西郷隆盛（大島より召しかえされ、大島吉之助の名を用いる）・町田民部・伊地知《いぢち》正《まさ》治《はる》・大山格之助・吉井友実《よしいともざね》・内田政風・税所篤《あつし》・海江田《かえだ》武次《たけつぐ》・中原猶介・隊長の吉利《よしもと》群吉・奈良原喜左衛門等が京都にあって、非常の際の皇居警備のため待機していた。幕府は、会津、桑名、加賀、彦根と共に浪士の捕縛にあたった。薩摩藩は幕府からこのための出兵を要求されたけれど、非常の節の皇居警衛の勅命を久光公が受けておられるから、洛外に出ることは断って、乾御門《いぬいごもん》を守るための一隊を出した。

　在藩の大久保より、帯刀帰藩の久光公からの通知を受けたが、西郷等は政争中にて最も大切な時期である故、しばらく滞京あるようすすめた。一橋慶喜は帯刀を呼んで、「大小監察を出して、長州兵を退去させるようにとの朝廷の命であるので、薩摩も出兵してほしい」と言われたが、帯刀は、「非常の節の皇居警衛のために残しおかれた事であるから、一橋よりの達《たっし》では出兵できないが、もし朝命が発せられたら出兵しよう」と、再びきっぱり幕命を拒んだという。帯刀は皇居警護の勅命によって、乾御門と天竜寺との二手に分かれ守衛、七月十九日、長州兵は禁門を犯さんとしたので、これを防いで討ちしりぞけた。帯刀がこの顛末《てんまつ》を大久保利通に知らせた手紙に、

（前略）

昨未明に此方《このかた》人数二ツに分れ、天竜寺討手並《なみ》に乾御門御守衛に差し出され候処《そうろうところ》にて、既に天竜寺の方へ向い人数繰出《くりだ》しに取り掛り候処、俄《にわか》に中立売御門《なかだちうりごもん》へ砲声相聞《あいきこ》え、すぐ様乾御門《いぬいごもん》は打破り、公卿御門前迄《まで》押し寄せ、余程砲発いたし、勢《いきおい》甚だしく御座候《ござそうろう》処《ところ》、此方大砲並に小銃隊、押し出し、戦に及ひ候処、引き退き、日野家へにげ込み、又は天竜寺の方へにげ行き候を、奈良原（喜左衛門）組にて打取り、四五人は打洩《うちもら》し申候。烏丸通《からすまどおり》にても大戦有之、是もすべて打取に相成候、大島（三右衛門こと西郷隆盛）・伊地知其《そ》の外皆々下知《みなみなげち》にて、莫大の働《はたらき》に御座候。

（中略）

右外、追々申し上《あ》ぐべく候、一昨夜より昨日も終日戦争、今日も未明より天竜寺へ出張にて、只今一寸《ちょっと》まかり帰り候処に御座候。両三日も寝ざる故、文面等不連続の儀も、これ有《あ》る可《べ》く候間《あいだ》、然るべき様、貴聞《きもん》に達《たっし》候儀共、宜敷《よろし》く御取計らい成さるべく候。以上。

七月廿日《はつか》申之刻認《したた》む　帯刀

〔大久保〕一蔵殿

このように禁門の変（皇居守護の戦）でも、帯刀は西郷や伊地知・大山などに命じ、直接指揮をとり、遂に長州浪士を追いはらった。

19 朝幕の間にあって最も重要な人物に

翌八月十三日に帯刀は帰国することになって、近衛卿父子にその挨拶に行った。帯刀は朝廷と幕府の間に立って、最も重い人物、なくてはならぬ人物となっていたので、近衛卿父子は驚いて、早く京都へ戻ってくれるように頼み、手紙を託して久光父子に送られ、

「帯刀がまさに今、京にいなくてはこまるので、帯刀の要件は五、六日にて用事をすませ、早く出立して京都に帰すようにお願い申しあげる。そうして下さらないと心配で、心痛この上もない」

と書いている。そして添書《そえがき》にも、

書添《かきそえ》
別紙に申し入れ候。呉々も帯刀帰国之儀は困り入り候。近頃にては一橋（慶喜）より帯刀を厚く依頼の様子にて、彼是《かれこれ》相談等も之《こ》れ有り候へば、旁《かたがた》に帯刀在京に候へば、総躰《そうたい》之都合にも宜敷く、旁、是非急速に登京を御申し付け、わけて御願申入《もうしいれ》候事。
大乱書御免《ごめん》下さるべく候也　〔近衛〕忠房
大隅ノ守殿

以上の手紙によっても、朝廷にとっても、幕府にとっても、小松帯刀が相談相手としてなくてはならぬ重要な人物であったことがわかる。薩摩藩においても同じように帯刀はなくてはならぬ人物であった。在京中の西郷も鹿児島の大久保に、帯刀が早く帰京相成るようにお願いする手紙を送って、

（前略）
将軍もこのたびは上洛の筋にもこれ有り、摂海も異人の参る説もこれ有る事にて、段々、大難差し迫り候儀に御座候間《ござそうろうあいだ》、大夫（家老、帯刀のこと）この度は何とぞ早々御帰京相成《あいなり》候処、ひらに御願申上《おねがいもうしあげ》候。

と帯刀の上京を、大久保に頼んでいるのである。

20　帯刀への感状加俸

薩摩藩においてはこのたびの蛤御門《はまぐりごもん》の変（禁門の戦）で、小松帯刀が薩摩軍を指揮し、長州兵を討ちしりぞけ、その功績が最も顕著であったので、藩公は左のような感状を贈って、その功労を賞した。

（原文は漢文体）
先月十九日、長賊、禁闕《きんけつ》を犯すや、別《わ》けて御大事の刻《きざみ》、当日は勿論、前後容易ならざるに、粉骨を致し、遺漏《いろう》無く、指揮行き届き、遂に長賊の徒を退治し、御危難を救い奉《たてまつ》りし段《だん》、抜群の勲労《くんろう》、わけて感悦《かんえつ》に候。仍て馬壱疋、拵刀《こしらえがたな》（正俊）一腰をおくり候。愈《いよいよ》忠勤を抽《ぬきん》ずる可《べ》きの状、件の如し。

さらにその後、五百石を加俸するよう辞令を下されたが、帯刀は、「有り難いことながら、軍備などに出費多い時節であるから、御奉献致したい」と願い出て、辞退して受けなかった。

21 長州征伐と薩摩の対応

長州軍が禁門の変で敗退すると、幕府は長州を討たんとして、政情が緊迫し、近衛卿の所望もあって帯刀は九月、翔鳳丸《しょうほうまる》にて上京したが、幕府は長州の罪状を責め、長州征伐の軍を出すことに決定して、征長総督《せいちょうそうとく》に尾張侯徳川慶勝《とくがわよしかつ》を任命した。総督は在京諸藩の重臣を召して、各藩兵《はんぺい》を出し、十一月十八日より攻撃するようにと決定せられた。薩摩藩は小松・西郷・大久保が大坂にて軍議を開き、久光公の内意を以って、内治を先にして対外の策を決定するべきであるとした。そこで、征長の結末を早くつけるため、高崎兵部《たかさきひょうぶ》を長州の支藩岩国藩に遣わし、西郷は総督に長州の降伏をすすめるように説き、その使節として岩国に赴いた。薩摩藩も十一月一日、高橋縫殿《たかはしぬいどの》を惣物主《そうものぬし》、軍役奉行を伊地知正治、軍賦役《ぐんぷやく》を大山格之助とし、約九百人を率いて出発したが、長州は福原以下責任者を死罪にして謝罪し、毛利大膳父子も罪を謝することになったので、国境に集合した兵十四万は一応待機した。長州は山口城の兵を収め、吉川《きっかわ》侯は書を在京の帯刀に送り、歎願の旨を伝え、薩摩藩に依頼したので、高崎正風を江戸に遣わし、岩下と共に交渉させた。その結果、征長の諸軍に十二月二十七日、総督より陣払い《じんばらい》(引きあげ)の命が下った。

しかし幕府は征長の命によってたちどころに十四万の兵が集まったのを過信し、閣老松平宗秀《むねひで》、阿部正外《まさとう》は兵一千余を率いて上京し、幕府の威信を回復しようとし、京都の守護、長州藩及び五卿の処分、参勤交代制を復することを令したので、帯刀と大久保は近衛卿、関白二条卿などに言上して、両閣老を参内せしめ、これを詰問し、この企てを中止させた。

22 西洋の科学技術を取り入れる

帯刀は京都と鹿児島と往来する間にも、薩摩藩の文武の開発、富国強兵の企画を実施に移した。薩摩藩は、さきの薩英戦争で手痛い打撃を受けたが、いつまた英国が大挙して来襲するかわからないので、さらに武備を厳重にかためた。しかも藩内の人々は上下ともに、外国の兵器が精鋭で、文物の進歩していることに驚いたので、英国を迎え討つためには、武器や艦船が必要であることを痛感した。英艦隊にしても、薩摩を降伏させ、賠償金を出させることは困難であることを知り、幕府へ要求したので、幕府は薩摩に代わって賠償し、一応講和が成立した。講和後、帯刀は英国と親しく交わることを心がけ奄美大《あまみおお》島《しま》に和蘭《オランダ》人の製糖機械を購入し、英人を雇ってこれを運転せしめた。

元治元年（一八六四）六月には開成所を設け、海陸軍事と医学、理化学といった西洋の科学を研究させ、航海術にくわしい中浜万次郎（ジョン万次郎）を招聘《しょうへい》して、航海術の実技を習得せしめた。なお開成所では英学の教師、あるいは蘭学の教師を雇って教授させた。帯刀はさらに集成館を再興して、蒸汽機械所を設け、長崎より蒸汽鉄工機械の職人を連れてきて、軍艦や商船の修理にあたらせた。

これについては反対意見もあったが、帯刀は将来必ず軍艦、商船の修理を、藩内で完全に出来るようにしておく必要が生じるであろうことを説き、非常の英断を以って施設し、岩下新之丞・竹下清右衛門をこれに任じた。

23 帯刀、交易を以って財政をはかる

帯刀は先に述べた通り、家老となり、各掛を命ぜられたので、陸海軍の軍備はもとより、船舶及び機械などの技術を進めるため、莫大な資金を必要とするに至った。帯刀はまず海運を盛んにして交易によって利益をあげ、財政を豊かにしなければ前述の事業をなすことができないので、松岡十太夫、伊地知壮之丞、汾陽《かわみなみ》次郎右衛門《じろうえもん》、竹下清右衛門等を、生産方掛並びに集成館掛、長崎御付人とし、長崎の外商グラバーを通じて、汽船あるいは帆船を購入させ、北は奥州より、南は琉球・清に至るまで、取り引きをなさせ、その儲けで軍備の拡張をはかった。

詳細な記録に乏しいので、すべてを知ることが出来ないが、例として元治元年九月の軍艦購入予算記録その他によると、

記

一、軍艦新造　一艘
　代金凡《およそ》弐拾万両
　　内、壱万両手付
　差引金拾九万両
　右、五ケ年賦にして一ケ年金三万八千両づつ

とあって、この年賦償還のために、まず御用聞きの商人に資本の金銭を下げ渡し、これで菜種油及び砂糖を藩内や琉球から買い入れ、これを大坂に運送して売りさばき、帰りにその代金にて樟脳《しょうのう》・茶・白糸（絹）・白蝋《はくろう》・干藻などを土佐・柳川・宇和島・島原から購入してきて、長崎

の外商のグラバーに売り渡し、その利益のうちより軍艦購入の年賦金にあてているのである。この交易計画を次の通り指令している。

記

一、菜種油　但敷根　杯数不定
一、館内砂糖　壱万挺
一、琉球勝手売砂糖　五千挺
右、柿元・酒匂より、館内用聞《ようきき》買入一万挺なり五千挺は琉球へ船取仕立《したて》御用外《ほか》何程にても買入様
一、当地新製砂糖千八百挺
右砂糖、桐野孫太郎より買入
三口惣合《そうごう》砂糖　一万六千八百挺
右両品、御当地に於て買入相成、大坂へ繰登、右代金を以て左之通之場所産物買入、長崎廻し艦価支払之事
土佐・柳川・宇和島・島原

土州
一、樟脳二十万斤《きん》、子正月より七月に掛、皆着の員数《いんず》たり
右、土州より長崎江廻着にて受取る年年四十万斤位《くらい》は出来候由《そうろうよし》
一、製茶五十万斤位年々
但十五万斤、已《すで》に手当に相成居候由《おりそうろうよし》
右、土州へ差越《さしこし》請取る
一、白糸年々二三万斤づつ出来る場所の由なり

柳川
一、茶
一、白蝋八万斤位
右へ五千両位、柿元彦左出銀いたし置候由
宇和島
一、干藻凡《およそ》六万斤位、代金一万両
一、前文に付、年々新銭四万両づつ月割を以て御用聞、柿元・酒匂へ下け渡すこと
一、御用聞《ごようきき》
柿元　彦左衛門
酒匂　十兵衛
波江野休右衛門
右、町年寄共なり
一、御用聞共へ御利潤の内より被ㇾ下分、吟味之事

以上の例はほんの一部分であって、このほかに、蒸気船生産方支配の下に米良《めら》産物取扱と大和交易方、さらに真幸《まさき》酒屋取扱や穎娃《えい》油澄水車方、また芸州の米鉄木綿等取扱、茶御試製方御商法等を置いて、米、酒、種子油、木綿、鉄、茶などを交易させた。大和交易方は琉球産米五千石を琉球にて買い入れ、大坂へ直航し、奥州まで船足を伸ばして奥州多産の昆布・魚肥《ぎょひ》・米・大豆等を大坂で交易している。

大坂方面へ売りさばくものを登《のぼ》り品《しな》と称し、

砂糖・人参・大黄《だいおう》、蒼朮《うっこん》その他の薬草、水銀・米粉・珊瑚珠・海亀甲《うみべっこう》・腹皮《はらがわ》・西洋布・羅紗《らしゃ》・毛氈《もうせん》・錦・縮緬《ちりめん》緞子《どんす》・唐紙等

反対に下り品は

前述の品の外、干生子《ほしなまこ》、干帆立貝、鱶《ふか》、鯣《するめ》、椎茸、かつを節、醤油、葛粉、素麺《そうめん》、紙、煙草、和薬、金銀、地金

などで、例えば白糸など九貫目入り一箇百六十両のものを長崎値で五百両位で取り引きしたので、莫大な利益を得たのである。これらの交易は藩の御用船、平運丸・胡蝶丸・翔鳳丸・豊瑞丸・開聞丸・三邦丸の汽船の外、これに加えて、浜崎太平次(指宿)、汾陽《かわみなみ》源兵衛(阿久根)、田辺泰蔵(柏原)、佐々木源助(山川)の私有の和船帆船数十隻も、海運にあたらせた。

このように内に軍備を整えるとともに、外に交易を盛んにして商業を以って資金を得、艦船や蒸気機械の購入にあて、造船修理工場まで経営させた。これらの周旋に尽力したのが、長崎の英商グラバーであった。当時の国状は、外国が植民地政策で、各国きそって日本に喰い込もうとしているのに、幕府はそれに適切な手も打たず、却って長州征討など内紛に明け暮れていた。

○清廉　三十一歳(慶応元年)

24　留学生の派遣

慶応元年(一八六五)になって、帯刀はかねて親密にしている長崎の英国商人グラバーに依頼して、西洋を見学させ、西洋の科学、文明を学ばせるため、薩摩の青年学生を選抜して、英国に留学生を派遣することとし、新納《にいろ》久修《ひさのぶ》と五代友厚《ごだいともあつ》らは、留学生一行を引率して、羽島より出港した。帯刀は大久保利通や西郷と共に、薩摩藩の藩論を確立する必要から帰国することにしていた。四月二十二日、帯刀は西郷と、土佐の志士坂本龍馬を伴い京都をたって帰国したが、途中、坂本龍馬は長州に上陸し

長州の志士に遊説し、五月、鹿児島に来て、薩長連合を説いた。中岡慎太郎も来《きた》り、木戸孝允《きどたかよし》との会談をすすめた。帯刀は、このような国内の有り様では、早晩混乱に陥るとみて、藩の方針を一定して、陸海軍備の充実を図ることが急務であるので、帰国するとすぐ五月二日、砲術館を設け、兵を訓練して、変に備えることにした。

五　薩長土協力時代

25 長州の軍艦武器の購入に力を貸す

幕府は毛利父子を江戸に招致したが、長州はこれに応じないばかりでなく、長州藩士は兵器を購入し、罪に伏しないので、長州再征の命を諸藩に伝えた。これに対し、諸藩は再征に反対する者が多く出兵を躊躇《ちゅうちょ》し、幕府の威《い》令《れい》は予期に反して権威を失うことになった。七月二十一日、長州の伊藤俊輔（博文、変名吉村荘蔵）と井上聞多（馨《かおる》、変名山田新助）は、長崎に出張中の帯刀を訪ね、長州の事情について述べ、軍艦武器の購入の周旋を依頼したので、帯刀はこれを引き受け、帰藩の時、井上を鹿児島に伴い、実方の市来六左衛門《いちきろくざえもん》の別荘にて、桂久武、大久保、伊地知、その他君側の人々と会わせ、薩長の接近を相談した。

九月八日には毛利藩主父子は、土佐藩浪士上杉宗次郎（近藤長次郎の変名）を使として書翰を送って、ひそかに、薩摩藩の名義にて長州の用船・武器を購入することなどを依頼したので、帯刀は英商グラバーに相談した。

十月十五日、帯刀は西郷と共に海軍方一隊を率い上京、その途中、長崎に立ち寄ったので、上杉は帯刀の尽力によって、グラバーより薩摩名義の船一艘を受け取り、一旦土佐より長州へ廻航した。これが桜島丸で、旗印は薩摩藩のものを用い、乗組員も多く薩摩人であった。上杉が井上に出した手紙の一節には、

（前略）八日帯印（帯刀のこと）之所に逗留《とうりゅう》、君侯《くんこう》へも拝謁、色々右等の事については大議論もこれあり、相かわらず帯印の大尽力にて、万事成就に至りたり。帯印（帯刀）、吉印（西郷隆盛）、昨日胡蝶丸にて上京なり。君侯も来月初旬には上洛なり。云々。

と書かれ、帯刀の尽力によるところが多かったことを知ることができる。

26 第二回長征出兵を断る

幕府では将軍が辞職して、後任に一橋慶喜を推《お》した。しかしこれを朝廷で止めたので、慶喜は将軍の補佐役となった。しかし長州再征については名分がはっきりしないとて時日を延ばすのみであったが、十二月十五、六日頃、慶喜は大坂に至り、帯刀を大坂に召し寄せて「傍観しないで、再征のため奔走してほしい」と頼んだので、帯刀は「御主意、名分がはっきりしないのでは困るので、お断り致します」と陳述したという。薩摩藩では幕府の威令が落ちたのを知り、坂本龍馬などの説く薩長提携に注目し、黒田清隆は坂本龍馬に、長州の木戸と薩摩藩の小松・西郷・大久保と談合して、薩長の同盟を結ぶように相談した。坂本龍馬は小松帯刀の同意を得て、単身馬関《ばかん》に行き、木戸・高杉と会談した。

○清廉　三十二歳（慶応二年）

27 帯刀の邸で薩長同盟成る

薩長同盟について帯刀の同意を得て、長州の木戸・高杉と会談した坂本龍馬は、木戸と約して薩摩藩士と称し、京都に入って、帯刀に連絡した。たまたま薩摩藩家老の桂久武と島津伊勢が藩公代理で、正月の天機伺《てんきうかが》いの挨拶のため出京中であったので、小松の宿所で、一月十八日に会合し、木戸は小松帯刀、桂久武、島津伊勢、西郷隆盛・大久保利通・吉井友実・奈良原喜左衛門等と薩長連合の事を談合した。桂久武の日記には、

正月十八日曇

一、毎之通《つね》の寝覚《ねざめ》也、此の日、出勤致さず。八ツ時分より小松家へ、此の日、長（長州）の木戸へ、ゆるゆる取り合せ度《た》く申入置候に付、参る様にとの事故《ことゆえ》参り候処、皆々大かた時分参られ候、伊勢殿・西郷・大久保・吉井・奈良原なり。深更迄《しんこうまで》、相咄《はな》し、国事段々咄合《はなしあい》候事。

と記されている。

この席に薩長連合を計画した坂本龍馬が参加していないのは、龍馬は三吉《みよし》慎蔵と遅れて二十日に来ており、この時既に盟約が成立していたためである。同日、離別の宴を開いたので、坂本龍馬はこの宴に同席し、ここで話し合った薩長同盟の箇条書を木戸が作成、その裏書に坂本龍馬が署名をしたためて、木戸へ返送した。その三日後の一月二十三日、坂本龍馬は京都で幕吏に襲われ負傷

したのである。

28 坂本龍馬を伴って鹿児島に帰る

この同盟のことは秘密を必要としたので、各自は口外しないことにし、大久保はその報告のため二十一日、帰藩し、報告をすませ、二月二十一日、京都に帰着したので、京都のことは大久保などに依頼して、帯刀は桂・西郷・吉井らと共に、土佐の坂本龍馬とその妻お龍《りょう》さんを連れて、二月二十九日、京都を発して帰国の途につき、三月一日、三邦丸にて大坂を出帆した。途中八日長崎に立ち寄り、十日鹿児島に着いた。そして龍馬は鹿児島原良《はらら》の小松屋敷に滞在した。

帯刀は疲労回復のため、三月十四日より四月八日まで霧島の栄之尾《えのお》温泉に行き、保養していたが、坂本龍馬も、塩浸《しおひたし》温泉で京都で受けた傷を治療することにした。その間に吉井が訪れたので、龍馬とお龍さんの三人は、栄之尾の小松帯刀を見舞い、三月二十八日より四月一日まで栄之尾に泊まり、温泉に浴した。

龍馬とお龍さんが、高千穂登山をしたのはこの時で、そのことを龍馬は姉の乙女《おとめ》に手紙で知らせている。

帯刀は温泉にあって保養につとめる間も、絶えず手紙によって、天下国家の動きと、薩摩藩の政治について連絡をとっていた。

幕府においては毛利家の封十万石を削り、父子に謹慎を命じようとし、老中をして毛利父子を広島に招かしめたが、病と称して応じないばかりか、諸隊に命じて防戦の備えをなさせた。そこで幕府はついに長州再征の決定を下して、諸藩に出兵を命じた。薩摩藩はこれを拒んで、大義名分のない戦に出兵することを断った。他藩も出兵を見合わせるところが多かった。

29 桂久武の軍政の布達

薩摩藩では長州再征事件についても紛糾し、軍備の必要が痛感されるので、忠義公も、国家の盛衰存亡の分かれるところであるからと示達を出され、家老桂久武の名をもって、

当時天下の形勢、日日変態之趣《おもむき》、近来諸所に戦争も相発し候のみならず、既に長州表《おもて》においては対陣之姿。一たび失われて戦を始め候へば、天下の動乱と相成り候儀は、眼前之事に候。就ては最早《もはや》御軍政を先に立てず候ては、時勢に相応ぜざる事に候。(以下略)

と布達して、軍備を整備し、訓練を励ました。帯刀は四月十三日、栄之尾温泉より在京の大久保に手紙を書き、軍備の有り様及び筑前五卿の模様を報じ、また近日中に英国公使が来藩し修交も間近いことを知らせている。

30 英公使を鹿児島に招く

この英国との親交について努力したのも小松帯刀であった。帯刀は長崎に出張して英商グラバーに会い、諸物資の交易について打ち合わせた時、

「薩摩と英国は互いに戦ったのだが、今後は親交を結びたいので、英国公使を鹿児島に招待したい」

と英国公使への斡旋を頼んだのである。グラバーはそれからのことを、次のように話している。

鹿児島を英国は攻撃しましたが、それがあって後に島津公がイギリスの公使と艦隊の司令長官を招待したいと、小松を通じて表明し、

「一旦は戦争をしたが、以後は懇親を結びたい。どうか一度は鹿児島に来てくれるように」

と伝えてきました。私が司令長官の船に同乗して清国に行き、長崎に帰ったところ、小松帯刀と外二、三人が自分の所に来て、

「一旦は戦った間柄だが、これからは仲よくしたい。ついては、一度鹿児島に来てくれ」

という話でしたから、自分は持船の「オテントサマ」という船で鹿児島へ行きました。着くと祝砲を撃って歓迎しましたので、「オテントサマ」からも四つの大砲から四発の答礼砲を撃ちました。四、五日の間、鹿児島に滞在して大変御馳走になりました。

それから江戸に行って英公使サハリー・パークスに会って、「鹿児島藩の意向は、決して外人に向かって敵対心を持ったものではないから、是非一度、鹿児島に往ってその実情を確かめてみてくれぬか」と、勧めたところ、パークスは大変笑って、側にいたシーボルトを指して、

「自分はこれまで薩摩屋敷へ行こうと思ったことが何度もあったが、その都度、この

英商人グラバー肖像写真
（尚古集成館蔵）

シーボルトが、『そんなことは決して、してはならない』と言って止めたのだ」

と申しますから、自分は翌朝、シーボルトに、

「これから薩摩屋敷へ行くから、一緒に来い」

と言って無理に引っ張っていきました。その時分、外国人が外に出ると、護衛兵が付いたものでしたから、それがうるさいから、朝早く公使館の裏門からシーボルトと二人で出かけたのですが、一人自分達を護衛する者に見つかって、薩摩屋敷の門まで来ると、

「これを入ると危険だ」

と、注意を受けました。けれども自分は前から小松帯刀と関係があるからというと、大きな門を開いてくれて内へ入れました。その以前に小松帯刀の方から、

「もしグラバーという外人が薩摩屋敷に行ったら、こうこうしろ」

と、通知がしてあったらしいのです。薩摩屋敷では、お茶だのお菓子だのを呉《く》れて、大変歓待してくれて、

「明日は留守居役《るすいやく》が返礼のため、英国公使館に行く」

と、申し出たので、帰ってからシーボルトと二人で公使のパークスに会って、その話をしましたら、パークスが非常に驚きました。


（中略）


その翌日、初めて薩摩屋敷の留守居役が、英国公使館に来て、パークスに会って、色々話をしました。それから私は長崎に帰る時に、

「是非一つ、鹿児島へ往ってみてはどうか」

と言ってパークスに勧めましたら、パークスは、

「なるほどお前の云った通りだ。若《も》し、ちゃんとした招待状をよこしたら、往こう」

とのことであったので、長崎に帰ってから小松帯刀に話したところ、「よろしい」と言うので、こんな（手真似）長いの（招待の手紙）をよこしました。

このようにして、私は「プリンス、ローヤル」という英国の軍艦に乗って、パークスと共に鹿児島に往き、四、五日も滞在しました。その間に、鹿児島では狩猟をしたり、御馳走をしたり、調練を見せるなど、非常な歓待を受けました。島津三郎（久光）にパークスが初めて会った時に、島津三郎は、

「過去のことは過去の事にしてお互いに忘れてしまって、以後、懇親に交際を致しましょう」

と、申しました。そして艦長以下水夫に至るまで御馳走を受け、大変立派な土産物まで頂戴して、パークスとキング（英国艦隊の水師提督）の二人は、えらい人として尊敬され、面目をほどこしました。

この場合、贈り物を貰《もら》うということは、異例なことであったから、パークスは一旦は断わろうとしましたが、熟考の上、外交の第一歩であるから、そうした規則ばったことはやめにして、有り難く頂戴することになりましたが、返礼する物がありません。丁度、鉄砲を持っていって、薩摩で狩猟をさせてくれるとのことであったから、その鉄砲を返礼として島津公以下にさしあげました。

グラバーの談話によって詳細がわかるように、慶応二年（一八六六）六月十五日より十八日まで、英国公使のパークスが、水師提督海軍中将キング氏の軍艦三隻を率い、鹿児島に来航し、帯刀はその応接の中心となった。これから薩・英修交の道がひらかれた。

31 英商グラバーと帯刀の協力

グラバーの談話からは、如何に小松帯刀とグラバーが親密な関係にあったかがわかる。小松帯刀はグラバーを通じて、英国と薩摩の親交を図るようにはたらきかけている。

そのほか、軍艦・汽船・武器の購入、物産の売り捌き、西洋文明の輸入、学術研究、講師の招聘、留学生の派遣などのほとんどは、小松帯刀が英商グラバーの斡旋によって実現したものである。これらの政策は家老職で、且つ政治・経済・外交・教育・軍事の諸掛を命ぜられていた小松帯刀の双肩にかかっていた。

さらに軍備の重要なこの時期にあたって、陸軍掛・造士館掛・銃薬方掛・甲冑掛・台場掛等の兼務を命ぜられたのであるから、当時天下の志士から、帯刀に対する評価として、

「薩摩の小松か、小松の薩摩か」

とうわさされたのも無理はなかった。

六 王政復古推進時代

32 幕府、長州再征に失敗

幕府は長州の毛利家を処断しようと決し、毛利父子を

広島に招いたが、病と称してこれに応じないばかりでなく、諸隊に命じて防戦の備えを固くした。そこで使を出して重ねて厳命したが、長州はその使者を拘留したので、幕府は長州再征を決定し、六月七日、征長の勅許を得た。六月十一日、遂に両軍開戦となったが、石州口と小倉方面で幕府兵はいずれも連敗したので、諸藩から幕府頼むべからずと信用を失う結果となった。

このような幕府の状況の中で、将軍家茂《いえもち》が病気のため大坂で死去し、遺言によって一橋慶喜《よしのぶ》が将軍職を継いだが、喪を秘密にして征長にあたらんとした。ところが、将軍死去の報がもれて、征長の諸軍の知るところとなり、撤兵する藩も多く、小倉も長州に占領されたので、慶喜もはじめて人心が幕府を離れたことを知り、遂に長征を思いとどまり、解兵を命ずることになった。

薩摩はこの長州再征に兵を出さないで、早晩、国内が大動乱の世となるとみて、藩内の兵備の充実にかかり、やがて中央において活躍する素地を作らんとした。帯刀は西郷・吉井・奈良原等と協力し、桂久武らと共に充分の用意をしたのである。そして開成所と陸軍所を拡張強化した。たまたま欧州に留学していた松木弘安(寺島宗則)が帰藩したので、開成所の充実に尽力させていた。英公使来鹿《らいろく》の折は、その修交に松木が大いに働いた。

さらに欧米を見聞した松木は、諸藩の人材を集めて国会を開き、我が国の行政の方向とすべしとの意見を述べた。小松帯刀は在藩して、英公使の応接にあたるほか、前述のように海陸軍備の充実に力を注いでいたが、かねてより体が弱く脚痛を病んでいたので、八月十五日より、また霧島硫黄谷温泉で湯治していた。慶喜が将軍になってから、京都の形勢は、幕府が勢力をもりかえし、中央の政情は帯刀に静養を許さなくなった。朝廷では、近衛忠房《ただふさ》・山階宮《やましなのみや》などがこれを憂慮して、

「小松・大久保両氏に諸事相談致したい」

と大久保に使者を送って、帯刀の上京を要請した。

そこで、小松帯刀は西郷と共に、久光に代わって兵を率いて十月十五日に上京し、二十六日、京都に着いた。幕府は中央政界にはやや勢がついたが、諸藩に対して命令が徹底しない上、外国は開港を迫り、内憂外患同時に発したので、幕府老中板倉勝静《いたくらかつきよ》は処置に窮し、しばしば帯刀を召し出して処置をたずねる始末であった。そして島津公に上京せられるようにと申し出たことを、帯刀はくわしく手紙に書いて、桂久武(家老)に知らせている。十二月二十五日、孝明天皇が崩御せられたので、帯刀は

早飛脚で、これを桂久武に通知し、藩主父子に連絡したのである。

○清廉　三十三歳（慶応三年）

33 城代家老となる

　小松帯刀は京都にあって正月を迎えた。一月九日、皇太子睦仁親王《むつひとしんのう》（明治天皇）が即位された。帯刀は諸掛はそのままでさらに城代家老を命ぜられ、高千石を賜わった。帯刀等はこの機に雄藩の薩・越・土・宇和島の諸侯の上京を画策し、合同によって王政復古の目的を達しようとし、西郷・吉井は薩摩・土州・宇和島の諸侯の上京を説得するため出発し、帯刀と利通は京都にて朝廷の側近、近衛・嵯峨《さが》・山階宮・岩倉等と接触して、朝廷の基礎を固めることにした。

34 大和交易コンパニーを創設する

　一方、帯刀は、軍艦・兵器等の購入の資力を集める必要から、大坂にて大和交易方を拡張して、大和交易コンパニーと呼ぶ会社を組織せしめ、伊地知壮之丞、石川確太郎を大坂に出張させ、交易の拡張を図っている。二月八日、大坂から伊地知が帯刀に送った書翰の大略は、

（前略）大和交易方の一件は石川御存じの通り、何べんも手を尽され、追々宜敷《よろし》き方向にまかり成り候。本間郡兵衛も先日上坂《じょうはん》仕《つかまつ》り、本国出羽へまかり越し、本家の本間休四郎一統を固め、北方をすっかり定着させる手筈《てはず》に御座候《ござそうろう》。コンパニー取企《とりくわだ》ての一条は、寺島へ相談つかまつるべく石川へ託し、手をつけ申《もうし》候。

　随分泉州堺・大和・河内・和泉は出銀致させ候都《つ》合《ごう》相ととのう儀と存じ奉《たてまつ》り候。追って出羽・近江までも手伸ばし申すべく候、もっとも国許《くにもと》の大家商人共にも相応出銀仕まつるべく申すべく候。さ候《そうら》はば数十万のもとで相備え候様《よう》にまかり成るべく、兵庫開港の商法一変仕り候はば、いずれコンパニーに御座なく候ては、本朝（日本）の膏油《こうゆ》（金目になる物）を彼（外国）に吸わるる様の仕儀《しぎ》、これ無きようと、寺島等の説に御座候。西洋は一般に蒸汽車鉄道より諸機械屋等に至る迄《まで》、コンペニーの仕向けに御座候由《よし》。云々《うんぬん》。

というもので、日本各地に出資を求め、手広く交易を進め、兵庫開港となって、外国の交易のため、日本の経済を吸

い取られぬようにしたいとの計画を立てていたことを示している。

このように経済上の準備をして待っているうち、四月十二日に、久光公は西郷等を従え、陸軍六小隊・大砲隊一隊及び海軍兵等およそ七百余人を率いて京都に着し、宗城《むねなり》侯は十五日、春嶽侯十六日、容堂侯五月一日に入京せられた。しかし、四侯は何回も会合して相談したが、幕府と議がまとまらず、各藩それぞれ本国へ引きあげた。ところが、先に薩長の連合が成立していたので、長州の品川弥二郎は薩摩藩士と称して京都薩摩邸に泊まっていたが、山県有朋《やまがたありとも》も藩命を受けて京都に出てきたので、久光公は帯刀同席にて、両人を呼んで、

「四藩主の建言も、かえって幕府を強くするために利用される状態で、このような形勢では、もはや討幕の企てを立てなければならぬようにたち至った。薩摩藩はそのつもりであると、毛利公父子に伝えてほしい」

と述べられた。両人はそのあと、西郷と共に、再び小松帯刀の邸を訪ね、大久保・伊地知等も列座して会談した。帯刀は、

「今日、主人(久光)より話の通り、薩摩藩は朝廷の御守衛を専一にし、勅命を奉請し、幕府の罪を正し、朝廷の基本を立てるべく、諸藩と連合し、協力して大義を天下に呼びかけるため、西郷をお国に参上させ、毛利公父子に謁して、藩の意向を伝えましょう」

と述べている。たまたま土佐より後藤象二郎が上京してきたが、後藤も坂本龍馬の説に賛成していたので、小松帯刀・西郷・大久保と後藤象二郎とで会談し、

「将軍が政治を執るは公道にそむくから、王政を復古して、将軍も諸侯と同列となって、王政を輔《たす》くべきである」

との点で意見一致し、協力することを約して、後藤は七月三日、京都をたって土佐へ帰った。

35 薩長土の志士、王政復古を策す

このようにして、薩長土の志士によって王政復古に尽力する約束は出来たが、土佐の容堂侯などは藩論を決定するに至らなかった。しかし後藤象二郎の大政奉還の建白書を提出すべきであるとの説に賛成した芸州の家老辻将曹《つじしょうそう》や植田乙次郎等は、王政復古に同意するようになった。薩摩藩は芸州を深くは頼みにしなかったので、小松・西郷・大久保等はまず第一に薩長の間を固め、実行の手続きに入って後に他と提携しようと考え、大久保は当時薩摩邸に潜伏していた長州志士、伊藤博文・品川

弥二郎と共に長州に行き、藩公父子や重臣木戸・広沢と会談し、連合の方針を決定し、出兵の打ち合わせをして京都に帰った。

そこで長州は家老の広沢等を京都に派遣、広沢等は小松・西郷・大久保に会い、芸州の家老辻も彼らに賛同した。ここに薩長芸三藩士が相会して同盟を決定し、協議した三項目を、十月八日、朝廷の中山卿・中御門卿に提出した。

薩長芸三藩同盟決議

一、三藩軍兵大坂着船之《の》左右《そう》次第、朝廷向《むき》断然の御尽力、兼而奉㆓願置《ねがいおきたてまつり》㆒候事

一、不㆓容易《よういならざる》㆒御大事之時節に付、為㆓朝廷㆒抛《なげうち》㆓国家㆒、必死之尽力可《いたすべき》㆑致事

一、三藩決議確定之上は、如何《いかん》之異論、被㆓聞食《きこしめされ》㆒候共御疑惑被㆑下間敷《くださるまじき》事

36　帯刀・西郷・大久保、討幕の勅命を請願

この決議を朝廷に提出した後、さらに討幕の勅命を頂くことが肝要であると話し合い、小松・西郷・大久保は幕府の措置や心事における罪状を列挙し、幕府を討伐して、王政を古《いにしえ》に返し、国家長久の基礎を立てるべきであるとの趣意書を添え、討幕の宣旨《せんじ》を降下されんことを請願した。

その請願書は、

皇国内外之御危急《ごききゅう》、謂《い》うべからざる状態は、別紙趣意書を以て申上候通《とおり》にて、宝祚《ほうそ》の存亡に相かかわり候御大事の時節、苟安《しょあん》をぬすみ、傍観黙止仕《つかまつ》り難く、国家の為《ため》、干戈《かんくわ》を以て、其の罪を討ち、奸兇《かんきょう》を掃攘《そうじょう》し、王室廻復の大業相遂《あいと》げ度《た》く、不㆑可㆑制之忠義、暗合会盟断策、義挙に相及候に付、伏冀《ふしねがわ》くば、相当の宣旨降下相成候処、御執奏《ごしっそう》御尽力成し下され度く願奉《ねがいたてまつり》候、

慶応三年丁卯十月

小松帯刀
西郷吉之助
大久保一蔵

中山前《さきの》大納言様
正親町《おおぎまち》三条前納言様
中《なか》御門《みかど》中納言様

この事が岩倉に報ぜられ、岩倉もまた、幕府の失政を挙げ、征夷大将軍職を廃して、大政を朝廷に還《かえ》し、大いに政体制度を革新せられるよう、非常の大英断でもって勅命の降下を願う旨《むね》の奏聞書《そうもんしょ》を奉った。中山前大納言は、これらのことを天皇に申しあげ、三藩連盟の顚末を奏上申し上げたので、これを深くお喜びになり、進言をとりあげられた。十月十三日、討幕の勅命が島津父子に下され、続いて十月十四日、毛利父子にも同様の勅命が降下された。そして常に幕府を助けた会津・桑名藩主も討伐すべしとの勅命も賜わった。

37 討幕の密勅《みっちょく》と大政奉還建白書

これらは二藩に対し、ひそかに下されたので、世に討幕の密勅といわれている。これに対し、薩長二藩の代理として、

小松帯刀・西郷吉之助・大久保一蔵・広沢兵助・
福田侠平・品川弥二郎

の連名で請書を朝廷に奉呈したのである。

この密勅は薩摩藩主と長州藩主とでは日付が違うのみであるが、島津久光(源《みなもとの》久光とある)と島津忠義(源茂久《しげひさ》と旧名で書かれている)への勅命は次の通りである。

〔討幕の勅命〕

左近衛権中将　源久光
左近衛権少将　源茂久

詔　源慶喜藉二累世之威一、恃二闔族之強一、妄賊二害忠良一、数棄二絶王命一、遂矯二先帝詔一、而不レ懼擠二万民於溝壑一而不レ顧一、罪悪所レ至、神州将二傾覆一焉、朕今為二民之父母一、是賊而不レ討、何以上謝二先帝之霊一、下報二万民之深讐一哉、是朕深憂憤所、在二諒闇一而不レ顧者、万不レ得レ已也、汝宜体二朕之心一殄二戮賊臣慶喜一、以速奏二回天之偉勲一而措二生霊于山嶽之安一、此朕之願無二敢或一レ懈

慶応三年十月十三日

正二位　藤原忠能
正二位　藤原実愛　奉
権中納言　藤原経之

〔会桑討滅の勅命〕

会津宰相
桑名中将

右二人、久滞二在輦下一、助二幕府之暴一、其罪不レ軽候、依レ之速可レ加二誅戮《ちゅうばつ》一旨、被二仰下一候事

十月十四日

忠能
実愛
経之

薩摩中将殿
薩摩少将殿

七 二条城の大政奉還大会議

38 二条城会議で大政奉還を力説

以上の討幕の勅命と会桑討滅の勅命は、密勅として他に発表されないのであったが、先に述べた土佐の後藤象二郎は、容堂侯を説いて、大政奉還の建白書を十月四日、将軍に提出した。これは大政は朝廷に奉還し、公議制度を起こし、徳川氏をその首位に立たせようとしたもので、幕府側はこれに反対したが、小松等は大政奉還の建白に賛成したので、将軍慶喜も時局について自ら覚《さと》り、各方面の意見を聞き、公議によって協力して外国に対処しようと、十月十三日、京都二条城に諸藩の諸侯重臣を招集し会議を開いた。

薩摩藩からは、在京の城代家老小松帯刀が久光の代理として吉井友実と登城した。土佐藩からは、後藤象二郎が登城した。列藩諸侯中、陪臣《ばいしん》でこの会議に列席したのは、両人のみであった。

この二条城の会議は、政権奉還の可否を諸侯重臣にはかる会議であるが、政権返上を当然と認める者も幕府将軍の威望を畏《おそ》れて公言できず、また奉還不可は大義名分よりして公然と発表できない。諸侯皆、口をとざしている中、小松帯刀は、大政奉還は国家の急務であり、時勢人情より見るも正理公道で、公明正大の行為であり、幕府の大政奉還は美徳であるとし、将軍の政権返上を称揚《しょうよう》したのである。会議終了後、帯刀と後藤は、諸藩の諸侯退出後もあとに留まって、意見を述べて慶喜の決意を促したので、慶喜も決心して、遂に大政奉還の上書を奉ることになった。

39 坂本・中岡殺さる

当日、幕府党は、この大政奉還を阻止しようとして暗躍し、新撰組・見廻組等は有力な志士、なかんずく小松帯刀や坂本龍馬、西郷・大久保などの暗殺を企てていた。

そして十一月十五日夜、坂本龍馬・中岡慎太郎は暗殺された。勤王党志士の中心とも目されていた小松帯刀は、会議後、後藤象二郎と居残って、慶喜に大政奉還を迫ったのが幸いして、暗殺の難をのがれたが、帯刀が如何に身命をなげうって国事に奔走したか、察することができる。

40 大政奉還の上書

慶喜によって、大政奉還の上書が、朝廷の二条摂政《せっしょう》のもとに差し出されると、幕府党は憤慨して、摂政にその却下を迫る者もあるので、小松は後藤と共に二条摂政に拝謁し、「大政奉還は実に千載一遇の好機会で、ここで断《だん》乎《こ》として許可されたい」と強くその決心の程《ほど》を示したのである。また岩倉、中山、嵯峨・中御門卿などよりも同じように提議がなされたので、二条摂政も決心し、朝議にはかって決定され、十月十五日、大政奉還が発せられることが決し、直ちに十万石以上の諸藩に出京が命ぜられた。この間の小松・西郷・大久保等の苦心、奔走は、実に言語に絶するものであった。

このようにして王政復古の目的は達成せられたが、それは緒《ちょ》についたばかりで、いよいよこれからが実行の期であって、小松帯刀等の準備していた薩摩藩の力、軍事力、経済力、人材の必要な時であった。翌十月十六日に相談して、吉井友実《ともざね》、伊地知正治等が京都に残ると決め、小松帯刀以下西郷・大久保は長州の広沢・福田などと、翌十月十七日、芸州船万年丸で帰藩の途についた。途中、三田尻《みたじり》から山口に入って、毛利公父子に謁し打ち合わせをすませ、また三田尻に滞在していた薩摩藩兵を犬山が率いて、急いで上京させた。帯刀等が薩摩艦で鹿児島に着いたのは、十月二十六日である。

41 薩摩藩公、討幕軍を率い上洛す

鹿児島に着いた小松・西郷・大久保は、直ちに藩公父子に面謁して、今までの事情と、島津父子に下された討幕の勅命を捧げ、決起出兵のやむを得ない情勢を説いた。藩公の諭告《ゆこく》によって、はじめ小松等に反対した者も大勢《たいせい》を了解し、翌日、重臣の会議を島津図書《ずしょ》邸で開き、討幕の出兵、目的や計画の評議を重ね、小松・桂の両家老はこの決定をもって藩公父子に面接し、いよいよ藩主が兵を率いて上京することを確定した。そこで藩主の諭告書を家老に下し、これを藩内に示達《じたつ》せしめた。

一方、京都にては、会津・桑名・紀伊・津・大垣の諸藩及び新撰組の佐幕党は、薩摩を憎んで、兵を挙げようとの模様であったが、薩摩屋敷には、島津珍彦・吉井友

実・伊地知正治など、僅かに八百人ぐらいの兵しかいなかったので、岩倉等は非常に憂慮していた。

小松帯刀は前からこのことを予想し、その対策には軍艦が必要であるとして、長崎のグラバーを通じて軍艦を注文していたが、新購入の軍艦春日丸が十一月十日に回航して鹿児島に着いたので、十一月十三日、軍艦春日丸・平運丸、翔鳳丸《しょうほうまる》の三艦により軍隊を輸送し、藩公は西郷等を従えて、三邦丸に乗船して京都へ出発された。

42 病気にて上京を断念す

帯刀は別行動の予定で、藩公出発以前に土佐に行って後藤象二郎などと談合し、藩主容堂侯の出兵を促す計画であったが、持病が再発し、治療につとめたが重患で歩行も困難であったので、やむなく鹿児島に残り、帯刀に代わって大久保が豊瑞丸《ほうずいまる》に乗船して土佐の高知に出発したのである。

帯刀は十一月十一日、後藤象二郎に手紙を送り、この事を知らせ、病のため参加することが出来ないことは遺憾で申し訳ないが、西郷、大久保などと万端打ち合わせて下さるように書いている。

その書翰は漢文体であるので、その文意を読み下しにて次に掲げる。

其の後、御安否伺わず候《そうら》えども、益《ますます》御多祥にて天下の為め、御尽力のはずと大慶これに過ぎざる事とよろこび奉《たてまつ》り候《そうろう》。

僕も御別れして、航海は都合よく、先月二十六日帰国し、則日、修理大夫《しゅりだいぶ》様（藩主忠義）大隅守《おおすみのかみ》様（久光）へ、此の節のなり行きを詳細申上げ候処《ところ》、御案外之事にて、わけて御よろこびに御座《ござ》候《そうろう》。まことに天下挽回《ばんかい》之時節に立ち至り、大隅様には御病気中にて、修理太夫様すぐさま御上京の御決着に相成り、明十三日、御出帆の御つもりに御座候。

就ては僕、早々御国元（土佐）へまかりいで候つもりに御座候処、あに計らんや、帰国の折、船中より足痛《あしいた》相起し居《お》り、当月二日より甚だしく相成り、進退起居も心に任《まか》せず、誠に苦心の至りに御座候へども、此の節は皇国一大事の御場合故《ゆえ》、ぜひ御約定《ごやくじょう》通りに出京し、かねて御はなし申上げ候通り、及ばずながら、いささか尽力の心得にて、過日より温泉等へ差し越し、昼夜精ぜい入湯をはげみ、療養相加え候へども、更に快方にも至らず、起居も出来申さず、それ故御国元(土佐)へまかり出候ことも相かなわず、よんどころなく、大久保を差出し候事に相成り候。尤《もっと》も五日方よりまかりいで候つもりの処、崎陽(長崎)より蒸艦、両日あとに廻船し、それ故時日がくりのべに相成候都合も御座候間、宜《よろ》敷《し》く御くみ取り下さるべく候。

陳《のぶれ》ば修理大夫様御出帆の節は、是非随従の心得に御座候処、前文の次第にて、よんどころ無く御供のところは御ことわり申候仕儀《しぎ》に御座候。右に就ては、かねて御約定申し上げ候通り、御出かけすぐさま云々。御尽力の御筋あいもこれ有り、押しても出京の含には御座候へども、只今の通りにては、とても出来申さず候。

斯《かか》る機会に痛所に悩され、天下国家の為め、寸分の微忠《びちゅう》も尽くされざるは、天運に尽き果て候かと、且つ恨み且つ歎きのほか、御座なく候。

しかし乍ら、せいぜい保養して一日も早く上京し、微力も尽し度《た》き所存に御座候。

外国の議事院(議会)の条も、取りしらべかけ候うちに、前文の次第にて、いまだ十分に致さず候間、出京の節までにこまごま取調べ持参の心得に御座候。

此の節は容堂様御出京の筈《はず》、其の上は御親睦第一の事にて、征夷防長事件等には、速かに御はこび相成り度く候様、御尽力下され度く御着涯《ぎわ》の処、大事の御場合と存じ奉り候。

僕の遅参《ちさん》は千載の遺憾、何とも御断りの申し上げようもこれ無く、何卒《なにとぞ》寛大の御賢慮を以て御海容下さるべく候。かたがた引きあい等に不都合の事もこれ有るべきかと存じ奉り候へども、同役の島津伊勢や西郷・大久保が随従の事に御座候間、万端御引き合い下さるべく候。

何卒悪《あ》しからず御くみとりの程ひとえにねがい奉り候。申上げ度き儀、山海に(山ほど海ほど沢山)御座候へども、紙上に尽くさず、就《つい》ては近々拝眉《はいび》の上、縷々《るる》御ことわり、申し上ぐべく候。

先《まず》は此の旨、早々貴意《きい》を得候。

恐々敬白

十一月十一日　小松帯刀

後藤象次郎　貴下

以上、こまごまと後藤象二郎に書き送っている。このように、帯刀は天下の勤王党の先頭に立ち、昼夜を分かたず、東西に奔走して、内政、外交に尽力し、王政復古が成立して、いよいよ実際行動に入り、これから文明の制度を採用し、文化を開拓する理想を持ちながら、不幸にして重病にかかり、この千載一遇の時にありながら、これに参加することが出来なかったことは、かえすがえすも残念で、その心中はこの書翰の中に読みとることが出来る。

小松帯刀は忠義公出発後は、病気の療養につとめ、病も軽くなったので、鹿児島の藩庁で、桂久武と共に、政変に備えて、藩内の内政や軍兵の補充などに力を致していた。

43 小御所会議と王政復古の大号令

京都では、忠義公上京後、勤王党が勢《いきおい》を得て、大政奉還の実をあげるため、慶喜は退官して、土地・人民も朝廷に還《かえ》すべきであるとしたが、徳川氏には将軍として三百年近くも政治をしてきた功もあるから、慶喜を諸侯の上に置いて、諸侯を召集して政務を議すべきであるとして、幕府党の力を元のようにしようとの動きもあった。十二月九日の夜、小御所会議で、山内豊信は慶喜を加えんことを主張したが、岩倉・大久保らはこれに反対した。警備にあたっていた西郷の武力威圧が効を奏し、将軍職を廃し、新たに総裁・議定《ぎじょう》・参与の三職で政務にあたること、薩・土・尾・越・芸の五藩で皇居を警衛することに改められ、十二月九日を以って王政復古の大号令が喚発せられたのである。慶喜等、幕府党は十二月十二日、京都を引きあげ、大坂城に移って気勢をあげた。江戸では幕府党が「この大変革で幕府が倒れたのは薩摩の所為《せい》である」として、庄内藩等諸藩に命じ、十二月二十五日、江戸三田の薩摩藩邸を焼き討ちにした。

京都においては、長州藩も入京を許されて、兵を率いてきたので、朝廷は薩長土芸に警備を命じたが、土芸は辞退したので、薩長のみで皇居の守備にあたることになった。

44 日本最初の洋式造船所

小松帯刀は、西洋の科学技術を学び、産業を興し、それによってわが国の国力を強くすることに着眼し、自ら先んじて造船所の建設にあたった。

次にかかげる一文は、五代友厚の意見を容《い》れ、小松帯刀とグラバーの共同出資のもとに、長崎に、日本最初の造船所「そろばんドック」を建設した経緯についての資料である。その時使用した煉瓦《れんが》も、日本で最初に焼かれたもので、当時「こんにゃく煉瓦」と呼ばれていた。

次の原稿の提供者は、旧三菱造船所勤務で退職在郷の本田親行氏で、現在「こんにゃく煉瓦」数箇を保存されている。

我が国造船界に先鞭《せんべん》をつけた小松帯刀公

旧三菱長崎造船所勤務　本田親行(稿)

慶応元年(一八六五)

薩摩藩の小松帯刀のはからいで、五代才助(友厚)は新納刑部など薩摩の子弟十九名を引きつれて、欧州大陸を視察し、留学した。

何れも幕府をはばかる変名であったが、この時の外遊で、ベルギー商人、コント・デ・モンブランと修船場(ドック)創設のことを相談した。五代は帰国後、慶応三年(一八六八)、小松帯刀等と謀り、長崎戸町村の小菅《こすが》に、修船場の設立を計画した。しかし当時、藩名義では幕府の許可を得ることが出来なかったので、山田宗次郎、若松屋善助の名義で許可を受け、スリップ・ドッグをイギリスに注文し、某貿易商社小松帯刀及び英商グラバーが出資者となって、建設に着手し、岩瀬公圃等が工事監督に当っている。

当時の小菅修船場の建設は、地質が岩盤であり、又規模、計画においても、実に空前の大事業であった。

明治元年(一八六八)十二月六日、この修船場落成式当日の記録によると、蒸汽力によってグラバー所有の船を、新造船架に引き上げたが、その翌日は蒸気船の全型を見ようとする参観者が多く、

「壮観にしてその蒸汽力の感心なる事、筆上の得て尽すべからず」

と蒸汽の力で大きな船を引き上げた事に驚き、又、

「西洋人老若男女おびただしく、旗章数百、檣上《しょうじょう》に立ちならび、日章旗も三本ほど立てて、最も壮観、午後から野掛《のがけ》のまま食事を出し、その数は、百人を超ゆ。」

と、この日の盛況を、『五代友厚伝』に記している。完成後の小菅修船所は当時国内唯一の整備された船架(ドック)として、内外船舶の修繕や、新船の建造に多忙をきわめた。

明治五年五月二十三日、明治天皇は御召艦龍驤《りゅうじょう》を始め供奉艦《ぐぶかん》多数を従えられ長崎に行幸され、この修船場にも行幸された。供奉高官参議西郷隆盛もこの行幸に供奉した。既に帯刀は死亡の後であった。一方、現在の三菱重工、長崎造船所の前身である長崎製鉄所は、安政四年十月に

小菅修船場 古写真(明治40年頃)
(写真提供 三菱重工業㈱長崎造船所)

建設着工、文久元年三月に完成したが、その後、明治新政府は密かに内容を調査させた結果、買収に動き、明治二年三月、英商トーマス・ブレーキ、グラバーの所有であった小菅修船所は、長崎製鉄所に洋銀十二万ドルで買収され、その敷地面積は五、四四三坪と記されている。

長崎ではこの修船所を「算盤《そろばん》ドック」と云っている。この修船所の船台は、海に向って傾斜し、二本のレールが三米《メートル》位の間隔で埋められ、台車二台が置かれ、レールの末端は海中に没し、船架頭には十坪位の赤煉瓦壁の、ボイラー室が建てられ、中にボイラー、巻揚機《まきあげき》を内蔵し、満潮時に台車に乗せられた船は、巻揚機で船台に引き揚げられる。このボイラー室に使われている赤煉瓦は、我が国最初の煉瓦で蒟蒻煉瓦《こんにゃくれんが》と云った。この煉瓦は水道管としても使用され、松の木のくり抜き管と共に、三菱造船所内の土木工事で発掘されている。現在この「コンニャク煉瓦」の数枚を、日本で最初の記念すべき煉瓦であるので、私宅に大事に保存している。

「算盤ドック」は、三菱造船所の近代化設備への改革で、自然遊休施設になったので、三菱倶楽部の艇倉庫となったが、昭和十一年、史蹟に指定され、昭和二十八年の工場閉鎖によって、この「算盤ドック」は、現在、観光ルートの中に組み込まれている。この「算盤ドック」史蹟地の中にグラバーはじめ小松帯刀・五代友厚の功績をたたえる顕彰碑も建てられている。

小菅修船場跡
(写真提供 三菱重工業㈱長崎造船所)

○清廉　三十四歳（慶応四年・明治元年）九月八日改元

45 鳥羽・伏見の戦

慶応四年（一八六八）の正月、帯刀や桂久武らは鹿児島にあったが、大坂では正月元旦、大坂城の幕府党が兵をあげ、「薩摩討つべし」と討薩の兵を進めることになり、慶喜を押し立て大軍を率いて京都に迫った。そこで朝廷でも京都の取り締まりを命じた薩・長と前記の土芸の四藩兵をもって観兵式を行って武威を示した。薩・長の兵は、大坂より京都へ上ってきた幕府軍を、鳥羽と伏見で防ごうとした。

正月三日、鳥羽を守っていた西郷の指揮する薩摩軍は、京都に入って薩摩をしりぞけようとする幕府軍に向かい発砲し、鳥羽伏見は忽《たちま》ち戦乱に陥った。新しい軍備と洋式戦法で訓練された薩長の兵に対し、数では薩長の三倍の旧幕府軍は、総崩れとなって、徳川三百年の天下を、僅か三日で失うという腑甲斐《ふがい》なさであった。そして幕府軍は慶喜を擁して江戸にたてこもった。

八　参与・外交官時代

46 明治新政府の発足

朝廷では新しい総裁・議定・参与《さんよ》で政治が発足し、それぞれ今まで王政復古に参画した薩長その他から参与を出して、新しい政治に取り組むことにし、西郷・大久保・岩下などがあげられたが、薩摩に帰っている小松帯刀と桂久武も参与に任ずるので、正月十一日、出京せよとのことであった。二人とも出京すれば、薩摩藩の今後の政治の改革に支障を来すので、以前から中央で最も中心になってきた小松帯刀だけ、まず出京することになった。

47 参与にあげられ外務を命ぜらる

帯刀は久光公の正月天機伺いの使者を兼ね、歩兵二小隊、大砲隊及び海軍隊を率い、正月十八日、船で鹿児島を発し、二十五日、京都に着いた。正月二十八日、徴士《ちょうし》参与にあげられ、外国事務担当を命ぜられた。

外国相手の交渉については、今までの英国公使その他の西洋の事情に通じた小松帯刀をおいては、他にその適任がいなかったのである。

二月一日、帯刀は久光公の使者として宮中に上って天機伺いを終えたが、二月二日には、参与総裁局の顧問と、外国事務局判事の兼務を命ぜられた。

江戸に引きあげた慶喜を中心に、幕府党が江戸城で新しい政府に反対したので、朝廷では二月三日、天皇が幕府党討伐の詔書を下し、有栖川宮熾仁親王《ありすがわのみやたるひとしんのう》を東征大総督に、西郷吉之助を大総督府参謀に任命した。十五日、大総督は京都を発し、征途《せいと》についた。その兵力は薩長二藩を主力として二十二藩総勢約五万と称せられた。西郷が倒幕軍の総参謀となって軍事に専念する間、大久保は専《もっぱ》ら朝廷の中にあって内政を担当した。

48 小松帯刀の外交手腕

ところが外国との外交交渉の難局を、うまく処理できる人は、小松帯刀をおいては他にない。英国など外国との今までの交渉から、帯刀の登場を必要としたのであろう。

小松帯刀は政治手腕もあったが、友情があってその人柄が温かく態度が親しみやすく、外交的な才能にもすぐれていたとみえ、イギリスの青年外交官であったアーネスト・サトウは小松の印象について、その著書『一外交官の見た明治維新』に次のように書いている。

「小松は私の知っている日本人の中で、一番魅力のある人物で、家老の家柄だが、そういう階級の人間に似合わず、政治的才能があり、態度が人にすぐれ、それに友情が厚く、そんな点で人々に傑出していた」

外国の外交官からこのように見られていたことも、帯刀が外交上に大きな功績をあげ得た理由であろう。

新政府には、外国との交際の道を開くため、外国事務官が設置され、その外国事務総督に、東久世通禧《ひがしくぜみちとみ》、伊達宗城《むねなり》があげられた。まず総督は各国公使を応接して、万国と条約締結の上、各国公使を天皇に謁見させる儀式を行うことにした。

このため、外交に最も手腕のある小松帯刀を大坂に呼び、欧州留学で外国の事情にくわしい五代友厚と二人でこれにあたらせた。そして、天皇謁見の日を二月十八日と定めて、各国公使に、謁見の儀を行うから参内するよう通告した。その矢先に、大事件が勃発したのである。

49 フランス艦員斬殺事件

その事件とは、フランス艦員斬殺事件である。仏国の海兵が、泉州堺で、近海を測量し、堺に上陸して市街地をうろついたので、それを見た土佐藩士が、怒ってその三人を斬殺、七人を負傷させ、さらに六人が行方不明となる事件が起こった。仏国公使は怒って、五ヶ条の要求をつきつけ、謝罪して、行方不明の六人を十七日午前八時までに返せと迫った。

一　藩主自ら仏国軍艦に来って謝罪すべし
二　土佐人が刀を帯びて居留地に入るを禁ずべし
三　十五万弗《ドル》を支払うべし
四　仏人を殺傷した兵士を処刑すべし
五　政府は文書を以ってその罪を謝すべし

この五ヶ条の要求に対し、外国事務官として帯刀は、これを京都に通知し、行方不明者を捜させ、その死骸を発見してこれを引き渡し、償金を出し、容堂侯自ら仏軍艦に至って謝罪をなす等の要求を容れた。特に仏海兵を殺傷した土佐藩士十八人に自刃を命じ、外国官知事伊達宗城、同副知事小松帯刀は、艦長の面前で浪士を死刑に処したが、切腹斬首が十一人まで進んだところで、いずれも臆する色もなく、従容《しょうよう》として死につくのに感じた艦長は、処刑を中止させ、

「彼等が刑を受け、罪に服する心、何と潔白なことよ。罪をあがなうに十分である。残りの者は処刑するに及ばない」

とて、無事にこの難局を結んだ。一歩あやまれば戦争にもなりかねない事件であったが、こうして国の災いを防いだのも、帯刀の断乎たる処分によるところであった。

仏国は幕府の側について、政府や薩摩とは対立する立場にあり、長州征伐の時も、幕府と共に長州と戦うと申し出たことさえあった。

50 英国公使行列斬込事件

二月三十日に改めて謁見の日を定めて、通知したところ、米・伊などの公使は、横浜居留民の保護のためと称し、横浜に帰港したが、残りの仏・英・蘭の三国の公使は、二十八日、二十九日に厳重な護衛つきで京都に入って、宿屋について謁見の日を待っていた。

当日になって、英国公使パークスが、謁見のため宮中に参内しようと宿所を出て、三条にかかった時、突然、暴漢二人が前駆の中に斬り込み、数人を傷つけた。接待掛であった後藤象二郎と中井弘は、これと戦い、一人を斬り一人を捕縛した。公使は怒ってすぐ軍艦に乗って横浜に帰ろうと主張したが、後藤・中井の勧めと、二人の尽力に感じて宿所に引き返した。仏・蘭の公使は無事謁見をすませたが、英国公使の宿所を訪れて、軍艦で横浜

に行き、徳川氏に依って後事を許ろうとすすめた。しかし、英公使は薩摩藩と親交があって、王政復古に賛成していたから、これに同意しないで「このことで謁見の式をすませないで横浜へ去るのは、日本の皇帝陛下に対して不敬となるだろう」と答え、三月三日、改めて厳重な警戒のもとで謁見式を終えた。陛下よりも不慮の事件について遺憾の旨を申され、また政府よりの唯一つの謝状でことはすんだが、それは中に立って小松帯刀と五代友厚が、英国公使をなだめたからで、小松と五代は先年パークスが来鹿の時より親交ある間柄であったから、彼等のとりなしで、おだやかに事をおさめられたのである。外交総督の東久世卿は、三条・岩倉の両総裁に手紙を送り、

（前略）先日来、宇和島（伊達宗城）・小松・五代、誠に大周旋、英国とは従来の懇意なればこそ、箇様《かよう》の大事件が戦争に及ばず相済みし姿《すがた》に御座候、左様無くんば、新政府の役人に対し、暴挙の上に何の情を以て懇親を尽すべきや云々。

と書いて、小松・五代などの功績を知らせている。

四月になって官制が改革されたので、帯刀は改めて参与を命ぜられて従四位下《じゅしいのげ》に叙《じょ》せられた。一応、位階を辞退したが、十月十五日にさらに叙位《じょい》せられた。

51 外債整理を命ぜらる

五月には外債整理のため、横浜に出張を命ぜられた。従来、幕府はオランダより資金を借りて機械を購入し、長崎飽之浦《あいのうら》製鉄所を建設していたし、またフランスよりは、横須賀・横浜に製鉄所を設け、機械を買い入れるための資金を借りていたが、幕府が倒れ、これを朝廷が回収した。そのため幕府の外債を新政府が整理することになって、その交渉整理やその他仏国式武器を英国式武器に買いかえることについて、小松帯刀の外交手腕に頼らねばならなかった。

帯刀が大久保に送った七月二十三日の書翰には、

（前略）横浜並びに横須賀両製鉄所引きあてにて、仏人ピケーへ五十万弗《ドル》借金返弁の義は、内々英国へも示談の上、五十万弗借用し、今日は凡《およ》そ出来るつもりに御座候《ござそうろう》。いよいよ借用相《あい》ととのい申し候はば、残らず払い切るつもりに、昨今は尽力中に御座候。さ候はば、元込《もとこめ》小銃等入手のはこびに相成るべ

く候。しかるところ、京都表《おもて》御借金並びに長谷川出港にて、御手当金等の儀も当座に欠くべからざる御用金、備方《そなえかた》等もこれあるべく、いよいよ元込等入手のはこび如何《いかが》かと相考申《あいかんがえ》候。右の事件かたがた長谷川氏近々帰府の上、るる御聞取り下さるべく候。しかして五十万弗払方も、先々出来候向《むき》にて、御同慶此事に御座候。引続き五十万弗位は借用致し、京坂の間にも三十万余持参仕《つかまつ》らず候ては、急速の御用途、相とのわず、かたがた御不都合に相成るべきかと、精々尽力し持帰り候含みに御座候。云々。

とある。

52 政治・軍事費の借り入れ

この書翰によると、単に外債返済ばかりでなく、朝廷の政治資金、あるいは軍事費等までを英国から借り入れて、これで政府の運営がなされているから、この外国事務の任務は誠に重要なものであった。そして、この重要任務を遂行できる人物は、英国と親密な間柄で、外交手腕のある小松帯刀をのぞいては、外に誰も存在しなかったのである。

53 玄蕃頭に任命さる

天皇の御即位の大礼《たいれい》と、東京遷都が決定せられると、帯刀も準備のため多忙であったので、酒饌《しゅせん》を賜った。九月三日には、参与に兼ねて外国官副知事を命ぜられ、九月四日、玄蕃頭《げんばのかみ》(今の外務大臣)に任命された。そして、九月十日には東京行幸について東京先着係を命ぜられた。しかし、例の持病のため、東京へ赴任することが出来ない旨《むね》申し出で、九月二十日の天皇行幸の御出発は、京都で、御発輦《ごはつれん》を御見送り申し上げた。そこで朝廷より弁事《べんじ》を通し、次の慰問書に菓子一箱を賜ったので、天皇のあつい御恩に感激したという。

所労之由《よし》、相聞《あいきこえ》候ニ付、御菓子一箱賜《これをたまい》レ之候。
容体之儀、委細《いさい》言上可《これあるべし》レ有レ之、仍相達《あいたつし》候也。
十月朔日　弁事
小松玄蕃頭殿

そのあと、十日末頃から、帯刀は病気治療のため、横浜に行って、外人医師について療養しているが、詳しいことはわかっていない。

九　清廉潔白なる人格者

〇清廉　三十五歳（明治二年）

54 帯刀ら、薩摩藩の改革にあたる

帯刀は京都で、明治二年（一八六九）の春を迎えた。薩摩藩では、新政府の方針に基づいて、藩政の改革に着手したが、戊辰《ぼしん》の役《えき》の凱旋軍人の勢力が強大で、久光・忠義両公の命でも届かず、その処置に窮していた。西郷隆盛も帰藩していたが、日当山《ひなたやま》温泉にいて藩政にあずからないので、手をつけられず、使者を京都に遣わし、小松・大久保・吉井に帰藩を願った。そこで合議して、正月二十日、まず小松・吉井が帰藩し、大久保は勅使柳原の副使となって来て、藩政の改革に取り組んだ。

55 率先して領地・家格を返上

二月五日、小松帯刀は、新政の改革は、まず土地人民を朝廷に返し、国民平等となることから着手すべきであるとして、他に先んじて、小松家の領地を返献《へんけん》し、家格を返上する旨の二書を奉《たてまつ》った。旧藩主忠義公は、山口・佐賀・土佐の各藩主と連署《れんしょ》して、封土人民を朝廷に還すことを願い出たが、政府において公議で決裁し、通知があるまで一応調査してから差し出すようにとのことであった。

帯刀は鹿児島の原良《はらら》の小松家別荘に籠り、病気の療養につとめたが、病気がなかなか治らないため、五月十三日付を以って官職を辞したので、五月十五日、これまでの職を免ぜられた。そこで、専念治療にあたることとし、七月五日頃より大阪に上り、大阪府医学校教師ボードウィンの治療を受けることになった。

〇帯刀・禄高千石の辞退

朝廷よりは、積年の勲功を賞せられ、九月二十六日、禄《ろく》千石を下賜された。その辞令は次の通りである。

従四位　平朝臣《たいらのあそん》清廉

高千石

依二勲労一《くんろうによってえいせい》永世下賜候事

明治二年己巳《つちのとみ》九月

太政官《だじょうかん》

小松従四位　清廉

積年心ヲ皇室ニ存ス、戊辰ノ春、大政ニ預参シ、日夜励精《れいせい》以テ中興ノ丕績《ふせき》ヲ賛《たすけ》ケ候段、

叡感不レ斜《えいかんななめならず》、仍賞二其《その》功労一、禄千石下賜候事

己巳九日　太政官

帯刀は皇恩に感謝しながらも、これを辞退したが、聴《ちょう》許《きょ》されなかった。その懇願書に次の付箋がつけられて、

辞表之趣《おもむき》、御もっともに思《おぼ》しめされ候得《そうらえ》ども、功労叡感《えいかん》のあまり、賞せられ賜わり候ものにつき、返上の儀は御沙汰に及ばず候事

と朱書されており、辞退返上は取り上げられなかった。

○清廉　三十六歳（明治三年）

56 禄位千石を辞退す

前年、賞典禄《しょうてんろく》千石と位階を下賜せられ、これを辞退する懇願を奏上申し上げたが、返上のお許しが出なかったので、翌年の正月再び賞典禄奉還書《ほうかんしょ》を奉呈して、禄位辞退を願い出たが、聴許なく、そのままとなった。明治三年（一八七〇）の五月十六日、御前賜饌《しせん》に招待されたが、病気で不参《ふさん》であったので、酒饌《しゅせん》を下賜された。

57 遺言書をしたためる

帯刀はその後治療を続けたが、その効があらわれず、自分でも最期を自覚してか、五月二十七日、遺言書をしたため、税所長蔵・同篤満《あつみつ》の二人を証人として記名させた。明治天皇は帯刀の病気が重いと聞《き》こし召され、五月二十七日に宮内省より大阪府知事を通じ、肴壱折《さかなひとおり》、菓子壱折を御下賜になった。

58 帯刀逝去《せいきょ》

七月、太政官より病気全快次第、東京に住居すべき命を拝したが、再び立つことかなわずに、七月二十日、大阪にて逝去した。享年三十六歳であった。同日、大阪府天王寺村夕日ガ丘に神葬し、諡号《しごう》を豊御蔭玉松彦命《とよみかげたままつひこのみこと》と奉った。帯刀の遺言書は次の通りであった。

遺言書

拝領高千石之内

八百石　安千代より代々家続料《いえつづきりょう》

内百石　御国元小松家より永々

内百石　於千賀《おちか》一世遺す。

御国元家系者《は》、是迄通《これまでどおり》。朝廷より御沙汰に従い、小

松家相立《あいたて》、安千代追々者、相続決定之《の》事。此節、大病故《ゆえ》、兼て決定の処、認置《したためおき》候。決而《て》相違無《これなく》レ之候。異儀申間敷《もうすまじく》候事。

午五月廿七日　平清廉

税所長蔵・篤満列席、張紙之証書、左の通。

御本文、お千賀様江《へ》御宛行《あてがい》之百石

同人様御一世之後者、

安千代様御方江御引取之事。

左候而、お喜美《きみ》様御一世之御続料として

可レ被レ遣旨御口達に候。

右お奈越《なお》様并《ならび》ニ愛甲季富、一同列座にて

承知仕候事。

明治三年　税所　長茂（印）

庚午《かのえうま》五月廿七日　篤満（印）

明治九年（一八七六）十月三日、旧領日置郡吉利《よしとし》村園林寺小松家墓地に改葬せられた。

明治二十九年（一八九六）六月、明治天皇は、小松帯刀の旧勲を賞録せられ、孫帯刀に伯爵を授《さず》けられた。

小松帯刀以後の相続

第三十代、清直

第三十一代、帯刀、伯爵を受けたが早世した。

第三十二代、重春（早世）

第三十三代、従志《じゅうし》（西郷従道侯四子）

第三十四代、晃道《てるみち》

第三十五代、道夫（現在〔当時〕）

十　帯刀余話

小松帯刀墓（園林寺趾・日置市）

59 小松帯刀余話

小松帯刀は歌を八田知紀《はったとものり》に習い、号を観瀾《かんらん》といった。『小松帯刀日記』でも、江戸詰《づめ》を命ぜられた際の、鹿児島から江戸芝《しば》屋敷までの旅日記と、その帰途にしたためた日記には、道行き風の日記文の中に、名所・旧跡等を歌い込んだ和歌が多く記されている。

帯刀の歌に、王政復古を歌ったものがある。

嶺崎《みねさき》家に寄寓《きぐう》して

よろづ代を　また改めて　今日よりは

天津《あまつ》ひつぎと　なりにけるかな

初秋の月

照る月の　影なつかしく　成りにける

須田の渡りの　秋の初風

池水鳥

枯残《かれのこ》る　池のはちす葉《ば》　水鳥の

宿る蔭《かげ》とも　なりにけるかな

如意寺にものしける時

よしのやま　君が昔の　あと訪《と》へば

涙と共に　ちるさくらかな

伊豆の海より不二〔富士〕を見て

久方の　空の緑に　あらわれて

波に浮かべる　不二の芝山

無題にて

咲く花の　かげふむ時と　なりにける

おぼろ月夜の　みよしのの花

60 私邸で行われた重要秘密会議

幕末の重要な秘密会議のほとんどが、京都二本松の小松帯刀の私邸で行われた。帯刀が薩摩藩の城代家老であったということもあろうが、その人柄に負うところが少なくない。無口で和《なご》やかな男であったと伝えられる。土佐の乾退助《いぬいたいすけ》（板垣退助）が、龍馬の仲介で薩摩藩と倒幕の秘密同盟を結んだのも小松帯刀の私邸であった。

61 馬術の達人

小松帯刀は馬術の達人だったと伝えられている。夜など馬上にあって馬乗提灯が、いささかも揺れ動かなかった。背筋をピンと伸ばし、毅然たる態度で馬上にあったし、帯刀につき従う家臣の足なみも、主人の人柄を反映するように厳《おごそ》かであった。暗殺団として恐れられていた新撰組でさえも、馬上の帯刀に行きあうと道端に身を避けて敬意を表したという。

（作家岩井護『中央公論』掲載論文による）

62 側室琴仙子《ことせんこ》

琴仙子は京都祇園《ぎおん》の名妓《めいぎ》とうたわれた女性で、帯刀の側室であった。そして第二夫人となった女《ひと》である。明治維新の志士は、家を離れ、故国を離れて、京都や大坂を舞台に、全国をとび歩いて、命をささげ、東奔西走して、国のため、明治の革新に尽くした。そのため、京、大坂に側室を置いた志士が多かった。

帯刀も京都に宿所を置いて、ここで志士や諸侯や公卿の間の交渉にとび歩いた。この帯刀に影の如くつきそって、帯刀の力になったのが、京都祇園の名妓、琴仙子であった。琴仙子は学問・技芸にすぐれ、和歌の道にも通じた美しい情愛の持ち主で、勤王の志も深かった。帯刀が病になると、病床につきっきりで看病した。

帯刀没後、その死をいたみ、

「私が死んだら、小松帯刀公の傍《かたわら》に埋めてほしい」

との本人の遺言で、琴仙子の遺骸は、吉利の園林寺小松墓地に葬られているのである。帯刀が京都から鹿児島へ帰る時、別れを惜しんで詠んだと思われる和歌があるが、その返し歌に八田知紀と琴仙子の歌がある。

琴仙子の和歌短冊
(久保連所蔵)

折にふれて　　小松観瀾

鳴渡る　雁の涙も　別れ路の
袂にかかる　心地こそすれ

よもすがら　うぢの川風　みにしみて
共にききしや　思出づらむ

小松清廉の帰国のはなむけに火打にそへて　　琴仙子

うちいづる　今日の名残りを　思いつつ
さつまの海も　浅しとやせん

小松清廉を送る　　桃田八田翁

立つ雁の声きくだにも悲しきを

いかにせよとか　君はゆくらむ

園林寺小松墓地に眠る琴仙子の墓を訪れると、墓石には、

安養院証妙大姉
明治七年八月廿七日死亡
俗名　琴　　享年廿六歳
清廉妾

と誌《しる》されている。齢《よわい》わずか二十六歳のうら若さで死亡しているのに、そぞろあわれを感じさせられる。妾《しょう》となって何年つれ添ったのかはっきりしないが、清廉の死が三十六歳、明治三年（一八七〇）のことであるから、その時、琴女は年齢二十二歳であったことになる。琴女は京都の名妓とうたわれた女であったから、十六、七歳の頃からであろうか、清廉の妾にあげられてから、京都の小松邸にあって、小松邸を訪ねてくる多くの志士たち、中でも、西郷隆盛や大久保利通、後藤象二郎、木戸孝允、坂本龍馬、中岡慎太郎、伊藤新助（博文）、井上聞多（馨）など、明治維新に活躍し、国の重鎮となった幾多《いくた》の志士たちの接待役を引き受けた。帯刀の蔭《かげ》にあって、大きな明治維新の蔭の功労者であった。

63 夫人への愛情あふれる書翰

小松帯刀は政治手腕があって、国事に奔走するばかりでなく、友情があり、人柄が温かく、態度が親しみやすいものであった。前述のイギリスの青年外交官アーネスト・サトウは、

「小松は私の知っている日本人の中で、一番魅力のある人物で、家老の家柄だが、そうした階級の人間に似合わず、政治的才能があり、態度が人にすぐれ、それに友情が厚く、そんな点で人々に傑出していた」

とべた褒めに誉《ほ》めている。

藩主に対しても誠実であったから、信任されて城代家老として藩政をまかせられたのであろう。帯刀が志士に送った手紙を見ても、懇切ていねいで、誠の心がにじみ出ている。帯刀は人から頼りにされる、相談しやすい性格であったのであろう。

そうして、日本の国体を正しく認識して、大義名分に通じ、勤王の

琴仙子の墓
（小松家墓地）

志が厚かった。

なお帯刀は、その諱《いみな》の通り清廉潔白で、何回も加増や賞典禄を辞退している。自己の欲のために奔走しているのでなく、ひたすら世のため、日本を危難から救うため、日本民族のために、命を捧げて奔走していて、その上、謙虚で、親切で温かい心の持ち主であった。

このような点で、京都の名妓とうたわれた琴仙子も心から、帯刀を慕い、死後も同じ墓地に葬るよう遺言したのであろう。

国事に昼夜を分かたず奔走している帯刀が送った妻への書翰は、誠にやさしく、妻をいたわり安否を気遣う心情が、文面にあふれている。元治元年（一八六四）三〇歳の正月、京都から、正月三日付、正月五日付、正月十五日付と、つぎつぎに手紙を妻女の於近《おちか》（千賀）に送っている。参考までに、正月五日に妻千賀に書いた手紙を記してみよう。

> カヘスぐ＼、イトイ被《な》レ成《され》候ヨウニ、ゾンジ参ラセ候。
> 早々メデタク、カシク、
> 文《ふみ》ニテ申入マイラセ候、マヅ／＼、折カラノサワリナク、サヘ／＼シク、クラシ候ハント、イカバカリ幾久《いくひさ》シク、メデタキ候事ゾンジ参《まい》ラセ候。拙者ニモ大元気ニ相勤メ居ルマヽ、少シモ／＼アンジナサレマジク候。コヽ元モ無事ニ御座候マヽ、アンシンナサルベク候、三日便ヨリ文ドモ遣《つかわ》シ候マヽ、相トドキ候ハント、ゾンジ参候《まいらせ》、何カト細《こまか》ニ申遣《もうしつかわ》シ事候ヘドモ、今日ハ早朝ヨリ、平松家其外堂上方《どうじょうかた》ヘ、年頭ノ御祝儀ニ出《で》デ、上様モ御出旁《おいでかたわら》ニテ、大キニ、イソギ居リ、アラ／＼一シヨ申参候。ナヲスグ長々申《もうし》遣候、幾久シク、メデタク、カシク、
>
> 正月五日　　小マツ帯刀
> 　　　　　　無事
> 於《お》チカドノ
> 　人々

以上が妻千賀どのへの手紙であるが、平易なかな文字で女子供にわかるように、心くばりして書かれ、妻の安否を気遣った、愛情あふれる書翰である。

64 小松帯刀の功績

京都の小松邸で、大政奉還後の新政府の構想が協議さ

れた時、その席には坂本龍馬のほかに、小松、西郷、大久保、陸奥陽之助（宗光）（紀州）、広沢兵助（長州）、といった顔ぶれが集まった。

新政府の構想では、関白と議奏《ぎそう》と参議という三つを柱とする骨組みが予定されていたので、西郷の求めに応じて、龍馬がそれぞれの役に、これぞと思う人の名を書き入れた。

〔関白〕
三条実美《さんじょうさねとみ》（公卿）　〔副関白〕徳川慶喜

〔議奏〕
島津久光（薩摩）、毛利敬親《たかちか》（長州）、松平春嶽（越前）、鍋島閑叟《かんそう》（肥前）、蜂須賀茂詔《はちすかもちあき》（阿波）、伊達宗城（宇和島）、岩倉具視《いわくらともみ》（公卿）、正親町三条実愛《さねなる》（公卿）、東久世通禧（公卿）

〔参議〕
小松帯刀（薩摩）、西郷吉之助（薩摩）、大久保一蔵（薩摩）、木戸準一郎〔桂小五郎〕（長州）、広沢兵助（長州）、後藤象二郎（土佐）、横井平四郎〔小楠〕（肥後）、長岡良之助（肥後）、三岡八郎〔由利公正〕（越前）

以上であったが、当然、龍馬の名もあるべき参議の欄に、その名がない。西郷がそのわけをたずねたら、龍馬は、

「窮屈な役人は性《しょう》にあわない。自分はこれから世界の海援隊として生きていきたい」

といった意味のことを答えたという。

小松帯刀が参議の筆頭第一にあげられていることからみても、いかに全国の勤王の志士たちから重くみられていたかが、わかるのである。

彼は大政奉還で起こる混乱を予想し、戦乱必至とみて、交易と産業技術に取り組み、戦争遂行のための軍備と経済力を養い、西洋の科学技術を学ばせるなど、明治維新の基本を培《つちか》い、さらに先頭に立って大政奉還実現を将軍慶喜に迫っている。帯刀が常に西郷・大久保と三人四脚で事に当たり、その中心であったことをよく知っていた坂本龍馬が、参議の筆頭に小松帯刀をあげたのは当然のことである。

小松帯刀が年齢《よわい》三十六歳の若さで死んだので、その後の明治新政府は、西郷・大久保・木戸などによって運営せられることになり、この三人が明治維新の三傑と称せられるようになった。

明治維新は、幕末の多くの志士たちの手で行われたのであるが、それらの中で、西郷隆盛・大久保利通・坂本龍馬・木戸孝允・岩倉具視・後藤象二郎・中岡慎太郎な

どは著名である。そしてほとんどが銅像を建てられ、顕彰されている。帯刀のもとで育った五代友厚の銅像も建てられている。

ところが、近代日本興隆の基礎を培い、明治維新の参議筆頭にあげられた小松帯刀が、蔭にかくれ、彼の功績を顕彰する伝記も少ない。他の志士がすべて銅像を建てられているのに、未だに帯刀のみ銅像がない。小松帯刀の伝記によって彼の功績を知る時、帯刀の業績を顕彰し、彼の功労をたたえることは、われわれ日本国民が忘れてならないことであろう。

明治政府発足当時の公文書

明治新政府発足機構　三職八局・高官名簿

○三職八局の機構整備並びに高官名簿の日誌

三職八局

新政府の機構整備〔慶応4年2月「太政官日誌」2〕

三職

総裁職（官これを任ず。副総裁公卿諸侯これを任ず）
万機《ばんき》を総べ、いっさいの事務を裁決す。

議定《ぎじょう》職（官公卿諸侯これを任ず）事務各課を分督し、議事を定決す。

参与職（公卿諸侯徴士これを任ず）事務を参議し各課を分務す。

八局

総裁局

神祇《じんぎ》事務局　神祇祭祀、祝部神戸《はふりべかんべ》の事を督す。

内国事務局　京畿《けいき》庶務及び諸国水陸運輸、駅路、関市、都城、港口、鎮台、市尹《しいん》の事を督す。

外国事務局　外国交際、条約、貿易、拓地、育民の事を督す。

軍防事務局　海軍、陸軍、練兵、守衛、緩急軍務の事を督す。

会計事務局　戸口、賦税《ふぜい》、金穀《きんこく》、用度、貢献、営繕、秩禄《ちつろく》、食庫及び商法の事を督す。

刑法事務局　監察弾糾《だんきゅう》、捕亡断岳《ほぼうだんがく》諸刑事の事を督す。

制度事務局　官職、制度、各分、儀制、選叙、考課、諸規則の事を督す。

徴士貢士《ちょうしこうし》

徴士定員なし。諸藩士及び都鄙《とひ》有才《うさい》の者、公議に執《と》り抜擢せらる。すなわち徴士と命ず。参与職各局の判事に任ず。またその一官を命じて参与職に任ぜざる者あり。在職四年にして退く。広く賢才に譲るを要とす。もしその人当器なお退くべからざる者は、また四年を延《のば》して八年とす。衆議に執るべし。

貢士（大藩四十万石以上三員、中藩十万石以上三十九万石に到る二員、小藩一万石以上九万石に到る一員）諸藩士その主の撰《せん》に任せ、下の議事所へ差出す者を貢士とす。すなわち議事官たり。輿論《よろん》公議を執るを旨《むね》とす。貢士定員あって年限なし。その主の進退する処に任ず。またその人才能によって徴士に選挙すべし。

明治政府機構高官名簿

総裁　有栖川帥宮《ありすがわそちのみや》（熾仁《たるひと》）
副総裁議定　三条大納言（実美《さねとみ》）
同　同　岩倉右兵衛督《うひょうえのかみ》（具視《ともみ》）
輔弼《ほひつ》　議定　中山前大納言《なかやまさきのだいなごん》（忠能《ただよし》）
同　同　正親町三条前大納言《おおぎまちさんじょう》（実愛《さねなる》）
△顧問　参与　当分外国事務掛兼　小松帯刀
同　同　後藤象二郎
同　参与　木戸準一郎（孝允《たかよし》）
弁事　参与　東園《ひがしその》中将（基敬《もとゆき》）
同　同　坊城《ぼうじょう》侍従（俊章）
同　同　松尾但馬《まつおたじま》（相永《すけなが》）

同　同　松尾伯耆《まつおほうき》（相保《すけやす》）
同　同　十事摂津
同　同　神山佐多衛（郡廉《くにきよ》）
同　同　毛受《めんじゅ》鹿之助
同　同　田中国之輔（不二麿《ふじまろ》）
史官　生形三郎
同　菱田文蔵

○神祇事務
督　議定　白川三位《しらかわさんみ》（資訓《すけのり》）
輔　同　津和野侍従（亀井茲監《かめいこれみ》）
同　参与　吉田侍従《じじゅう》三位（良義《ながよし》）
判事　参与　平田大角
権　同　植松少将（雅言《まさこと》）
同　谷森内舎人《たにもりうどねり》（義臣）
同　樹下石見守《きのしたいわみのかみ》（茂国）
同　六人部《むとべ》雅楽《うた》

○内国事務
督　議定　徳大寺大納言（実則《さねつね》）
輔　同　越前宰相《さいしょう》（松平慶永《まつだいらよしなが》）
権　参与　岩倉侍従
同　同　秋月左京亮《さきょうのすけ》（種樹《たねたつ》）
判事　参与　中川対馬《つしま》（元績）
同　同　辻将曹《つじしょうそう》
同　同　広沢兵助（真臣《さねおみ》）
△同　同　大久保一蔵（利通《としみち》）
同　同　中根雪江《せっこう》

同　同　青山小三郎
同　同　土肥謙蔵
権　参与　五辻大夫（安仲）
同　玉松操《たままつみさお》
同　山中静逸《せいいつ》

○外国事務
督《かみ》　議定　山階宮《やましなのみや》（晃親王《あきら》）
輔《すけ》　同　宇和島少将（伊達宗城《むねなり》）
権《ごん》　参与　東久世前少将《ひがしくぜさきのしょうしょう》（通禧《みちとみ》）
同　議定　肥前侍従（鍋島直正）
△判事　参与　岩下左次右衛門（方平）
△同　同　町田民部（久成）
同　同　伊藤俊助（博文）
△同　同　五代才助（友厚《ともあつ》）
△同　同　寺島陶蔵（宗則）
同　同　井関斎右衛門（盛良）
同　同　井上聞多《もんた》（馨《かおる》）

○軍防事務
督　議定　仁和寺宮《にんなじのみや》（東伏見）
輔
権　参与　烏丸《からすま》侍従（光徳）
判事　同　吉田遠江《とおとうみ》（良栄）
△同　同　吉井幸輔《こうすけ》（友実《ともざね》）
同　同　津田山三郎（信弘）
同　同　土肥典膳《てんぜん》

○会計事務

督　議定　中御門《なかみかど》大納言（経之）
輔　同　安芸新少将（蜂須賀茂韶《はちすかもちあき》）
権　参与　長谷美濃権介《ごんのすけ》（信成）
判事　同　戸田大和守（忠至《ただゆき》）
同　同　鴨脚加賀《いちょうかが》（光重）
同　同　三岡八郎（由利公正《ゆりきみまさ》）
同　同　小原二兵衛（忠寛）
権　参与　石山右兵衛《うひょうえ》権佐《ごんのすけ》（基正）

○刑法事務

督　議定　近衛新前左大臣（忠房）
輔　同　細川右京大夫（護久）
権　参与　五条少納言（為栄《ためしげ》）
判事　同　溝口狐雲《こうん》
同　同　木村得太郎
同　土倉修理助《しゅりのすけ》（正彦）

○制度事務

督　議定　鷹司前右大臣《たかつかさきのうだいじん》（輔熙《すけひろ》）
輔
権　参与　堤右京大夫（哲長）
判事　同　松室豊後《まつむろぶんご》（重進）
同　同　福岡藤次（孝悌《たかちか》）
権　井上石見《いのうえいわみ》

（注）名簿中の△印は薩摩出身者。西郷は参謀として出征中、軍防事務局の輔の空席に予定されていたのであろう。

小松帯刀の書簡

「清廉先生手簡」壱巻(解説)

手簡の宛書《あてがき》申四郎は、町田久成(石谷)の第四弟にて、清廉(小松帯刀)の養子となっていた人である。明治三年(一八七〇)清廉没後、小松家を相続したが、清廉の妾腹《めかけばら》の子清直がいたので、明治五年(一八七二)、申四郎は町田家に復帰し、清直が小松家を継嗣した。申四郎は、後に町田棟と称したが、棟も森有礼《ありのり》、鮫島尚信、松村淳蔵等諸氏と、慶応元年、藩より英国へ留学した一人である。

書翰

飛脚立ニ付、一筆申入候《もうしいれそうろう》、
霖雨《りんう》之候、先々《まずまず》、無異
勉学之筈《はず》ト、珍重此事ニ候、扨《さて》
御親征御下坂茂《も》、百端
御都合克《よく》、当月八日
還御相成《かんぎょあいなり》、尚
至尊御麗敷《おんうるわしく》被レ為レ入《いりなされ》、
皇国之大慶不レ過レ之《これにすぎず》、奉二欣躍一《きんやくたてまつり》候、
拙者ニモ御用之儀、上京候様
七日之朝奉レ命《めいじたてまつり》、八日昼過《ひるすぎ》上京
イタシ候処《ところ》、関東御所置旁《かたがた》ニ付
段々御用向有レ之《これあり》、昼夜勉励相勤居《あいつとめおり》候、
然処《しかるところ》、去ル廿日《はつか》参台(内)被レ命《めいぜられ》
申ノ刻ヨリ参朝之処、此節
行幸中、万事御都合能《よく》

意訳文

飛脚が出ますので、一筆お知らせします。
長雨の時節ですが、まずまず無事で
ご勉学のよし、心から喜んでおります。
さて、天皇御親征の大坂行幸も、すべて
御都合よく、当月八日
御還幸《ごかんこう》になり、なお
陛下におかれましては御気色《みけしき》うるわしく御入京なされ、
皇国にとり大きな慶事《けいじ》と、心からおよろこび申し上げております。
拙者にも御用とのこと、上京するよう、
七日朝に命ぜられ、八日昼過に上京
いたしましたところ、関東の御所置かたについて、
色々御用向が出てきて、昼夜懸命に相勤めおります。
ところで、去る二十日、皇居に参内《さんだい》するよう命ぜられ、
申《さる》の刻(午後二時)より皇居に参内しましたところ、この度《たび》の
行幸中、すべて御都合よく、

還御《かんぎょ》相成候ニ付
御晒《さらし》壱疋《びき》拝領被二仰付一《おおせつけられ》
其上《そのうえ》
小御所江《こごしょへ》
出御《しゅつぎょ》
御前於《おいて》御酒宴被レ下《くだされ》
天盃迄《まで》拝領、実ニ
冥加之至《みょうがのいたり》、開闢《かいびゃく》以来
未曽有之事《みぞうのこと》ト存候《ぞんじそうろう》
誠ニ恐入候《おそれいりそうろう》事ニ候、将亦《はたまた》
此節《このせつ》、制度御改正
被レ仰《おおせられ》、右ニ付《つき》参与職
改而被二仰付一《あらためておおせつけられ》、実ニ至重《しちょう》之重任《じゅうにん》、
御請難二申上一候得共《おんうけもうしあげがたくそうらえども》、
未《いまだ》関東平定ニモ不レ至《いたらず》、
賊兵等モ散々、於二
朝廷一御一新之秋《ごいっしんのとき》ニ当リ、
一身之不肖ヲ顧《かえりみる》ニ暇《いとま》アラズ、
不レ得レ止《やむをえず》、勉勤《べんきん》以由シ候、
然処《しかるところ》、廿二日《にじゅうににち》
叙二従四位下一《じゅしいのげにじょす》トノ
宣下《せんげ》ヲ蒙《こうむ》り、誠ニ当惑
至極ニ而《て》、直様御断申出《すぐさまおことわりもうしいで》候心得之所、
倫言如レ汗《りんげんあせのごとし》之訳モ有レ之《これあり》、
無レ拠
一往者《いちおうは》退去、

御帰還あそばされましたとのことで、
御晒《さらし》壱疋《びき》賜るよう仰せ付けられ、
その上、
小御所《こごしょ》へ陛下じきじき
お出ましになり、
御前で御酒宴を下され
天盃（天皇の御さかずき）まで賜わり、実に
身にあまる光栄で冥加《みょうが》の至り、いままでにない開闢《かいびゃく》以来
はじめてのことと、
誠に有り難く恐れ多い事でした。また
このたび制度ご改正の
ご沙汰がありました。そのため参与職を
改めて任命されて、実に非常な重職ゆえ、
御うけ申し上げがたいのですが、
未だ関東平定もならず
賊兵もあちこちにおり、
朝廷においては御一新の時にあたりますので、
わが身の不肖もかえりみず、
やむをえずお勤めに励んでいます。
しかるに二十二日、
従四位下《じゅしいのげ》に叙するとの
御宣下《ごせんげ》を蒙《こうむ》って、誠に当惑、
すぐさまお断り申しあげるつもりのところ、
天子様のおことばは「汗の如し」のたとえにもあるとおり、
おそれおおく、陛下におことわりも出来ず、
いたし方なく、一応は退去して、

熟々《つらつら》及二勘考一、万々不当之
事ト相考、御請之処《ところ》、
御猶予相願候而、御書付《かきつけ》者
弁事局江御預ニ相成
先々《まずまず》一事成共、仕合之至ニ候、
先当地別段、相替候《あいかわりそうろう》儀モ
無御座平穏ニ候。江戸表モ追々鎮定之
模様ニ者《は》候得共、段々賊兵
蜂起イタシ、追々戦争ニモ相成候報知《ほうちし》、
此末《このすえに》如何成立候哉《なりたちそうろうや》、官軍御勝利トハ
乍レ申《もうしながら》、此ノ御一新之時ニ当リ、
朝威不二相振一候而者《あいふるわずそうろうては》、不二相済一《あいすまざる》事ト
苦心之至ニ候、
御国《おくに》許茂《もとも》、追々大御変革
等被二仰出一候由《よし》、実ニ時機
当然之御事ト奉存候、
折角万端勉強可レ被レ成候《なさるべくそうろう》、
過日便被二申越一候趣ニ而者《おもむきにては》、
陸軍所等江出席
隔日トカ申事ニ有レ之由、
成程調練等モ第一之事ニ者
候得共、拙者之
身ヲ以《もって》考候処、今日
天下万機に当ル之重職ヲ蒙《こうむ》リ候処、
何レ学文第一之事ト
一身之無学ヲ悔悟《かいご》之外無レ之候間、

つらつら考えるに、自分には不相応な
重職と存じ、御請合《うけあい》のところ御猶予を願って、御書面（辞令）は弁事局へ御預り
にしていただき、
まずは一ことなりとも、一安心、仕合《しあわ》せの至りと思っております。
まず当地は別段相変わったことも
なく平穏であります。
江戸表《えどおもて》もだんだん鎮定の
模様ではありますが、だんだん賊兵が
蜂起して、おいおい戦争にもなるかと知らせがあり、
この後いかがなりますやら、官軍御勝利とは
申しながら、この御一新の時に当たり、
朝廷の御威光が振るわないのでは相すまないことと
非常に苦心しております。
御国もとの薩摩でも、追々大変革
などを仰せ出されますよし、実に時機がら
当然の御事であると存じます。
せっかくですから、万端勉強されるべきです。
この前の便で申し越された模様では、
陸軍所等への出席も
隔日おきとか申すことのよし、
なるほど訓練等も第一の事
ではありましょうが、拙者の
身をもって考えると、今日
天下の政治に当たる重職を蒙りましたところ、
何としても学問第一で、
一身の無学を残念がる外なく、

唯平人《へいじん》之兵士計之心得ニ而《テ》者
不二相済一、殊ニ
祖先代々ニ対《たいし》
尊霊茂不二相済一事ニ候間、
桂家江モ右辺之処、
縷々《るる》頼越候間、学文
第一ニ候。尤《もっとも》 調練等モ
武家之心得、要用ニ候間、
是亦《これまた》無二打捨《うちすて》一、勉強可レ被レ成《なさるべく》候、
先便《せんびん》ヨリ書翰被レ遣忝存候《つかわされかたじけなくぞんじそうろう》、被二申越一候
歩兵書籍者、今便《こんびん》求出シ不レ申間、
尚探索出来《しゅったい》候ハゞ、後便
可レ遣候、
拙者ニモ此節参与職之処ニ而、
外国御交際之道相立候様
奉命、旁恐入候、
右ニ付《つき》近々下坂、大坂御用相調《あいととの》へ
暫時横浜表迄《まで》差越候様被二仰付一
来月中旬方ニ者
蒸気船ヨリ差越候心得ニ候、
乍併《しかしながら》格別隙《すき》取候事ニ者無之、
三十日位モ滞在候ハゞ、相済候事ニ存候、
此節被二相改《あいあらためられ》一候　政体并《ならび》に
日誌差遣候間、落手可被レ成候　匆々頓首
四月　念久　　　　帯刀
（小松）申四郎殿

唯々、普通の兵士ばかりの心得にては
相すまず、とりわけ
祖先代々の尊霊に対しても
相すまないことであります。
桂（久武）家へも右辺の事情を
くわしく頼んでおりますが、まず学問が
第一であります。もっとも兵事教練も
武家の心得として肝要で、
これもまた捨てることなく勉強すべきであります。
この前の飛脚便で御手紙いただき、かたじけなく存じます。
ご依頼の歩兵に関する書籍は、今便には求め出しませんでしたから、
なおも、さがし求め、出て来ましたら、後便にて
送ります。
拙者にも今回参与職のままにて、
外国との交際（外交）の道を立てるよう
命じられ、恐れ入っております。
右について近く大坂へ下り、大坂の御用の準備をし、
しばらく横浜表まで出向くよう仰せ付けられ、
来月中旬がたには
蒸気船にて出向くつもりであります。
しかしながら格別ひまとる事ではなく、
三十日くらいも滞在したならば、相済むことと存じます。
このたび改正がなった政体と併《あわ》せて
日誌を差し遣わしますから、お受けとり下さい。匆々頓首
四月二十九日　　　　帯刀
（小松）申四郎殿

坂本龍馬の手記書簡

一　坂本龍馬手帳摘要抜粋

丙寅正月、大、　慶応二年
十日　下ヲ発（下関発）
十七日　神戸
十八日　大坂
十九日　伏見
廿日《はつか》　二本松（二本松の薩摩藩邸）
廿《にじゅう》二日　木圭、小、西、三氏会（木戸、小松、西郷と四者会談）
廿三日夜　伏水〔見〕ニ下ル、二時過ル頃〔ママ〕——
廿四日朝　邸（伏見薩摩藩邸）ニ入ル。
卅《さんじゅう》日　夜京邸ニ入ル（二本松薩摩藩邸）。

二月　小
廿九日夜　伏水〔見〕邸ニ下リ、乗船
三月朔日《ついたち》　大坂
四日　三邦丸《さんぼうまる》ニ乗組。
五日　朝出帆ス。
六日夕　下ノ関ニ泊ス。

八日　長崎ニ至ル。
十日　鹿児府ニ至ル。
十六日　大隅霧島山ノ方、温泉ニ行、鹿児ノ東北七里計《ばかり》ノ地、浜ノ市ニ至ル。
　但シ以舟ス。夫《それ》ヨリ日当山《ひなたやま》ニ至ル。
十七日　シヲヒタシ〔塩浸〕温泉ニ至ル。
廿八日　霧島山ニ発ス。温泉所ニ泊ス。
廿九日　霧島山山上ニ至ル、夫《それ》ヨリ霧島ノ宮ニ宿ス。
卅日　温泉所ニ帰リ。

四月大　シヲヒタシ温泉所ニ帰ル。
八日　日当山ニ帰ル。
十一日　浜ノ市ニ帰ル。
十二日　浜ノ市ヨリ上舟、鹿児ニ帰ル。
十四日　改正所ニ至ル。

五月朔日　桜島丸《さくらじままる》来ル。
廿九日　四両三歩　金
　右寺内氏ヨリ借用セリ。
又弐両寺内より
右短刀合口コシラ〔拵〕へ并研《ならびにとぎ》、
備前兼元《びぜんかねもと》無銘刀研《とぎ》代

合テ三両二朱金払フ。

六月朔《ついたち》　桜艦（桜島丸）ニ乗組。

（後略）

以上の龍馬手帳抜粋は、薩長同盟から、龍馬が寺田屋で難に遭って手傷を負い、ピストルで難をのがれ、お龍をつれて鹿児島、霧島へ新婚旅行をした慶応二年（一八六六）の日記メモである。

このメモによって薩長同盟前後の模様や、寺田屋での戦い、坂本夫妻の新婚旅行の行程を知ることが出来る。

二　薩長同盟締結までの経過

坂本龍馬は三吉慎蔵と共に、薩長仲介のために慶応二年の正月十日、下関を出港して、十七日、神戸に着き、十八日大坂、十九日伏見を経て、京都二本松の薩摩藩邸に着いた。

『桂久武日記』によれば、既に一月十八日に京の小松邸にて木戸らは小松・西郷・桂久武・島津伊勢・大久保・吉井・奈良原と会談し、坂本の到着を待っていた。坂本と三吉が二十日に到着したので、その日、一同別れの盃（会談の祝杯）を取り交した。大久保は藩公に報告するため、二十一日、京を発ち大坂に向かい、二十二日の船にて出港したことになっている。坂本の手帳メモによれば、木戸と小松・西郷の三人と坂本が会談したのも二十二日であるが、大久保がこの会合に出会していないのは、既に大坂に行った後であったためである。

薩長同盟の日を二十二日とするか、大久保その他の人々との祝いの盃のあった二十日とするか。二十一日は祝宴の翌日で、大久保の出立した日で会合は行われた形跡がない。

二十三日、坂本と三吉は伏見寺田屋に泊まったが、夜中の二時過ぎころ、難にあって、ピストルのおかげで難をのがれ、二十四日朝、伏見薩摩邸に入った。そして三十日、小松・西郷の使いの吉井幸輔に迎えられ、夜、六十人程の兵士に守られて二本松の薩摩藩邸に落ち着いた。

寺田屋の難についてフィクションを交えて書いたが、龍馬が兄権平に知らせた手紙で、その実情がこまごまとわかるので、この手紙を次に収録した。

それから鹿児島、霧島へ新婚旅行に出かけるが、その行程や日取りが龍馬の手帳メモで明瞭にわかる。塩浸温泉への行程の途中、日当山に一泊していることなど、フィクション部分は事実とは幾分違う記述となった。

三　坂本龍馬が伏見の難を兄権平に報じた手紙

伏見の難を、フィクションを交えて書いたのだが、『坂本龍馬の手紙』(旺文社)が宮地佐一郎先生によって発刊され、龍馬自身の書簡が数多く集録されて誠に貴重な書であるので御参照ください。

(前略)

上に申す伏見の難は、去る正月廿三日《にじゅうさん》夜八ツ時《どき》半頃なりしが、一人の連《つ》れ三吉慎蔵と咄《はな》して風呂より揚《あが》り、最早《もはや》寝《いね》んと致し候処《そうろうところ》に、ふしぎなる哉《かな》(此時《このとき》二階居申候《おりもうしそうろう》)人の足音のしのびしのびに二階下をあるくと思ひしに、六尺棒の音からからと聞《きこ》ゆ、おりから、かねて御聞に入れし婦人(名は龍、今妻也《なり》)勝手より馳《は》せ来り云《い》うよう「御用心成《な》さるべし、はからず敵のおそひ来《きた》りしなり。鎗《やり》持たる人数は梯段《はしごだん》を登りしなり」と。それより私もたちあがり、はかまを着《つ》けんと思ひしに、次の間に置き有《あ》るに付《つき》、其《そ》のまま大小を指《さ》し六連炮《ろくれんぼう》(短銃)を取りて、後なる腰掛《こしかけ》による。連れなる三吉慎蔵は、はかまを着《つ》け、大小取りはき、鎗《やり》を持ちて、是も腰掛《こしかけ》にかゝる。間もなく。壱人《ひとり》の男、障子細目にあけ内をうかがふ。見れば大小指込なれば、「何者なるや」と問しに、つかつかと入り来れば、すぐに此方《こちら》も身がまへ致せば、又引取りたり。早《はや》次の間もミシミシ物音すれば、龍女に下知《げち》して、次の間又後の間のからかみ取りはずさせみれば、早拾人《じゅうにん》ばかり鎗《やり》持て立並《たちなら》びたり。又盗賊燈灯《とうぞくあんどん》二ツ持《もち》、又六尺棒持たる者其《そ》の左右に立《たち》たり。双方しばらくにらみあふ処《ところ》に、私より「如何《いか》なれば、薩州の士に不礼《ぶれい》は致すぞ」と申たれば、敵口々に「上意なり、すわれすわれ」とのゝしりて進み来る。此方《こちら》も壱人《ひとり》は鎗《やり》を中段にかまへ立たり。敵より横を討たれる思ひ、私は其《そ》の左へ立変《たちかわ》り立ちたり。其時《そのとき》銃は打金《うつがね》を上げ、敵拾人《じゅうにん》ばかりも鎗《やり》持たる一番右を初めとして一ツ打たりと思ふに、此者退《このしりぞ》きたり。又其《そ》の次なる者を打たりしに、其《その》敵も退《しりぞ》きたり。此《この》間敵よりは鎗《やり》を投げ突《つき》にし、又《また》は火鉢を打込み、色々たたかふ。味方も又鎗持て防ぐ。家内（室内）の戦は実にやかましくたまり申さず。其時又壱人《そのときまたひとり》を射《う》ちしがあたりしや、分《わか》り申さざる処《ところ》、敵壱人《ひとり》障子の蔭《かげ》より進み来《きた》り、脇指《わきざし》を以《もつ》て私の右の大指（親指）のもとをそぎ、左の大指の節《ふし》を切り割《さ》き、左の人指《ひとさし》のもとの骨節《ほねすじ》を切りたり。元《もと》より浅手なれば其《その》者に銃をさし向けしに、手早く又障子の蔭にかけ入りたり。さて前の敵、なお迫り来るが故に、又一発致せしにあたりしや分らず、右銃は元より六たま込めなれども、其《そ》の時は五丸のみ込めてあれば、実にあと一発限りとなり、是《こ》れ大事と前を見るに、今の一戦にて敵少ししらみたり。一人の敵黒き頭《ず》巾《きん》を着け、たちつけをはき鎗《やり》を平省〔正〕眼のようにかまへ近よりて壁に添て立ちし者あり。夫《それ》を見るより又打金《うつがね》を上げ、慎蔵が鎗《やり》持て立たる左の肩を銃の台にいたし、敵の胸をよく見込みて打たりしに、敵丸《たま》に中《あた》りしと見へて、唯《ただ》ねむりてたおるゝ様に、前にはらばふ如《ごと》くたを〔倒〕れたり。此《この》時も敵の方は、実にドンドン障子を打破るやら、ふすまを踏破《ふみやぶ》るやら物音すさまじく、されど一向《いっこう》に手元には来《きた》らず、云々《うんぬん》。（以下長文につき省略）

それより、銃丸がなくなったので、銃を捨て後のはしご段を下り、隣の家の雨戸を打ち破り、後の町に出で、町の水門より堀に入り、材木屋にかくれたが、三吉慎蔵が薩摩屋敷に通報して、屋敷の人と共に迎えに来た旨、くわしく事件の模様を兄権平に報じている。

四　坂本龍馬から兄権平への手紙の一節

当時天下之《の》人物と云《いう》は、
徳川家には大久保一翁《いちおう》、勝安房守《あわのかみ》。
越前に三岡八郎、長谷部勘右衛門。
肥後に横井平四郎《へいしろう》。
薩にて小松帯刀《こまつたてわき》。是《これ》は家老にて海軍惣大将《そうだいしょう》なり。
西郷吉之助。是《これ》は国内軍事に懸《かか》る事、国家之《の》進退、此《この》人に預る。
長州にて桂小五郎。国家之《の》進退を預る。当時、木戸寛次郎。
高杉晋作。此《この》人は軍事に預る。此《この》人下関に出、小倉攻之《の》惣大将、当時、谷潜蔵。

私唯今志のびて、西洋船を取り入れたり、又は打破《うちやぶ》れたり（難破したこと）致し候《そうろう》は、元より諸国より同志を集め、水夫を集め候《そうら》へども、仕合《しあわ》せには薩州にては小松帯刀、西郷吉之助などが、如何程《いかほど》やるぞ、やりて見候《みそうら》へ、など申しくれ候《そうら》いつれば、甚《はなは》だ当時は面白き事にて候《そうろう》。どうぞどうぞ昔の鼻たれと御笑遣《つか》わされまじく候《そうろう》。（後略）

小松帯刀の主要人脈と略歴

一、島津斉彬《しまづなりあきら》と小松の関係
○江戸に招き抱負を話し、小松を薫陶《くんとう》する。
○肝付尚五郎《きもつきなおごろう》(帯刀《たてわき》)を小松家の養子に推《お》す。
○斉彬の没後遺鉢《いはつ》をつぎ、国興しに奔走する。

二、島津久光と小松は義理のいとこ
○久光は重富《しげとみ》領主島津山城忠寛《しまづやましろただひろ》家子息の養子。
○肝付尚五郎の母も島津山城忠寛の娘。
○久光と小松はいとこで、小松の登用は大久保利通《おおくぼとしみち》の推挙によるとの説はこじつけである。
○久光は小松を改革掛《かかり》(企画係)として企画・軍事・財政・予算・通商等に亘《わた》る十種の重要政策を兼務させ、家老とする。

三、御用商人浜崎太平次と小松の関係
○御用商人をバックにして薩藩財政を維新の国興しに活用した。
○一例おかしあげ金記録。
○御用商人浜崎太平次等三十四人より、おかりあげ金凡《およそ》十二万千三百両を以って新式ミニエー銃購入と上京の費用にあてるべく借りあげる。禁門の戦や鳥羽伏見の戦に勝ったのは、この新式ミニエー銃のおかげである。
○二例　新式軍艦購入一艘二十万両。手付金一万両、残額は三万八千両ずつ五年間で、交易の利益で返済する。
この返済計画は、交易企画で実施する。
○小松の交易による利益で富国強兵策や教育・産業開発を実施したのは明白で、調所笑左衛門《ずしょしょうざえもん》(広郷)の天保改革が、明治維新の財政に全面的に寄与しているとは考えられない。

四、城代家老喜入摂津《きいれせっつ》久《ひさ》高交替と小松
○城代家老日置島津久徴辞任のため後任に。
○小松は姉の小松富《とみ》の主人喜入摂津久高を城代家老に推し、自らこれを補佐する側役《そばやく》(家老見習い)になり、御改革方、御内用係として久光一千名を率いて上京する案を進言、誠忠組《せいちゅうぐみ》の中心人物大久保を御納戸役《おなんどやく》にあげ、更に大久保と小松は久光に、西郷の帰還を願った。

大久保が上役の、且つ久光のいとこの小松を推挙したとの説は誤りである。

○喜入摂津久高と小松との関係は、別表小松家近世略系図によると、久高の室は小松家二女富、帯刀の室は小松家五女チカで両人は義理の兄弟の関係である。

五、町田久成《ひさなり》・申四郎と小松帯刀

○町田家久長《ひさなが》の室は小松家長女浪《なみ》である。

○町田久成は久長の弟で、小松は家老となるや町田久成を開成所の所長とし、後に英国留学生の引率者として留学、新政府発足には参与として外国局の高官にあげられる。

○町田申四郎は町田久成の四弟で、久光の命で、帯刀の養子となり、英国留学生の一人として、森有礼《ありのり》（初代文部大臣）などと明治政府で活躍した。

六、坂本龍馬と小松

○幕府海軍奉行勝海舟がやめさせられ、神戸軍艦操練所が廃止され、塾頭坂本龍馬ほか約三十名は、大坂薩摩邸に厄介になる。西郷・小松の了解による。

○薩摩に坂本外三十名を招き、鹿児島の小松邸（別邸）に宿泊する。

○小松は長崎の亀山に家を借り、塾生を一人月三両二分の給で、薩摩交易船に乗り組ませる。亀山社中発足する。亀山社中は土佐の海援隊となる。小松帯刀は海援隊育ての親である。

○小松は坂本の関係で、薩摩の名義で、長州の軍艦、桜島丸や武器購入に力を貸す。

○京都小松邸で、坂本の仲介で、薩長同盟が締結される。

○寺田屋で幕吏《ばくり》の捕手《とりて》に手傷を負い、霧島の塩浸《しおひたし》温泉で、龍馬夫妻を湯治に招き、高千穂登山をする。

小松帯刀略年譜

年号	年齢	旧暦月日	事項	備考
天保六年（一八三五）	一歳	十月十四日	誕生、幼名肝付尚五郎《きもつきなおごろう》 喜入《きいれ》肝付邸（現鹿児島市山下町市役所東隣）で誕生、第三子 父・喜入領主肝付主殿兼善《きもつきとのもかねよし》 母・重富《しげとみ》領主島津山城守忠寛《しまづやましろのかみただひろ》の娘	清国にてアヘン戦争勃発（一八四〇）
弘化元年（一八四四）	十歳	十一月十五日	初めて斉興《なりおき》公に拝謁、弓一張を進上	
弘化二年（一八四五）〜嘉永三年（一八五〇）	十一歳〜十六歳	（青少年時代）	横山安容に儒学を学び、和歌を八田知紀《はったとものり》に習い、号を観瀾《かんらん》・香雪斎と称す。終夜、読書・勉学することも多かった	調所笑左衛門《ずしょしょうざえもん》（広郷）、自殺す（一八四八） お由良《ゆら》騒動（一八五〇）
嘉永四年（一八五一）〜嘉永六年（一八五三）	十七歳〜十九歳		琵琶に溺れ、家令に諌められる。糸をかなぐり捨て琵琶を棚に押し込み、以後琵琶を手にしなかった。以来、勉学、武術、馬術に励む 前吉利《よしとし》領主小松清猷《こまつきよもと》（二十七歳）、御軍役惣頭取に抜擢さる （清猷は西郷と同年の生まれである）	ペリー浦賀に入航（一八五三） 島津斉彬、日章旗を総船印とする（一八五三）
安政元年（一八五四）	二十歳		小松清猷、琉球（沖縄）の琉球使節に派遣	斉彬、封をつぐ（四十六歳） 西郷抜擢さる（二十八歳）

安政二年（一八五五）	二十一歳	一月十五日 五月十八日 六月十七日 九月三日	尚五郎、奥小姓御近習番を命ぜらる 江戸詰を命じられ、斉彬《なりあきら》の薫陶を受ける 小松清猷、琉球にて六月十七日客死する（二十九歳） 君命により小松家跡目を命ぜられ帰国する	
安政三年（一八五六）	二十二歳	一月二十七日	斉彬公の命により小松家養子となり、吉利領主第二九代を継ぎ、小松お千賀《ちか》の婿となる 小松邸（現山下町東郵便局敷地）に住む 鹿児島原良《はら》に小松別荘あり 小松尚五郎と改名し、詰衆を命ぜらる	アメリカ総領事ハリス着任
安政四年（一八五七）	二十三歳		領地吉利の治績に尽くし、名君として領民喜ぶ 追放の家臣を許し家門家禄を旧に復す	
安政五年（一八五八）	二十四歳	三月一日 七月十六日 十二月一日	小松帯刀《こまつたてわき》清廉《きよかど》と改名、火消隊長を命ぜらる 斉彬公卒去（五十歳） 南泉院で斉彬の葬儀を火消隊長として指揮する 藩主茂久より当番役・奏者番を命ぜられ、国父久光の側近に仕える	井伊直弼大老となる 南泉院（現照国神社）にて斉彬の葬儀 十一月十五日、西郷・月照入水。西郷のみ蘇生、菊池源吾と名乗り大島に潜伏
安政六年（一八五九）	二十五歳		奏者番として久光の側近に仕え、帯刀への来訪者多くなる	安政の大獄・平野国臣「桜島山の歌」・十一月五日、誠忠組親諭書
万延元年（一八六〇）	二十六歳	六月二十三日	小松、弁天波戸台場係を命ぜられ、外回りの役へ左遷さる 島津《しまづ》左衛門、側近を日置《ひおき》派で固め、誠忠派の反感をかう	三月三日、桜田門にて井伊直弼斬られる 島津左衛門、城代となる

文久元年（一八六一）	二十七歳	一月十一日	電気水雷研究のため、長崎出張を命ぜらる	日置島津下総辞職 喜入《きいれ》摂津《せっつ》久高《ひさたか》主席家老、大久保・堀次郎御小納戸
		四月二十六日	磯浜にて藩主父子に電気水雷の実技を披露する	
		五月十八日	小松、御側役勤務を命ぜらる	
		六月十四日	磯浜にて電気水雷術を茂久公に再び披露する	
		九月九日	小松、造士館掛及び演武館掛を命ぜらる	
		九月十日	文武の御前講演と御前試合	
		十月五日	藩政首脳の人事異動、小松・中山側役	
		十月二十日	御改革方・御内用掛を命ぜらる	
		十二月二十九日	天祐丸故障にて五代才助（友厚《ともあつ》）等、小松邸を訪れ報告する	
文久二年（一八六二）	二十八歳	一月十一日	伊作地頭職兼務を命ぜらる	
		一月十五日	大番頭・家老吟味（見習）に抜擢される	
		一月十六日	久光出府にあたり御側用人としてお供を命ぜらる	
		二月中	勤王急進派の脱藩を中止するよう説得する	
		二月十三日	西郷を大島より召還する。西郷、小松らと会談する	西郷、大島より召還
		二月二十八日	加世田地頭に繰り替えられる	
		三月十三日	久光、帯刀を通じて西郷に九州視察を命じ、下関での報告を命ず	西郷、再び大島へ配流
		三月十六日	久光、兵一千を率い上京、小松等、御供を命ぜらる	
		四月十日	久光、西郷・村田・森山に帰国を命じ、下関待ちの命令無視、共同謀議の罪で大島へ配流	
		四月二十三日	寺田屋事件起こり、有馬新七ら九人斬死する	寺田屋事件
		五月二十日	小松、家老同様の御用取扱いを命ぜらる	
		五月二十二日	公武合体の勅使大原重徳《おおはらしげのり》護衛のため、久光、帯刀を従え江戸へ下向する	
		八月二十一日	江戸よりの帰途、生麦事件発生、英人を殺傷	生麦事件

文久二年（一八六二）	二十八歳	十月二日	小松、斉彬公の位階追贈のため京都に出向し、ついで江戸より斉彬公の姫二人を連れ帰る	奈良原喜左衛門が行列を横切らんとする英商人を殺傷する
		十二月二十四日	家老を命ぜられ、御側詰となる。役料高一千石賜わる	御用商人、指宿《いぶすき》の浜崎太平次の協力
		十二月二十七日	御勝手掛、御軍役掛、琉球掛、琉球産物方掛、唐物取締役掛、御製薬方掛、造士館掛、演武館掛、御改革方掛、御内用掛、佐士原掛、蒸汽船掛、以上の兼務を命ぜらる	
		十二月某日	相良《さがら》藩人吉《ひとよし》大火の復興用金五千両借用の申し込みに小松、快く貸し与えることを約す	
文久三年（一八六三）	二十九歳	一月八日	斉彬公位階追贈拝受のため上京	六月十五日、浜崎太平次、大坂で死去す（五十歳）
		三月四日	小松、久光公に従い、兵七〇〇を率い上京	
		五月某日	貞姫君近衛《このえ》家お輿入れの御用係を命ぜらる。薩英戦争準備のため、挙式延期になる	
		七月二日	薩英戦争、小松、久光・茂久側近で総指揮に当たる	日置島津久明、現地総司令として英艦隊を撃退す（薩英戦争）
		八月十八日	七卿都落ちの政変で久光、上洛を求められ、小松、先発し守衛に当たる	政変、七卿都落ち
		十一月一日	英国と和睦し、大久保をして幕府より七万両を借りさしめ、遺族扶助の賠償金を支払う	
		十一月十三日	慶喜《よしのぶ》、兵庫において小松を召し、公武合体を推進する	
		十二月十八日	久光の長女貞姫、近衛家お輿入れの大役を果たす	
		十二月二十六日	貞姫入輿《にゅうよ》の祝賀を兼ね、公武合体派公卿・諸侯の忘年会を近衛家桜木邸で催す	京の名妓琴仙子と知り合う
元治元年（一八六四）	三十歳	一月二十八日	近衛家貞姫君お輿入れの功により、お花畑屋敷を小松の住まいに使用し、近衛家御紋を家紋として用いることを許される	

		二月一日	小松、グラバーに依頼して薩摩船二隻をイギリスより購入する	二月二十八日、西郷召還にて鹿児島へ帰る
		二月六日	指宿地頭を命ぜらる	
		四月十七日	二条城で将軍役見職徳川慶喜公御前にて御時服《じふく》御紋付御袷《あわせ》二を拝領す	
		四月十八日	久光、京都守護を小松帯刀に命じ帰国さる	
		六月五日	池田屋事件起こる	池田屋事件
		七月十九日	皇居蛤御門《はまぐりごもん》において長州軍を撃退す	蛤御門の変
		八月二十八日	帰藩を命ぜられ、禁門鎮定の功を賞せられ、感状及び刀一腰、馬一匹を賜る	
		九月二十日	功により役料五百石を加増さる。帯刀、軍事費多大の折、加増を辞退する	
		九月二十日	近衛卿、「小松は朝幕の間に最も重要な人物である故、一日でも早く上京させるように」と久光に手紙を送り、急ぎ上京を命ぜらる	
		十月二十一日	勝海舟、軍艦奉行をやめさせられ、兵庫の海軍操練所も閉鎖される。海舟は塾頭坂本龍馬以下、塾生を西郷、小松に依頼し大坂薩摩屋敷に潜伏せしめる	
		（この年）	開成所を設け、町田民部を塾頭とする 陸海軍の砲術・兵法・築城・天文学・地理学・医学航海術・英学・蘭学を教ゆ	
慶応元年（一八六五）	三十一歳	一月某日	小松磯の集成館が戦災で焼けたので、集成館を再興し、鉄工機械所を建て（現尚古集成館）、長崎より鉄工職人を招く	
		一月二十日	小松、五代友厚と共に長崎の英国商人グラバーに依頼し、英国に留学生を送らんとして、羽島浦にて待機させる	

慶応元年（一八六五）　三十一歳

一月二十八日	小松、西郷と岩山八郎娘糸子の媒妁人となり、西郷結婚式を挙げる	
三月二十二日	英国留学生十六名と五代友厚、松木弘安、通訳（長崎人）合計十九名、串木野羽島より出港する	薩藩英国留学生
四月十四日	小松、海軍掛、集成館掛、開成所掛、他国修業掛の兼務を命ぜらる	
四月二十五日	西郷、小松は坂本龍馬と塾生約三十名を連れ帰国する	
五月一日	龍馬等、鹿児島に着き、龍馬は五月十六日まで原良の小松邸に宿泊する	
五月十六日	龍馬は小松・西郷・大久保と相談し、熊本の横井小楠、筑前の五卿を訪ね、薩長連合の遊説に出発する	
六月二十六日	小松は塾生を連れ、長崎において一人月三両二分の藩費で航海業に従事させる（海援隊の前身）	
	小松は長崎の亀山の借家を借り塾生を住まわせ、亀山社中、発足する	亀山社中発足 海援隊の前身
七月二十一日	長州伊藤俊介（博文）と井上聞多（馨《かおる》）は長崎出張中の帯刀に面接し、武器、艦船の購入のため薩摩名義を借してくれるよう頼む	
八月一日	小松は井上と亀山社中の上杉宗次郎を鹿児島へ伴い帰る	
八月十二日	吉野の市来六左衛門《いちきろくざえもん》の別荘で、桂久武《かつらひさたけ》、大久保、伊地知《いぢち》などと井上らを引き合わせ、薩長親善をはかる	
八月十六日	井上・上杉を薩摩船胡蝶丸で送り、さらに長崎で伊藤の買い込んだミニエー銃四三〇〇挺を積み、下関に送り届け、薩長親善に尽くす	
十月八日	上杉宗次郎、毛利公の依頼で鹿児島に再び来て、八日より小松の原良別荘に逗留し、帯刀の尽力で薩摩名義を以	

			て長州の艦船購入の許しを得る	
		十月十八日	小松は長崎で薩摩名義で長州の艦船をグラバーより購入し、桜島丸と命名する	
		十二月二十一日	龍馬は小松・西郷の依頼で下関に行き、桂小五郎（木戸孝允）、高杉晋作と会談、薩長連合の打ち合わせのための上京を勧める	高杉、ピストルを龍馬におくる
慶応二年（一八六六）	三十二歳	一月八日	龍馬の勧めに従い、桂小五郎（木戸孝允）上京し、小松・西郷を訪ね、八日より薩摩藩士と称して、京都薩摩邸に潜伏し龍馬を待つ	
		一月十八日	京都小松邸で薩長連合を談合する 『桂久武日記』 「正月十八日、曇、毎の通りの寝覚めなり。此の日出勤致さず。八つ時分より小松家へ。この日、長の木戸へ、ゆるゆる取り合わせ度く、申し入れ置き候につき、参るようにとの事故《ことゆえ》参り候ところ、皆々大かた時分、参られ候、伊勢殿、西郷、大久保、吉井、奈良原なり。深更まで相話し、国事段々話し会い候事」 薩摩　小松、桂久武、島津伊勢、西郷、大久保、吉井、奈良原 長州　木戸孝允、外に品川弥二郎 当日、坂本龍馬到着せず	薩長同盟
		一月二十日	坂本龍馬、三吉慎蔵と遅れて到着、龍馬も同席にて別れの宴を開く	薩長同盟成立
		一月二十一日	大久保は藩公に報告のため二十一日、出立して帰藩	大久保、二十二日大坂出港
		一月二十三日	龍馬、伏見寺田屋に宿泊し、二十四日未明（午前二時頃）、	妻お龍のため龍馬危機を逃れる

慶応二年（一八六六）	三十二歳	一月二十四日	伏見町奉行配下に襲われ腕に負傷したが、ピストルで危機を脱し、薩摩屋敷に難を避く。西郷、小松等これを見舞う	
		二月二十九日	小松、桂久武、西郷らは坂本龍馬、妻お龍を伴い京都発	
		三月四日	三邦丸にて大坂を出港、鹿児島へ向かう	
		三月八日	長崎に寄港し、グラバーと会い、英公使パークスに正式招待状を出すことを約束する	
		三月十日	龍馬夫妻、鹿児島で小松の原良別邸に宿泊する	
		三月十四日	小松は霧島栄之尾《えのお》温泉で保養	
			龍馬、お龍は塩浸《しおひたし》温泉で手傷の治療に当たる	
		三月二十八日	小松の見舞いに吉井、龍馬、お龍、栄之尾温泉に行く	
		三月二十九日	龍馬夫妻は高千穂登山をする	
		四月八日	小松、栄之尾温泉より帰り、英国公使を迎える準備に当たる	
		五月～六月	惣髪願を提出し、許されて六月、惣髪となる	
		六月二日	龍馬夫妻、小松家原良別荘を去り、桜島丸で天保山出港	
		六月十六日	小松の招待状により英国公使パークス、軍艦三隻にて鹿児島に来航し、薩英修交の道を開く	
		九月十八日	長男清直（安千代）、生まれる（母コト）	
		十月十五日	慶喜、将軍となり幕府勢いを得て政情急変す。朝廷より帯刀の上京を求められ、久光に代わり小松、西郷兵を率い上京する	七月十九日将軍家茂死去し慶喜将軍を継ぐ
慶応三年（一八六七）	三十三歳	一月十一日	小松、城代家老を命ぜられ役料高一千石を賜る。陸軍掛、造士館掛、演武館掛、銃薬方掛、甲冑方掛の兼務を命ぜらる	

一月中	小松、西郷・大久保とはかり、大藩諸侯による政局転換をはかり、薩・越・土・宇和島四藩主の上京を求める	本間郡兵衛、出羽へ資金調達に行き、薩摩の密偵と疑われ幽閉される
二月八日	小松、伊地知壮之丞・石川確太郎・本間郡兵衛をして大坂大和交易方を会社組織に変え大和コンペニーを設立、資金を各地に求め、交易により軍事、政治資金を得る	
二月十二日	大和コンペニーより五卿帰京用二千両、長崎修船場へ一万五千両、国元政治金三万両を調達す	日本初の洋式造船所長崎小菅修船所着工、五代友厚提案し、グラバー・小松帯刀出資
四月十二日	久光、陸軍・海軍・大砲隊七百余を率い上京する 四～五月、四藩主の政情転換献言は用いられず失敗に終わる	
六月二十二日	小松邸にて薩土盟約の話が出る	薩土同盟
六月二十六日	土佐の後藤象二郎、坂本龍馬、中岡慎太郎、乾退助《いぬいたいすけ》（板垣退助）らは小松、西郷、大久保らと薩土盟約を結ぶ	
九月十五日	久光、京都薩摩邸に潜居していた品川弥二郎と山縣有朋《やまがたありとも》を帯刀同席にて引見し、薩長の連合により討幕をはかるべきを、毛利公に伝えさしめる	
十月四日	土佐の後藤象二郎は容堂名義の大政奉還建白書を将軍に提出する。その前に、西郷、大久保、小松帯刀に連絡、承認を求める	
十月八日	薩長芸三藩三項の議決書を中山・中御門《なかみかど》卿に提出す	
十月八日	討幕の宣旨を小松・西郷・大久保署名で中山・中御門・正親町三条《おおぎまちさんじょう》卿に請願する	
十月十三日	薩摩藩久光父子に対し、討幕の密勅下る。大久保受領のため正親町三条邸に罷《まか》り出る	
十月十三日	京都二条城大会議 将軍慶喜は大政奉還について意見を聴く会議を開く。	二条城大会議（十三日）

年	年齢	月日	事項	関連事項
慶応三年（一八六七）	三十三歳		小松は吉井を伴い登城する。会議のあと別室で将軍に拝謁を許され意見を述べ、大政奉還を朝廷に奏上し、受諾を取り付けるように求めた。将軍に代わって朝廷の都合もあるからと難色を示す老中板倉に激しく迫って十四日奏上を慶喜に決断させる	薩摩藩主父子に討幕の密勅下る（十三日）
		十月十四日	大政奉還の奏上、小松・後藤、御裁可を朝廷に運動する	将軍、大政奉還を上表（十四日）
		十月十四日	薩摩に会津・桑名討滅の密勅下る	長州毛利父子に討幕の勅命、会津・桑名討滅の密勅下る（十四日）
		十月十五日	大政奉還、許容される	
		十月十七日	小松、西郷、大久保直ちに帰藩の途につき、途中長州に寄り毛利父子に謁し、討幕のため兵を率いての上京を依頼する	
		十月二十六日	小松、帰着後直ちに藩主父子に討幕の勅命を示し、兵を率い上京せられるよう要請する	
		十月二十七日	重臣会議を島津図書《しまづずしょ》邸で開き、藩主茂久、兵を率い上洛するを決定する	
		十一月十日	小松帯刀は土佐の容堂侯に出兵を促すため土佐に先発する約束であったが、重患にかかり歩行も困難で、代わりに大久保、豊瑞丸で出発する	
		十一月十一日	小松は土佐の後藤象二郎に手紙を書いて依頼する	
		十一月十三日	藩主茂久は西郷らを従え三邦丸で兵を率い、小松が購入した新軍艦春日と平運丸・翔鳳丸に乗船して出発する	
		十一月十五日	坂本龍馬、中岡慎太郎、刺客に襲われ斬殺さる	坂本・中岡、斬殺さる 坂本龍馬（三十三歳） 中岡慎太郎（三十歳）
		十二月九日	小御所会議、山内容堂と岩倉・大久保、激論の末、王政復古の大号令を発す	
		十二月十日	慶喜に将軍の辞職と納地を命ずる	
		十二月十九日	御一新につき広く天下の人材を登用するとして、小松、	

年	年齢	月日	事項	一般事項
			登京を命ぜらる	
		十二月二十五日	江戸三田の薩摩邸に、幕府党、焼き討ちをかける	
慶応四年 （明治元年） （一八六八）	三十四歳	一月一日	大坂において幕府党は討薩の軍を起こし、京都へ進撃する	
		一月三日 〜 一月六日	鳥羽・伏見の戦で幕府党は薩長の三倍の兵でありながら敗れ、徳川三百年の天下を僅か三日で失い、大坂から江戸へ引き揚げる	鳥羽・伏見の戦
		一月十八日	小松帯刀・桂久武を参与に任ずる故、出京するよう仰せ出されたが、小松帯刀は上京、桂は藩に残る	
		二月一日	小松帯刀、徴士参与に任ぜられ、総裁局顧問を仰せ付けらる	
		二月十五日	泉州堺で仏国艦員刺殺事件起こる。小松、要求五ヵ条をいれて解決する	
		二月三十日	参内の英公使パークスの行列に斬り込み事件起こる。小松、五代交渉にあたり無事解決する	
		三月九日	明治天皇、三職百官に勅語を賜い、十日に五藩諸侯、	三月十四日、西郷・勝会談により江戸攻撃中止
		三月十日	小松、木戸、大久保、広沢ら功臣に慰労の宴を賜う	
		四月二十一日	小松、従四位に叙せられ、いったん辞退したが、重ねて十月十五日に再び叙位される	四月十一日、江戸城無血入城
		五月十日	小松、外債整理のため関東下向を命ぜられ、仏国の横須賀、横浜製鉄所外債五〇万ドルを英国より借用して返済整理する	
		六月十二日	オランダの長崎飽《あい》之《の》浦《うら》製鉄所建設の外債を整理する。英銀行より借用して支払う	七月十七日、東京と改称
		七月二十七日	政府の政治資金、軍事資金のため別口五〇万ドルを英国	七月十九日、本間郡兵衛、毒殺される

慶応四年（明治元年）（一八六八）	三十四歳		公使を通じ英国銀行より借りて、武器購入に充てる。合計、外国借財一五〇万ドルであった	九月八日、明治と改元 九月二十六日、庄内、西郷に降る
		九月三日	参与のまま外国官副知事を命ぜらる	
		九月四日	玄蕃頭《げんばのかみ》（外務大臣）に任ぜらる	
		九月十日	天皇東京遷都につき先発を命ぜられたが、病気のため辞退申し上げる	
		九月二十日	病気のため天皇の京都発輦《はつれん》をお見送りする	
		十月一日	天皇より弁事を通じ慰問書と菓子一箱見舞いを賜り、容態をお知らせするよう達せらる	
明治二年（一八六九）	三十五歳	一月二十日	鹿児島の新政改革が混乱し、帰国を求められ、小松、吉井、帰郷して鹿児島の改革に着手	一月五日、横井小楠《よこいしょうなん》暗殺さる（六十一歳） 大久保、勅使柳原卿について帰国す 東京遷都行幸（三月七日～三月二十八日） 六月十七日、版籍奉還施行さる
		二月五日	帯刀、領地吉利の返上と家格返還を申し出、諸侯に先駆けて廃藩置県のため版籍奉還の範を示す	
			本宅を返上し、居を原良の別荘に移し、病気療養に専念す	
		五月十五日	願により、これまでのすべての官職を免ぜられる	
		七月五日	このころより上阪して大坂府医学校教師ボードウィンにつき治療を受く	
		九月二十六日	永世賞典禄、千石を下賜される。	
		十月某日	禄位辞退を申し出たが、許容せられず	
明治三年（一八七〇）	三十六歳	一月某日	再度、禄位辞退を願い出たが、許容なし	
		五月十三日	長女スミ誕生する（母コト）	
		五月十六日	大政奉還の功労者の御前賜饌《ごぜんしせん》に招かれたが、病気のため不参、弁事よりご下賜品を拝領する	

		五月二十七日	天皇は帯刀の大病の由《よし》を聞かれ給い御案じ召され、肴《さかな》、菓子を見舞いとして下賜するよう宮内省より大阪府知事へ示達される。六月四日、大阪府知事から勅使をたてて見舞い給う
		五月二十七日	病気重きを自覚して遺言状を認《したた》める
		七月十二日	帯刀、病気全快次第、東京に在住するよう示達さる
		七月二十日	大阪にて卒去し、大阪天王寺夕日ガ丘に神葬す 諡《おくりな》、豊御蔭玉松彦《とよみかげたままつひこ》
明治七年（一八七四）	（没　後）	八月二十七日	側室（第二夫人）琴仙子、二十六歳にて死去 本人の遺言により、帯刀の傍に埋葬
明治九年（一八七六）		十月三日	小松家墓地（旧領吉利村園林寺）に改葬 帯刀の墓と同時に琴仙子の墓も同所に改葬
明治二十九年（一八九六）		六月	生前の勲功により、孫帯刀に伯爵を賜う
明治十年（一九三五）			今上〔当時〕天皇、勅使を派遣し、遺徳を追頌、祭粢料《さいしりょう》を賜う

坂本龍馬略年譜

年号	年齢	旧暦月日	事項	備考
天保六年（一八三五）	一歳	十一月十五日	誕生。土佐、高知城下、本町（現高知市本町筋一丁目）に生まれる。二男 父・町人郷士、坂本八平直足 母・坂本八蔵直澄の娘、坂本幸《さち》 父八平は郷士山本覚右衛門の二男で、幼名は山本常八郎。十七歳で坂本家の娘幸の婿養子となり、長平衛（八平）と改名	
			龍馬の兄弟は権平・千鶴・栄・乙女・龍馬	
弘化三年（一八四六）	十二歳	六月十日	龍馬の母幸、四十九歳で死亡	
嘉永元年（一八四八）	十四歳		剣を日根野弁治《ひねのべんじ》に学ぶ	
嘉永六年（一八五三）	十九歳	三月某日 三月十七日 十二月一日	日根野弁治より「小栗流和兵法事目録一巻」を伝授される 剣道修業のため江戸に出て、千葉（定吉）道場の北辰一刀流《ほくしんいっとうりゅう》に入門 佐久間象山《さくましょうざん》につき砲術を学ぶ	
安政元年	二十歳	六月二十三日	江戸より帰国	

（一八五四）			絵師・儒学者河田小龍から海外情勢を聞き、海軍の重要性と海運貿易の有利を啓発される	
安政二年 （一八五五）	二十一歳	十二月四日	父八平、五十九歳で死亡	
安政三年 （一八五六）	二十二歳	八月二十日	剣道修業のため、江戸へ再度出発	
安政五年 （一八五八）	二十四歳	一月頃 九月四日	「北辰一刀流長刀兵法」の免許皆伝を定吉より授けられる。九月四日、土佐へ帰国	
文久元年 （一八六一）	二十七歳	八月頃	武市半平太《たけちはんぺいた》、「土佐勤王党」結成。血盟者一九二名、龍馬九番目に血判加盟	
文久二年 （一八六二）	二十八歳	一月十四日 三月二十四日 四月一日 五月〜六月 閏八月二十三日 十月頃	武市半平太の使者となって長州萩の久坂玄瑞《くさかげんずい》に会う 夜、龍馬脱藩。姉栄（二女）、龍馬の脱藩に力を貸し、愛刀吉行を与え、その夜自害して果てる 兄権平は「お家お取潰し」を恐れて、その夜にお栄を密葬し、坂本家は秘して語らなかった 下関白石正一郎を訪ねる 九州巡歴、薩摩入国を念願、国境まで来たが出水《いずみ》野間の関所で止められ、第一回の薩摩入国かなわず 再び江戸に出て千葉道場に入る 龍馬と千葉重太郎は開港論者勝海舟を斬らんとして、松平春嶽《まつだいらしゅんがく》より紹介状をもらって訪問し、世界情勢とその	四月二十四日、寺田屋事件

			対策を聞き海舟の門下生となる	
文久二年（一八六二）	二十八歳	十月頃	江戸越前邸で横井小楠《よこいしょうなん》と初めて会う	
		十二月五日	江戸越前邸で松平春嶽に大坂近海の海防を説く	
		十二月十七日	勝海舟と共に幕府艦順動丸に乗船し、兵庫に向かう	
文久三年（一八六三）	二十九歳	一月十三日	勝海舟と幕府艦順動丸に乗船、兵庫を出港する	
		一月十六日	下田法福寺で山内容堂に会った勝海舟の口ききで、龍馬、脱藩罪を赦免さる	
		一月二十五日	幕臣大久保忠寛（一翁）を訪問、海外事情と統一国家論を聞く	
		四月二日	大久保忠寛を再訪し、松平春嶽あての手紙を託される	
		五月十六日	勝の使者として越前福井に行き、春嶽に謁し海軍操練所（海軍塾）設立の資金五千両を借用する	
			横井小楠の門下生三岡八郎（由利公正《ゆりきみまさ》）に会い、経済政策と経世安民論を聞く	
		九月九日	勝に従い江戸より大坂へ移る	
		十月中	龍馬、神戸海軍操練所（海軍塾）の塾頭となり勝を助ける	
			龍馬の呼び掛けで近藤長次郎（上杉宗次郎）ら塾生となる	
元治元年（一八六四）	三十歳	二月十三日	勝海舟、幕命によって外国連合艦隊の長州攻撃の調停のため、龍馬、塾生を連れ下関へ向かう	
		三月某日	勝の命を受け、熊本沼山津に横井小楠を訪ね、金品を贈る	
		四月六日	横井小楠を再度訪問、十三日、大坂に帰る	
		六月五日	京都で池田屋事件起こる。この中で海軍塾生望月亀弥太《もちづきかめやた》が斬死したので、勤王倒幕の浪士を養成していると、勝	池田屋事件 平野国臣暗殺さる（三十九歳）

			海舟は非難される
		八月一日	龍馬、お龍と結婚し、伏見の寺田屋に預ける
		九月十五日	西郷、越前藩士と海舟を訪ねて、雄藩連合の説を聞く
		十月二十一日	勝海舟、江戸へ召還され、軍艦奉行を免ぜられ、海軍塾閉鎖される 海舟、事前に龍馬ら塾生について西郷に依頼し、西郷・小松帯刀《こまつたてわき》のはからいで、塾生は大坂薩摩屋敷に潜伏する
慶応元年（一八六五）	三十一歳	四月二十五日	薩摩船胡蝶丸で小松・西郷らと共に、龍馬、塾生らを連れ、大坂発。鹿児島に向かう
		五月一日	鹿児島に着き、一晩西郷邸に、翌日より原良《はらら》の小松別荘に宿泊
		五月十六日	龍馬は薩長同盟の説得のため、一人熊本に向かう
		五月十九日	熊本沼山津の横井小楠を訪問する
		五月二十四日	大宰府《だざいふ》延寿院にて三条実美《さんじょうさねとみ》に会見する
		五月二十六日	塾生は小松帯刀が汽船購入のため出張するので、同船で長崎へ移る 小松が借りた亀山の民家を住まいとし、薩摩藩士として一人一月三両二分（現在の一五万八〇〇〇円相当）の手当を受け、薩摩藩の航海業に従事して、亀山社中と称す。（慶応三年海援隊に改称）
		閏五月六日	下関にて桂小五郎（木戸孝允《きどたかよし》）、高杉晋作らと会見、西郷の到着を待つ
		閏五月二十一日	中岡慎太郎と同道の西郷は、大久保の要請で佐賀関より上京し、慎太郎、単身で到着。桂等怒って連合蹉跌《さてつ》する
		六月二十四日	龍馬、京都薩摩邸に着き、西郷の下関での違約をただし、

慶応元年（一八六五）	三十一歳		長州の艦船・武器購入に薩摩の助力を約す	
		七月二十一日	龍馬、亀山社中の上杉宗次郎に長州の艦船・武器購入について薩摩の協力を要請させ、この日長州の伊藤、井上は長崎出張中の小松に依頼する	
		十月十八日	亀山社中上杉宗次郎は龍馬の連絡を受け、小松帯刀の尽力を得て、長崎の英商人グラバーより薩摩名義で長州の汽船を購入する	
		十月二十一日	龍馬、高杉晋作と会談し、桜島丸について条約を改定する。亀山社中は長州船乙丑丸（桜島丸）の乗組員として条約成立する。成立した記念に晋作、六連発のピストルを龍馬に贈呈する	
		十二月二十一日	龍馬、小松・西郷・大久保の意を受け、下関に行き、桂小五郎・高杉晋作と会談し、薩長連合の会談のため上洛を勧める	
		十二月二十六日	桂小五郎は品川弥二郎を連れ、上洛のため三田尻《みたじり》を出港する。龍馬はあとから出発することになる	
慶応二年（一八六六）	三十二歳	一月八日	薩長会談のため桂小五郎は京都薩摩藩邸に到着し龍馬を待つ	
		一月十日	龍馬と三吉慎蔵（長州藩士）、桂小五郎の後を追って下関を出港する	
		一月十八日	龍馬の到着が遅れたので、京都小松邸で龍馬不在のまま薩長盟約の会談が開かれる	
		一月二十日	龍馬は三吉と遅れて到着する。同日、坂本等を交え、協約成立の宴（別れの盃）を開く	薩長同盟
		一月二十三日	桂小五郎は龍馬に覚書を書いて裏書の署名を求め、同日、	

年	年齢	月日	事項	備考
		一月二十四日	龍馬・三吉は寺田屋に泊まる 二十四日未明(午前二時頃)、幕吏に襲われ、手指を斬られたが、ピストルで応戦して危機を脱す	
		二月五日	龍馬は二月五日付の裏書をしたためて桂小五郎へ送る	
		二月二十九日	龍馬、お龍を連れ、鹿児島に向け京都を出立	
		三月一日	大坂の薩摩蔵屋敷に着く	
		三月四日	薩摩船三邦丸に乗船、小松・西郷・大久保・桂久武《かつらひさたけ》・吉《よし》井友実《いともざね》等と鹿児島へ向かう	
		三月十日	鹿児島着、原良小松別荘に泊まる	
		三月十四日	龍馬夫妻、塩浸《しおひたし》温泉へ、小松帯刀は霧島栄之尾《えのお》温泉へ湯治に出発する	
		三月二十八日	龍馬夫妻、吉井友実に同行し、栄之尾温泉の小松帯刀の見舞いに行く	
		三月二十九日	龍馬夫妻、霧島参拝、高千穂登山。龍馬はこのことを姉乙女に知らせる	
		四月一日	塩浸温泉に帰り、数日後、鹿児島原良の小松別荘に逗留する	
		六月二日	龍馬夫妻、桜島丸(乙丑丸)にて天保山より出港、帰途につく(お龍は下関で下船させる)	
		六月十七日	龍馬、乙丑丸に乗り、長州幕府間の海戦を観戦する	
慶応三年(一八六七)	三十三歳	一月五日	下関で京都より来訪した中岡慎太郎と会談	
		一月九日	下関を出港、十一日、長崎上陸	
		一月十二日	土佐藩後藤象二郎と会談、意気投合す	
		四月初旬	後藤のとりなしで容堂侯の許しを得て、龍馬は亀山社中の隊員を中心にして、土佐海援隊を結成し、その隊長に	亀山社中を土佐海援隊と改称

慶応三年（一八六七）	三十三歳		任ぜられる	
		四月十九日	海援隊初仕事に伊予大洲藩船いろは丸を借り、長崎を出港	四月、高杉晋作死す（二十九歳）
		四月二十三日	讃岐箱の崎沖で夜十一時ごろ、闇の中で紀州藩船明光丸に衝突され、いろは丸沈没する	
		五月二十九日	薩摩藩士五代才助（友厚《ともあつ》）の仲介で、紀州藩より賠償金八万三千両を支払うことで解決する	
		六月九日	後藤と共に土佐藩船夕顔で大坂に向け長崎を出港する	
		六月十二日	土佐容堂侯に王政復古を勧めるため船中で「船中八策」を筆録させる	
		六月二十二日	中岡慎太郎・毛利恭助・谷干城《たにたてき》らは、薩摩家老小松帯刀を訪ね、西郷・吉井幸輔（友実）と薩土盟約について話し合う	
		六月二十六日	土佐の後藤象二郎と坂本龍馬は京都に着き、小松・西郷・大久保らと京都小松邸で会談し、共に王政復古に尽力することを約し、薩土盟約成立す	薩土同盟
		八月十五日	六日、長崎にて英イカルス号の英国水兵二名が殺害され、海援隊に嫌疑がかかり、交渉のため龍馬長崎に行く	
		九月十日	イカルス号事件、海援隊の嫌疑が晴れ、事件落着す	
		九月十八日	芸州藩船露天丸を借り、土佐の銃器を積み長崎を出港する	
		九月二十四日	高知浦戸に入航、銃器一〇〇〇挺を土佐に引き渡す	
		九月二十九日	龍馬、五年ぶりに高知本町の坂本家に帰宅する	
		十月六日	大坂着、海援隊同志に再会す	
		十月十日	京都白川村土佐藩邸の陸援隊長中岡を訪問	
		十月十三日	京都二条城会議にて大政奉還決定	

			龍馬念願を果たし、隊員と歓呼して喜ぶ	
		十月十五日	大政奉還発令される	大政奉還
		十月二十八日	龍馬、越前福井にて春嶽侯に出兵を請う	
		十一月一日	龍馬、福井の三岡八郎（由利公正）を訪ね、新政府の財政担当を要請する	
		十一月五日	京都に帰り「新政府綱領八策」を草稿する	
		十一月十五日	坂本龍馬の宿所、京都河原町四条上ル醤油商近江屋新助方で、夜九時過ぎ、中岡慎太郎と対談中、刺客に襲われ、龍馬は即死。中岡は二日後の十七日、死去する	
		十一月十八日	京都東山霊山《りょうぜん》に埋葬	

小松家系図

- 平清盛
  - 重盛（小松内大臣）
    - 維盛
      - 高清（六代・妙覚）
        - 清重（(これより禰寝姓)初代・禰寝氏祖・建部）
          - 清忠（二代・浄光）
          - 清村（松沢禰寝氏祖）
          - 清綱（三代）
            - 清親（四代・行恵）
              - 清治（五代・住恵）
                - 清信（先父面卒）
                  - 清国（(清正)角禰寝氏祖）
                  - 清種（池端氏祖）
                  - 清家（馬場氏祖）
                  - 清数（西氏祖）
                - 清保（六代・行智）
                  - 清成（七代・浄珍）
                    - 清有（八代・無三清有）
                      - 久清（九代・成久）
                      - 理教房
                      - 女子
                  - 親吉（佐多信親嗣子）
                  - 清武（北氏祖）
                  - 清義（鳥浜睦義嗣子）
                  - 女子
                - 女子
                - 清高（山元氏祖）
                - 清朝
              - 清任（在留氏祖）
              - 清実（野間氏祖）
              - 清政（丸嶺氏祖）
              - 貞綱（今村氏祖）
              - 清経（嶺崎氏祖）
              - 女子（本田太二郎妻）
              - 女子（正宮修理所宗清妻）
            - 頼綱
            - 頼親
            - 頼重（宮原氏祖）
            - 清祐（河窪氏祖）
            - 清元（西本禰寝氏祖）
            - 亀王
            - 毘沙房
            - 豊増
      - 女子（夜叉御前）

- 十代 清平（法名明山安清）
  - 十一代 元清（早世 法名清伝）
  - 十二代 重清（茂清）（宝屋清珍居士）
    - 国清（早世）
    - 清存
    - 清常
    - 清長（早世）
    - 十三代 尊重（忠清）（甘心一味庵王）
      - 十四代 重就
        - 十五代 清年（光厳了清居士 宮原猶子）
          - 十六代 重長（月窓成円居士 鬼丸神社祭神）
            - 十七代 重張（重虎）（文禄四年禰寝院より吉利郷に移封（これより吉利））
              - 十八代 重政
                - 十九代 福寿丸（島津家久男 始重政養子 後永古島津家嗣）
                  - 二十代 重永（島津家久男）
                    - 女子
                    - 二十一代 清雄（清督）
                      - 女子（島津久明夫人）
                      - 鍋千代（清純夫人）
                      - 女子
                      - 二十二代 清純（島津綱貴六男）
                        - 二十三代 清方
                          - 二十四代 清香（これより小松姓）（小松改姓 薩摩藩家老）
                            - 二十五代 安千代（島津吉貴男）
                              - 二十六代 清行（島津大蔵久純三男）
                                - 二十七代 清穆（島津典膳久儔二男）
                                  - 小松家近世系図に続く
                    - 女子
                    - 重時
                    - 重直
            - 女子（本田親考妻）
          - 重共
          - 重俊（武氏祖）
          - 弘祐
        - 重貞
        - 女子（島津十四代勝久夫人）
        - 女子（伊地知周防介妻）
        - 女子（禰寝常陸介妻）
      - 女子（北郷忠親夫人）
      - 女子（肝付越後守妻）
      - 清鹿（田代好助嗣）
      - 頼治
      - 重良
      - 良芸
      - 女子（野間武蔵妻）
    - 女子（野久尾清六妻）
    - 女子（島津国久夫人）
    - 女子（東清友妻）
    - 女子（種子島時氏夫人）
    - 女子（河窪政清妻）
  - 為清
  - 清植
  - 女子
- 清息
- 直清（野久尾氏祖）
- 女子
- 清員（野間氏祖）
- 清篤（堀内氏祖）
- 清家（東清義嗣）
- 時治（入鹿山氏祖）

小松家近世系図

二十七代 清穆

- (女子)波　町田少輔久長室
- (女子)富　喜入摂津久高（薩摩藩城代家老）室
- (女子)須磨　大野多宮久甫室
- **二十八代 清猷**　御軍役惣頭取　琉球使節享年二十九歳
- (女子)栄　島津（今は勝山姓）掃部久遠室
- (女子)須賀　島津主殿（永吉領主）室
- (女子)チカ　小松帯刀清廉室
- (女子)タカ　上野司室

二十九代 清廉
尚五郎 帯刀 玄蕃頭 従四位
肝付兼善三男
母重富領主島津山城忠寛の女
天保六年乙未十月十五日生
安政元年正月御近習番拝命
薩摩藩城代家老
慶応四年徴士参与職・総裁局顧問
外国事務局判事兼務
明治元年九月外国官副知事玄蕃頭に任
同二年賞典禄千石下賜之を返献
明治三年七月二十日大坂にて卒
年三十六

- **三十代 清直**
  安千代 従五位
  母コト夫人は島津豊後久宝の六女福子
  大正七年三月五日卒
- 辰次郎　申四郎
- 清揚　玄之助　竹崎家再興
- (女子)スミ　桑田房吉（龍野藩士・元兵庫県議会議長）室
  母コト 明治三十五年五月二十五日卒

清直の子
- **三十一代 帯刀**
  伯爵 従五位
  明治二十九年叙爵
  明治三十九年二月卒
- (女子)ハナ　子爵脇坂安之（元龍野藩主）室
- **三十二代 重春**
  伯爵 正四位
  明治十九年三月三日生
  大正十四年二月六日卒

三十三代 従志
伯爵 従三位
主猟官主馬寮御用掛兼務
侯爵西郷従道四男
昭和十八年八月五日卒

三十四代 晃道
夫人 静子
会社社長
昭和五二年十一月九日没

- **三十五代 道夫**
  夫人 久美子
  会社副社長
  平成四年一月三十日没
- 義夫　会社専務

三十六代 活也

参考文献

『小松帯刀伝』坂田長愛
『薩藩小松帯刀履歴』坂田長愛編
『小松公之記事』祢寝直治
『小松帯刀日記』小松帯刀
『小松帯刀小伝』瀬野冨吉
『日吉町郷土誌』（上巻）日吉町郷土誌編纂委員会編
『日吉町郷土史』（史跡編）日吉町郷土史編纂委員会編
『鹿児島史料旧記雑録』鹿児島県資料編纂所編
『吉利村郷土史年表』吉利村郷土史委員会編
『吉利郷土史』祢寝邦夫、入鹿山清秋再版
『島津斉彬公伝』池田俊彦
『しらゆき』島津出版会編
『桂久武日記』桂久武
『西郷隆盛のすべて』濱田尚友
『鹿児島と明治維新』鹿児島県明治百年記念事業委員会編
『薩藩英国留学生』犬塚孝明
『酒田の本間家』佐藤三郎
『人吉藩の丑歳騒動』渋谷季五郎
『坂本竜馬の人脈と維新』中央公論社編
『鹿児島県の歴史』原口虎雄
『五代友厚伝記』五代友厚顕彰会編
『指宿市郷土史』指宿市郷土史委員会編
『浜崎太平次伝』指宿市白水館
『坂本竜馬伝記』坂本竜馬顕彰会編
『薩藩郷土史年表』尚古集成館編
『島津氏七百年の治績』鹿児島市教育委員会編

復刊協力者一覧（五十音順、敬称略）

アドミーズ
井口家
指宿白水館
岩井正公
内田大三
大船軒
鹿児島市
鹿児島市立美術館
京都国立博物館
京都大学付属図書館
霧島ホテル
国立国会図書館
小松帯刀研究会
桜堂
下竹原弘志
尚古集成館
清浄寺
瀬野貴志
瀬野寛
高原町
竹村雅夫
常盤軒
長崎市
日置市教育委員会
日置市立吉利小学校
福井市郷土歴史博物館
三菱重工業長崎造船所
南日本新聞社

小松帯刀の功績　明治維新秘史 小松帯刀小伝

小松帯刀公顕彰会

既刊であるが、伝記の概要がわかると評を賜り再版の要望も多いので、本書に再掲載することにした。

坂本龍馬が小松帯刀を「天下の大人物」の一人にかぞえ参議の筆頭第一に推薦したが、小松帯刀こそ大政奉還・明治維新の大功労者であったばかりでなく、科学技術をとり入れ、留学生を派遣し、商工業を興し、大商船隊による交易の利潤で、教育・経済・軍備を充実し、今日の経済大国日本と外交の基礎を築いた大恩人である。本書の新しい証拠史料は、維新の歴史を書きかえるほどのまたとない貴重な資料である。西郷・大久保・小松の三偉人は、行動をともにした盟友で、その中心的な人物が城代家老の小松帯刀であった。惜しいかな！　維新政府発足まもなく病にたおれ、三十六歳の若さで死んだため、小松の功績は西郷・大久保の陰に埋もれ、いまだに小松ひとり、銅像もなく、生誕地・屋敷跡の碑さえない。これほどの維新第一級の功労者を、このままにしておくにしのびない。本書は顕彰の願いをこめて出版したものである。願わくば県や市・一般篤志家の協賛によって、小松帯刀顕彰の企画をとりあげられんことを！

小松帯刀 坂本龍馬 顕彰の詩

瀬野冨吉

幕末明治維新に、抜群の功をたてながら、若くして散った坂本龍馬・小松帯刀の短命を惜しみ、輝ける勲功を顕彰せんと捧げる詩

一

眼をさませ　もう日は昇るぞ　夜明けだぞ
明るい国をつくるのだ　天下の志士《しし》よ若人《わこうど》よ
鎖国の夢を打破り　新日本を築くのだ
龍馬は天下を飛び廻り　小松は都へ馳けのぼり
聲《こえ》を合わせて　叫びました

二

生命《いのち》かけ　花咲く時を　待たないで
蕾《つぼみ》のままで青春を　愛国平和の火と燃えて
明治維新を眼の前に　嵐に散るか桜花
龍馬は刺客の手にかかり　小松はやまいの床につき
若きいのちは　消えました

三

天に地に　暗雲こもる　幕末の
冬の夜明けの明星か　春しののめの太陽か
文明開花の二輪花　惜しい命を今しばし
天は与え給わずに　輝くいさおたてながら
若き二人は　散りました

〔著者紹介〕 瀬野　冨吉 (せの とみきち)

1912年 鹿児島県に生まれる
1936年 鹿児島県師範学校専攻科卒業
1956年 日吉町教育長
1968年 霧島プリンスホテル支配人、以後ホテル支配人を歴任
1977年 日吉町郷土史執筆委員
1986年『幻の宰相 小松帯刀伝』上・下(小松帯刀顕彰会)を出版
1987年 南日本出版文化賞受賞
1994年 小松帯刀銅像を鹿児島市に建立
2000年 2月8日永眠、89歳

〔監修者紹介〕 原口　泉 (はらぐち いずみ)

1947年 鹿児島市に生まれる
1979年 東京大学大学院博士課程(単位取得退学)
1979年 鹿児島大学法文学部助手・講師・助教授、以後教授
1990年 NHK大河ドラマ「翔ぶが如く」時代考証
1993年 NHK大河ドラマ「琉球の風」時代考証
2008年 NHK大河ドラマ「篤姫」時代考証

2005年より鹿児島大学生涯学習教育研究センター長を兼務。琉球大学非常勤講師・放送大学客員教授を歴任

専門は日本近世・近代史、特に、沖縄・北海道・韓国・中国等、東アジア諸地域とのつながりの中で、薩摩藩の歴史研究に取り組む

著書に『鹿児島県の歴史』(山川出版社・1999年)、『篤姫 わたくしこと一命にかけ』(グラフ社・2007年)、『龍馬を超えた男 小松帯刀』(グラフ社・2008年)、また『鹿児島県史』をはじめとした自治体史の執筆多数

幻の宰相 小松帯刀伝

1986年4月29日 初版発行(小松帯刀顕彰会)
1991年8月30日 改訂版発行(小松帯刀顕彰会)
2008年10月14日(小松帯刀誕生日) 改訂復刻版 第1刷発行

著　者 瀬野 冨吉
監修者 原口　泉
発行者 宮下 玄覇
発行所 株式会社宮帯出版社
〒602-0062
京都市上京区堀川通寺之内東入
電 話 (075) 441-7747
FAX (075) 431-8877
URL http://www.miyaobi.com
振替口座 00960-7-279886

定価はカバーに表示してあります。
落丁・乱丁本はお取替えいたします。

印刷所 モリモト印刷株式会社

ISBN978-4-86350-286-4 C0023